凡　例

一、巻末註

① 巻末註は、本聖典に出る真宗・仏教の基本用語、および人名・書名等の固有名詞を五十音順にまとめて掲載した。

② 見出し語は平仮名で示し、それが漢字を含む場合、〔　〕内に示した。

[例] **ほんがん**〔本願〕

③ 複合語は、語構成上の最初の部分が見出し語として掲げてある場合、原則としてそれを親項目とし、その下に五十音順で追い込み項目とした。

なお、追い込み項目の見出し語表記は、その親項目に相当する部分を「**ー**」で略示した。

[例] **いぎょう**〔易行〕……。**ーどう**〔易行道〕……。

④ 同一の見出し語で二つ以上の異なった意味がある場合は、[1]、[2]、[3]…によって区別した。

⑤ 他の巻末註項目および補註項目への参照送りは、文末に、→○○〔　〕、→補註○と示した。

[例] **安養**　→じょうど〔浄土〕、補註2。　**胎生**　→けしょう〔化生〕[2]。　**婆羅門**　→補註9。

二、補　註（要語解説）

① 補註は、聖教の領解にあたり、とくに留意すべき重要な語句（要語）について、五十音順にまとめて掲載した。

② 関連する要語については、併せて解説した。

③ 見出し語は漢字で示し、番号を付した。

[例] **2　往生・真実証・浄土**

巻末註・補註（要語解説）

巻末註

あ

あかおのどうしゅう〔赤尾の道宗〕道宗の通称。↓どうしゅう〔道宗〕。

あぎたしゃきんばら〔阿耆多翅舎欽婆羅〕 パーリ語アジタ・ケーサカンバラ(Ajita Kesakambala)またはアジタ・ケーサカンバリン(Ajita Kesakambalin)の音写。六師外道《げどう》の一人。すべてのものは地・水・火・風の四元素(四大)から構成されているだけで霊魂などは存在しないという一種の唯物論を説き、善悪の因果を否定して、布施《ふせ》、祭祀《さいし》、供養《くよう》などの意義を認めず、現世の享楽を追求する快楽主義を主張した。↓ろくし〔六師〕。

あきのれんそう〔安芸の蓮崇〕 下間《しもつま》蓮崇の通称。↓れんそう〔蓮崇〕。

あくけん〔悪見〕 誤った見解。よこしまな考え。根本煩悩《ぼんのう》の一。また、自力をたのみ、本願を疑う見解を指すこともある。

あくごう〔悪業〕 苦の結果をまねく原因となる身口意《しんくい》(からだ・言葉・心)の行為。

あくしゅ〔悪趣〕 衆生《しゅじょう》が自分のなした悪い行為(悪業《あくごう》)によって導かれ趣くところ。悪道ともいう。地獄・餓鬼《がき》・畜生《ちくしょう》を三悪趣《さんまくしゅ》(三悪道)といい、これに阿修羅《あしゅら》を加えて四悪趣(四悪道)ともいうが、広く人・天をも含めて迷いの世界全体を悪趣という場合もある。

あくどう〔悪道〕 悪趣に同じ。↓あくしゅ〔悪趣〕。

あじゃせ〔阿闍世〕 梵語アジャータシャトル(Ajātaśatru)の音写。未生怨《みしょうおん》と漢訳する。釈尊在世当時のインドのマガダ国の王。父は頻婆娑羅《びんばしゃら》、母は韋提希《いだいけ》。提婆達多《だいばだった》より自らの出生の因縁《いんねん》を聴かされて、父母を怨み、父王を幽閉して王位を奪い、さらに王を助けようとした母韋提希をも幽閉した。このことを嘆いた韋提希の願いによって説かれたのが『観経』である。阿闍世はのちにこの罪を悔い、釈尊に帰依《きえ》して、仏教教団の外護者《げごしゃ》となった。釈尊の滅後、八分された遺骨の一を王舎城《おうしゃじょう》に迎えて、塔を建て供養《くよう》した。また、第一結集《けつじゅう》(最初の聖典編集会議)の際には、財的に援助をしたという。三十二年間在位し、釈尊の滅後二十四年に没したと伝えられる。

あしゅくびぶつ〔阿閦鞞仏〕 阿閦鞞は梵語アクショービヤ(Akṣobhya)の音写。無動・無瞋恚《むしんに》などと漢訳する。昔、大目《だいもく》如来のもとで、一切の瞋恚と婬欲《いんよく》とを断つことを誓い、修行して正覚《しょうがく》を得、今現に東方妙喜《みょうき》世界にあって説法しているという。

あしゅら〔阿修羅〕 梵語アスラ(asura)の音写。闘争を好む鬼《き》神《じん》で、常に帝釈天《たいしゃくてん》と戦っているという。仏法を護持する八部衆(八種の善神)の一でもある。阿修羅道(阿修羅界)は迷いの世界である六道の一。→はちぶ〔八部〕、ろくどう〔六道〕。

あそうぎ〔阿僧祇〕 梵語アサンキヤ(asaṃkhya)の音写。無数《むしゅ》・無央数《むおうしゅ》(「央」は尽きるの意)と漢訳する。数えることができないという意。無量の数。また、非常に大きな数の単位を表す。**ーこう**〔阿僧祇劫〕 数えることができない長い時間。→こう〔劫〕。

あなごん〔阿那含〕 梵語アナーガーミン(anāgāmin)の音写。不《ふ》還《げん》と漢訳する。再び迷いの世界にもどらない者の意。声聞《しょうもん》の修道《しゅどう》階位である四果の第三位で、欲界《よくかい》の煩悩《ぼんのう》をすべて断ち切って、再び欲界に還ってこない位をいう。→はっぱい〔八輩〕。

あなん〔阿難〕 梵語アーナンダ(Ānanda)の音写、阿難陀《あなんだ》の略。釈尊十大弟子の一人。釈尊の従弟にあたる。釈尊入滅《にゅうめつ》までの二十年余、常随して説法を聞き、多聞《たもん》第一といわれる。第一結集《けつじゅう》(最初の聖典編集会議)の際には選ばれて釈尊が説いた教法を誦出《じゅしゅつ》した。

あなんだ〔阿難陀〕 阿難のこと。→あなん〔阿難〕。

あぬるだ〔阿㝹楼駄〕 梵語アニルッダ(Aniruddha)の音写。阿那《あな》律《りつ》・阿尼楼駄《あにるだ》・阿泥律《あないりつ》などとも音写し、無貪《むとん》・離障《りしょう》などと漢訳する。釈尊十大弟子の一人。天眼《てんげん》第一と称された。カピラヴァストゥの人で斛飯《こくぼん》王の子とも、甘露飯《かんろぼん》王の子ともいわれ、釈尊の従弟にあたる。釈尊の説法の座で居眠りをして叱責されたため、眠ることなく修行し、ついに失明したが、天眼を得たという。『大経』では離障の名で出る。

あのくたらさんみゃくさんぼだい〔阿耨多羅三藐三菩提〕 梵語アヌッタラ・サムヤック・サンボーディ(anuttara-samyak-sambodhi)の音写。阿耨菩提《あのくぼだい》と略され、無上正等覚《むじょうしょうとうがく》・無上正真道《むじょうしょうしんどう》・無上《むじょう》正遍知《しょうへんち》などと漢訳する。この上ない仏のさとり。→ぼだい〔菩提〕。**ーしん**〔阿耨多羅三藐三菩提心〕 菩提心に同じ。→ぼだいしん〔菩提心〕。

あびじごく〔阿鼻地獄〕 阿鼻は梵語アヴィーチ(avīci)の音写。無間《むけん》と漢訳する。八大地獄の一。

無間地獄のこと。→むけんじごく〔無間地獄〕。

あびばっち〔阿毘（鞞）跋致〕　梵語アヴァイヴァルティカ（avaivartika）またはアヴィニヴァルタニーヤ（avinivartanīya）の音写。阿惟越致《あゆいおっち》とも音写し、無退・不退・不退転などと漢訳する。退かないの意。すでに得たさとりや功徳《くどく》、地位を決して失わないこと。菩薩《ぼさつ》の修道《しゅどう》が進んで仏になることが定まり、再び悪趣や二乗（声《しょう》聞《もん》・縁覚《えんがく》）や凡夫《ぼんぶ》の位に退歩したり、さとったところの菩薩の地位や法を失わないこと、また、その位をいう。浄土真宗では他力信心を得た者はこの世において正定《しょうじょう》聚《じゅ》不退の位につき、必ず仏果（仏のさとり）に至ることに定まることをいう。

あみだきょうのぎしょ〔阿弥陀経の義疏〕　一巻。宋《そう》の元照《がんじょう》の著。『弥陀経義』などともいう。『阿弥陀経』の註釈書。はじめに自序をあげ、ついで教・理・行・果の四法によって経の綱要を示し、つづいて経の本文を釈している。「執《しゅう》持名号《じみょうごう》」の文を重視して、称《しょう》名《みょう》が多善根多福徳《たぜんごんたふくとく》であることを力説する。

あみだぶつ〔阿弥陀仏〕　阿弥陀は梵語アミターバ（Amitābha—無量光）およびアミターユス（Amitāyus—無量寿）のアミタ（Amita）の音写。略して阿弥陀・弥陀ともいう。西方浄土（安楽国《あんにょうこく》・安養国・極楽世界）で法を説く仏。『大経』によれば、はるかな過去に世自在王仏《せじざいおうぶつ》のもとで、一国の王が無上道心《むじょうどうしん》（この上ないさとりをもとめる心）をおこして出家し法蔵《ほうぞう》と名のり、諸仏の国土を見て五劫《ごこう》の間思惟《しゆい》し、一切衆《しゅ》生《じょう》を平等に救おうとして四十八の大願をおこし、兆載永劫《ちょうさいようごう》（はかりしれない長い時間）の修行の後、今から十劫《じっこう》の昔にその願行《がんぎょう》を成就して阿弥陀仏となり、西方にすぐれた浄土を建立し現に説法していると説かれている。→補註1。

あゆいおっち〔阿惟越致〕　梵語アヴァイヴァルティカ（avaivartika）またはアヴィニヴァルタニーヤ（avinivartanīya）の音写。阿毘跋致とも音写し、無退・不退・不退転などと漢訳する。→あびばっち〔阿毘（鞞）跋致〕。

あらかん〔阿羅漢〕　梵語アルハット（arhat）の音写。阿羅訶《あらか》（呵）・阿盧漢《あるかん》とも音写し、略して羅漢ともいう。また、応供《おうぐ》・応《おう》・殺賊《せつぞく》・不生《ふしょう》・無生《むしょう》・応真《おうしん》・真人《しんにん》などと漢訳する。尊敬されるべき人。拝まれるべき人。供養《くよう》を受けるにふさわしい人。修行を完成し煩悩《ぼんのう》を滅し尽した聖者《しょうじゃ》。涅槃《ねはん》のさとりに入り、再び迷いの世界に生を受けない人。小乗仏教ではこの阿羅漢を最上の聖者とする。もとは仏を指す名称であったが、部派仏教時代になって、仏と阿羅漢とは区別され、仏弟子の到達する最高の階位とされた。すなわち声聞《しょうもん》の修《しゅ》道《どう》階位である四果の最高位で、三《さん》界《がい》の一切の煩悩を断じ尽して、再び迷いの世界に流転することのない位をいう。→はっぱい〔八輩〕。

あんじん〔安心〕 心を一処に安置して不動なこと。①善導《ぜんどう》大師は、起行、作業に対して願生の信心を確立することを安心の意とした（『礼讃《らいさん》』の説）。→きぎょう〔起行〕、さごう〔作業〕。②その安心の相として至誠心《しじょうしん》・深心《じんしん》・回向《えこう》発《ほっ》願心《がんしん》の三心を明かしたことから、三心すなわち信心のことを安心ともいう。→補註11。③安心を「やすきこころ」と読み、他力の信心の取りやすく得やすいことを表す意とも解する。

あんにょう〔安養〕 梵語スカーヴァティー（sukhāvatī）の漢訳。阿弥陀仏の浄土のこと。安養界・安養国・安養浄土・安養浄刹《じょうせつ》などともいう。→じょうど〔浄土〕、補註2。

あんらく〔安楽〕 梵語スカーヴァティー（sukhāvatī）の漢訳。阿弥陀仏の浄土のこと。安楽界・安楽国・安楽浄土・安楽浄刹《じょうせつ》などともいう。→じょうど〔浄土〕、補註2。

あんらくしゅう〔安楽集〕 二巻。道綽《どうしゃく》禅師《ぜんじ》（五六二—六四五）の著。十二章からなる。『観経』にもとづいて安楽浄土への往生を勧めたもの。浄土教に対する疑難について問答を設けて解釈し、時機相応の法として念仏を勧める。七《しち》祖《そ》聖《しょう》教《ぎょう》の一。

い

いぎ〔異義〕 正統な教義と異なる義。異安心《いあんじん》。

いぎょう〔易行〕 修しやすい行法。難行に対する語。阿弥陀仏の本願を信じて念仏すること。→なんぎょう〔難行〕。**—どう**〔易行道〕 阿弥陀仏の本願力によって浄土に往生してさとりを開く他力の道。→なんぎょうどう〔難行道〕。

いごう〔意業〕 三業の一。→さんごう〔三業〕。

いじょう〔異乗〕 梵語パーラーヤニカ（Pārāyaṇika）の漢訳。摩訶《まか》波羅延《はらえん》などと音写する。舎衛城《しゃえじょう》のバラモンであったが、祇園《ぎおん》精舎《しょうじゃ》で釈尊の説法を聞き、釈尊の弟子となったという。

いだい〔韋提〕 韋提希の略称。→いだいけ〔韋提希〕。

いだいけ〔韋提希〕 梵語ヴァイデ

チャンティカ（icchantika）の音写。一闡底迦《いっせんていか》・一顚迦《いってんか》などとも音写し、略して闡提ともいう。また、断善根《だんぜんごん》・信不具足《しんふぐそく》などと漢訳する。世俗的な快楽を追求するのみで正法《しょうぼう》を信じず、さとりを求める心がなく成仏することのできない衆生《しゅじょう》のこと。浄土教では、これらの者も回心《えしん》すれば往生することができると説く。

いっぺん〔一遍〕（一二三九―一二八九）諱《いみな》は智真《ちしん》。時宗の開祖。円照《えんしょう》大師、遊行《ゆぎょう》上人とも呼ばれる。伊予《いよ》（現在の愛媛県）の豪族河野《こうの》通広《みちひろ》の子として生れ、出家して聖達《しょうだつ》（浄土宗西山派《せいざんは》の祖、証空《しょうくう》の弟子）に師事した。文永《ぶんえい》十一年（一二七四）、熊野《くまの》に百箇日参籠《さんろう》して、夢告を得、自ら一遍と号して時宗を開き、以後全国を遊行して念仏弘通《ぐずう》に努めた。

いんが〔因果〕　物事が起る原因となるものを因といい、それによって引き起された結果を果という。ただし、仏教では、物事が起る原因には、果を生じさせる直接原因である因と、因を助成する間接原因である縁とがあるとし、因果という時の因は、因と縁とを含めているのである。この因（因縁《いんねん》）と果とを合せて因果という。因縁果の略称。

いんに〔因位〕　因地《いんじ》ともいう。因の位という意で、果位に対する語。菩薩《ぼさつ》が仏のさとりを開くために修行している間をいう。阿弥陀仏の因位の名を法蔵《ほうぞう》菩薩と呼ぶ。→かい〔果位〕。

いんねん〔因縁〕　①因と縁。結果をもたらす直接原因（因）と間接原因または条件（縁）をいう。②縁起《えんぎ》、因縁生に同じ。因縁によって事柄が生起すること。すべての存在は因と縁によって生じて仮に存在し、また因縁によって滅するという道理。

う

う〔有〕　①無・空に対する語。存在を意味する。②有情《うじょう》としての生存。また、迷える者の存在の世界。→さんがい〔三界〕。

うい〔有為〕　梵語サンスクリタ（saṃskṛta）の漢訳。さまざまな因縁《いんねん》（原因と条件）によってつくられた生滅《しょうめつ》変化するもの。無為に対する語。→むい〔無為〕。

うじょう〔有情〕　梵語サットヴァ（sattva）の漢訳。情（こころ）を有するもの。生きとし生けるものの意。旧訳《くやく》では衆生、新訳では有情と漢訳する。→しゅじょう〔衆生〕①。

うどんげ〔優曇華〕　優曇は梵語ウドゥンバラ（udumbara）の音写。優曇鉢華《うどんばけ》・優曇鉢樹《うどんばじゅ》ともいい、霊《れい》瑞華《ずいけ》と漢訳する。三千年に一度開花するといい、仏に遇《あ》いがたいことや、きわめて稀《まれ》なこと、すぐれたことが起ることなどの喩えとされる。

うねん〔有念〕 無念に対する語。①仏身《ぶっしん》・浄土の荘厳相《しょうごんそう》など、具体的な形相を心に思いうかべて観想すること。②散善のこと。散善は悪を止《とど》め善を修めようとする思慮分別がはたらくので有念という。↓むねん〔無念〕、さんぜん〔散善〕。

うばい〔優婆夷〕 梵語ウパーシカー(upāsikā)の音写。女性の在家の信者。四衆の一。↓ししゅ〔四衆〕。

うばそく〔優婆塞〕 梵語ウパーサカ(upāsaka)の音写。男性の在家の信者。四衆の一。↓ししゅ〔四衆〕。

うむ〔有無〕 ①有と無、肯定と否定、存在と非存在。②有見と無見。あらゆる事物を、実に有りとみなすことと無しとみなすこと。いずれも誤った見解なので邪見という。

うるびんらかしょう〔優楼頻蠃迦葉〕 梵語ウルヴィルヴァー・カーシュヤパ(Uruvilvā-Kāśyapa)の音写。優楼頻蠃とは尼連禅河《にれんぜんが》のほとりの村の名。三迦葉の長兄で、もと事火外道《じかげどう》(火を尊び、これに供養《くよう》して福を求める異教徒の一派。拝火《はいか》外道ともいう)であったが、釈尊の教化を受けて、五百人の弟子とともに仏弟子となった。↓さんかしょう〔三迦葉〕。

うろ〔有漏〕 煩悩《ぼんのう》をもつもの。漏とはもれ出るもの、けがれの意で煩悩の異名。↓むろ〔無漏〕。

え

え〔慧〕 智慧のこと。↓ちえ〔智慧〕。

え〔穢〕 ①煩悩《ぼんのう》のけがれのあること。②穢土のこと。↓えど〔穢土〕。

えかん〔懐感〕(七世紀頃)唐《とう》代の僧。長安千福寺に住した。感禅師《かんぜんじ》とも呼ぶ。はじめ法相唯識《ほっそうゆいしき》の教えを学び、のち善導《ぜんどう》大師(六一三―六八一)に師事して浄土教の要義を学び、念仏三昧《ねんぶつざんまい》を証得したという。著書に『釈浄土群疑論《しゃくじょうどぐんぎろん》』七巻(懐惲《えうん》補筆)がある。

えけいず〔絵系図〕 師資相承《ししそうじょう》の系譜を絵図に表したもの。仏光寺の了源《りょうげん》やその後継者が「名帳《みょうちょう》」とともに用いて、教線を拡大した。鎌倉時代末期、南北朝時代の遺品が現存する。↓みょうちょう〔名帳〕。

えこう〔回向〕 梵語パリナーマナー(pariṇāmanā)の漢訳。回はめぐらすこと、向はさしむけること。自らの修めた善根《ぜんごん》を自らのさとりのためにふりむける菩提《ぼだい》回向、自らの善根を他の人々を救うためにふりむける衆生《しゅじょう》回向、空真如《くうしんにょ》の理にかなっていく実際《じっさい》回向の三種の回向がある。①浄土真宗では、その阿弥陀仏が本願力をもって、その功徳《くどく》を衆生にふりむけることをいい（本願力回向）、その相に往相回向と還相回向との二種の回向があるとする。↓おうそうえこう〔往相回向〕、げんそうえこう〔還相回向〕、補註12。②死者のためにする追善《ついぜん》（追善回向）。③五念門の一。↓ごねんもん〔五念門〕。

ーほつがんしん〔回向発願心〕『観経』に説く三心の一。①自らの修めた善根をふりむけて浄土へ往生しようと願う心。②阿弥陀仏より回向された功徳をいただき、必ず往生できることをよろこぶ心。↓さんしん〔三心〕②。

えしょうにほう〔依正二報〕　依報《えほう》と正報《しょうぼう》の二種の果報《かほう》。①正報はまさしく過去の業の報いとして得た有情《うじょう》の身心をいい、依報はその身心のよりどころとなる国土・環境をいう。②浄土の依正二報。阿弥陀仏と菩薩《ぼさつ》衆（聖衆《しょうじゅ》）が正報にあたり、その国土が依報にあたる。

えしん〔回心〕　心をひるがえすこと。①悪心を改めて仏の教えに帰すること。回心懺悔《さんげ》のこと。②自力の心を捨てて本願他力に帰すること。

えしん〔恵信〕（一一八二―）　親鸞《しんらん》聖人の妻。越後《えちご》（現在の新潟県）の豪族、三善為則《みよしためのり》（為教）の娘といわれている。結婚の時期については、一般に聖人の越後流罪中といわれる。聖人と行動をともにし、晩年は越後で暮した。覚信尼《かくしんに》公に宛てた消息《しょうそく》が現存しており、親鸞聖人の行実を知る上での重要な史料となっている。文永《ぶんえい》五年（八十七歳）の時の消息が最後のものであり、まもなく没したと推定される。

えど〔穢土〕　浄土に対する語。穢国ともいう。煩悩《ぼんのう》や罪悪によってけがされた世界。この現実世界。三界六道《さんがいろくどう》の総称。↓じょうど〔浄土〕。

えん〔縁〕　間接的な原因。条件。↓いんねん〔因縁〕。

えんがく〔縁覚〕　梵語プラティエーカ・ブッダ（pratyeka-buddha）の漢訳。因縁《いんねん》の理を観じてさとる者。また、師なくして飛花落葉《ひけらくよう》を観《み》て独自にさとりを開き、他に説法しようとしない者。独覚《どくかく》・辟支《びゃくし》仏《ぶつ》ともいう。↓にじょう〔二乗〕。

えんにゅう〔円融〕　それぞれのものが、その立場を保持しながら完全に一体となって、互いに融《と》けあいさまたげがないこと。元来は、天台宗《てんだいしゅう》・華《け》厳宗《ごんしゅう》の教説であるが、親鸞《しんらん》聖人はあらゆる徳が円《まど》かに満ち具わっているという意に用い、真宗の教法、本願の名号《みょうごう》、真実信心を讃える語とする。

えんのうこう〔炎王光〕　阿弥陀仏の十二光の一。→じゅうにこう〔十二光〕。

えんぶだい〔閻浮提〕　南閻浮提のこと。→なんえんぶだい〔南閻浮提〕。

えんぶだんごん〔閻浮檀金〕　閻浮檀は梵語ジャンブーナダ（jam-būnada）の音写。閻浮は木の名、檀はこの木の林の中を流れる河のことで、閻浮樹林の間を流れる河の底からとれる美しい砂金のこと。

お

おう〔横〕　1よこ。よこさま。竪（たて）に対する語。2空間的な広がりを表す。3浄土真宗の教判（教法の価値判断）では、願力不思議によって、よこさまにさとりに至る浄土門の教えをいう。→しゅ〔竪〕。

おうぐ〔応供〕　如来十号の一。→にょらい〔如来〕。

おうげしん〔応化身〕　仏の三身の一である応身のこと。また、仏の四身の一である化身のこと。→おうじん〔応身〕、けしん〔化身〕。

おうしゃじょう〔王舎城〕　梵語ラージャグリハ（Rājagṛha）の漢訳。釈尊在世当時のインドのマガダ国の首都の名。頻婆娑羅王《びんばしゃらおう》が築き、『観経』で韋提希《いだいけ》夫人やその子阿闍世王《あじゃせおう》などが登場した都。釈尊の説法の中心地で『大経』『法《ほ》華経《けきょう》』などがこの郊外の耆闍崛山《ぎしゃくっせん》（霊鷲山《りょうじゅせん》）で説かれた。現在のラージギルにあたる。

おうしゅつ〔横出〕　横は他力浄土門のこと、出は漸教のこと。他力浄土門の中の漸教。他力によりながらもなお自力心が残っていて方便化土《けど》に往生する第十九《じゅうく》・二十願の要門・真門の法を指す。→ぜんぎょう〔漸教〕。

おうじょう〔往生〕　阿弥陀仏の浄土に往き生れることをいう。→補註2。

ーいちじょう〔往生一定〕　堅固な信心によって、阿弥陀仏の浄土に往き生れることが確かに定まること。往生決定《けつじょう》・往生治定《じじょう》に同じ。

おうじょうようしゅう〔往生要集〕　三巻。源信和尚《げんしんかしょう》（九四二―一〇一七）の著。寛和《かんな》元年（九八五）成立という。往生極楽に関する経論の要文を集め、①厭離穢土《えんりえど》、②欣求浄土《ごんぐじょうど》、③極楽証拠、④正《しょう》修《しゅう》念仏、⑤助念方法、⑥別時念仏、⑦念仏利益《りやく》、⑧念仏証拠、⑨往生諸業、⑩問答料簡《りょうけん》の十大門に分けて論じたもの。厭離穢土・

欣求浄土の思想は当時の社会に大きな感化を及ぼした。七祖聖教《しちそしょうぎょう》の一。宋《そう》にも送られて高く評価されたという。

おうじょうらいさん〔往生礼讃〕 一巻。善導《ぜんどう》大師（六一三―六八一）の著。『往生礼讃偈』『六時礼《ろくじらい》讃偈《さんげ》』ともいう。日没《にちもつ》・初夜《しょや》・中夜《ちゅうや》・後夜《ごや》・晨朝《じんじょう》・日中《にっちゅう》の六時にそれぞれ讃文《さんもん》を唱えて礼拝《らいはい》する行儀《ぎょうぎ》を明かしたもの。七祖聖教《しちそしょうぎょう》の一。

おうじょうろん〔往生論〕 『浄土論』のこと。→じょうどろん〔浄土論〕。

おうじん〔応身〕 仏の三身の一。衆生《しゅじょう》の根機《こんき》（素質能力）に応じて、仮に穢土《えど》に出現した仏身《ぶっしん》。この世界に出現した釈尊がこれにあたる。→さんしん〔三身〕。

おうそう〔往相〕 往生浄土の相状の意。衆生《しゅじょう》が浄土に生れゆくすがたで、教・行・信・証の四法がある。還相に対する語。→げんそう〔還相〕。**―えこう**〔往相回向〕 阿弥陀仏が本願力によって往相を回向（衆生にふりむけ、与えること）すること。親鸞《しんらん》聖人は回向の主体を阿弥陀仏とし、衆生が浄土へ往生する因である行信《ぎょうしん》も、往生成仏の証果も、すべて阿弥陀仏が施し与えるものであるとする。→げんそうえこう〔還相回向〕、補註12。

おうちょう〔横超〕 横は他力浄土門のこと、超は頓教のこと。他力浄土門の中の頓教。他力不思議によって往生と同時に仏のさとりを開く第十八願（弘願《ぐがん》）の法を指す。→とんぎょう〔頓教〕。

おうにっきゅう〔王日休〕（―一一七三） 南宋《なんそう》の居士《こじ》（仏教に帰依《きえ》した在家の男子）。龍舒《りゅうじょ》（現在の安《あん》徽《き》省廬江《ろこう》）の生れ。儒学に通じたが、のちに浄土教に帰依し、『浄《じょう》土文《どもん》』十二巻を編纂した。

おおたに〔大谷〕 現在の京都市の東大谷、円山《まるやま》公園、知恩院《ちおんいん》境内地一帯の地名。法然《ほうねん》聖人（一一三三―一二一二）が専修《せんじゅ》念仏を創唱した吉水《よしみず》の草庵や、示寂《じじゃく》した大谷の禅房はこの地にあった。弘長《こうちょう》二年（一二六三）、親鸞《しんらん》聖人の遺骨をこの地に納め、文永《ぶんえい》九年（一二七二）、吉水の北辺に改葬して廟《びょう》堂《どう》（現在の崇泰院《そうたいいん》境内にあたる）を建てたといわれ、のちにこれを大谷本願寺と称した。廟所は、慶《けい》長《ちょう》八年（一六〇三）十月に東山五条坂の地に移転した。龍谷山の山号は「巃」の字が「大谷。大きく長い谷」を意味することによるといわれる。

おくしもん〔抑止門〕 抑止とはおさえとどめること。『大経』の第十八願文および成就文に、「ただ五逆《ごぎやく》と誹謗《ひほう》正法《しょうぼう》とをば除く」（五逆罪と謗法《ほうぼう》罪を如来の救済より除く）とあるのは、これらの罪は重罪であるから、衆生《しゅじょう》がこれを犯さないようにおさえとどめるために説かれたとするのを抑止門という。さらに親鸞《しんらん》聖人は「除く」と説かれたのは、五逆と謗法とが極重罪であることを知らしめ、回心《えしん》せしめて、みなもれず往生せしめようとする意であるという。

おくねん〔憶念〕　心に思いたもつこと。心に念じて忘れないこと。浄土真宗では、とくに阿弥陀仏の本願を信じること、また、本願のいわれを聞いて心にたもち常に思い出して忘れないこととして用いられる。

おんこうにん〔音響忍〕　三法忍の一。諸仏・菩薩《ぼさつ》の説法を聞き、驚き恐れることなく信認し受け入れること。→さんぼうにん〔三法忍〕。

おんりんゆげじもん〔園林遊戯地門〕　五功徳門《ごくどくもん》（五種の功徳）の一。→ごしゅのくどく〔五種の功徳〕。

か

かい〔戒〕　梵語シーラ（śīla）の漢訳。尸羅《しら》と音写する。行いを慎むための戒め。仏教に帰依《きえ》した者が守るべき規則で、自発的な努力によることを特徴とする。三学（戒・定《じょう》・慧《え》）、六波羅蜜の一。→ろっぱらみつ〔六波羅蜜〕。

かい〔果位〕　菩薩《ぼさつ》が仏になるために六波羅蜜《ろっぱらみつ》等の因行《いんぎょう》を修し、それを成就して得た仏の位、仏果（仏のさとり）を指す。因位に対する語。→いんに〔因位〕。

かいげんのぞうろく〔開元の蔵録〕　『開元釈教録《かいげんしゃくきょうろく》』のこと。略して『開元録』ともいう。二十巻。唐《とう》の智昇《ちしょう》の編。開元十八年（七三〇）の成立。前十巻は総括群経録で、後漢《ごかん》の永平《えいへい》十年（六七）から唐の開元十八年までに訳された二千二百七十八部七千四十六巻の仏教典籍を記録している。後十巻は別分乗蔵録で、標準入蔵録（内容による分類）・現蔵入蔵録（現に経蔵《きょうぞう》に収められている千七十六部五千四十八巻の目録）・付属目録からなる。

かいど〔戒度〕　南宋《なんそう》代の僧。字《あざな》は拙菴《せつあん》。元照《がんじょう》に律と浄土教を学び、晩年、余姚《よよう》（現在の浙江《せっこう》省余姚県）の極楽寺に住した。著書に『観経疏正観記《かんぎょうしょしょうかんき》』三巻『阿弥陀《あみだ》経義疏聞持記《きょうぎしょもんじき》』三巻『観経扶新論《かんぎょうふしんろん》』一巻がある。

がき〔餓鬼〕　梵語プレータ（preta）の漢訳。餓鬼道は迷いの世界である六道の一。常に飢餓に悩まされる世界。→ろくどう〔六道〕。

かくしん〔覚信〕（一二二四―一二八三）親鸞《しんらん》聖人の末娘。王御前《おうごぜん》とも呼ばれる。日野広綱《ひのひろつな》に嫁し、覚《かく》恵法師《えほっし》など二子を生む。広綱の死後、小野宮禅念《おののみやぜんねん》と再婚して、唯善《ゆいぜん》を生む。禅念の私有地に親鸞聖人の廟堂《びょうどう》を創設し、さらに禅念から土地を譲り受けて、これを聖人の廟地とし、関東の門弟に寄進して、自らは留守として廟堂の守護に任じた。

かくにょ〔覚如〕（一二七〇―一三五一）本願寺第三代宗主。覚信尼《かくしんに》公の孫で、覚恵法師《かくえほっし》の長子。諱《いみな》は宗昭《そうしょう》。はじめ慈信房澄海《じしんぼうちょうかい》について内外の典籍を学び、ついで宗《しゅう》澄《ちょう》から天台《てんだい》、行寛《ぎょうかん》から唯識《ゆいしき》を学んだが、弘安《こうあん》十年（一二八七）、奥州大網《おうしゅうおおあみ》の如信《にょしん》上人に会って宗義を受得した。その後、父覚恵法師とともに関東の親鸞《しんらん》聖人の遺蹟を巡拝し、帰洛して『報恩講私記』『御伝鈔』二巻を著した。正《しょう》安《あん》三年（一三〇一）、『拾遺《しゅうい》古徳《ことく》伝《でん》』九巻を作り、浄土門流における親鸞聖人の地位を明らかにした。翌年覚恵法師から留《る》守《す》職譲状《しきゆずりじょう》を受け、延慶《えんきょう》三年（一三一〇）、留守職に就任し、以後越前《えちぜん》大町をはじめ諸地方を巡って教化し、また、『口伝鈔』や『改邪鈔』を著して三代伝持《でんじ》の血脈《けちみゃく》を強調し、仏光寺系の教学を批判するなど本願寺教団の確立に尽力した。しかし長子存覚《ぞんかく》上人との不和が絶えず、元《げん》亨《こう》二年（一三二二）に義絶してより、和解、義絶を繰り返した。著書には上記のほか『執持鈔』『願《がん》願鈔《がんしょう》』『最要鈔《さいようしょう》』『本願鈔《ほんがんしょう》』『出《しゅつ》世元意《せがんい》』などがある。

かざい〔迦才〕（七世紀中頃）善導《ぜんどう》大師（六一三―六八一）と同時代の唐《とう》代の僧。長安の弘法寺《こうほうじ》にあって浄土教をひろめたといわれるが、伝歴は未詳。著書に『浄土論《じょうどろん》』三巻がある。

かしょう〔迦葉〕　梵語カーシュヤパ（Kāśyapa）の音写。①過去七仏の第六の仏。↓かしょうぶつ〔迦葉仏〕。②摩訶迦葉のこと。↓まかかしょう〔摩訶迦葉〕。③迦葉三兄弟のこと。↓さんかしょう〔三迦葉〕。

かじょう〔嘉祥〕（五四九―六二三）名は吉蔵《きちぞう》。会稽《かいけい》（現在の浙江《せっこう》省紹興《しょうこう》）の嘉祥寺に住したので嘉祥大師と呼ばれる。三論宗《さんろんしゅう》を大成し、『観経義疏《かんぎょうぎしょ》』一巻『三論《さんろん》玄義《げんぎ》』一巻『大乗玄論《だいじょうげんろん》』五巻など数多くの著書がある。

かしょうぶつ〔迦葉仏〕　迦葉は梵語カーシュヤパ（Kāśyapa）の音写。過去七仏の中、釈尊の前に出世した第六仏。人寿二万歳の時に、ヴァーラーナシー（ベナレス）に生れ、ニヤグローダ樹の下で成道《じょうどう》し、一会《いちえ》に法を説いて弟子二万人を度したという。

かたく〔火宅〕　煩悩《ぼんのう》に満ちたこの娑婆《しゃば》世界を燃えさかる家に喩えていう。『法華経《ほけきょう》』「譬喩品《ひゆぼん》」にもとづく語。

かねがもりのぜんじゅう〔金森の善従〕　善従の通称。→ぜんじゅう〔善従〕。

かびらじょう〔迦毘羅城〕　迦毘羅は梵語カピラ（Kapila）の音写。釈迦族の居城で釈尊生誕の地。現在のネパール、タライ地方のティラウラコートにあった（一説ではネパール国境近くのインドのピプラーワー）が、釈尊の晩年にコーサラ国に滅ぼされた。

かほう〔果報〕　原因としての善悪業《ごう》によって受ける報いとしての苦楽の結果。

がやかしょう〔伽耶迦葉〕　梵語ガヤー・カーシュヤパ（Gayā-Kāśyapa）の音写。三迦葉の末弟で、もと事《じ》火外道《かげどう》（火を尊び、これに供養《くよう》して福を求める異教徒の一派。拝火《はいか》外道ともいう）であったが、二人の兄が釈尊に帰依《きえ》したのを見て、二百人の弟子とともに仏弟子となった。→さんかしょう〔三迦葉〕。

からく〔嘉楽〕　難陀のこと。→なんだ〔難陀〕。

からくだかせんえん〔迦羅鳩駄迦旃延〕　パーリ語カクダ・カッチャーヤナ（Kakudha Kaccāyana）またはパクダ・カッチャーヤナ（Pakudha Kaccāyana）、パクダ・カーティヤナ（Pakudha Kātiyana）の音写。六師外道《げどう》の一人。無因論的感覚論者。宇宙・人生を構成しているものは地・水・火・風・苦・楽・霊魂の七つの不生不滅の永遠の実体であるとする。→ろくし〔六師〕。

かるだい〔迦留陀夷〕　梵語カーローダーイン（Kālodāyin）の音写。釈迦族の出身で、釈尊と同日に誕生したという。成道《じょうどう》後の釈尊を故郷に迎える際、尽力し弟子となった。

かん〔観〕　[1]梵語ヴィパシュヤナー（vipaśyanā）の漢訳。毘婆舎《びばしゃ》那《な》・毘鉢舎那・毘波奢那などと音写し、観察《かんざつ》と漢訳する。智慧《ちえ》で物事の道理をありのままに観《み》ること。止《し》（奢摩他 śamatha）と並べて止観という。→しかん〔止観〕[1]。[2]親鸞聖人《しんらん》は観を本願力を心に思いうかべることとする。

がん〔願〕　梵語プラニダーナ（praṇidhāna）の漢訳。目的をたて、それを成就しようと願い求める意志。仏は菩薩《ぼさつ》の時に願をたてる。諸仏・菩薩に共通する願に四弘誓《しぐぜい》願《がん》（①「衆生無辺誓願度」、一切の衆生《しゅじょう》をさとりの岸にわたそう。②「煩悩無尽誓願断」、一切の煩《ぼん》悩《のう》を断とう。③「法門無量誓願学」、一切の教えを学びとろう。④「仏道無上誓願成」、この上ないさとりを成就しよう）があり総願という。また、総願に対して、それぞれの仏や菩薩に固有の願を別願という。阿弥陀仏（法蔵《ほうぞう》菩薩）の四十八願《しじゅうはちがん》、薬師仏《やくしぶつ》の十二願などが代表的。↓せいがん〔誓願〕、ほんがん〔本願〕。

かんぎ〔歓喜〕　往生を得ることをよろこぶこと。必ず往生できるとよろこぶ心。また、歓は身によろこぶことであり、喜は心によろこぶことであるともいう。**—こう**〔歓喜光〕　阿弥陀仏の十二光の一。↓じゅうにこう〔十二光〕。**—じ**〔歓喜地〕　菩薩《ぼさつ》五十二位の修道《しゅどう》階位のうちの第四十一位。十《じゅう》地《じ》の初位（初地《しょじ》）。菩薩がこの位に至れば真如《しんにょ》をさとるから、再び退転することなく、必ず成仏することに定まり、歓喜が生ずるので歓喜地という。浄土真宗では現《げん》生正定聚《しょうしょうじょうじゅ》のことをいう。↓しょうじょうじゅ〔正定聚〕。**—ゆやく**〔歓喜踊躍〕　踊躍はおどりはねること。往生を得ることをよろこぶ心のきわまりないすがたを歓喜踊躍という。

がんぎょう〔願行〕　①誓願《せいがん》と修行。仏が因位《いんに》の時に誓った願と、その願を実現するための行。②往生に必要な願と行。善導《ぜんどう》大師は、「南無阿弥陀仏」の「南無《なも》」には願の意味があり、「阿弥陀仏」には往生の行となるいわれがあるから、南無阿弥陀仏を称《とな》えるところには、往生に必要な願と行が具わっていると説く。

かんぎょうぎ〔観経義〕　『観経疏《かんぎょうしょ》』のこと。『観経四帖疏《かんぎょうしじょうしょ》』ともいう。四巻。善導《ぜんどう》大師（六一三—六八一）の主著。『観無量寿経』の註釈書で、「玄義分《げんぎぶん》」「序分義《じょぶんぎ》」「定善義《じょうぜんぎ》」「散善義《さんぜんぎ》」の四帖からなる。聖道《しょうどう》諸師の『観経』解釈を批判し、本願に順ずる称名《しょうみょう》による往生を明らかにした。七祖《しちそ》聖教《しょうぎょう》の一。

かんけ〔勧化〕　人に仏道を勧めること。教化の意。

かんざつ〔観察〕　五念門・五正行の一。↓ごねんもん〔五念門〕、ごしょうぎょう〔五正行〕。

がんさぶっしん〔願作仏心〕　仏になろうと願う心。曇鸞《どんらん》大師は無上菩提心を規定して願作仏心、度衆《どしゅ》生心《じょうしん》とした。↓ぼだいしん〔菩提心〕。

がんじょう〔元照〕（一〇四八—一一一六）北宋《ほくそう》代、余杭《よこう》（現在の浙《せっ》江《こう》省杭州）の人。字《あざな》は湛然《たんねん》。大智《だいち》律師《りっし》と呼ばれる。はじめ天台《てんだい》を学び、のち律宗に帰して『行事鈔《ぎょうじしょう》資持記《しじき》』十六巻を著したが、晩年病にかかり自らの微力を知って深く浄土教に帰依《きえ》した。『観無量寿《かんむりょうじゅ》経義疏《きょうぎしょ》』三巻『阿弥陀《あみだ》経義疏《きょうぎしょ》』一巻を著し、念仏往生を勧めた。

かんじょうきょう〔灌頂経〕『大灌《だいかん》頂神呪経《じょうじんじゅきょう》』とも『大灌頂経』ともいう。十二巻。東晋《とうしん》の帛尸梨蜜《はくしりみっ》多羅《たら》訳。十二部の経典を集成したもの。各経題の冒頭にいずれも仏説灌頂の四字があるのでこの名がある。現在では中国撰述の経典とみられている。

かんぜおん〔観世音〕　観世音菩薩のこと。→かんぜおんぼさつ〔観世音菩薩〕。

かんぜおんぼさつ〔観世音菩薩〕　観世音は梵語アヴァローキテーシュヴァラ（Avalokiteśvara）の漢訳。略して観世音・観音《かんのん》ともいう。苦悩する世間の人が観音の名を称《とな》えるのを聞き知って、自在に救うという意。新訳では観自在《かんじざい》と漢訳する。阿弥陀仏の左の脇士《きょうじ》で、阿弥陀仏の慈悲の徳をあらわす菩薩。右の脇士、大勢至菩薩に対する。→だいせいしぼさつ〔大勢至菩薩〕。

かんねん〔観念〕　心を静かにして真理または仏の相好《そうごう》や功徳《くどく》などを観察思念《かんざつしねん》すること。

かんねんぼうもん〔観念法門〕　一巻。善導《ぜんどう》大師（六一三―六八一）の著。『観経』『般舟三昧経《はんじゅざんまいきょう》』などによって、阿弥陀仏を観ずる行《ぎょう》相《そう》・作法・功徳《くどく》などが述べられている。なお現行本には『五種増《ごしゅぞう》上縁義《じょうえんぎ》』一巻が合本になっている。七祖聖教《しちそしょうぎょう》の一。

かんのん〔観音〕　観世音菩薩のこと。→かんぜおんぼさつ〔観世音菩薩〕。

かんのんじゅききょう〔観音授記経〕『観世音菩薩授記経《かんぜおんぼさつじゅききょう》』のこと。一巻。劉宋《りゅうそう》の曇無竭《どんむかつ》訳。観世音菩薩および大勢至菩薩の過去・現在・未来を説き、阿弥陀仏の滅後に観世音が成仏し、観世音の滅後に大勢至が成仏することを説く。

かんぶつざんまい〔観仏三昧〕　思いを凝らして、仏の相好《そうごう》や功徳《くどく》などを念じ観察《かんざつ》すること。

かんぶつざんまいきょう〔観仏三昧経〕『観仏三昧海経』のこと。十巻。東晋《とうしん》の仏駄跋陀羅《ぶつだばつだら》訳。十二章（品）に分けて、仏の相好《そうごう》の功徳《くどく》を観想する相状や利益《りやく》を説く。

かんほっし〔観法師〕　諦観《たいかん》（―九七一）のこと。高麗《こうらい》の天台宗《てんだいしゅう》の僧。戦乱によって失われた天台宗の典籍を呉越王《ごえつおう》の求めに応じて中国にもたらした。『天台四教儀《てんだいしきょうぎ》』一巻を著す。

がんりき〔願力〕　一切衆生《しゅじょう》を救済しようという阿弥陀仏の本願によって成就された力のこと。とくに第十八願力を指す場合が多い。

↓ほんがんりき〔本願力〕。**―ふしぎ**〔願力不思議〕　人間の思慮分別を超えた阿弥陀仏の本願力。↓ほんがんりき〔本願力〕。

かんろ〔甘露〕　梵語アムリタ（a-mṛta）の漢訳。不死とも漢訳する。諸天が用いる不死の効能がある仙酒・霊薬。仏法の奥深い妙味をあらわす時の喩えとして用いられる。

き

き〔記〕　記別《きべつ》ともいう。将来さとりを開くにちがいないと仏が与える予言。成仏することの証言、あかし。↓じゅき〔授記〕。

き〔基〕　慈恩大師窺基《きき》のこと。↓じおん〔慈恩〕。

き〔器〕　器世間《きせけん》のこと。衆生《しゅじょう》が住んでいる山河・大地などの自然界。

き〔機〕　仏の教法を受けて救われるべきもの。一般に衆生《しゅじょう》、人間のこと。また、その素質能力を指す場合もある。↓こんき〔根機〕、補註3。

きえ〔帰依〕　信じよりどころとすること。信認して順《したが》うこと。↓きみょう〔帰命〕。

きぎょう〔起行〕　実践すること。安心、作業に対する語。安心（信心）にもとづき、身口意《しんくい》の三業《さんごう》に起す礼拝《らいはい》・讃嘆《さんだん》・作願《さがん》・観察《かんざつ》・回《え》向《こう》の五念門《ごねんもん》、または読誦《どくじゅ》・観察・礼拝・称名《しょうみょう》・讃嘆供養《さんだんくよう》の五正行《ごしょうぎょう》をいう。↓あんじん〔安心〕①・②、さごう〔作業〕、補註10。

ぎしゃくっせん〔耆闍崛山〕　霊鷲《りょうじゅ》山《せん》・霊山《りょうぜん》などと漢訳する。古代インドのマガダ国の首都王舎城《おうしゃじょう》（現在のラージギル）の郊外にあり、釈尊が『大経』や『法華経《ほけきょう》』を説いた山として有名。

ぎじょうたいぐ〔疑城胎宮〕　疑城とは阿弥陀仏の浄土のうち、本願を疑う善人（第十九《じゅうく》、二十願の疑心自力の行者）がとどまるところで、方便化土《けど》の異名。それを胎宮ともいうのは、せっかく浄土に生れても蓮華《れんげ》の中につつまれて、あたかも母の胎内にあるがごとく、五百年の間、仏に遇わず、法を聞かず、聖衆《しょうじゅ》を見ることができないからである。↓けしんど〔化身土〕、しんじつほうど〔真実報土〕。

きじん〔鬼神〕　目に見えない超人的威力を持った存在で、仏法に帰《き》依《え》する善鬼神と帰依しない悪鬼神とがある。浄土教では、善鬼神は念仏行者を敬って守護し、悪鬼神は念仏行者を畏《おそ》れて害することがないと説く。

きしんろん〔起信論〕　『大乗起信《だいじょうきしん》論《ろん》』のこと。一巻。インドの馬鳴菩薩《ぼさつ》造と伝えられているが、同名異人の作とも、中国で馬鳴に仮託《かたく》されて作られたものともいわれる。漢訳に梁《りょう》の真諦《しんだい》訳一巻、唐《とう》の実叉難陀《なんだ》訳二巻がある。大乗仏教の中心思想を理論と実践の両面から説き、真如縁起《しんにょえんぎ》を主張する。短編ではあるが、仏教史上極めて重要な書物で、華厳《けごん》・天台《てんだい》・禅・浄土・真言《しんごん》等の大乗仏教の主要な宗派に大きな影響を与えた。↓めみょう〔馬鳴〕。

ぎなきをぎとす〔義なきを義とす〕 「本願他力に対しては、行者のはからいをまじえないことを本義とする」という意。前の「義」は「宜」と同意で、行者が自分の考えでよろしきように判断する「はからい」のこと。後の「義」は本義のことである。また、「行者のはからいをまじえないのが、そのまま如来のはからいである」「行者のはからいを捨てるのが、往生におけるよいはからいである」などと解する説もある。

ぎば〔耆婆〕 梵語ジーヴァカ（Jīvaka）の音写。釈尊在世当時のインドの名医で頻婆娑羅《びんばしゃら》・阿闍世《あじゃせ》の二王に仕える。阿闍世とは異母兄弟といわれる。深く仏法に帰依《きえ》し、釈尊の病をしばしば治したという。また、父王を殺したことを悔いる阿闍世を仏に帰依させた人である。

きほういったいのなもあみだぶつ〔機法一体の南無阿弥陀仏〕 南無は阿弥陀仏をたのむ衆生《しゅじょう》の信心で、それを機といい、阿弥陀仏は衆生をたすけるはたらきをあらわしているから、それを法という。この機と法とが、南無阿弥陀仏という名号《みょうごう》の中に一体に成就されていること。すなわち南無阿弥陀仏とは「たのめ（機）たすける（法）」という救いのいわれをあらわしていると同時に「救いのはたらき（法）にまかせる（機）」という信心のすがたをあらわしていることをいう。ただし、『安心決定鈔』における機法一体は西山義の生仏不二の原理に立つもので、多義がある。↓たすけたまへ、たのむ、補註3。

きみょう〔帰命〕 梵語ナマス（namas）の漢訳。南無《なも》と音写する。心から信じ敬うという意。浄土真宗では、本願に帰せよとの阿弥陀仏の勅命の意とし、また、その勅命に帰順する（信じ順《したが》う）意とする。「仰せにしたがふ」（浄土和讃異本左訓）と釈されている。また、帰命には礼拝《らいはい》の意味もある。

ぎゃくほう〔逆謗〕 逆は五逆、謗は誹謗正法《ひほうしょうぼう》（仏の正法をそしること）のこと。↓ごぎゃく〔五逆〕、ほうぼう〔謗法〕。

きょう〔経〕 梵語スートラ（sūtra）の漢訳。修多羅《しゅたら》と音写する。

たて糸の意で、転じて糸によって貫いて保持しているものを意味し、古代インドでは、宗教あるいは学問の綱要をまとめた文章を指した。仏教もこれにならって、仏や聖《しょう》者《じゃ》の教えを文章にまとめたものを「経」というようになった。中国では、時代によって変ることのない聖人の教えを指して「四書五経」などといったことから、仏教でも経は常の意味で、常住《じょうじゅう》不変の真理を説いた聖典のことともいわれる。律・論とともに三蔵の一とされる。→さんぞう〔三蔵〕。

ぎょう〔行〕 ①梵語チャリヤー(caryā)またはプラティパッティ(pratipatti)の漢訳。遮唎耶《しゃりゃ》・遮利夜などと音写する。行為・動作・実践の意。さとりに至るための修行、行法を指す。浄土真宗では、浄土往生の行は信と同じく阿弥陀仏より衆生《しゅじょう》にふりむけられ、与えられたものとして、大行《だいぎょう》といわれる。②梵語サンスカーラ(saṃskāra)の漢訳。僧塞迦羅《そうそくから》・删迦羅《さんから》などと音写する。形成力、形成されたものという意味。身口《しんく》意《い》(からだ・言葉・心)のはたらきという場合もある。

きょうがい〔境界〕 ①果報《かほう》として各自が受けている境遇。②感覚器官(根)による知覚の対象となるもの。また、心識(識)による認識の対象となるもの。

きょうき〔慶喜〕 慶とは信心を得てよろこぶ心。喜とは心の中に常によろこびのたえないこと。親鸞《しんらん》聖人は、「うべきことをえてのちに、身にもこころにもよろこぶ」ことをいうと釈している。

きょうごう〔憬興〕(七世紀後半) 新羅《しらぎ》の法相宗《ほっそうしゅう》の僧。『無量寿経《むりょうじゅきょう》連義述文賛《れんぎじゅつもんさん》』三巻をはじめ、多くの経論の註釈を著した。

ぎょうじゅうざが〔行住坐(座)臥〕 行は歩くこと、住はとどまること、坐はすわること、臥は臥《ふ》すこと。また、いつも、常にという意味にも用いる。

きょうしんしゃみ〔教信沙弥〕 平安初期の在俗の念仏聖《ひじり》。妻帯して播磨賀古《はりまかこ》(現在の兵庫県加古川市)の草庵に住した。髪を剃らず、袈裟《けさ》、法衣を着ず、里人に雇われて田畑を耕作し、旅人の荷を運んで生活の資を得たという。常に阿弥陀仏の名号《みょうごう》を称《とな》えて往生を願い、人々にも念仏を勧めたので、阿弥陀丸と呼ばれたと伝えられる。親鸞《しんらん》聖人は教信の行状を範とし敬仰した。

きょうぼんはだい〔憍梵波提〕 牛王のこと。→ごおう〔牛王〕。

きょうまん〔憍慢〕 おごりたかぶる心。根本煩悩の一。また、自力にとらわれる心を指すこともある。

→ぼんのう〔煩悩〕。

きょうりょうやしゃ〔畺良耶舎〕（五世紀頃）西域の僧で、ひろく三蔵に通じていた。劉宋《りゅうそう》の元嘉《げんか》年間（四二四―四五三）のはじめ、建康《けんこう》（現在の江蘇《こうそ》省南京）に至り、『観経』一巻などを訳出した。その後甘粛《かんしゅく》・四川《しせん》方面を巡遊して仏教をひろめたが、六十歳で江陵《こうりょう》（現在の湖北《こほく》省江陵）に没したと伝えられる。

く

く〔苦〕　身心が責め悩まされている状態をいう。一般に、生《しょう》・老・病・死を四苦《しく》とし、さらに愛別離《あいべつり》苦《く》（愛する者と別れる苦しみ）・怨憎会苦《おんぞうえく》（怨み憎む者に会う苦しみ）・求不得苦《ぐふとくく》（求めても得られない苦しみ）・五蘊盛苦《ごうんじょうく》（五蘊からなる身心の苦しみ）を加えて八《はっ》苦《く》という。

くう〔空〕　①梵語シューニヤ（śūnya）の漢訳。もろもろの事物は、因縁《いんねん》によって仮に和合して存在しているのであって、固定的な実体はないことをいう。無自《むじ》性《しょう》と同意。②梵語アーカーシャ（ākāśa）の漢訳。空間。虚空《こくう》のこと。五大の一。

くうじゃくしょもんぎょう〔空寂所問経〕　中国撰述の経典。現存しない。法琳《ほうりん》の『弁正論《べんしょうろん》』にその文が引用されている。

くうぜん〔空善〕　生没年未詳。晩年、播磨《はりま》（現在の兵庫県西南部）法専坊に住す。蓮如《れんにょ》上人の門弟。ついで実如《じつにょ》上人に仕えた。蓮如上人の平生の言行を伝えた『空善聞《くうぜんきき》書《がき》』を著す。

くおんごう〔久遠劫〕　はかりしれない遠い過去。永遠の昔。→こう〔劫〕。

くおんじつじょう〔久遠実成〕　はかりしれない遠い過去に正覚《しょうがく》を成就し仏になっていること。一般に釈尊について、そのさとりの内容、つまり法が常住《じょうじゅう》不変であることにもとづいていわれるが、これに準じて阿弥陀仏も久遠実成の古仏、久遠実成阿弥陀仏といわれる。すなわち経典には十劫《じっこう》の昔に成仏したとあるが、実は久遠の昔からすでに成仏していた古仏であるということ。

ぐがん〔弘願〕　広弘《こうぐ》の誓願《せいがん》の意。十方衆生《じっぽうしゅじょう》を救済しようと誓った第十八願を指す。→ようもん〔要門〕、しんもん〔真門〕。

くきょう〔究竟〕　きわまり、究極のこと。また、究極の目的に到達すること。

くごう〔口業〕　三業の一。→さんごう〔三業〕。

くしゃしゅう〔倶舎宗〕　世親《せしん》（天親《てんじん》）菩薩《ぼさつ》（四〇〇―四八〇頃）の

『倶舎論』にもとづく学派。三世《さんぜ》実有《じつう》・法体恒有《ほったいごうう》を説く。南都六宗の一で、法相宗《ほっそうしゅう》の寓宗《ぐうしゅう》（他宗に寄寓する宗）として講学された。

くしゃろん〔倶舎論〕『阿毘達磨倶《あびだつまく》舎論《しゃろん》』のこと。三十巻。世親《せしん》（天《てん》親《じん》）菩薩《ぼさつ》造。唐《とう》の玄奘《げんじょう》訳。説一《せついっ》切有部《さいうぶ》の説を中心に経量部《きょうりょうぶ》の説を加えたもの。界品・根品・世間品・業《ごう》品・随眠《ずいめん》品・賢聖《げんじょう》品・智品・定品、および付論としての破我《はが》品からなり、仏教の百科全書的な内容をそなえている。仏教教理の基礎的典籍として重視され、数多くの註釈書が作成された。異訳に梁《りょう》の真諦《しんだい》訳『阿毘達磨倶舎釈論』二十二巻がある。

くじゅうごしゅのげどう〔九十五種の外道〕 仏教以外の宗教の総称。九十五種の異道、九十五種の邪道ともいう。釈尊在世当時のインドの外道の総数。九十五の数え方は一律ではなく、その派名、所説は不明である。なお九十六種という場合は、六師外道の師とそれぞれの十五人ずつの弟子の総計とをいうとされる。→ろくし〔六師〕。

ぐぜい〔弘誓〕 ひろきちかいという意。一切衆生《しゅじょう》を救おうという誓い。→せいがん〔誓願〕、ほんがん〔本願〕、補註17。

ぐそく〔具足〕 梵語プールナジット（Pūrṇajit）の漢訳。富那迦《ふなか》などと音写し、円満などと漢訳する。ヴァーラーナシー（ベナレス）の富商の子であった耶舎《やしゃ》（名聞《みょうもん》）の友人。釈尊の弟子。耶舎の出家を聞いて、離垢《りく》・善実《ぜんじつ》・牛王《ごおう》とともに出家した。

ぐそくかい〔具足戒〕 出家僧侶の守るべき戒。『四分律《しぶんりつ》』では比丘《びく》に二百五十戒、比丘尼《びくに》に三百四十八戒を定めている。→かい〔戒〕。

ぐち〔愚痴〕 おろかさ。真理に対する無知。三毒の一。→さんどく〔三毒〕。

くてい〔倶胝〕 梵語コーティ（koṭi）の音写。倶底とも音写する。数の単位。十万、千万、または億、万億あるいは京《けい》とする。

くどく〔功徳〕 梵語グナ（guṇa）の漢訳。すぐれた徳性。善い行為の結果。善の結果として報いられた果報《かほう》。修行の功によって得た徳。**―ぞう**〔功徳蔵〕 ①あらゆる功徳をおさめ、たくわえたもの。阿弥陀仏の名号《みょうごう》を指す。②『小経』に説く第二十願真門の教え。自力念仏往生の教え。**―だいほうかい**〔功徳大宝海〕 阿弥陀仏の名号の功徳がきわなくひろく大きいことを大海に喩えていう。

ぐとく〔愚禿〕 親鸞《しんらん》聖人の流罪以後の自称。愚は無智愚悪《むちぐあく》の意、禿は剃髪《ていはつ》もせず結髪《けっぱつ》もしないさまをいう。すなわち非僧非俗のわが身を無智愚悪の禿人であるとする聖人の宗教的態度を表明する語である。↓そうにあらずぞくにあらず〔僧にあらず俗にあらず〕。

くのう〔功能〕 すぐれたはたらき。すぐれた特性。

ぐばく〔具縛〕 縛は煩悩《ぼんのう》の異名。煩悩を具えていること。また、煩悩に縛られた凡夫を指す。**―のぼんぶ**〔具縛の凡夫〕 煩悩具足の凡夫のこと。具縛の群萌《ぐんもう》、具縛の凡愚《ぼんぐ》、具縛の凡衆《ぼんしゅ》ともいう。↓補註4。

くぼん〔九品〕『観経』に説く九つの階位。阿弥陀仏の浄土へ往生を願う衆生《しゅじょう》を、修めるべき行法の程度によって九種に分類したもの。上品上生《じょうぼんじょうしょう》・上品中生《ちゅうしょう》・上品下《げ》生《しょう》の三は大乗の善（行福《ぎょうふく》）を修める凡夫《ぼんぶ》、中品《ちゅうぼん》上生・中品中生の二は小乗の善（戒福《かいふく》）を修める凡夫、中品下生は世俗的な善（世《せ》福《ふく》）を行う凡夫、下品《げぼん》上生・下品中生・下品下生の三は罪悪の凡夫とする。

くまらじゅう〔鳩摩羅什〕（三四四―四一三。一説に三五〇―四〇九）略して羅什という。『小経』一巻『十住毘婆沙論《じゅうじゅうびばしゃろん》』十七巻などの訳者。西域亀茲《きじ》国の王族の生れ。仏教に精通し、とくに語学にすぐれ、弘始《こうし》三年（四〇一）後秦《こうしん》の王姚興《ようこう》に国師の礼をもって迎えられて長安に入り、没するまでに三百余巻の経論を訳出した。

くろだに〔黒谷〕 比叡山《ひえいざん》西塔北谷の別所。世俗を避ける隠遁《いんとん》者の住処とされていた。法然《ほうねん》聖人（一一三三―一二一二）はこの地に住していたので、法然聖人の異名として用いられることもある。

ぐんぎろん〔群疑論〕『釈浄土群疑論《しゃくじょうどぐんぎろん》』のこと。七巻。唐《とう》の懐感著。懐感は本書を完成させる前に没したため、同門の懐惲《えうん》がこれを完成した。十二編百十六章からなる。阿弥陀仏の身土や往生の行因など、浄土教に関する多くの疑難に答えた百科全書的な書である。↓えかん〔懐感〕。

ぐんじょう〔群生〕 多くの生類《しょうるい》という意。生きとし生けるもの。一切衆生のこと。↓しゅじょう〔衆生〕①。**―かい**〔群生海〕 一切衆生のこと。衆生の数が多いのを海に喩えていう。

ぐんもう〔群萌〕 一切衆生《しゅじょう》のこと。雑草が群がり生《は》えているさまに喩えていう。

[け]

け〔仮〕 かりのもの。方便。真に対する語。

けいしゅ〔稽首〕 ひざまずいて額を地につけ、さらに仏・菩薩《ぼさつ》・師長の足を額におしいただく礼拝《らいはい》法、また、ひざまずいて額を地につけるだけの礼拝法を指す場合もある。

けいぶん〔慶文〕　北宋《ほくそう》代、会稽山《かいけいさん》陰《いん》の人。慈恵《じえ》法師と号し、法を国《こく》清《せい》の宗昱《しゅういく》に受けたという。『往《おう》生正信決《じょうしょうしんけつ》』一巻『浄土法門《じょうどほうもん》』一巻『示修浄土《じしゅうじょうど》』二巻などの著書があったという。

けごんぎょう〔華厳経〕　『大方広《だいほうこう》仏華厳経《ぶつけごんぎょう》』のこと。漢訳に三本ある。東晋《とうしん》の仏駄跋陀羅《ぶつだばつだら》訳六十巻（旧訳《くやく》、六十華厳ともいう）。唐《とう》の実叉難陀《じっしゃなんだ》訳八十巻（新訳、八十華厳ともいう）。唐《とう》の般若三蔵《はんにゃさんぞう》訳四十巻（四十華厳ともいう。「入法《にゅうほっ》界品《かいぼん》」の別訳）。釈尊が成道《じょうどう》直後に、自らさとった正覚《しょうがく》である海《かい》印三昧《いんざんまい》一時炳現《いちじへいげん》（明らかにあらわれた）の法を明かした経典として伝えられる。

けごんしゅう〔華厳宗〕　円明具《えんみょうぐ》徳宗《とくしゅう》・法界宗《ほっかいしゅう》などともいう。唐《とう》の賢首《げんじゅ》大師法蔵《ほうぞう》によって大成され、奈良時代に日本に伝えられた。南都六宗の一。一代仏教を五教十宗に分類し、『華厳経《けごんぎょう》』の教えが最もすぐれた円教であるとする。十玄門《じゅうげんもん》、六相円融《ろくそうえんにゅう》の説を立て、一切は縁起《えんぎ》（縁《よ》って起っている）の法であり、事と事とが互いに融《と》けあい一体化してさまたげあうことのない、一即一切、一切即一の事事無礙《むげ》なるありようをしていると説く。

けしょう〔化生〕　①衆生《しゅじょう》が生れる四種の形態のうち、何のよりどころもなく業力《ごうりき》によって忽然《こつねん》と生れること。迷界の四生の一。↓ししょう〔四生〕。②真実信心の行者が報土《ほうど》に生れること。本願の不思議により、疑城胎宮《ぎじょうたいぐ》にとどまることなく自然《じねん》に生滅《しょうめつ》を超えた無生《むしょう》の生を受けることをいう。この化生に対して、仏智を疑惑する者の往生（方便化土《けど》往生）を胎生という。↓たいしょう〔胎生〕②。

けしん〔化身〕　①仏身《ぶっしん》を法身《ほっしん》・報《ほう》身《じん》・応身・化身の四種（四身説）に分類した中の一で、教化すべき衆生《しゅじょう》の根機《こんき》に応じてさまざまに現した身体。応化身《おうげしん》ともいう。②仏身を法身・報身・応身の三種（三身説）に分類した中の応身のことを化身という場合もある。↓おうじん〔応身〕。

けしんど〔化身土〕　阿弥陀仏の化身化土《けど》をいう。真実の仏土に導くための手だてとして、衆生《しゅじょう》のそれぞれの心に応じて変化《へんげ》して現れた仮の仏身《ぶっしん》と仏土。真仏土に対する語。親鸞《しんらん》聖人は化身を『観経』の真身観《しんしんかん》の仏とし、化土を同じく『観経』の九品《くぼん》の浄土とする。↓しんぶつど〔真仏土〕。

けだい〔懈怠〕　おこたりなまけること。

げだつ〔解脱〕　煩悩《ぼんのう》の束縛から解放され、迷いの苦から脱すること。

けど〔化土〕　方便化土ともいい、阿弥陀仏が方便により自力の行者のために仮に現した浄土。第十《じゅう》九《く》・二十願の自力の行者が往生する浄土をいう。↓しんじつほうど〔真実報土〕。

げどう〔外道〕　仏教を内道というのに対する語で、仏教以外の教えをいう。↓くじゅうごしゅのげどう〔九十五種の外道〕。

げはい〔下輩〕　三輩の一。↓さんぱい〔三輩〕。

けぶつ〔化仏〕　衆生《しゅじょう》を救済するために、衆生の性質や能力に応じて仮に種々の姿をとって現れた仏。応化身ともいう。↓おうげしん〔応化身〕。

けまんがい〔懈慢界〕　懈慢国ともいい、略して懈慢ともいう。阿弥陀仏の浄土のうち、おごる自力心の者がとどまるところ。本願を疑いつつ、浄土を願生する者（第十九《じゅうく》・二十願の疑心自力の行者）が往生する方便化土の異名。↓けど〔化土〕、ぎじょうたいぐ〔疑城胎宮〕。

けもん〔仮門〕　真実に導くために仮に設けられた教法（権仮《ごんけ》方便の教え）。聖道門・要門・真門をいう。↓しょうどうもん〔聖道門〕、ようもん〔要門〕、しんもん〔真門〕、補註15。

けらく〔化楽〕　化楽天のこと。楽《らく》変化天《へんげてん》ともいう。六欲天の第五。自ら妙楽の境をつくり出して楽しむ世界。八千歳の寿命をたもつという。

けんえん〔兼縁〕　（一四六八―一五四三）蓮如《れんにょ》上人の第十六子（第七男）。法名蓮悟《れんご》。兄蓮乗《れんじょう》師を継いで加賀《かが》（現在の石川県南部）二俣《ふたまた》の本泉寺《ほんせんじ》に入り、のち同国若松に本泉寺を開いて兼住した。さらに同国に崎田坊、中頭坊、清沢坊を開いた。加賀門徒の中心的存在として活躍し、蓮如上人の信任も厚かったが、享禄《きょうろく》四年（一五三一）の大小一揆に敗れて能登《のと》（現在の石川県北部）に逃れ、隠居して慶光坊《きょうこうぼう》と称した。証如《しょうにょ》上人の勘気を受けたまま、天文《てんぶん》十二年（一五四三）、和泉堺津《いずみさかいのつ》（現在の大阪府堺市）で没した。

けんぎょう〔顕教〕　密教に対する語。言語文字の上にあきらかに説き示された教えの意。一般的には真言宗《しんごんしゅう》（東密《とうみつ》）および天台宗《てんだいしゅう》の密教（台密《たいみつ》）以外の仏教を指す。↓みっきょう〔密教〕。

げんくう〔源空〕　（一一三三―一二一二）浄土宗の開祖。法然《ほうねん》聖人。押領使《おうりょうし》漆間時国《うるまのときくに》の子として、美作《みまさか》久米南条稲岡庄《くめなんじょういなおかのしょう》（現在の岡山県久米郡久米南町里方）に生れた。九歳の時、父の不慮の死により菩提寺観覚《かんがく》のもとへ入寺、十五歳で比叡山《ひえいざん》に登り（十三歳登山説もある）、源光《げんこう》ついで皇円《こうえん》に師事して天台《てんだい》教学を学んだが、隠遁《いんとん》の志あつく、十八歳の時、黒谷《くろだに》の叡《えい》空《くう》の室に入り法然房源空と名のった。承安《じょうあん》五年（一一七五）、四十三歳の時、善導《ぜんどう》大師（六一三―六八一）の『観経疏《かんぎょうしょ》』の文により専修《せんじゅ》念仏に帰し、比叡山を下りて東山吉水《よしみず》に移り住み、念仏の教えをひろめた。浄土宗ではこの年を立教開宗の年とする。文治《ぶんじ》二年（一一八六）、大原《おおはら》勝林院《しょうりんいん》で聖《しょう》浄《じょう》二門《にもん》を論じ（大原問答）、建《けん》久《きゅう》九年（一一九八）、『選択本願念仏集《せんじゃくほんがんねんぶつしゅう》』（『選択集』）を著した。建仁《けんにん》元年（一二〇一）、親鸞《しんらん》聖人は、法然聖人に出会い、専修念仏の門に帰入した。元久《げんきゅう》元年（一二〇四）、比叡山の僧徒は専修念仏の停止《ちょうじ》を迫って蜂起したので「七箇条制誡《しちかじょうせいかい》」を草して法然聖人以下百九十名の署名を添え延暦《えんりゃく》寺《じ》に送るが、興福寺《こうぶくじ》の奏状《そうじょう》により念仏停止の断が下され、建永《けんえい》二年（承元《じょうげん》元年・一二〇七）、法然聖人は土佐《とさ》（実際には讃岐《さぬき》）に流罪となった。建暦《けんりゃく》元年（一二一一）、赦免《しゃめん》になり帰洛し、翌年正月二十五日に示寂《じじゃく》。聖人の法語や事蹟を伝えるものには、『西方指南抄《さいほうしなんしょう》』『黒谷上人語灯録《くろだにしょうにんごとうろく》』などがある。真宗七高僧の第七祖。

げんぐきょう〔賢愚経〕　『賢愚因縁経《げんぐいんねんぎょう》』ともいう。十三巻。北魏《ほくぎ》の慧《え》覚《かく》らの訳。六十九種の仏教説話を集成したもの。

げんごうぎょう〔賢劫経〕　八巻。西晋《せいしん》の竺法護《じくほうご》訳。喜王菩薩《きおうぼさつ》の請問に対して八万四千の法門、仏の功《く》徳《どく》、賢劫千仏の諸因縁《しょいんねん》（現在の住劫―器世間《きせけん》・衆生《しゅじょう》世間が安穏《あんのん》に続いていく時期―にあらわれる千の仏の名称と経歴）などについて述べたもの。『末法灯明記《まっぽうとうみょうき》』では、『賢劫経《げんごうぎょう》』に正法《しょうぼう》五百年・像法《ぞうぼう》千年説が出るとするが、実際にこの経に出るのは正法五百年・像法五百年説である。

けんしょうおんみつ〔顕彰隠密〕　浄土真宗で、『観経』と『小経』の説相を解釈するのに用いる名《みょう》目《もく》で略して隠顕《おんけん》といい、顕を顕説《けんぜつ》、隠を隠彰《おんしょう》ともいう。顕説とは顕著に説かれている教義で、『観経』では定散諸行往生《じょうさんしょぎょうおうじょう》すなわち要門の教義であり、『小経』では自力念仏往生すなわち真門の教義である。隠彰とは隠微《おんび》にあらわされている真実義で、両経ともに他力念仏往生の法すなわち弘願法《ぐがんほう》である。→補註15。

げんしん〔源信〕（九四二―一〇一七）比叡山横川《ひえいざんよかわ》の恵心院《えしんいん》に住した

ので恵心僧都《そうず》ともいう。大和《やまと》（現在の奈良県）当麻《たいま》の生れ。父は卜《うら》部《べ》正親《まさちか》、母は清原氏。比叡山に登り良源《りょうげん》に師事し、天台《てんだい》教学を究めたが、名声を嫌い横川に隠棲《いんせい》した。寛和《かんな》元年（九八五）、四十四歳の時に『往生要集《おうじょうようしゅう》』三巻を著し、末代の凡夫《ぼんぶ》のために穢土《えど》を厭《えん》離《り》して阿弥陀仏の浄土を欣求《ごんぐ》すべきことを勧めた。真宗七高僧の第六祖。

けんぜんしょうじん〔賢善精進〕　かしこく、善く、つとめはげむこと。正しい行いの意。親鸞《しんらん》聖人は「賢善精進の相」を「賢者や善人らしくつとめ励むすがた」の意とし、内心が虚仮《こけ》であるにもかかわらず、外面に賢善精進の相を現して自己をかざることを誡《いまし》めている。

げんそう〔還相〕　還来穢国《げんらいえこく》の相状という意。往生成仏の証果を開いた者が、再び穢土《えど》に還り来て、他の衆生《しゅじょう》を教化して仏道に向かわせるすがた。また、従果還因《じゅうかげんいん》の相状の意で、往生成仏の証果を開いた者が、果より因に還り、菩薩《ぼさつ》の相を現して自利利他の徳を示現することをいう。↓おうそう〔往相〕。**―えこう**〔還相回向〕　阿弥陀仏が本願力によって還相を回向（ふりむけ、与えること）すること。親鸞《しんらん》聖人は回向の主体を阿弥陀仏とし、往生成仏の証果を開いた者が示す還相の活動は阿弥陀仏が施し与えるものであるとする。↓おうそうえこう〔往相回向〕、補註12。

けんぞく〔眷属〕　①親族。なかま。②仏・菩薩《ぼさつ》につき従うもの。仏弟子。浄土の聖者《しょうじゃ》。

けんち〔顕智〕　（一二二六―一三一〇）親鸞《しんらん》聖人面授《めんじゅ》の弟子。専修寺《せんじゅじ》第三代。親鸞聖人が関東から帰洛後は、たびたび下野《しもつけ》（現在の栃木県）と京都を往復して聞法《もんぼう》を怠らなかった。「自然法爾章《じねんほうにしょう》」などの聖人の著述や経釈文を多く書写している。聖人の臨終にもあい、大谷廟堂《びょうどう》の造営維持に力を尽し、初期真宗教団の重鎮として活躍した。

げんちゅうじ〔玄中寺〕　曇鸞《どんらん》（四七六―五四二）・道綽《どうしゃく》（五六二―六四五）・善導《ぜんどう》（六一三―六八一）の三師のゆかりの寺。中国の山西《さんせい》省交城《こうじょう》県石壁山《せきへきざん》の南にある。北《ほく》魏《ぎ》の末、曇鸞大師は并州《へいしゅう》の寺（一説に大巌寺《だいがんじ》）を出てこの寺に移って浄業《じょうごう》を修め、梁《りょう》の武帝、東魏《とうぎ》の孝静帝《こうせいてい》の帰依《きえ》を受けた。隋《ずい》の大《たい》業《ぎょう》年間（六〇五―六一六）、道綽禅師は玄中寺にたつ曇鸞大師の碑文を読んで浄土教に帰し、当地に浄土九品《くぼん》道場を営んだ。また、善導大師もこの寺に道綽禅師を訪ねてその門に投じ、以後数年間教化を受けた。なお現在の正式名は永《えい》寧《ねい》禅《ぜん》寺《じ》である。

けんぶく〔堅伏〕　釈尊の弟子。事跡不詳。

けんよ〔兼誉〕（一四六四―一五五〇）蓮如《れんによ》上人の第十三子（第六男）。法名蓮淳《れんじゅん》。蓮如上人の吉崎《よしざき》下向にともない、親鸞《しんらん》聖人の影像を安置する大津近松の顕証寺を守り、大津近松殿と呼ばれた。また、永正《えいしょう》年間（一五〇四―一五二一）に伊勢《いせ》長島に願証寺を開き、近畿・東海地方の教線の伸長につとめた。一時、本願寺を離れたが、下間頼秀《しもつまよりひで》・頼盛《よりもり》兄弟の追放と前後して復帰し、河内《かわち》の顕証寺（もと西証寺と称した）に入った。近松顕証寺・堅田称徳寺を兼住。晩年は光応寺と称して証如《しょうにょ》上人時代の本願寺で勢威をもち、指導者的な役割を担った。著書に『蓮淳《れんじゅん》記《き》』がある。

こ

ごあく〔五悪〕　不殺生戒《ふせっしょうかい》・不偸《ふちゅう》盗戒《とうかい》・不邪婬戒《ふじゃいんかい》・不妄語戒《ふもうごかい》・不飲《ふおん》酒戒《じゅかい》の五戒に背くこと。→ごかい〔五戒〕。

ごあくしゅ〔五悪趣〕　五悪道・五趣・五道ともいう。衆生《しゅじょう》が自分のなした悪い行為（悪業《あくごう》）によって導かれ趣くところ。地獄・餓鬼《がき》・畜生《ちくしょう》・人・天の迷いの世界のことをいう。→あくしゅ〔悪趣〕、ろくどう〔六道〕。

ごあくどう〔五悪道〕　五悪趣に同じ。→ごあくしゅ〔五悪趣〕。

ごいんしちせい〔五音七声〕　中国・日本などの音階。宮《きゅう》・商《しょう》・角《かく》・徴《ち》・羽《う》の五音に変徴・変宮または嬰《えい》商・嬰羽を加えて七声とする。

こう〔劫〕　梵語カルパ（kalpa）の音写。インドの時間の単位。極めて長い時間のこと。その長さを磐石劫《ばんじゃくこう》・芥子劫《けしこう》の譬喩で表す。『大智度論《だいちどろん》』には四十里四方の石を、百年に一度ずつ薄い衣で払って、その石が摩滅しても劫は尽きない（磐石劫）、また、四十里四方の城に芥子を満たし、百年ごとに一粒ずつ取り出し、すべての芥子がなくなっても劫は尽きない（芥子劫）とされる。この譬喩の石・城の大きさや年数の示し方には諸説がある。

こう〔講〕　人を集めて経典等を講釈すること。また、信徒が集まって教義を相談し、祖師を讃仰する会合をいう。浄土真宗では宗祖親《しん》鸞《らん》聖人の御忌日に修する仏事を報《ほう》恩講《おんこう》といい、覚如《かくにょ》上人は『報恩講私記』を制作した。蓮如《れんにょ》上人の頃より、毎月定められた日に門徒が集まって教義相談する宗教集団としての講が普及するようになった。また、その講は本願寺への志納金を拠出する経済的性格も持っていたようである。

ごう〔業〕　梵語カルマン（karman）の漢訳。広い意味の行為のこと。通常、身口意《しんくい》（からだ・言葉・心）の三業に分ける。↓さんごう〔三業〕、補註5。

ごうえん〔強縁〕　凡夫《ぼんぶ》が救われていく強い因縁《いんねん》のことで、阿弥陀仏の本願力をいう。また、意味を転じて、世俗の権力者の強い力をかりることをいう場合もある。

こうえんのう〔光炎王〕　炎王光《えんのうこう》のこと。阿弥陀仏の十二光の一。↓じゅうにこう〔十二光〕。

ごうがしゃ〔恒河沙〕　恒河はインドのガンジス河のことで、沙はその河の砂をいう。すなわちガンジス河にある砂のように多いという意で、無数なることを喩える。

こうごう〔曠劫〕　きわめて長い時間。無限の時。↓こう〔劫〕。

こうさいじょうかくぼう〔幸西成覚房〕（一一六三―一二四七）法然《ほうねん》聖人（一一三三―一二一二）の門弟。出家して比叡山《ひえいざん》の西塔南谷に住したが、三十六歳の時、弟子（または愛児ともいう）の死によって比叡山を離れ、法然聖人の門に入った。承元《じょうげん》の法難（一二〇七）で阿波《あわ》（現在の徳島県）に流罪となり（『歎異抄』の流罪記録では慈円《じえん》が身柄を預かるとする）、嘉禄《かろく》の法難（一二二七）で再び流罪となった。一念義の代表的人物とされる。著書に『唐朝《とうちょう》京師《けいし》善《ぜん》導《どう》和尚《かしょう》類聚伝《るいじゅでん》』『玄義分抄《げんぎぶんしょう》』（以上の二書は現存）『略料簡《りゃくりょうけん》』『一渧記《いったいき》』『称仏記《しょうぶつき》』（以上の三書は凝然《ぎょうねん》の『浄土源流章《じょうどげんるしょう》』に引文が残る）などがある。

こうし〔孔子〕（前五五一―前四七九）春秋《しゅんじゅう》時代末期の魯《ろ》（現在の山東省《さんとう》）の思想家。儒家の祖。名は丘《きゅう》。字《あざな》は仲尼《ちゅうじ》。仁を道徳の理想とし、礼を政治・社会の原理とすべきことを説いた。『論語《ろんご》』は弟子たちが集めた孔子と弟子の言行録。

ごうじじょうべん〔業事成弁〕　業《ごう》道成弁《どうじょうべん》・業成《ごうじょう》ともいう。浄土往生の業因《ごういん》が成就して、往生が確かに定まること。↓補註5。

ごうじゃ〔恒沙〕　恒河沙のこと。↓ごうがしゃ〔恒河沙〕。

こうそうがい〔康僧鎧〕（三世紀頃）インドの僧と伝えられるが、康の姓より、康居《こうきょ》（現在の中央アジアのウズベキスタン共和国内にあったソグディアナのこと）の人とみられる。嘉平《かへい》四年（二五二）前後に洛陽《らくよう》に来て白馬寺《はくばじ》に住し、『大経』二巻などを訳出したといわれる。

こうひんな〔劫賓那〕　摩訶劫賓那のこと。↓まかこうひんな〔摩訶劫賓那」。

こうぶくじ〔興福寺〕　法相宗《ほっそうしゅう》本山。南都（奈良）七大寺の一で、南都教学の中心的存在として栄えた。元久《げんきゅう》二年（一二〇五）十月、「興福寺僧綱大法師等」の言として法然《ほうねん》聖人（一一三三―一二一二）の専修《せんじゅ》念仏に対して過失九箇条（①新宗を立てる失、②新像を図する失、③釈尊を軽んずる失、④万善をさまたげる失、⑤霊神に背く失、⑥浄土に暗き失、⑦念仏を誤る失、⑧釈衆を損ずる失、⑨国土を乱す失）を挙げて論難し、処罰を求めた。これを「興福寺奏《そう》状《じょう》」（解脱《げだつ》上人貞慶《じょうけい》が草したといわれている）といい、承元《じょうげん》元年（一二〇七）の専修念仏停止《ちょうじ》、法然聖人や門弟の処罰の原因となった。

こうみょう〔光明〕　仏・菩薩《ぼさつ》の身心に具わる光。迷いの闇を破し、真理をさとりあらわす仏・菩薩の智慧《ちえ》を象徴するもの。とくに阿弥陀仏については、『大経』に無量光などの十二光をもってその光明の徳が示されている。↓じゅうにこう〔十二光〕。

こうみょうじ〔光明寺〕　長安（現在の陝西《せんせい》省西安）にあった善導《ぜんどう》大師（六一三―六八一）ゆかりの寺。三階院、浄土院などいくつかの院があった。道宣《どうせん》の『続高僧伝《ぞくこうそうでん》』巻二十七の記述により、善導大師の長安における布教活動の拠点であったことが知られる。

ごうん〔五蘊〕　五陰《ごおん》ともいう。五種類の要素の集まり。色《しき》（物質）・受《じゅ》（感受作用）・想《そう》（知覚表象作用）・行《ぎょう》（受・想・識蘊以外の「思」などに代表される心作用）・識《しき》（識別作用）の五種のこと。仏教ではこの五種の要素が因《いん》縁《ねん》によって仮に和合したものであると説く。とくにわれわれ個人の存在についていえば、肉体面（色《しき》蘊《うん》）と精神面（受・想・行・識の四蘊）との仮の集まりにすぎないので、実体として執着すべき独立の我は存在しないと説かれる。

ごおう〔牛王〕　梵語ガヴァーンパティ（Gavāṃpati）の漢訳。牛主《ごしゅ》などとも漢訳する。ヴァーラーナシー（ベナレス）の富商の子であった耶舎《やしゃ》（名聞《みょうもん》）の友人。釈尊の弟子。耶舎の出家を聞いて、離《り》垢《く》・善実《ぜんじつ》・具足《ぐそく》とともに出家した。釈尊の命によりサラブー河の洪水を神通《じんずう》力によって防いで人々を救ったという。釈尊の入滅《にゅうめつ》後、シリシャ山中で後を追うように入滅した。『小経』では憍梵波提《きょうぼんはだい》の名で出る。

ごおん〔五陰〕　五蘊ともいう。↓ごうん〔五蘊〕。

ごかい〔五戒〕　在家信者の守るべ

き五種の戒め。①不殺生戒《ふせっしょうかい》。生きものを殺さない。②不偸盗戒《ふちゅうとうかい》。盗みをしない。③不邪婬戒《ふじゃいんかい》。よこしまな性の交わりをしない。④不妄語戒《ふもうごかい》。うそをいわない。⑤不飲酒戒《ふおんじゅかい》。酒を飲まない。

ごぎゃく〔五逆〕　五種の重罪のこと。五逆罪ともいい、また無間《むけん》地獄へ堕ちる業因《ごういん》であるから五無間業、五無間罪ともいう。一般には小乗の五逆をあげて示す。①殺父《せっぷ》。父を殺すこと。②殺母《せつも》。母を殺すこと。③殺阿羅漢《せつあらかん》。阿羅漢（聖者《しょうじゃ》）を殺すこと。④出仏身血《しゅつぶつしんけつ》。仏の身体を傷つけて出血させること。⑤破和合僧《はわごうそう》。教団の和合一致を破壊し、分裂させること。大乗の五逆は①塔寺を破壊し、経蔵《きょうぞう》を焼き三宝《さんぼう》の財宝を盗むこと。②声聞《しょうもん》・縁覚《えんがく》・大乗の教えをそしること。③出家者の修行をさまたげること。また、出家者を殺すこと。④小乗の五逆。⑤因果の道理を信じず、十不善業をなすこと。

ごく〔五苦〕　五種の苦。生苦《しょうく》・老苦・病苦・死苦・愛別離苦《あいべつりく》の五つをいう。

こくう〔虚空〕　一切のものが存在する場としての空間。無礙《むげ》（さわりがないこと）と無障《むしょう》（さまたげがないこと）を特徴とする。その意味から真如《しんにょ》のことをいう場合もある。

ごくらく〔極楽〕　梵語スカーヴァティー（sukhāvatī）の漢訳。もろもろの楽しみが常で、苦しみがまじらないところの意。阿弥陀仏の浄土のこと。↓じょうど〔浄土〕、補註2。

ごげん〔五眼〕　五つの眼。①肉眼《にくげん》。現実の色形を見る眼。②天眼《てんげん》。三世十方《さんぜじっぽう》を見とおす眼。③法眼《ほうげん》。現象の差別を見わける眼。④慧眼《えげん》。真理の平等を見ぬく眼。⑤仏眼《ぶつげん》。前四眼を具える仏の眼。仏はこの五眼を円《まど》かに具えて衆生《しゅじょう》を救う。『大経』（下）では、浄土の菩薩《ぼさつ》にこの五眼が具わると説く。

ごこん〔五根〕　1眼《げん》（視覚）・耳《に》（聴覚）・鼻《び》（嗅覚）・舌《ぜっ》（味覚）・身《しん》（触覚）の感覚器官および機能。2信・精進《しょうじん》・念・定《じょう》・慧《え》の五無漏根《ごむろこん》（五つの仏道実践徳目）をいう。これらは煩悩《ぼんのう》をおさえてさとりを開かせるすぐれたはたらきがあるから根といわれる。

ごしき〔五識〕　眼根《げんこん》をはじめとする五根をよりどころとし、色境《しききょう》などの五境を知覚し認識する眼識《げんしき》・耳識《にしき》・鼻識《びしき》・舌識《ぜっしき》・身識《しんしき》の五つの心のはたらき。

ごじのきょう〔五時の教〕　天台《てんだい》大師の五時八教判の五時のことで、仏教の諸経典の内容を分類解釈して、釈尊の説法の順序から五つの時期に配当したもの。華厳時《けごんじ》・鹿《ろく》苑時《おんじ》・方等時《ほうどうじ》・般若時《はんにゃじ》・法華涅槃《ほっけねはん》時《じ》の五時に分ける。

ごしゅ〔五趣〕　五道に同じ。↓ごどう〔五道〕。

ごじゅうのぎ〔五重の義〕　往生浄土のための五種の因縁《いんねん》。他力信心獲得《ぎゃくとく》の過程を示したもの。宿《しゅく》善《ぜん》・善《ぜん》知識《ぢしき》・光明《こうみょう》・信心・名号《みょうごう》の五。宿善によって善知識にあい、本願の法を聞き、光明のはたらきによって信心獲得の身となり、他力の信心を得れば必ず名号が称《しょう》名《みょう》念仏として出てくるという意。蓮如《れんにょ》上人は『口伝鈔』『執持鈔』『浄土見聞集《じょうどけんもんしゅう》』などにみられる文義によってこの五重の義を立てて、他力信心の由来を示し、十劫安心《じっこうあんじん》、善知識だのみなどの誤った見解をただした。

ごしゅのくどく〔五種の功徳〕　五念門の行を修めることによって浄土に往生して得るところの果徳で、五功徳門《ごくどくもん》、五果門《ごかもん》ともいう。①近《ごん》門《もん》。礼拝《らいはい》によって仏果（仏のさとり）に近づくこと。②大会衆門《だいえしゅもん》。讃嘆《さんだん》によって浄土の聖者《しょうじゃ》（阿弥陀仏の聖衆《しょうじゅ》）の仲間に入ること。③宅門《たくもん》。作願《さがん》によって止《し》（奢摩《しゃま》他《た》）を成就すること。④屋門《おくもん》。観《かん》察《ざっ》によって観《かん》（毘婆舎那《びばしゃな》）を成就すること。⑤園林遊戯地門《おんりんゆげじもん》。回向《えこう》によってさとりの世界から迷いの世界にたちかえって、自在に衆《しゅ》生《じょう》を教化・救済することを楽しみとすること。『浄土論』では、はじめの四果を菩薩《ぼさつ》の入門（自利）、第五果を還相《げんそう》の出門（利他）とするが、親鸞《しんらん》聖人は「証巻」においては五果のすべてを還相の益とする。↓ごねんもん〔五念門〕。

ごしょう〔後生〕　後世《ごせ》ともいう。来生・来世のこと。後に来るべき生涯の意。**―のいちだいじ**〔後生《しょうじ》の一大事〕　生死の問題を解決して後生に浄土に往生するという人生における最重要事。

ごじょう〔五常〕　儒教に説く、人が常に守るべき五種の道。仁・義・礼・智・信のこと。

ごじょう〔五乗〕　五種類の教え、あるいはその教えによって区別されている人。教えは衆生《しゅじょう》を運んで理想の世界へ到達させるから乗物に喩えて乗という。人乗・天乗・声聞乗《しょうもんじょう》・縁覚乗《えんがくじょう》・菩薩乗《ぼさつじょう》の五種をいう。↓さんじょう〔三乗〕。

ごしょうぎょう〔五正行〕　善導《ぜんどう》大師の「散善義」に説く浄土往生の行業《ぎょうごう》。①読誦《どくじゅ》正行。阿弥陀仏について説かれた浄土三部経を読誦すること。②観察《かんざつ》正行。阿弥陀仏とその浄土のすがたを観察すること。③礼拝《らいはい》正行。阿弥陀仏を礼拝すること。④称《しょう》名《みょう》正行。阿弥陀仏の名号《みょうごう》を称《とな》えること。⑤讃嘆《さんだん》供養《くよう》正行。阿弥陀仏の功徳《くどく》をほめたたえ、衣食香華《えじきこうげ》などをささげて供養すること。この五正行をさらに正定業（称名）と助業（前三後一）に分ける。→しょうじょうごう〔正定業〕、じょごう〔助業〕、補註10。

ごしょうさんしょう〔五障三従〕　女性に加えられた五種のさわりと三種の忍従。女性は梵天王《ぼんてんのう》・帝《たい》釈天《しゃくてん》・魔王《まおう》・転輪聖王《てんりんじょうおう》・仏身《ぶっしん》になれないことを五障といい、三従とは幼い時は父（親）に従い、嫁しては夫に従い、夫の死後は息子に従うもので、女性は従属的地位にあり、指導者になれないと規定したことをいう。→補註14。

ごじょく〔五濁〕　悪世においてあらわれる避けがたい五種のけがれのこと。①劫濁《こうじょく》。時代のけがれ。飢饉や疫病、戦争などの社会悪が増大すること。②見濁《けんじょく》。思想の乱れ。邪悪な思想、見解がはびこること。③煩悩濁《ぼんのうじょく》。貪《とん》・瞋《しん》・痴《ち》等の煩悩《ぼんのう》が盛んになること。④衆《しゅ》生濁《じょうじょく》。衆生の資質が低下し、十悪をほしいままにすること。⑤命濁《みょうじょく》。衆生の寿命が次第に短くなること。

ごつう〔五通〕　五神通のこと。天《てん》眼通《げんつう》・天耳通《てんにつう》・宿命通《しゅくみょうつう》・他心通《たしんつう》・神足通《じんそくつう》をいう。これに漏尽通《ろじんずう》を加えて六神通という。→ろくじんずう〔六神通〕。

ごどう〔五道〕　衆生《しゅじょう》がそれぞれの行為によって趣き往く迷いの世界を五種に分けていう。五趣ともいう。地獄・餓鬼《がき》・畜生《ちくしょう》・人・天をいい、これに阿修羅《あしゅら》を加えて六道（六趣）という。→ろくどう〔六道〕。

ごねんもん〔五念門〕　阿弥陀仏の浄土に往生するための行として、天親菩薩《てんじんぼさつ》の『浄土論』に示された五種の行。①礼拝《らいはい》門。身に阿弥陀仏を礼拝すること。②讃嘆《さんだん》門。光明《こうみょう》と名号《みょうごう》のいわれを信じ、口に仏名《ぶつみょう》を称《とな》えて阿弥陀仏の功徳《くどく》をたたえること。③作願《さがん》門。一心に専ら阿弥陀仏の浄土に往生したいと願うこと。④観察《かんざつ》門。阿弥陀仏・菩薩《ぼさつ》の姿、浄土の荘厳相《しょうごんそう》を思いうかべること。⑤回向《えこう》門。自己の功徳をすべての衆生《しゅじょう》にふりむけてともに浄土に往生したいと願うこと。また、この五念門行を修する結果として得られる徳を五種の功徳（五功徳門・五果門）として示す。親鸞《しんらん》聖人は曇鸞《どんらん》大師の『論註』を通して、これら五種の行がすべて法蔵《ほうぞう》菩薩所修の功徳として名号に具わって衆生に回向されると説く。→ごしゅのくどく〔五種の功徳〕。

ごふしぎ〔五不思議〕　五種不可思議。①衆生多少《しゅじょうたしょう》不可思議。衆生の数が無量無辺で尽きないことの不可思議。②業力《ごうりき》不可思議。各人の業の力により受ける果報《かほう》が千差万別である不可思議。③竜力《りゅうりき》不可思議。竜神が風雨をおこす不可思議。④禅定力《ぜんじょうりき》不可思議。禅定の力により神通《じんずう》をあらわす不可思議。⑤仏法力《ぶっぽうりき》不可思議。仏法の力により衆生にさとりを開かせる不可思議。

ごむけん〔五無間〕　無間地獄に堕する五種の行為。五逆のこと。↓ごぎゃく〔五逆〕。

ごよく〔五欲〕　①人間の認識の対象である五境（色《しき》・声《しょう》・香《こう》・味《み》・触《そく》）に対しておこす欲のこと。②財欲《ざいよく》・色欲《しきよく》・飲食欲《おんじきよく》・名欲《みょうよく》・睡眠《すいめん》欲《よく》。

ごりき〔五力〕　信力・精進《しょうじん》力・念力・定《じょう》力・慧《え》力の五つの力。五根の実践がさらに進んで悪を破る五つの力となったもの。↓ごこん〔五根〕②。

こんき〔根機〕　仏の教法を受けてその教化を被るものの素質能力、または教えの対象となるものを機という。機は必ず何らかの根性（性質、資質）を有するので根機、あるいは機根といわれる。↓き〔機〕、補註3。

ごんきょう〔権教〕　実教（真実の教）に対する語。実教に入らしめるために一時的な方便として仮に説かれた教え。↓じっきょう〔実教〕。

ごんけ〔権化〕　仏・菩薩《ぼさつ》が衆生《しゅじょう》を救うために、さまざまな姿をとって仮にこの世に現れること、また、その仮に現れた姿をいう。

こんごう〔金剛〕　梵語ヴァジュラ（vajra）の漢訳。金属中の最剛のものとされる。またきわめて堅く、何ものにも破壊されないことをいい、最上・最勝の意に用いられる。「定善義」には「金剛といふは、すなわち無漏の体なり」とあり、きよらかな智慧《ちえ》をあらわす語とする。**―しん**〔金剛心〕　①等覚《とうがく》の菩薩《ぼさつ》（菩薩の最高位）の智慧の境地をいう。等覚の菩薩の智慧は煩悩《ぼんのう》を断じ、また、何ものにも破壊されず、堅固不動であるから、金剛に喩える。②阿弥陀仏の本願を信じる心をいう。如来回向《えこう》の信心は、その体が仏智であって、何ものにも破壊されず、堅固不動であるから、金剛に喩える。

こんこうみょうきょう〔金光明経〕　四巻。北涼《ほくりょう》の曇無讖《どんむしん》訳。仏の寿命が長遠であること、懺悔《さんげ》滅罪の法の功徳《くどく》などを説き、四天王《してんのう》による国家の鎮護を経の利益《りやく》として強調する。奈良・平安時代には除災招福・護国の経典として重視された。

さ

さいちょう〔最澄〕（七六六または七六七―八二二）伝教《でんぎょう》大師。日本天台宗《てんだいしゅう》の開祖で日本仏教の基盤を築いた。延暦《えんりゃく》四年（七八五）、東大寺戒壇《かいだん》で受戒。のち比叡山《ひえいざん》に入り一乗止《いちじょうし》観院《かんいん》を創した。延暦二十三年（八〇四）、空海《くうかい》とともに入唐《にっとう》して円《えん》・密《みつ》・禅《ぜん》・戒《かい》の四宗を相承し、帰朝後、年分度者《ねんぶんどしゃ》として天台業二人を許可された。大乗戒壇の独立を企てたが生前には実現できなかった。著書に『願文《がんもん》』『山家学生式《さんげがくしょうしき》』『法華秀句《ほっけしゅうく》』五巻『顕戒論《けんかいろん》』三巻『守護国界章《しゅごこっかいしょう》』九巻などがある。

ざいふく〔罪福〕　罪とは苦果を招く悪業《あくごう》をいい、福とは楽果を招く善業《ぜんごう》をいう。すなわち善因楽果、悪因苦果の道理。

さいほう〔西方〕　阿弥陀仏の極楽浄土のある西の方角。極楽浄土のことを西方という場合もある。↓じょうど〔浄土〕。

さがん〔作願〕　願いをおこすこと。往生を願うこと。五念門の一。↓ごねんもん〔五念門〕。

さごう〔作業〕　行業《ぎょうごう》を作すこと。五念門《ごねんもん》安心・起行に対する語で、五正行《ごしょうぎょう》等の修し方のこと。あるいは五正行等の修し方のこと。すなわち恭敬修《くぎょうしゅ》・無余修《むよしゅ》・無《む》間修《けんしゅ》・長時修《じょうじしゅ》の四修を指す。↓あんじん〔安心〕①・②、きぎょう〔起行〕、ししゅ〔四修〕。

さっしゃにけんじきょう〔薩遮尼乾子経〕『大薩遮尼乾子経』のこと。十巻。北魏《ほくぎ》の菩提流支《ぼだいるし》訳。文殊菩《もんじゅぼ》薩《さつ》の要請に応じて、釈尊が発菩提心の十二種勝法などについて説き、三乗の差別はないとして一乗の義を顕す。ついで外道《げどう》の大薩遮尼乾子が厳熾王《ごんしおう》に法を説き、尼乾子に成仏の記が授けられる。

ざっしゅ〔雑修〕　さまざまな行をまじえて修し純一でないこと。専修に対する語。①雑行を修すること。↓ぞうぎょう〔雑行〕。②五《ご》正行《しょうぎょう》中の正定業《しょうじょうごう》（称名《しょうみょう》）と助業《じょごう》（読誦《どくじゅ》・観察《かんざつ》・礼拝《らいはい》・讃嘆供《さんだんく》養《よう》）を同格にみなして修すること。③行は正行であっても、修する心が自力心である場合をいう。④専ら念仏を修しても、そのことをもって現世の福利を祈る場合をいう。↓せんじゅ〔専修〕。

ざっしん〔雑心〕　二種以上の行《ぎょう》業《ごう》をまじえる心。定善《じょうぜん》と散善《さんぜん》、正定業《しょうじょうごう》と助業《じょごう》とをまじえる心。自力心。

さん〔散〕　定に対する語。心が散乱してひとつの対象に専注していない状態のこと。↓じょう〔定〕。

さんあみだぶつげ〔讃阿弥陀仏偈〕一巻。曇鸞《どんらん》大師（四七六―五四二）の著。主に『大経』によって、阿弥陀仏とその聖者《しょうじゃ》、および浄土の荘厳相《しょうごんそう》を讃嘆《さんだん》した偈頌《げじゅ》（詩句）。七祖聖教《しちそしょうぎょう》の一。

さんえん〔三縁〕 [1]阿弥陀仏が念仏の衆生《しゅじょう》を摂取《せっしゅ》する三種の深いかかわりのこと。①親縁《しんえん》。衆生が口で仏名《ぶつみょう》を称《とな》え、身で仏を礼拝《らいはい》し、意《こころ》で仏を念ずる時、これらを仏は聞き、見て、知り衆生と仏とは互いに憶念《おくねん》しあうという密接不離の関係にあること。②近縁《ごんえん》。衆生が仏を見たいと願えば目前にあらわれるという関係にあること。③増上縁《ぞうじょうえん》。衆生が名号《みょうごう》を称えれば多劫《たこう》の罪を除き、命の終るときに仏は聖衆《しょうじゅ》とともに来迎《らいこう》して、罪業《ざいごう》の繋縛《けばく》に障礙《しょうげ》されず往生させること。[2]三種の慈悲のこと。①衆生縁。衆生の実体があるとみて衆生に対して生ずる世俗的な慈悲で小悲ともいう。②法縁《ほうえん》。衆生の実体はないが、個体を構成する五蘊《ごうん》の法体は実有であるとする小乗の聖者《しょうじゃ》のおこす慈悲で中悲ともいう。③無縁。差別の見解を離れた平等絶対の慈悲で初地《しょじ》以上の菩薩《ぼさつ》や仏のおこす大悲をいう。

さんおうじょう〔三往生〕 三種の往生。難思議往生（弘願《ぐがん》）・双樹林下往生（要門）・難思往生（真門）をいう。→なんじぎおうじょう〔難思議往生〕、そうじゅりんげおうじょう〔双樹林下往生〕、なんじおうじょう〔難思往生〕、補註2。

さんがい〔三界〕 欲界《よくかい》・色界《しきかい》・無《む》色界《しきかい》の三つの世界。衆生《しゅじょう》が生死《しょうじ》流転《るてん》する迷いの世界を三種に分類したもの。三有《さんぬ》ともいう。①欲界。地獄・餓鬼《がき》・畜生《ちくしょう》・阿修羅《あしゅら》・人・天の六道《ろくどう》（六趣）からなり、欲界の天を六欲天という。欲界の衆生には婬欲《いんよく》と食欲との二欲がある。②色界。浄妙な物質（色）からなり、欲を離れたきよらかな世界。四禅天からなる。③無色界。物質を超えた精神の世界。③無色界。四無色定《しむしきじょう》（無色界における四段階の瞑想）を修めた者が生れる天界。

さんかしょう〔三迦葉〕 優楼頻嬴《うるびんら》迦葉（梵語ウルヴィルヴァー・カーシュヤパ Uruvilvā-Kāśyapa の音写）、那提《なだい》迦葉（梵語ナディー・カーシュヤパ Nadī-Kāśyapa の音写）、伽耶《がや》迦葉（梵語ガヤー・カーシュヤパ Gayā-Kāśyapa の音写）の三人兄弟。事火外道《じかげどう》（火を尊び、これに供養《くよう》して福を求める異教徒の一派。拝火《はいか》外道ともいう）であったが、釈尊の成道《じょうどう》後まもなくその教化を受けて仏弟子となった。

ざんぎ〔慚愧〕 罪を恥じること。慚と愧に分けて種々に解釈する。慚は自ら罪をつくらないこと、愧は他人に罪をつくらせないようにすること。また、慚は心に自らの罪を恥じること、愧は他人に自らの罪を告白して恥じ、そのゆるしを請うこと。また、慚は人に恥じ、愧は天に恥じること。また、慚は他人の徳を敬い、愧は自らの罪をおそれ恥じること。

さんきえ〔三帰依〕　仏・法・僧の三宝《さんぼう》に帰依（信認して順《したが》うこと）すること。帰依仏・帰依法・帰依僧の三。この三帰依は仏教徒としての必須条件である。

さんく〔三苦〕　生存している者の三つの苦悩。①苦苦《くく》。精神的肉体的苦。②壊苦《えく》。愛着していたものがくずれる時、感じる苦。③行《ぎょう》苦《く》。世の無常なることを感じて得る苦。

さんく〔三垢〕　三種の煩悩《ぼんのう》のけがれ。三毒に同じ。→さんどく〔三毒〕。

さんげ〔懺悔〕　懺は梵語クシャマ（kṣama）の音写で、忍の意。罪のゆるしを他人に請うこと。悔は追悔、悔過《けか》の意。あやまちを悔い改めるために、ありのままを仏・菩薩《ぼさつ》・師長（師や先輩）・大衆《だいしゅ》に告白して謝ること。すなわち自らがなした罪過を悔いてゆるしを請うこと。浄土教では、阿弥陀仏の名《みょう》号《ごう》を称《とな》える念仏に懺悔の徳があるとされる。

さんげだつもん〔三解脱門〕　解脱を得る三種の方法、三三昧《さんざんまい》ともいう。①空《くう》解脱門。一切の存在は空であると観ずる。②無相《むそう》解脱門。一切が空であるから差別の相はないと観ずる。③無願《むがん》解脱門。願求《がんぐ》すべき何ものもないと観ずる。

さんげん〔三賢〕　菩薩五十二位の修行階位のうち、十住《じゅうじゅう》・十行《じゅうぎょう》・十回向《じゅうえこう》の階位をいう。内凡《ないぼん》（さとりのうちなる凡夫《ぼんぶ》）ともいう。→ぼさつ〔菩薩〕。

さんごう〔三業〕　身口意《しんくい》の行為。すべての行為を三類に区別したもの。身に行う身業、口に言う口業《くごう》（語業ともいう）、心に思う意業（思業ともいう）をいう。→補註5。

さんじ〔三時〕　正法・像法・末法の三時をいう。釈尊入滅《にゅうめつ》後、時代がうつるにつれて次第に仏教が衰微していく状況を正《しょう》・像《ぞう》・末《まつ》の三時代に分けたもの。その年限については諸説があるが、正法五百年（あるいは千年）、像法千年、末法一万年説が一般的である。→しょうぼう〔正法〕、ぞうぼう〔像法〕、まっぽう〔末法〕。

さんじゃやびらていし〔刪闍耶毘羅胝子〕　パーリ語サンジャヤ・ベーラッタプッタ（Sañjaya Belaṭṭhaputta）またはサンジャヤ・ベーラッティプッタ（Sañjaya Belaṭṭhiputta）の音写。六師外道《げどう》の一人。人知に普遍妥当性を認めない懐疑論者。種々の形而上学的な問題に対して、人には知る能力がないとして確定的な答えをしなかった。不可知論者ともいわれる。また、釈尊の十大弟子の舎利弗《しゃりほつ》、大目犍連《だいもくけんれん》（目連）がはじめ師としていたと伝えられる。→ろくし〔六師〕。

さんしゅ〔三修〕 身修《しんしゅ》・戒修《かいしゅ》・心《しん》修《しゅ》のこと。五蘊の異名。身修・戒修は色蘊《しきうん》、心修は受《じゅ》・想《そう》・行《ぎょう》・識《しき》にわたる。→ごうん〔五蘊〕。

さんじゅうにそう〔三十二相〕 仏や転輪王《てんりんのう》の身体に具わる三十二種のすぐれたすがた。例えば、頂《ちょう》上肉髻相《じょうにくけいそう》・身毛右旋相《しんもううせんそう》・眉間《みけん》白《びゃく》毫相《ごうそう》など。→そうごう〔相好〕。

さんじゅうろくぶのしんのう〔三十六部の神王〕『灌頂経《かんじょうきょう》』にいう三十六部の善神。多くの鬼神《きじん》を眷《けん》属《ぞく》とし、三宝《さんぼう》に帰依《きえ》した男女を守護するといわれる。

さんじゅじょうかい〔三聚浄戒〕 三種戒蔵ともいい、略して三聚戒・三聚ともいう。大乗の菩薩《ぼさつ》の持つべき戒法《かいほう》。①摂律儀戒《しょうりつぎかい》。一切の諸悪をすべて断ち切り、捨去ること。②摂善法戒《しょうぜんぼうかい》。積極的に一切の諸善を実行すること。③摂衆生戒《しょうしゅじょうかい》。一切衆生をすべて摂《せっ》取《しゅ》して、あまねく利益《りやく》を施すこと。慈悲心にもとづいて衆生のために尽す一切の利他行をいう。

さんしゅのしょうごん〔三種の荘厳〕 天親菩薩《てんじんぼさつ》の『浄土論』に説かれる浄土のうるわしい相で、国土荘厳十七種・仏荘厳八種・菩薩荘厳四種の三厳《さんごん》二十九種《にじゅうくしゅ》荘厳のこと。

さんしょう〔三従〕 →補註14。

さんしょう〔三障〕 さとりへの道をさまたげ善心を害する三種の障り。①煩悩障《ぼんのうしょう》。貪欲《とんよく》・瞋恚《しんに》・愚痴《ぐち》等の惑《わく》。②業障《ごうしょう》。五逆《ごぎゃく》・十悪等の悪業《あくごう》のみをなす障り。③報障《ほうしょう》。悪業の果報《かほう》として受ける地獄・餓《が》鬼《き》・畜生《ちくしょう》等の苦しみ。合せて惑・業・苦という。

さんじょう〔三乗〕 声聞乗《しょうもんじょう》・縁《えん》覚乗《がくじょう》・菩薩乗《ぼさつじょう》の三種。衆生《しゅじょう》の根《こん》機《き》（素質能力）に応じてさとりへ導く教えを三種の乗物に喩えたもの。①声聞乗。仏の声（教説）を聞いて修行しさとる教え。四諦《したい》、十二因縁《いんねん》などの法門。②縁覚乗。師仏の教えによらず独りでさとる道を行く教え。十二因縁を観じてさとりを開く法門。③菩薩乗。大乗菩薩のために説かれた六波羅蜜《ろっぱらみつ》等の法門。声聞乗・縁覚乗は小乗、菩薩乗は大乗である。→いちじょう〔一乗〕、しょうもん〔声聞〕、えんがく〔縁覚〕。

さんしん〔三心〕 ①『大経』の三心。第十八願に誓われた至心・信楽・欲生。三信ともいう。この三心は、すべて信楽の一心におさまる。↓ししん〔至心〕[1]、しんぎょう〔信楽〕、よくしょう〔欲生〕[1]。[2]『観経』に説く浄土往生に必要な三種の心。至誠心・深心・回向発願心。浄土真宗では、この三心について顕説《けんぜつ》と隠彰《おんしょう》の両義を立て、顕の義では自利、自力の三心（諸善万行を修めて往生しようとする者のおこす心）であるが、隠の義では利他、他力の三心であり、『大経』第十八願の三心と同一である（至誠心＝至心、深心＝信楽、回向発願心＝欲生）とする。↓しじょうしん〔至誠心〕、じんしん〔深心〕、えこうほつがんしん〔回向発願心〕、補註11。

さんしん〔三身〕　仏身《ぶっしん》の三位態。法身・報身・応身の三。↓ほっしん〔法身〕、ほうじん〔報身〕、おうじん〔応身〕。

さんしん〔三信〕　[1]『大経』第十八願文に、衆生往生《しゅじょうおうじょう》の因として誓った至心《ししん》・信楽《しんぎょう》・欲生《よくしょう》を三信という。三心ともいう。↓さんしん〔三心〕。[2]『論註』や『安楽集』に説かれる信心の三相で不淳《ふじゅん》・不《ふ》一《いっ》・不相続《ふそうぞく》の三不信《さんぷしん》に対する語。①淳心《じゅんしん》。淳厚、淳朴でかざりけのない心。信心の純朴さをあらわす。②一心《いっしん》。決定《けつじょう》して疑いのない心。③相続心《そうぞくしん》。自力の思いをまじえず、ただ阿弥陀仏の救いを念ずる信が相続すること。

さんず〔三途（塗）〕　三悪道《さんまくどう》（三《さん》悪趣《まくしゅ》）のこと。猛火に焼かれる火《か》途《ず》（地獄）、刀・杖で迫害される刀途《とうず》（餓鬼《がき》）、互いに食いあう血《けち》途《ず》（畜生《ちくしょう》）をいう。↓あくしゅ〔悪趣〕。

さんぜ〔三世〕　過去・現在・未来をいう。

さんぜん〔散善〕　定善に対する語。散乱した心（散心）のままで、悪を止《とど》め善を修める行のこと。世・戒・行の三福がある。↓じょうぜん〔定善〕。

さんぜんだいせんせかい〔三千大千世界〕　仏教の宇宙観。須弥山《しゅみせん》を中心に日《にち》・月《がつ》・四大洲《しだいしゅう》・九山八海《くせんはっかい》および四王天《しおうてん》等の六天を含む欲界《よくかい》と、梵衆《ぼんしゅ》・梵輔《ぼんほ》および大梵《だいぼん》の三天からなる色界初禅天《しきかいしょぜんてん》とを総じて一世界とし、その一世界を千集めたものを小千世界、小千世界を千集めたものを中千世界、中千世界を千集めたものを大千世界と名づける。この大千世界を三千大千世界という。三千は一世界が千の三乗の数集まったという意である。このような三千大千世界が無数にあるとされる。

さんぜんどう〔三善道〕　三悪道《さんまくどう》に対する語。三善趣ともいう。六道《ろくどう》のうち阿修羅《あしゅら》・人・天の三つの境《きょう》界《がい》。地獄・餓鬼《がき》・畜生《ちくしょう》の三悪道に比べると果報《かほう》がすぐれているのでこのように名づける。↓さんまくしゅ〔三悪趣〕。

さんぞう〔三蔵〕 ［1］仏教聖典の総称。仏の教説を集めた経蔵《きょうぞう》、仏が制定した生活規則を集めた律蔵《りつぞう》、教説を組織体系づけて論述した論蔵《ろんぞう》をいう。また、小乗の教えを総称して三蔵という場合もある。［2］経・律・論の三蔵に精通した者に対する尊称。訳経家に対して用いられることが多い。

さんだん〔讃嘆〕 仏徳《ぶっとく》をほめたたえること。五念門の一。↓ごねんもん〔五念門〕。**—くよう**〔讃嘆供養〕 仏徳をほめたたえ、衣食《えじき》香華《こうげ》などをささげて供養すること。五正行〔五種の正行〕の一。↓ごしょうぎょう〔五正行〕。

さんどく〔三毒〕 三種の煩悩《ぼんのう》のこと。三垢《さんく》ともいう。①貪欲《とんよく》（むさぼり・我欲）。②瞋恚《しんに》（いかり）。③愚痴《ぐち》（おろかさ・真理に対する無知）。この三毒は衆生《しゅじょう》を害する悪の根元であるから三不善根《さんふぜんごん》ともいう。

さんにん〔三忍〕 忍とは認可決《にんかけつ》定《じょう》の意で、ものをはっきりと確かめて受け入れること。他力の信（無生法忍《むしょうぼうにん》）のもつ三つの徳義。①喜忍《きにん》。歓喜《かんぎ》の思い。法を聞き、安心してよろこぶ心。②悟忍《ごにん》。仏智を領得すること。真実のいわれをはっきりと知る心。③信忍《しんにん》。仏力を信じること。本願を疑いなく信じる心。

さんぬ〔三有〕 三界に同じ。↓さんがい〔三界〕。

さんねんもん〔三念門〕 五念門中の礼拝門《らいはいもん》・讃嘆門《さんだんもん》・作願門《さがんもん》のこと。↓ごねんもん〔五念門〕。

さんぱい〔三輩〕 『大経』に、浄土往生を願う三種のともがらを、その修行の別によって上輩《じょうはい》・中輩《ちゅうはい》・下輩《げはい》の三種に区別したもの。①上輩。出家して沙門《しゃもん》となり、さとりを求める心をおこしてひたすらに無量寿仏を念じ、もろもろの功徳《くどく》を修める者。②中輩。沙門とならないが、さとりを求める心をおこしてひたすらに無量寿仏を念じ、多少、善を修める者。③下輩。ただひたすらに無量寿仏を念ずる者。また、『観経』には九品の往生が説かれるが、これは三輩を展開して、上三品を上輩、中三品を中輩、下三品を下輩としたものとみることができる。↓くぼん〔九品〕。

さんぷく〔三福〕 『観経』に説かれた散善の行を三種に分類したもの。①世福《せふく》（世俗の善）。父母に孝行を尽し、師長（師や先輩）によく仕え、慈悲心をもって殺生《せっしょう》せず、十善業《ぜんごう》を修めること。②戒福《かいふく》（小乗の善）。仏・法・僧の三宝《さんぼう》に帰依《きえ》し、すべての戒を守って威儀《いぎ》をただすこと。③行福《ぎょうふく》（大乗の善）。菩提心《ぼだいしん》をおこし、深く因果を信じ、大乗経典を読誦《どくじゅ》して、人々に仏道を勧めること。↓じょうぜん〔定善〕、さんぜん〔散善〕。

さんぷさんしん〔三不三信〕　三不《さんぷ》信《しん》と三信のこと。三不信とは信心が淳《あつ》からず、一ならず、相続《そうぞく》せずをいう。三信はその反対の淳《じゅん》心《しん》・一心・相続心。↓さんしん〔三信〕②。

さんぼう〔三宝〕　仏教徒として帰《き》依《え》し供養《くよう》すべき三つの宝。すなわち仏（さとりを開いた人）・法（その教え）・僧（その教えを受けてさとりをめざす集団）を三宝という。

さんぼうにん〔三法忍〕　忍は認可《にんか》決定《けつじょう》の意で、ものをはっきりと確かめて受け入れること。①音響《おんこう》忍《にん》。諸仏・菩薩《ぼさつ》の説法を聞き、驚き恐れることなく信認し受け入れること。②柔順忍《にゅうじゅんにん》。すなおに真理に随順し、背かないこと。③無《む》生法忍《しょうぼうにん》。真理にかなない形相を超えて不生不滅の真実をありのままにさとること。

さんまい〔三昧〕　梵語サマーディ（samādhi）の音写。定《じょう》・正受《しょうじゅ》などと漢訳する。心を一処に止《とど》めて散乱しない安らかで静かな状態になること。↓ぜんじょう〔禅定〕。

さんまくしゅ〔三悪趣〕　衆生《しゅじょう》が自分のなした悪い行い（悪業《あくごう》）によって導かれ趣くところ。三悪道《さんまくどう》ともいう。地獄・餓鬼《がき》・畜生《ちくしょう》をいう。三善趣（三善道）に対する語。↓さんぜんどう〔三善道〕。

さんまくどう〔三悪道〕　三悪趣に同じ。↓さんまくしゅ〔三悪趣〕。

さんみつ〔三密〕　身密《しんみつ》・語密《ごみつ》（口密）・意密《いみつ》（心密）の三。密教でいう秘密の三業《さんごう》のこと。身に印契《いんげい》を結び、口に真言《しんごん》を唱えて、意《こころ》に仏を念ずる時、仏の三業（三密）が衆生《しゅじょう》の三業（三密）の上に加わり、仏と行者とが一体となる。これを三密加持《かじ》といい、この時、行者はこの身のままで仏になる（即身成仏）と説く。

さんみょう〔三明〕　三種の智慧《ちえ》の力。神通力《じんずうりき》。愚痴《ぐち》の闇を破るから三明という。①宿住智証明《しゅくじゅうちしょうみょう》（宿命通《しゅくみょうつう》）。衆生《しゅじょう》の過去世の相を明らかに知る智慧。②死生智《ししょうち》証明《しょうみょう》（天眼通《てんげんつう》）。未来の衆生の死生の相を明らかに知る智慧。③漏尽智証明《ろじんちしょうみょう》（漏尽通《ろじんずう》）。真理を明らかに証知して、漏《ろ》（煩悩《ぼんのう》）を断滅する智慧。

さんりん〔三輪〕　仏・菩薩《ぼさつ》が衆《しゅ》生《じょう》を教化する時に示す身口意《しんくい》（からだ・言葉・心）のすぐれたはたらき。輪とは衆生の煩悩《ぼんのう》を摧破《さいは》して教化するという意。身に神通《じんずう》をあらわす神通輪、口に法を説く説法輪、聞き手の心を自在に知る記心輪の三。

さんろん〔三論〕 龍樹菩薩《りゅうじゅぼさつ》（一五〇—二五〇頃）の『中論』四巻『十二門論』一巻とその弟子提婆《だいば》（一七〇—二七〇頃）の『百論』二巻を総称して三論という。三論宗の所依の論とされる。

さんろんしゅう〔三論宗〕 龍樹《りゅうじゅ》菩薩《ぼさつ》の『中論』『十二門論』とその弟子提婆《だいば》の『百論』にもとづいて成立した宗派。三論を漢訳した鳩摩羅什《くまらじゅう》を開祖とし、その教学は吉蔵《きちぞう》によって大成された。日本へは推古《すいこ》天皇三十三年（六二五）に、高句麗《こうくり》僧慧灌《えかん》によって伝えられた。南都六宗の一。

し

しあごん〔四阿含〕 阿含は梵語アーガマ（āgama）の音写。来るという意で、伝えられてきた教え、伝承、聖典を指す。四阿含とは漢訳された「阿含経」で、現存する『長阿含経《じょうあごんぎょう》』二十二巻・『中阿含《ちゅうあごん》経《ぎょう》』六十巻・『増一阿含経《ぞういつあごんぎょう》』五十一巻・『雑阿含経《ぞうあごんぎょう》』五十巻をいう。四含《しごん》ともいい、小乗仏教経典の総称とされる。

しいぎ〔四威儀〕 人間の行動を四種に分類したもの。行（歩くこと）・住（とどまること）・坐（すわること）・臥《が》（臥《ふ》すこと）の四つをいう。また、この四つの行動を規則に従って正しくふるまうことをも意味する。

じうん〔慈雲〕（九六四—一〇三二）北宋《ほくそう》の天台宗《てんだいしゅう》の僧。名は遵《じゅん》式《しき》。慈雲尊者といわれた。四明《しめい》の義通《ぎつう》などについて天台を学び、同門の知礼《ちれい》と名をはせたが、のちに阿弥陀仏の大像を造り念仏三昧《ねんぶつざんまい》を修した。浄土教関係の著書としては『往生浄土懺願儀《おうじょうじょうどさんがんぎ》』『往生《おうじょう》浄土決疑行願二門《どけつぎぎょうがんにもん》』各一巻が現存する。

しえ〔四依〕 よりどころとなる四種類をいう。[1]人四依。天台《てんだい》大師智顗《ちぎ》の『法華玄義《ほっけげんぎ》』には、①五品《ほん》・六根《ろっこん》を初依《しょえ》、②十住《じゅうじゅう》を第二依、③十行《じゅうぎょう》・十回向《じゅうえこう》を第三依、④十地《じゅうじ》・等覚《とうがく》を第四依としている。親鸞《しんらん》聖人は浄土真宗の祖師方を指して四依弘経《ぐきょう》の大士《だいじ》という。[2]法四依。道を成ずるためのよりどころとすべき四種の法。①依法《えほう》不依人《ふえにん》。教えをよりどころとし、説く人によらない。②依義不依語《えぎふえご》。教えの内容をよりどころとして、言葉によらない。③依智不依識《えちふえしき》。真実の智慧《ちえ》（さとり）をよりどころとして、人間の分別によらない。④依了義経不依不了義経《えりょうぎきょうふえふりょうぎきょう》。真理を完全に説き明かした了義経をよりどころとして、不了義の経によらない。

じえん〔慈円〕（一一五五—一二二五）九条兼実《くじょうかねざね》の弟。慈鎮和尚《じちんかしょう》とも呼ばれる。青蓮院《しょうれんいん》に住し法性寺、無動寺などを兼管し、天台座主《てんだいざす》職につくこと四回に及ぶ。親鸞《しんらん》聖人得度《とくど》の戒師《かいし》といわれる。著書に『愚管抄《ぐかんしょう》』七巻がある。

じおん〔慈恩〕（六三二—六八二）慈恩大師窺基《きき》のこと。長安の大慈恩寺に住したので慈恩大師と呼ばれる。法相唯識《ほっそうゆいしき》学派の祖。貞観《じょうがん》二十二年（六四八）玄奘三蔵《げんじょうさんぞう》の弟子となり『成唯識論《じょうゆいしきろん》』等の訳場に参じ、『成唯識論述記《じょうゆいしきろんじゅつき》』二十巻『成唯識論掌中枢要《じょうゆいしきろんしょうちゅうすうよう》』四巻『大乗法苑義林章《だいじょうほうおんぎりんじょう》』七巻などを著した。

じかい〔持戒〕　戒を持つこと。釈尊が定めた戒律を守って犯さないこと。六波羅蜜（六度）の一。↓ろっぱらみつ〔六波羅蜜〕。

じかくだいし〔慈覚大師〕（七九四—八六四）日本天台宗《てんだいしゅう》第四祖、延暦寺《えんりゃくじ》第三世座主《ざす》、円仁《えんにん》のこと。十五歳で比叡山《ひえいざん》に登り、最澄《さいちょう》に師事する。承和《じょうわ》五年（八三八）に入唐《にっとう》し、諸師に就いて顕密《けんみつ》二教を学ぶ。また、五台山に登り法照《ほっしょう》流の五会念仏《ごえねんぶつ》を学び、これを比叡山に伝えた。著書に『入唐求法巡礼行記《にっとうぐほうじゅんれいこうき》』四巻『金剛頂経疏《こんごうちょうきょうしょ》』七巻『蘇悉地経疏《そしつじきょうしょ》』七巻『顕揚大戒論《けんようだいかいろん》』八巻『止観私記《しかんしき》』十巻など百部に及ぶ。

しかん〔止観〕　[1]止は梵語シャマタ（śamatha）の漢訳、観は梵語ヴィパシュヤナー（vipaśyanā）の漢訳。もろもろの思いを止《とど》めて心をひとつの対象に集中し（止《し》）、それによって正しい智慧《ちえ》をおこして対象を観《み》る（観《かん》）ことをいう。[2]『摩訶止観』のこと。↓まかしかん〔摩訶止観〕。

しかんろん〔止観論〕『摩訶止観』のこと。↓まかしかん〔摩訶止観〕。

しき〔色〕　五蘊（五陰《ごおん》・五受陰《ごじゅおん》ともいう）の一で、物質のこと。↓ごうん〔五蘊〕。

じき〔時機〕　時代と人間の根機《こんき》（素質能力）。

しききょうてん〔色究竟天〕　色《しき》界《かい》最上の天。色界に属する四禅天の最上に位置する天。物質からなる世界の最高処で、有頂天《うちょうてん》ともいう。

しきしん〔色身〕　すがたかたちをそなえた身体。無色無形《むしきむぎょう》の法身《ほっしん》（色も形もない真如《しんにょ》そのものの仏《ぶっ》身《しん》）に対して、有色有形《うしきうぎょう》の身体をいう。

しきそう〔色相〕　身体のすがたかたち、とくに仏の身体の相貌（すがた・かたち）をいう。

しくどくしょ〔四功徳処〕　菩薩《ぼさつ》が法を説くのに必要な四つの功徳《くどく》。①諦《たい》。真実をあらわす。②捨《しゃ》。すべてを施す。③滅《めつ》。悪業煩悩《あくごうぼんのう》を滅す。④慧《え》。智慧《ちえ》を完成する。

しけん〔支謙〕（二世紀末―三世紀頃）大月氏《だいげっし》出身の訳経家。六カ国語に通じ、三国時代、呉《ご》王孫権《そんけん》に信任されて博士となり、『大阿弥陀経《だいあみだきょう》』二巻など二十七部の経典を訳出した。

じごく〔地獄〕　梵語ナラカ（naraka）、またはニラヤ（niraya）の漢訳。ナラカの音写は那落迦《ならか》・奈落《ならく》・捺落、ニラヤの音写は泥《ない》囉《ら》夜《や》・泥黎耶《ないりや》。三悪道《さんまくどう》・五趣・六道・十界の一で、自らの罪業《ざいごう》の結果として衆生《しゅじょう》が趣く苦しみのきわまった世界。閻浮提《えんぶだい》の地下にあるとされる。経論によって種々に説かれるが、『倶舎論《くしゃろん》』等では、八熱地獄（八大地獄）・八寒地獄・孤地獄（独一地獄・辺地獄）などがあるとする。→ろくどう〔六道〕。

しじ〔四事〕　供養《くよう》に用いる四つの品で、飲食《おんじき》・衣服《えぶく》・臥具《がぐ》（寝具）・湯薬《とうやく》のこと。

しじき〔四食〕　衆生《しゅじょう》を養い育てる四種の食物。①段食《だんじき》。肉体を養う飲食物など有形の食物。②触食《そくじき》。よろこびの心をおこす感触によって身を養うこと。③思食《しじき》。意思作用や願望などによって身を支えること。④識食《しきじき》。心（識別作用）のこと。心の力が身を支えることを指していう。

ししきじゅうしょ〔四識住処〕　識《しき》の四種の住処。五蘊のうち第五の識のよりどころとなるもので、色《しき》・受《じゅ》・想《そう》・行《ぎょう》の四蘊をいう。→ごうん〔五蘊〕。

ししゅ〔四修〕　浄土教において行を修める四つのしかた。①恭敬《くぎょう》修《しゅ》。阿弥陀仏とその聖衆《しょうじゅ》を恭敬礼拝すること。②無余修《むよしゅ》。専ら阿弥陀仏の名を称《とな》え他の行いをまじえないこと。③無間修《むけんしゅ》。行を間断させず、また、煩悩《ぼんのう》をまじえないこと。④長時修《じょうじしゅ》。恭敬修・無余修・無間修を命終るまで修めつづけること。

ししゅ〔四衆〕　四輩・四部・四部衆ともいう。仏教教団を構成する出家・在家の男女のことで、比丘《びく》・比丘尼《びくに》・優婆塞《うばそく》・優婆夷《うばい》をいう。

ししゅ〔四趣〕　四悪趣のこと。地獄・餓鬼《がき》・畜生《ちくしょう》の三悪趣《さんまくしゅ》（三悪道《さんまくどう》）に阿修羅《あしゅら》を加えたもの。→あくしゅ〔悪趣〕、ろくどう〔六道〕。

しじゅうきん〔四重禁〕　四重禁戒のこと。略して四重ともいう。比丘《びく》・比丘尼《びくに》の守るべき最も厳重な禁戒。婬《いん》・偸盗《ちゅうとう》・殺生《せっしょう》・妄語《もうご》の四波羅夷罪《はらいざい》をいう。これを犯すと出家教団から追放される。

ししゅのま〔四種の魔〕　衆生《しゅじょう》を悩ます四種の魔。①煩悩《ぼんのう》魔。身心を悩ます貪《とん》・瞋《しん》・痴《ち》等の煩悩。②死魔。人の生命を断つ死。③五陰《ごおん》魔。種々の苦悩を生ずる色《しき》・受《じゅ》・想《そう》・行《ぎょう》・識《しき》の五蘊《ごうん》。④天魔。人の善事を害する欲界《よくかい》の第六天、すなわち他化自在天《たけじざいてん》の魔王《まおう》。

ししょう〔四生〕　衆生《しゅじょう》が生れる四種の形態。母胎から生れる胎《たい》生《しょう》、卵から生れる卵生《らんしょう》、湿気から生れる湿生《しっしょう》、よりどころなく、ただ業力《ごうりき》によって忽然《こつねん》と生れる化《け》生《しょう》。一切衆生はみなこの四種の出生形態におさめられるから、迷いの世界の総称ともされる。

ししょう〔四摂〕　四摂事、四摂法ともいう。人々を仏道に導き入れる四つの方法。①布施《ふせ》。法を説き教えたり（法施）、財物を与えたり（財施）すること。②愛語《あいご》。やさしい言葉で語りかけること。③利行《りぎょう》。身口意《しんくい》（からだ・言葉・心）の三業《さんごう》におこす善行《ぜんぎょう》で人々に利《り》益《やく》を与えること。④同事《どうじ》。自己の身を人々と同じ立場におくこと。

しじょう〔四乗〕　声聞乗《しょうもんじょう》・縁覚《えんがく》乗《じょう》・菩薩乗《ぼさつじょう》・仏乗のこと。乗とは乗物の意で、迷いの世界からさとりの世界へ運びわたすもの、教法のこと。→さんじょう〔三乗〕。

ししょうごん〔四正勤〕　四正断ともいう。四種の正しい努力。さとりを得るための実践修行の一。①律儀《りつぎ》断《だん》。悪を生じないよう勤めること。②断断《だんだん》。すでに生じた悪を除こうと勤めること。③随護《ずいご》断《だん》。善を生ずるよう勤めること。④修《しゅ》断《だん》。すでに生じた善を増すように勤めること。

しじょうしん〔至誠心〕　『観経』に説く三心の一。真実心のこと。→さんしん〔三心〕[2]。

ししん〔至心〕　まことの心。真実心。[1]『大経』第十八願の三心の一。阿弥陀仏が衆生《しゅじょう》を救済しようとする真実心。→さんしん〔三心〕[1]。[2]『大経』第十九《じゅうく》・第二十願の至心。自力の真実心。

じしん〔慈信〕　生没年未詳。親鸞《しんらん》聖人の子息、善鸞《ぜんらん》のこと。長男とも次男ともいわれる。建長《けんちょう》のはじめ頃、聖人の使いとして関東に下ったが、異義をとなえ、聖人の直弟である性信《しょうしん》を鎌倉幕府に訴えたりしたので、同八年（一二五六）、聖人は書状をもって義絶した。

じしんきょうにんしん〔自信教人信〕　阿弥陀仏の本願の救いを自分も信じ、他人にも信を勧める。善導《ぜんどう》大師以来、念仏者の姿勢として示されたもの。他人にも信を勧める教化が阿弥陀仏への報恩となる。善導大師の『礼讃《らいさん》』の文に、「みづから信じ、人を教へて信ぜしむること、難《かた》きがなかにうたたまた難し。大悲を伝へてあまねく化するは、まことに仏恩《ぶっとん》を報ずるになる」とあるのによる。なお親《しん》鸞《らん》聖人は異本によって「大悲弘くあまねく化するは」と読む。

しぜん〔四禅〕　欲界《よくかい》を超えて色界《しきかい》に生ずる四段階の瞑想（禅定《ぜんじょう》）をいう。①初禅。覚・観・喜・楽・一心の五支からなる。②第二禅。内浄・喜・楽・一心の四支からなる。③第三禅。捨・念・慧《え》・楽・一心の五支からなる。④第四禅。不苦不楽・捨・念・一心の四支からなる。

じぞうじゅうりんぎょう〔地蔵十輪経〕『大乗地蔵十輪経《だいじょうじぞうじゅうりんぎょう》』のこと。十巻。唐《とう》の玄奘《げんじょう》訳。地蔵菩薩《ぼさつ》の功徳《くどく》を讃嘆《さんだん》し、声聞《しょうもん》・縁覚《えんがく》の二乗より大乗に進むべきことを説く。

したい〔四諦〕　釈尊が最初の説法で示された四つの真理。四聖諦《ししょうたい》ともいう。①苦諦《くたい》。人生は苦であるという真理。②集諦《じったい》。苦を招き集める原因は煩悩《ぼんのう》であるという真理。③滅諦《めったい》。煩悩を滅尽することによって、苦のない涅槃寂静《ねはんじゃくじょう》の境地が実現するという真理。④道諦《どうたい》。涅槃寂静の境地に至るためには、八聖道（八正道・八聖道分）を実践すべきであるという真理。このうち①②は迷いの果と因、③④はさとりの果と因をあらわす。↓はっしょうどう〔八聖道〕。

しだい〔四大〕　一切の物質を構成する四種の元素。①地大《じだい》。堅さを性質とし、ものを保持する作用のあるもの。②水大《すいだい》。うるおいを性質とし、ものをおさめあつめる作用のあるもの。③火大《かだい》。熱さを性質とし、ものを成熟させる作用のあるもの。④風大《ふうだい》。動きを性質とし、ものを成長させる作用のあるもの。

しだごん〔斯陀含〕　梵語サクリッド・アーガーミン（sakṛd-āgāmin）の音写。一来《いちらい》と漢訳する。一度来る者の意。一度天界に生れ再び人間界に来てさとりに入る者の意。声聞《しょうもん》の修道《しゅどう》階位である四果の第二位で、欲界《よくかい》の修惑《しゅわく》（習慣的な迷い。思惑《しわく》ともいう）に九品《くぼん》あるうちの前六品を断じ尽した位をいう。↓はっぱい〔八輩〕。

しち〔四智〕　仏の四種の智慧《ちえ》。①大円鏡智《だいえんきょうち》。大きなくもりのない鏡のようにすべての事象をありのままに照らし出す智。②平等性《びょうどうしょう》智《ち》。すべての事象は平等であると知る智。③妙観察《みょうかんざっ》智《ち》。すべての事象をありのままに観察する智。④成所作《じょうしょさ》智《ち》。なすべきすべてのことをなしとげ衆生《しゅじょう》を救済する智。唯識《ゆいしき》の理に入るための四つの智慧。

しちかじょうのごきしょうもん〔七

箇条の御起請文〕　元久《げんきゅう》元年（一二〇四）比叡山延暦寺《ひえいざんえんりゃくじ》の専修《せんじゅ》念仏停止《ちょうじ》の訴えに対して、法然《ほうねん》聖人以下門弟が言行をただすことを誓って連署し、比叡山に送った七箇条からなる書状。「七箇条制《しちかじょうせい》誡《かい》」ともいう。親鸞《しんらん》聖人も「僧綽空《しゃくくう》」の名で署名している。内容は①天台《てんだい》・真言《しんごん》の教説を破したり、諸仏・菩薩《ぼさつ》をそしったりしないこと、②無智《むち》の身で有智の人と諍論《じょうろん》しないこと、③別解《べつげ》・別行《べつぎょう》の人に対して、その行業《ぎょうごう》を捨てよと説いたりしないこと、④念仏門には戒行がなく造悪を恐れないなどと主張しないこと、⑤ことごとに私義をとなえないこと、⑥痴《ち》鈍《どん》の身をもって道俗を教化しないこと、⑦邪法を正法《しょうぼう》と称して説いたり、偽って師説と称したりしないこと、である。

しちこうそう〔七高僧〕　七祖ともいう。親鸞《しんらん》聖人が浄土教の祖師と定め尊崇した七人の高僧。インドの龍樹《りゅうじゅ》菩薩《ぼさつ》・天親《てんじん》菩薩、中国の曇《どん》鸞《らん》大師・道綽《どうしゃく》禅師《ぜんじ》・善導《ぜんどう》大師、日本の源信《げんしん》和尚《かしょう》・源空《げんくう》（法然）聖人をいう。

しちなん〔七難〕　七種の災難で諸説がある。①日月失度《にちがつしつど》（太陽、月の異変）・星宿《しょうしゅく》失度（星の運行の異変）・災火・雨水変異・悪風・亢陽（日照り）・悪賊の難。『仁王《にんのう》経《きょう》』の説。②人衆疾疫《にんしゅしつやく》・他国侵逼・自界叛逆（内乱）・星宿変怪《へんげ》・日月薄蝕・非時風雨・過時不雨の難。『薬師経《やくしきょう》』の説。③火・水・羅《ら》刹《せつ》・刀杖《とうじょう》・悪鬼・枷鎖《かさ》・怨賊《おんぞく》の難。『法華経《ほけきょう》』「観世音菩薩普門《かんぜおんぼさつふもん》品《ぼん》」の説。

しちぼだいぶん〔七菩提分〕　七《しち》覚《かく》・七覚分《しちかくぶん》・七覚支《しちかくし》ともいう。さとりを得るために必要な七種の行法。『成実論《じょうじつろん》』では次の七種をあげる。①念覚支《ねんかくし》。心に明らかに憶《おも》いとどめて忘れないこと。②択《ちゃく》法覚支《ほうかくし》。智慧《ちえ》によって、法の真偽を選択《せんじゃく》すること。③精進覚支《しょうじんかくし》。一心に努力すること。④喜覚支《きかくし》。法を楽しみよろこぶこと。⑤軽《きょう》安覚支《あんかくし》。身心が軽やかで安らかなこと。⑥定覚支《じょうかくし》。心を集中して乱さないこと。⑦捨覚支《しゃかくし》。心の興奮や沈滞がなく平静なこと。

じちんかしょう〔慈鎮和尚〕　慈円のこと。→じえん〔慈円〕。

じっきょう〔実教〕　権教（仮の教）に対する語。究極的な真実の教え。→ごんきょう〔権教〕。

じっしょう〔十聖〕　十地《じゅうじ》の聖者《しょうじゃ》。歓喜地《かんぎじ》・離垢地《りくじ》・発光地《ほっこうじ》・焔慧地《えんえじ》・難勝地《なんしょうじ》・現前地《げんぜんじ》・遠行地《おんぎょうじ》・不動地《ふどうじ》・善慧地《ぜんえじ》・法雲地《ほううんじ》の十地の菩薩をいう。→ぼさつ〔菩薩〕。

じっそう〔実相〕　すべてのもののありのままのすがた、真実のすがたのこと。真如《しんにょ》・法性《ほっしょう》・涅槃の異名。→ねはん〔涅槃〕。

じつにょ〔実如〕（一四五八－一五二五）本願寺第九代宗主。第八代蓮如《れんにょ》上人の第八子（第五男）。教恩院。諱《いみな》は光兼《こうけん》。蓮如上人の長男順如《じゅんにょ》上人が継職を辞退したため、応仁《おうにん》二年（一四六八）、十一歳で譲状《ゆずりじょう》を受けた。延徳《えんとく》元年（一四八九）、蓮如上人が隠退した跡を受けて、三十二歳で第九代宗主となった。父蓮如上人の残した御文章によって教化を進め、その教えを実直に守った。また、次男円如《えんにょ》上人の協力を得て、御文章を五帖八十通に整理し教義の確立につとめ、一門一家の制を定めるなど教団体制の整備にも尽力した。

しっぽう〔七宝〕 七つの宝物。七《しっ》珍《ちん》ともいう。1自然《じねん》の七宝。金・銀・瑠璃《るり》（青色の玉の類）・玻璃《はり》（赤や白の水晶）・硨磲《しゃこ》（大蛤《おおはまぐり》または白珊瑚のこと）・赤珠《しゃくしゅ》（赤真珠）・碼碯《めのう》（深緑色の玉で後世のいわゆる碼碯ではない）の七種の宝のこと。ただし、このほかに、珊瑚・琥珀《こはく》・真珠・明月珠《みょうがっしゅ》・摩尼《まに》珠《しゅ》などが適宜に加えられて七宝ということもある。2転輪聖王の七宝。輪宝（輪形の武器で金・銀・銅・鉄の四種がある）・象・馬・珠・玉女・主蔵臣《しゅぞうしん》（すぐれた大臣）・主《しゅ》兵臣《へいしん》（すぐれた将軍）の七。→てんりんじょうおう〔転輪聖王〕。

じっぽう〔十方〕 十の方角の意で、東・西・南・北（四方）、東南・東北・西南・西北（四維）、上・下を指す。

じっぽうど〔実報土〕 →しんじつほうど〔真実報土〕。

してんげ〔四天下〕 須弥山の四方にあるといわれる四つの大陸。東《とう》勝身洲《しょうしんしゅう》・南贍《なんせん》（贍）部洲《ぶしゅう》・西牛貨《さいごけ》洲《しゅう》・北倶盧洲《ほっくるしゅう》のこと。→しゅみせん〔須弥山〕。

してんどう〔四顛倒〕 道理に背く四つの見解。すなわち凡夫《ぼんぶ》が無常・苦・無我・不浄のこの世を常《じょう》・楽《らく》・我《が》・浄《じょう》と思い誤ること。これを有為《うい》の四顛倒という。また、声《しょう》聞《もん》・縁覚《えんがく》が常・楽・我・浄の無為《むい》涅槃《ねはん》の法を無常・無楽・無我・不浄であると思い誤ること。これを無為の四顛倒という。

してんのう〔四天王〕 四王・四天大王ともいう。須弥山《しゅみせん》の中腹にある四天王天（四王天《しおうてん》）の主。帝《たい》釈《しゃく》天《てん》に仕えて仏法を護持する護法神。すなわち東方の持国天《じこくてん》（Dhṛtarāṣṭra 題頭隷吒《だいずらた》・提頭頼吒）、南方の増長天《ぞうじょうてん》（Virūḍhaka 毘留茶倶《びるだく》・毘楼勒《びるろく》・毘楼勒叉《びるろくしゃ》）、西方の広目天《こうもくてん》（Virūpākṣa 毘留博叉《びるはくしゃ》・毘楼博叉《びるはくしゃ》）、北方の多聞天《たもんてん》（Vaiśravaṇa 毘沙門天《びしゃもんてん》）をいう。

しとく〔四徳〕 涅槃《ねはん》の四種の徳。

永遠不変の常徳《じょうとく》、苦悩のない楽《らく》徳《とく》、自在の力の我徳《がとく》、煩悩《ぼんのう》のけがれのない浄徳《じょうとく》をいう。

しにょいそく〔四如意足〕　四神足《しじんそく》ともいう。さとりを得るための実践修行法の一。欲如意足《よくにょいそく》・精進如意足《しょうじんにょいそく》・心如意足《しんにょいそく》・思惟如意足《しゆいにょいそく》の四で、欲願《よくがん》と努力と心念と観慧《かんえ》との力によってひきおこされた精神統一の境地。その境地をよりどころとして種々に神通《じんずう》をあらわす。

しにょみろく〔次如弥勒〕「次いで弥勒のごとし」。『大経』（下）に出る語。親鸞《しんらん》聖人は念仏の行者を讃嘆《さんだん》する語とし、「次《し》」を「ちかし」とも「つぎ」とも読んでいる。「ちかし」（ちかきこと弥勒のごとし）と読む場合は、念仏の行者が弥勒と同じように仏のさとりに近いという意をあらわし、「つぎ」（つぎなること弥勒のごとし）と読む場合は、念仏の行者が弥勒と同じように次の生で仏になるという意をあらわす。→みろく〔弥勒〕、しょうじょうじゅ〔正定聚〕、にょらいとひとし〔如来とひとし〕、補註6。

じねん〔自然〕　人為的なものに対して、人為をからず、自《おの》ずからそうなっていること（「自ずから然《しか》り」）。親鸞《しんらん》聖人は「自ずから然らしむ」と読み、人間のはからいを超えた如来のはからいによる救いをあらわす語とした。通例では次の三種に分類される。①業道《ごうどう》自然。善悪の行為によって因果の法則どおりに結果を生ずること。「自ずから然り」という意にあたる。『大経』「五善五悪」（五悪段）の用例の多くはこの意であるが、親鸞聖人は「自然」の語をこの意で用いることはない。②願力《がんりき》自然。「自ずから然らしむ」という他力の意。阿弥陀仏の本願力を信じ、救いをたのむ行者は、何のはからいもなく本願力によって自ずから浄土に往生せしめられることをいう。③無為《むい》自然。さとりの世界は有無の分別を離れ、分別による限定を超えた絶対無限の境地であることをいう。親鸞聖人は③の場合も、「自ずから然り」という静的なものではなく、「自ずから然らしむ」という動的な救済活動の根源としての意味をもつものとする。

―ほうに〔自然法爾〕　救済は人間のはからいによって成立するのではなく、如来の本願の自ずからなるはたらきによって成立するということをあらわす語。親鸞聖人は如来の本願のはたらきによってしからしめることを「自然」（自ずから然らしむ）といい、本願の法則としてそのようにあらしめることを「法爾」（本願の法則として爾《しか》らしむ）といって、自然と法爾とを同義語とした。

しねんじょ〔四念処〕　四念処観、四念住ともいう。さとりを得るための実践修行法の一。人間は身（身体）・受（感受作用）・心（こころ）・法（存在を構成するもの）の四法において、浄《じょう》・楽《らく》・常《じょう》・我《が》の妄見《もうけん》をおこしている。この妄見を破るために智慧《ちえ》によって身は不浄、受は苦、心は無常、法は無我と観ずることを四念処という。

じひ〔慈悲〕　苦を除き楽を与えること。衆生《しゅじょう》をいつくしんで楽を与える（与楽《よらく》）ことを慈、衆生を憐れみいたんで苦を抜く（抜苦《ばっく》）ことを悲という。一説では、抜苦を慈、与楽を悲とする。

しぼる〔四暴流〕　四流《しる》ともいう。煩悩《ぼんのう》の異名。煩悩は一切の善を押し流すので暴流という。これに四種をあげる。①欲暴流《よくぼる》。欲界《よくかい》五欲の境に執着して起る煩悩。②有暴流《うぼる》。色界《しきかい》・無色界《むしきかい》における見惑《けんわく》と思惑《しわく》。③見暴流《けんぼる》。三界《さんがい》の見惑すなわち誤った見解。④無明暴流《むみょうぼる》。四諦《したい》などに対する無智《むち》。

しぼんぎょう〔四梵行〕　慈《じ》・悲《ひ》・喜《き》・捨《しゃ》の四種のきよらかな行い。慈は衆生《しゅじょう》に楽を与えること、悲は衆生の苦を抜くこと、喜は他者の楽を見てよろこぶこと、捨は他者に対して愛憎親怨の心がなく平等に利すること。

じみんさんぞう〔慈愍三蔵〕　（六八〇—七四八）唐《とう》代の僧。本名は慧日《えにち》。慈愍流念仏の祖。インドに渡り仏蹟を巡拝し、ガンダーラで観音《かんのん》の霊告を受けて浄土往生の志願をかため、十八年をへて帰国ののち、念仏をひろめた。慈愍三蔵の号は玄宗《げんそう》皇帝より与えられたもの。著書に韓国の桐華寺《どうかじ》から発見された『浄土慈悲集《じょうどじひしゅう》』三巻のほか、『般舟三昧讃《はんじゅざんまいさん》』『浄土文記《じょうどもんき》』五巻などが知られる。

しむげち〔四無礙智〕　仏・菩薩《ぼさつ》に具わる自由自在でさわりのない四種の理解表現能力。四無礙弁《しむげべん》ともいう。①法無礙弁《ほうむげべん》。文字や文章に精通する。②義無礙弁《ぎむげべん》。文字や文章によって表された意味内容に精通する。③辞無礙弁《じむげべん》。すべての言語に精通する。④楽説無礙弁《ぎょうせつむげべん》。衆生《しゅじょう》のために説法するのに自由自在であること。

しむしょい〔四無所畏〕　仏・菩薩《ぼさつ》に具わる、説法に際しての畏《おそ》れることのない四種の自信。四無畏《しむい》ともいう。仏の四無所畏は次の四である。①正等覚《しょうとうがく》無所畏。一切の法をさとっているという自信。②漏永尽《ろようじん》無所畏。煩悩《ぼんのう》をすべて断じ尽したという自信。③説障道《せっしょうどう》無所畏。さとりをさまたげる法（煩悩のこと）について説き教えることに畏れがないという自信。④説《せつ》出道《しゅつどう》無所畏。さとりに入る正道《しょうどう》を説いたという自信。

しゃえこく〔舎衛国〕　舎衛城《しゃえじょう》のこと。舎衛は梵語シュラーヴァスティー（Śrāvastī）の音写。釈尊在世当時のインドにあったコーサラ国の首都（現在のマヘート遺跡に比定される）。祇園精舎《ぎおんしょうじゃ》はこの西南にあり、釈尊は二十五回の雨安《うあん》居《ご》をこの地で送ったといわれている。

しゃかむにぶつ〔釈迦牟尼仏〕　梵語シャーキャムニ・ブッダ（Śā-kyamuni-buddha）の音写。釈迦は種族の名、牟尼は聖者《しょうじゃ》で、釈迦族の聖者の意。釈尊ともいう。仏教の開祖。約二千五百年前、インドのカピラヴァストゥの王、浄《じょう》飯王《ぼんのう》を父とし、摩耶《まや》夫人を母として誕生した。二十九歳の時、道を求めて出家し、多くの師を歴訪したが満足せず、尼連禅河《にれんぜんが》のほとりの山林で六年間にわたり苦行した。三十五歳の時、のちにブッダガヤー（Buddhagayā）と呼ばれる地の菩提樹の下に座って瞑想し、ついにさとりを開いた。成道《じょうどう》後、梵天《ぼんてん》の勧請《かんじょう》によって伝道を決意し、鹿野苑《ろくやおん》（現在のヴァーラーナシー〈ベナレス〉郊外）に赴いて五比丘《びく》にはじめて説法（初転法《しょてんぼう》輪《りん》）をした。以後四十五年間各地を巡って多くの人々を教化し、八十歳の時、クシナガラの沙羅樹《さらじゅ》のもとに身を横たえて入滅《にゅうめつ》した。

じゃくめつ〔寂滅〕　涅槃の異名。あらゆる煩悩《ぼんのう》が滅した寂静《じゃくじょう》の境地。→ねはん〔涅槃〕。

じゃけん〔邪見〕　よこしまな見解。誤った考え。仏教に背くすべての邪悪な思想。とくに因果の道理を否定する考えを指すことが多い。また、自力をたのみ、本願を疑う見解を指すこともある。

じゃじょうじゅ〔邪定聚〕　第十《じゅう》九《く》願の行者のこと。広げれば聖《しょう》道《どう》の行者もおさめる。自らの力をたのみ、もろもろの善を修して、それによって浄土に往生しようとする者をいう。

じゃなくった〔闍那崛多〕（五二三―六〇〇？）北インド、ガンダーラの生れ。北周《ほくしゅう》の武成《ぶせい》年間（五五九―五六〇）に長安に入り、経典訳出に従事した。北周の廃仏（五七四）に際して突厥《とっけつ》に逃れるが、隋《ずい》代になって文帝に迎えられ長安の大興善寺に住して訳経を続けた。『仏本行集経《ぶつほんぎょうじっきょう》』六十巻『添品妙法蓮華経《てんぼんみょうほうれんげきょう》』七巻など三十七部百七十六巻を訳出したといわれる。

しゃば〔娑婆〕　梵語サハー（sahā）の音写。忍《にん》・堪忍《かんにん》などと漢訳する。釈尊が教化するこの世界のこと。この土の衆生《しゅじょう》は、内にはもろもろの苦悩を忍んで受け、外には寒・暑・風・雨などの苦悩を忍んで受け、これらを堪え忍ばねばならないから、忍土・忍界などという。また、聖者《しょうじゃ》も疲労や倦怠を忍んで教化するから、この土を堪忍土という。

しゃまた〔奢摩他〕　梵語シャマタ（samatha）の音写。止《し》・止息《しそく》・寂静《じゃくじょう》などと漢訳する。観と並べて止観といわれる。散乱した心を離れ、思いを止《とど》めて心が寂静になった状態。→しかん〔止観〕。

しゃみかい〔沙弥戒〕　七歳以上二十歳未満の男子の出家（沙弥）が持つべき十種の戒め。①不殺生《ふせっしょう》戒《かい》。②不偸盗戒《ふちゅうとうかい》。③不婬戒《ふいんかい》。④不妄語戒《ふもうごかい》。⑤不飲酒戒《ふおんじゅかい》。⑥不塗飾《ふずじき》香鬘戒《こうまんかい》。装身具や香料などを身につけない。⑦不歌舞観聴戒《ふかぶかんちょうかい》。歌をうたったり舞をまったりしない。またそれを観ても聴いてもいけない。⑧不坐高広大床戒《ふざこうこうだいしょうかい》。高くゆったりとした寝台に寝ない。⑨不《ふ》非時食戒《ひじじきかい》。昼以後、何も食べない。⑩不蓄金銀宝戒《ふちくこんごんほうかい》。金銀財宝をたくわえない。

しゃもん〔沙門〕　梵語シュラマナ（śramaṇa）の音写。勤息《ごんそく》などと漢訳する。悪を止《とど》め、身心をととのえて善をつとめる出家修行者のこと。

しゃりほつ〔舎利弗〕　梵語シャーリプトラ（Śāriputra）の音写。釈尊十大弟子の一人。智慧《ちえ》第一と称された。王舎城《おうしゃじょう》外のバラモンの家に生れ、六師外道《げどう》の一である刪《さん》闍耶毘羅胝子《じゃやびらていし》（サンジャヤ・ベーラッタプッタまたはサンジャヤ・ベーラッティプッタ）の弟子となったが、釈尊成道《じょうどう》後まもなく大《だい》目犍連《もくけんれん》（目連）とともに釈尊に帰《き》依《え》した。釈尊に先だって逝去したといわれる。

しゅ〔竪〕　①縦の意。過去・現在・未来の三世にわたること。②時間的に隔たりのあること。③浄土真宗の教判（教法の価値判断）では、自力修行によってさとりを開こうとする聖道門《しょうどうもん》の教え。↓おう〔横〕。

じゅうあく〔十悪〕　身口意《しんくい》（からだ・言葉・心）の三業《さんごう》の中で、とくに著しい十種の悪い行為のこと。①殺生《せっしょう》（生きものを殺す）。②偸《ちゅう》盗《とう》（ぬすみ）。③邪婬《じゃいん》（よこしまな性の交わり）。④妄語《もうご》（うそいつわり）。⑤両舌《りょうぜつ》（人を仲たがいさせる言葉）。⑥悪口《あっく》（ののしりの言葉。あらあらしい言葉）。⑦綺語《きご》（まことのないかざった言葉）。⑧貪欲《とんよく》（むさぼり・我欲）。⑨瞋恚《しんに》（いかり）。⑩愚痴《ぐち》（おろかさ・真理に対する無知）。このうちで前三が身業、中四が口業、後三が意業である。また、これらを離れるのが十善である。↓じゅうぜん〔十善〕。

じゅういっさいふくとくざんまいきょう〔集一切福徳三昧経〕　三巻。後秦《こうしん》の鳩摩羅什《くまらじゅう》訳。釈尊が入滅《にゅうめつ》する三カ月前、毘舎離《びしゃり》の菴羅樹園《あんらじゅおん》において、集一切福徳三昧を説き示したもの。無上正真道《むじょうしょうしんどう》の心をおこすことによってこの三昧を得ること、布施《ふせ》・持戒《じかい》・多聞《たもん》がこの三昧の福徳の基本であることなどを説く。

じゅういん〔十因〕『往生拾（十）因』のこと。一巻。永観《ようかん》の著。念仏が決定《けつじょう》往生の行であることを十種の理由（因）をあげて証明し、一心に阿弥陀仏を称念すれば、必ず往生を得ると明かす。

じゅうおうじょうきょう〔十往生経〕『十往生阿弥陀仏国経《じゅうおうじょうあみだぶっこくきょう》』のこと。一巻。阿弥陀仏の浄土へ往生する十種の方法を教示し、この経を信じる者が二十五菩薩《ぼさつ》によって護持されると説く。『貞元録《じょうげんろく》』（貞元は「ていげん」ともいう）では疑経（中国撰述経典）としている。

しゅうぎょう〔宗暁〕（一一五一―一二一四）南宋《なんそう》代、四明《しめい》（現在の浙江《せっこう》省寧波）の人。石芝と号す。十八歳で具足戒を受け、具菴強《ぐあんきょう》公《こう》・雲菴洪公《うんあんこうこう》に師事し、昌国《しょうこく》（現在の浙江省定海《ていかい》県）の翠羅寺《すいらじ》の主となったが、のち西山に退隠し、『法華経《ほけきょう》』の読誦《どくじゅ》を日課とした。著書に『法華経顕応録《ほけきょうけんおうろく》』二巻『楽《らく》邦文類《ほうもんるい》』五巻などがある。

じゅうじ〔十地〕　菩薩《ぼさつ》五十二位の修行階位のうち、四十一位から五十位までをいう。歓喜地《かんぎじ》・離垢《りく》地《じ》・発光地《ほっこうじ》・焔慧地《えんえじ》・難勝地《なんしょうじ》・現《げん》前地《ぜんじ》・遠行地《おんぎょうじ》・不動地《ふどうじ》・善慧地《ぜんえじ》・法雲地《ほううんじ》の十位。↓ぼさつ〔菩薩〕。

じゅうじきょう〔十地経〕『華厳《けごん》経《ぎょう》』の中の「十地品」の別行本。菩薩《ぼさつ》の修行階位である十地の内容について詳しく説いたもの。異訳に西晋《せいしん》の竺法護《じくほうご》訳『漸備一切智徳《ぜんびいっさいちとく》経《きょう》』五巻、後秦《こうしん》の鳩摩羅什《くまらじゅう》訳『十住《じゅうじゅう》経《きょう》』四巻、唐《とう》の尸羅達摩《しらだつま》訳『仏説十地経《ぶっせつじゅうじきょう》』九巻がある。龍《りゅう》樹《じゅ》菩薩《ぼさつ》（一五〇―二五〇頃）の『十住毘婆沙論《じゅうじゅうびばしゃろん》』十七巻、天親《てんじん》菩薩（四〇〇―四八〇頃）の『十地経論《じゅうじきょうろん》』十二巻は『十地経』の註釈書である。

じゅうじゅうびばしゃろん〔十住毘婆沙論〕　十七巻。龍樹《りゅうじゅ》菩薩（一五〇―二五〇頃）造、後秦《こうしん》の鳩摩羅什《くまらじゅう》訳。『十地経《じゅうじきょう》』（『華厳《けごん》経《ぎょう》』の「十地品」）をはじめとする諸大乗経典から大乗菩薩道についての所説の要点をとりあげ、それを解説したもの。全三十五品のうち第九「易行品《いぎょうぼん》」には、阿弥陀仏の浄土へ往生する易行が説かれている。七祖聖教《しちそしょうぎょう》の一。

しゅうしょきょうらいさんぎ〔集諸経礼懺儀〕　二巻。唐《とう》の智昇《ちしょう》の著。仏名《ぶつみょう》讃嘆《さんだん》および礼拝懺悔《らいはいさんげ》に関する文を諸経の中から抜き出したもの。上巻に諸経にみられる礼讃文を集録し、下巻に善導大師《ぜんどうだいし》（六一三―六八一）の『礼讃《らいさん》』の全文を載せる。

じゅうぜん〔十善〕　身口意《しんくい》（からだ・言葉・心）の三業《さんごう》の中でとくに顕著な善い行為のこと。不殺生《ふせっしょう》・不偸盗《ふちゅうとう》・不邪婬《ふじゃいん》・不妄語《ふもうご》・不両舌《りょうぜつ》・不悪口《ふあっく》・不綺語《ふきご》・不貪欲《ふとんよく》・不瞋恚《ふしんに》・不邪見《ふじゃけん》をいう。↓じゅうあく〔十悪〕。

じゅうにいんねん〔十二因縁〕　十二支因縁、十二縁相《えんそう》ともいう。衆生《しゅじょう》の迷妄と苦悩が成立し、また消滅する十二種の条件の関係。無明《むみょう》（無知）、行（潜在的形成力）、識《しき》（識別作用）、名色《みょうしき》（心身）、六処《ろくしょ》（眼《げん》・耳《に》・鼻《び》・舌《ぜつ》・身《しん》・意《い》の心作用の成立する六つの感覚器官）、触《そく》（感官と対象との接触）、受《じゅ》（感受作用）、愛《あい》（根本の欲望）、取《しゅ》（執着）、有《う》（生存）、生《しょう》（生れること）、老死《ろうし》（無常なすがた）の十二をいう。

じゅうにこう〔十二光〕　阿弥陀仏の光明《こうみょう》（仏の智慧《ちえ》の徳を示す）の徳を十二種に分けて称讃したもの。また、十二光仏ともいい、『大経』に述べられている。①無量光。量《はか》ることのできない光。②無辺光。際限のない光。③無礙光《むげこう》。何ものにもさえぎられることのない光。④無対光。くらべるもののない光。⑤炎王光《えんのうこう》。最高の輝きをもつ光。⑥清浄光《しょうじょうこう》。衆生《しゅじょう》のむさぼりを除くきよらかな光。⑦歓喜光《かんぎこう》。衆生のいかりを除きよろこびを与える光。⑧智慧光。衆生のまどいを除き智慧を与える光。⑨不断光。常に照らす光。⑩難思光《なんじこう》。思いはかることができない光。⑪無称光。説き尽すことができず、言葉も及ばない光。⑫超日月光《ちょうにちがっこう》。日月に超えすぐれた光。曇鸞《どんらん》大師は『讃弥陀偈《さんみだげ》』に十二光のひとつひとつを阿弥陀仏の徳にあてはめて讃嘆《さんだん》し、親鸞《しんらん》聖人も『浄土和讃』のはじめにこれを讃詠している。また、親鸞聖人の『銘文』には、『首楞厳経《しゅりょうごんぎょう》』の十二如来と『大経』の十二光仏とは同じであり、十二光仏が一劫《いっこう》に一仏ずつ順次世に出現するとある。↓こうみょう〔光明〕。

じゅうにぶきょう〔十二部経〕　仏が説いた経典を形式や内容から十二に分類したもの。十二分経《じゅうにぶんきょう》（十二分教）ともいう。①契経《かいきょう》（sūtra 修多羅《しゅたら》）。②重頌《じゅうじゅ》（geya 祇夜《ぎや》）。③授記《じゅき》（vyākaraṇa 和伽羅那《わがらな》）。④孤起頌《こきじゅ》（gāthā 伽《か》

陀《だ》）。⑤無《む》問《もん》自《じ》説《せつ》（udāna 優《う》陀《だ》那《な》）。⑥因《いん》縁《ねん》（nidāna 尼《に》陀《だ》那《な》）。⑦譬《ひ》喩《ゆ》（avadāna 阿《あ》波《は》陀《だ》那《な》）。⑧本《ほん》事《じ》（itivṛttaka 伊《い》帝《てい》目《もく》多《た》伽《か》）。⑨本《ほん》生《しょう》（jātaka 闍《じゃ》陀《だ》伽《か》）。⑩方《ほう》広《こう》（vaipulya 毘《び》仏《ぶつ》略《りゃく》）。⑪未《み》曾《ぞ》有《う》（adbhuta-dharma 阿《あ》浮《ぶ》陀《だ》達《だつ》磨《ま》）。⑫論《ろん》議《ぎ》（upadeśa 優《う》婆《ば》提《だい》舎《しゃ》）。

じゅうにるいしょう〔十二類生〕 生物の生れ方の分類。胎《たい》生《しょう》・卵《らん》生《しょう》・湿《しっ》生《しょう》・化《け》生《しょう》の四《し》生《しょう》に、有《う》色《しき》・無《む》色《しき》・有《う》想《そう》・無《む》想《そう》・非《ひ》有《う》色《しき》・非《ひ》無《む》色《しき》・非《ひ》有《う》想《そう》・非《ひ》無《む》想《そう》の八生を加えたもの。

じゅうねん〔十念〕 十声の念仏。『大経』第十八願文の「乃至十念」の念は、もと心念の意ともみられる。曇《どん》鸞《らん》大師は、十念を阿弥陀仏の総相もしくは別相を十たび憶《おく》念《ねん》すること（観の意も含む）、また、阿弥陀仏の名《みょう》号《ごう》を十遍称《とな》えることと解釈した。善《ぜん》導《どう》大師、法《ほう》然《ねん》聖人は十念を十声の称《しょう》名《みょう》念仏の意に限定したが、これは『観経』の下下品に、「十念を具足して南無阿弥陀仏と称せしむ」とあって、十念の称名念仏によって阿弥陀仏の浄土に往生できると説かれているのを根拠にしたためである。

じゅうはちふぐほう〔十八不共法〕 仏のみに具わる十八種のすぐれた特質。[1]十力・四無所畏・三《さん》念《ねん》住《じゅう》（三種の不動で平静な心に安住すること）と大悲の十八種をいう。→じゅうりき〔十力〕、しむしょい〔四無所畏〕。[2]大乗仏教では一般に次の十八種をいう。①身《しん》無《む》失《しつ》。②口《く》無《む》失《しつ》。③念《ねん》無《む》失《しつ》。（以上の①、②、③は身《しん》口《く》意《い》〈からだ・言葉・心〉の三《さん》業《ごう》について過失のないこと）④無《む》異《い》想《そう》。衆《しゅ》生《じょう》に対する平等心。⑤無《む》不《ふ》定《じょう》心《しん》。禅《ぜん》定《じょう》による心の安定。⑥無《む》不《ふ》知《ち》捨《しゃ》心《しん》。すべてを包容して捨てない心。⑦欲《よく》無《む》減《げん》。⑧精《しょう》進《じん》無《む》減《げん》。⑨念《ねん》無《む》減《げん》。⑩慧《え》無《む》減《げん》。（以上の⑦、⑧、⑨、⑩は衆生済度の欲と精進と念力と智《ち》慧《え》とについて減退することのないこと）⑪解《げ》脱《だつ》無《む》減《げん》。解脱からあともどりしないこと。⑫解《げ》脱《だつ》知《ち》見《けん》無《む》減《げん》。一切の解脱について明らかな知見を有し、欠けることのないこと。⑬一《いっ》切《さい》身《しん》業《ごう》随《ずい》智《ち》慧《え》行《ぎょう》。⑭一《いっ》切《さい》口《く》業《ごう》随《ずい》智《ち》慧《え》行《ぎょう》。⑮一《いっ》切《さい》意《い》業《ごう》随《ずい》智《ち》慧《え》行《ぎょう》。（以上の⑬、⑭、⑮は、衆生済度のため智慧の力で身口意の三業を現ずること）⑯智《ち》慧《え》知《ち》過《か》去《こ》世《せ》無《む》礙《げ》。⑰智《ち》慧《え》知《ち》未《み》来《らい》世《せ》無《む》礙《げ》。⑱智《ち》慧《え》知《ち》現《げん》在《ざい》世《せ》無《む》礙《げ》。（以上の⑯、⑰、⑱は過去・未来・現在の一切のことをすべて知り尽してとどこおりのないこと）。

じゅうびょうどう〔十平等〕 大菩《ぼ》薩《さつ》に具わる十種の徳。衆《しゅ》生《じょう》・法・清《しょう》浄《じょう》・布《ふ》施《せ》・戒・忍・精《しょう》進《じん》・禅・

智・一切《いっさい》法《ほう》清《しょう》浄《じょう》の十項について、差別の見解を去ったとらわれのない心（平等心）を得ること。この十平等心を得ればすぐれた果報《かほう》を得て、何ものにも畏《おそ》れない無畏《むい》の境地に入ることができる。

じゅうふぜんごう〔十不善業〕　十悪のこと。↓じゅうあく〔十悪〕。

じゅうりき〔十力〕　仏のみに具わる十種の力。①処非処智力《しょひしょちりき》。道理・非理を知る力。②業異熟智《ごういじゅくち》力《りき》。業とその果報《かほう》との因果関係を知る力。③静慮解脱等持等至智《じょうりょげだつとうじとうしち》力《りき》。禅定《ぜんじょう》や三昧《さんまい》を知る力。④根《こん》上下智力《じょうげちりき》。衆生《しゅじょう》の能力や性質の優劣を知る力。⑤種種勝解智力《しゅじゅしょうげちりき》。衆生の意欲や望みを明らかに知る力。⑥種種界智力《しゅじゅかいちりき》。衆生の本性を知る力。⑦遍趣行智力《へんしゅぎょうちりき》。衆生が人天等の諸世界に趣く行の因果を知る力。⑧宿住随念智力《しゅくじゅうずいねんちりき》。自他の過去世のことを思い起す力。⑨死生智力《ししょうちりき》。衆生の未来の生死《しょうじ》・善悪の世界を知る力。⑩漏尽智力《ろじんちりき》。煩悩《ぼんのう》を滅した涅槃《ねはん》の境地と、それに到達するための手段を知る力。

じゅうりん〔十輪〕『大方広十輪経《だいほうこうじゅうりんぎょう》』のこと。八巻。訳者は不明（北涼《ほくりょう》代）。異訳に唐《とう》の玄奘《げんじょう》訳『大乗大集地蔵十輪経《だいじょうだいじゅうじぞうじゅうりんぎょう》』十巻がある。地蔵菩薩《ぼさつ》の功徳《くどく》を讃嘆《さんだん》し、声聞《しょうもん》・縁覚《えんがく》の二乗より大乗へ進むべきことを説く。↓じぞうじゅうりんぎょう〔地蔵十輪経〕。

じゅき〔授記〕　仏が修行者に対して、未来に最高のさとりを得るであろうことを予言、約束すること。

しゅくいん〔宿因〕　[1]過去世に造られた業因《ごういん》。過去世に結ばれた業因。↓補註5。[2]仏道に入る宿世のよき因縁《いんねん》。

しゅくえん〔宿縁〕　[1]阿弥陀仏が遠いはてしない昔から、衆生《しゅじょう》を救済しようという誓願《せいがん》をたてた縁のこと。[2]過去の因縁《いんねん》。↓補註5。

しゅくごう〔宿業〕　過去世に造った善悪の業のこと。これは過去世になした行為が原因となって、今生のあり方が規定されるという考えにもとづいている。↓補註5。

しゅくぜん〔宿善〕　過去世に積んだ善根《ぜんごん》。獲信《ぎゃくしん》のための善き因縁《いんねん》。如来の調育のはたらき。↓補註5。

―のかいほつ〔宿善の開発〕　信を獲るための過去のよき因縁が熟して、信心が開けおこること。

しゅごこっかいきょう〔守護国界経〕『守護国界主陀羅尼経《しゅごこっかいしゅだらにきょう》』のこと。十巻。唐《とう》の般若《はんにゃ》・牟尼室利《むにしり》共訳。国界主（国王）を守護する陀羅尼の功徳《くどく》を説く。

しゅしゅつ〔竪出〕　竪は自力聖《しょう》道門《どうもん》のこと、出は漸教のこと。自力聖道門の中の漸教。自力による長時の修行によって漸次にさとりを開こうとする小乗や法相宗《ほっそうしゅう》などの教えを指す。→ぜんぎょう〔漸教〕。

しゅじょう〔衆生〕　梵語サットヴァ（sattva）の漢訳。有情《うじょう》・含識《がんしき》とも漢訳する。多くの生類《しょうるい》という意味で、群生《ぐんじょう》・群萌《ぐんもう》ともいう。①一切の迷いの生類、すなわち生きとし生けるものすべてを指す。衆多の生死《しょうじ》を受けるものの意である。一般には凡夫《ぼんぶ》である人間を指す場合が多い。②衆生を衆縁所《しゅえんしょ》生《しょう》の意味とみる時は、仏・菩薩《ぼさつ》をも衆生という。→補註3。

しゅだおん〔須陀洹〕　梵語スロータ・アーパンナ（srota-āpanna）の音写。預流《よる》と漢訳する。はじめて法の流れに入った者の意。声《しょう》聞《もん》の修道《しゅどう》階位である四果の初位で、三界《さんがい》の見惑《けんわく》（分別によっておこす知的な迷い）を断じ尽した位をいう。→はっぱい〔八輩〕。

しゅたら〔修多羅〕　梵語スートラ（sūtra）の音写。経と漢訳する。また経は常の意味で、真理の永遠不変のことをいう。また、よく真理にかない、衆生《しゅじょう》の根機《こんき》（素質能力）にかなうから契経《かいきょう》とも漢訳する。→きょう〔経〕、じゅうにぶきょう〔十二部経〕。

しゅちょう〔竪超〕　竪は自力聖《しょう》道門《どうもん》のこと、超は頓教のこと。自力聖道門の中の頓教。一念頓悟（段階を経ずただちにさとりを開く）、即身成仏（この身のままで仏になる）を説く華厳《けごん》・天台《てんだい》・真《しん》言《ごん》・禅の各宗を指す。→とんぎょう〔頓教〕。

しゅっせ〔出世〕　①仏・聖者《しょうじゃ》が世に出現すること。②出世間の略。世間を超出したさとりの境界《きょうがい》のこと。世俗を離れた仏法の世界。③世間を捨てて仏道に入ること。

しゅぼだい〔須菩提〕　梵語スブーティ（Subhūti）の音写。善吉《ぜんきち》・善《ぜん》現《げん》などと漢訳する。釈尊十大弟子の一人。舎衛国《しゃえこく》の鳩留長者《くるちょうじゃ》の子で、祇園精舎《ぎおんしょうじゃ》が仏教教団に寄進された日、釈尊の説法を聞いて出家し、解空《げくう》第一といわれた。

しゅみしいききょう〔須弥四域経〕　中国撰述の経典。現存しない。道《どう》綽禅師《しゃくぜんじ》（五六二―六四五）の『安楽集』、道安《どうあん》（六世紀頃）の『二《に》教論《きょうろん》』、法琳《ほうりん》（五七二―六四〇）の『弁正論《べんしょうろん》』などにその文が引用されている。

しゅみせん〔須弥山〕　須弥は梵語スメール（Sumeru）の音写。妙《みょう》高《こう》と漢訳する。仏教の世界観によるもので、世界の中心に高くそびえる巨大な山。大海の中にあって、金輪《こんりん》の上にあり、その高さは水面から八万由旬《ゆじゅん》である。その周囲を七金山《しちこんせん》がとりまき、この七金山と須弥山の間に七海を擁する。七金山の外側に鹹海《かんかい》を隔てて鉄囲山《てっちせん》がめぐり、須弥世界の外廓をなす。北《ほっ》鹹海の中に鬱単越《うったんおつ》（北鬱単越・東《とう》弗婆提《ほつばだい》（東弗婆提・南《なん》倶盧洲《くるしゅう》）・閻浮提《えんぶだい》（南閻浮提・南瞻部洲《せんぶしゅう》）・勝身洲《しょうしんしゅう》）・瞿陀尼《くだに》（西瞿陀尼・西牛貨洲《さいごけしゅう》）の四大洲《しだいしゅう》がある。鬱単越は梵語ウッタラクル（Uttarakuru）の音写で、北方の世界。形は方座のようで地盤は他の三洲よりも高い。住民は一千歳の寿命をたもち快楽もきわまりないという。弗婆提は梵語プールヴァヴィデーハ（Pūrvavideha）の音写で、東方の世界。形は半月形で、住民の寿命は二百五十歳。閻浮提については「南閻浮提」の項目参照。瞿陀尼は梵語ゴーダーニーヤ（Godānīya）の音写で、西方の世界。形は円形で、住民の寿命は五百歳。この四大洲を照らす日月は須弥山をめぐり、山の中腹には四天王《してんのう》、頂上には帝釈天《たいしやくてん》の住処がある。

しゅやま〔須夜摩〕　夜摩天のこと。→やまてん〔夜摩天〕。

しゅゆ〔須臾〕　短い時間。ほんのわずかな間。

しゅりはんだか〔周利槃陀伽〕　梵語チューダパンタカ（Cūḍapan-thaka）の音写。周利槃特《はんどく》とも音写し、小路・愚路などと漢訳する。釈尊の弟子。生来愚昧であったが、釈尊に教えられた「塵を払い、垢を除く」という短い言葉を繰り返してさとりを得たという。

しゅりょうごんぎょう〔首楞厳経〕　①『首楞厳三昧経《しゅりょうごんざんまいきょう》』のこと。二巻。後秦《こうしん》の鳩摩羅什《くまらじゅう》訳。首楞厳は梵語シューランガマ（śūraṃ-gama）の音写で、健相《ごんそう》・健行《ごんぎょう》などと漢訳する。堅意菩薩《けんいぼさつ》が菩提をすみやかに得る法を尋ねたのに対して、釈尊が首楞厳三昧を説き、また、舎利弗《しゃりほっ》が魔境を遠離《おんり》する道を尋ねたのに対して、釈尊が自ら魔境を現してこれを退治する法を説いたもの。②『大仏頂如来密因修証了義諸菩薩万行首楞厳経《だいぶっちょうにょらいみついんしゅしょうりょうぎしょぼさつまんぎょうしゅりょうごんぎょう》』のこと。十巻。唐《とう》の般刺蜜帝《はらみてい》訳。中国撰述の経典ともいわれる。第五巻に二十五聖《しょう》の円通《えんずう》が説かれているが、その中の第二十四に大勢至菩薩《だいせいしぼさつ》の念仏円通が説き明かされている。『教行信証』では修行と魔障《ましょう》との関係を示すために引用されている。

じゅんしき〔遵式〕　慈雲のこと。→じうん〔慈雲〕。

じゅんしん〔淳心〕　三信の一。→さんしん〔三信〕②。

じゅんせい〔順誓〕（一四二一―一五一〇）蓮如《れんにょ》上人側近の門弟。加《か》賀照円寺《がしょうえんじ》（石川県金沢市五宝町）の開基。宝徳《ほうとく》年間（一四四九―一四五二）から蓮如上人に近侍し、上人から法敬《ほうきょう》の名を与えられた。

じょう〔定〕　梵語サマーディ（samādhi）またはディヤーナ（dhyāna）の漢訳。心をひとつの対象に専注して散乱させないこと、およびその状態をいう。また心を散乱させないようにする修行をもいい、八聖《はっしょう》（正）道《どう》の中の正定《しょうじょう》、三学の中の定、六波羅蜜《ろっぱらみつ》（六度）の中の禅定波羅蜜《ぜんじょうはらみつ》などがそれにあたる。↓さん〔散〕。

じょうあごんぎょう〔長阿含経〕「阿含経」は長・中・増一・雑の四部に分類され、四阿含、四含《しごん》ともいわれる。このうち『長阿含経』（二十二巻。後秦《こうしん》の仏陀耶舎《ぶつだやしゃ》・竺《じく》仏念《ぶつねん》訳）は比較的長い三十種の経を集録する。↓しあごん〔四阿含〕。

しょうがく〔正覚〕　仏のさとり。正しいさとり。

しょうがん〔正願〕　梵語アシュヴアジット（Aśvajit）の漢訳。阿説示・阿湿婆恃などと音写し、馬《め》勝《しょう》・馬師《めし》などと漢訳する。釈尊の最初の弟子である五比丘《びく》の一人。舎利弗《しゃりほつ》に縁起偈《えんぎげ》を説いて、舎利弗が釈尊の弟子となる機縁をつくったという。

しょうぎょう〔正行〕　①仏の教えにもとづいた正しい実践。八聖（正）道・六波羅蜜（六度）・三学などをいう。↓はっしょうどう〔八聖道〕、ろっぱらみつ〔六波羅蜜〕。②正当純正な往生行。浄土教では、とくに阿弥陀仏に対する読誦《どくじゅ》・観察《かんざつ》・礼拝《らいはい》・称名《しょうみょう》・讃嘆《さんだん》供養《よう》の五を、阿弥陀仏に関係のない諸善万行（雑行）に対して正行という。↓ごしょうぎょう〔五正行〕、ぞうぎょう〔雑行〕。③仏の言説に具わる六種の利益《りやく》、六正の一。仏の言説は衆生《しゅじょう》に正しい行いをなさしめるから正行という。

しょうご〔正語〕　梵語ヴァーシュパ（Vāṣpa）の漢訳。婆敷などと音写する。釈尊の最初の弟子である五比丘《びく》の一人。

しょうこう〔少康〕（―八〇五）唐《とう》代の僧。縉雲《しんうん》（現在の浙江《せっこう》省縉雲）の人。法然《ほうねん》聖人（一一三三―一二一二）のいう浄土五祖の一人。十五歳で受戒し律を学ぶ。貞元《じょうげん》（「ていげん」ともいう）のはじめ（七八五）頃、洛陽《らくよう》の白馬寺《はくばじ》で善《ぜん》導《どう》大師（六一三―六八一）の西方《さいほう》化導《けどう》の文を得て、長安に赴き善導大師の影堂に礼拝《らいはい》し浄土門に帰す。広く庶民の間に念仏を勧め、後善導と呼ばれている。

しょうごう〔正業〕　①八聖（正）道の一。↓はっしょうどう〔八聖道〕。②正定業のこと。↓しょうじょうごう〔正定業〕。③仏の言説に具わる六種の利益《りやく》、六正の一。仏の言説は衆生《しゅじょう》に正しい業因《ごういん》を成就せしめるから正業という。

じょうこう〔肇公〕　僧肇《そうじょう》（三八四—四一四、一説に三七四—四一四）のこと。長安の僧。鳩摩羅《くまら》什《じゅう》門下四哲の一人。著書に『肇論《じょうろん》』一巻『註維摩詰経《ちゅうゆいまきつきょう》』十巻『百論序《ひゃくろんじょ》』などがあり、このうち『肇論』は、『物不遷論《もっふせんろん》』『不真空《ふしんくう》論《ろん》』『般若無知論《はんにゃむちろん》』『涅槃無名論《ねはんむみょうろん》』の四論書に、序論として「宗本《しゅうほん》義《ぎ》」（僧肇のものかどうか不明）を加えてまとめたものであり、中国仏教史上に大きな影響を与えた。

しょうこうぼう〔聖光房〕　弁長《べんちょう》（一一六二—一二三八）のこと。字《あざな》は弁阿《べんあ》。鎮西《ちんぜい》上人、筑紫《つくし》上人などとも称される。浄土宗鎮西派の派祖。七歳で出家得度《とくど》し、当初天台《てんだい》の学を修め比叡山《ひえいざん》で観叡《かんえい》、証真《しょうしん》などに師事したが、三十六歳の時、法然《ほうねん》聖人（一一三三—一二一二）に帰依《きえ》して専修《せんじゅ》念仏の門に入ったといわれる。とくに北九州を中心として念仏をひろめた。著書に『末代念仏授手印《まつだいねんぶつじゅしゅいん》』一巻『徹選択《てっせんちゃく》本願念仏集《ほんがんねんぶつしゅう》』二巻などがある。

じょうごてん〔浄居天〕　色界《しきかい》第四禅天の八天のうち無煩天《むぼんてん》・無熱《むねっ》天《てん》・善現天《ぜんげんてん》・善見天《ぜんけんてん》・色究竟天《しきくきょうてん》の五天のこと。欲を離れた清浄《しょうじょう》な諸天（聖者《しょうじゃ》）がいるところであるから、浄居天という。

しょうごん〔荘厳〕　うるわしく身や国土を飾ること。身口意《しんくい》（からだ・言葉・心）の三業《さんごう》をととのえて清浄《しょうじょう》にすること。天親菩薩《てんじんぼさつ》の『浄土論』には、阿弥陀仏の浄土のうるわしさについて二十九種《にじゅうくしゅ》荘厳《しょうごん》を説く。大別して依報《えほう》荘厳に十七種、正報《しょうぼう》荘厳の中、仏荘厳に八種、菩薩《ぼさつ》荘厳に四種がある。→えしょうにほう〔依正二報〕。

じょうさん〔定散〕　定善《じょうぜん》、散善《さんぜん》のこと。また、定散の語を自力の異称として用いる場合もある。→じょう〔定〕、さん〔散〕。

しょうさんじょうどきょう〔称讃浄土経〕『称讃浄土仏摂受経《しょうさんじょうどぶっしょうじゅきょう》』のこと。一巻。唐《とう》の玄奘《げんじょう》訳。『小経』の異訳。『小経』の証誠段では、六方三十八仏の名が列挙されているが、本経では十方《じっぽう》四十二仏の名が列挙されている。

じょうさんにぜん〔定散二善〕　定善、散善のこと。→じょうぜん〔定善〕、さんぜん〔散善〕。

しょうじ〔生死〕　迷いのこと。煩《ぼん》悩《のう》のまじった有漏《うろ》の業によって六道の生と死をはてしなく繰り返す流転輪廻のこと。→りんね〔輪廻〕、ろくどう〔六道〕。

じょうじつしゅう〔成実宗〕　訶梨《かり》跋摩《ばつま》（梵語ハリヴァルマン Harivarman の音写）の『成実論』にもとづく学派。空観《くうがん》を実践する。人法二空《にんぼうにくう》を主張し、南都六宗の一で、三論宗《さんろんしゅう》の寓宗《ぐうしゅう》（他宗に寄寓する宗）として講学された。

じょうじつろん〔成実論〕　十六巻（または二十巻）。訶梨跋摩《かりばつま》（梵語ハリヴァルマン Harivarman の音写）造。後秦《こうしん》の鳩摩羅什《くまらじゅう》訳。小乗仏教の内容に大乗仏教的な趣旨をおりこんだ仏教概論の書。全体に問答形式を用いて四諦《したい》の意義を説き明かすもので、成実宗の所依の論である。

しょうじょう〔小乗〕　梵語ヒーナヤーナ（hīnayāna）の漢訳。大乗に対する語。声聞乗《しょうもんじょう》ともいう。小乗とは、自己のさとりだけを目的とする劣った乗物という意。大乗に比べて教・理・行・果および修する根機《こんき》（素質能力）が劣る点で大乗からつけられた呼称であり、現在、この教えを受けている南方仏教徒はこれをテーラヴァーダ（Theravāda 長老の教えの意のパーリ語）と呼んでいる。↓だいじょう〔大乗〕。

しょうじょうこう〔清浄光〕　阿弥陀仏の十二光の一。↓じゅうにこう〔十二光〕。

しょうじょうごう〔正定業〕　正《まさ》しく衆生《しゅじょう》の往生が決定《けつじょう》する行業《ぎょうごう》、業因《ごういん》。五正行（正当純正な五種の往生行＝読誦《どくじゅ》・観察《かんざつ》・礼拝《らいはい》・称名《しょうみょう》・讃嘆供養《さんだんくよう》）のうち、称名以外の四行を助業といい、第四の称名を正定業という。称名が正定業であるのは、第十八願に往生行として誓われているからである。↓ごしょうぎょう〔五正行〕、じょごう〔助業〕、補註10。

しょうじょうじゅ〔正定聚〕　浄土（真実報土）に往生することが正《まさ》しく定まり、必ずさとりを開いて仏になることが決定《けつじょう》しているともがらをいう。第十八願の信心の行者のこと。また、浄土に往生して仏のさとりを開いた者が示現する相（広門示現相《こうもんじげんそう》）を指す場合もある。↓補註6。

しょうじょにごう〔正助二業〕　正定業・助業のこと。↓しょうじょうごう〔正定業〕、じょごう〔助業〕。

しょうしん〔性信〕（―一二七五）　親鸞《しんらん》聖人の高弟。「交名牒《きょうみょうちょう》」によると、下総飯沼《しもうさいいぬま》（現在の茨城県常総市《じょうそう》）の住。横曾根《よこそね》門徒の中心人物で報恩寺の開基と伝えられる。建長《けんちょう》の念仏訴訟ではその解決にあたった。

しょうじん〔精進〕　仏道修行につとめはげむこと。六波羅蜜（六度）の一。↓ろっぱらみつ〔六波羅蜜〕。

しょうしんほうもん〔正信法門〕　慶文《けいぶん》の『浄土文《じょうどもん》』の中の一門。『浄土文』は現存しないが、「正信法門」と「浄行法門《じょうぎょうほうもん》」の二門からなり、元照《がんじょう》がその序を書いたという。

じょうぜん〔定善〕　散善に対する語。雑念を払い心を凝らして如来、浄土を観察《かんざつ》する行のこと。↓さんぜん〔散善〕。

しょうそう〔性相〕　①性と相。性とは不変平等絶対の本体、相とは変化差別相対の相状。②性相学。唯識《ゆいしき》や倶舎《くしゃ》の教学のこと。また聖《しょう》道《どう》諸宗の教学を指す。この場合には「しょうぞう」と読む。

しょうぞうにぎょう〔正雑二行〕　正行・雑行のこと。↓しょうぎょう〔正行〕②、ぞうぎょう〔雑行〕。

じょうど〔浄土〕　穢土《えど》に対する語。菩薩《ぼさつ》の智慧《ちえ》清浄《しょうじょう》の行業《ぎょうごう》によって建立された清浄な国土。煩悩《ぼんのう》のけがれを離れたきよらかな世界。浄《じょう》刹《せつ》、浄界、浄国などともいう。阿弥陀仏の浄土は、安楽世界・極楽浄土・安養《あんにょう》浄土などともいわれ、娑婆《しゃば》世界の西方、十万億の国土を過ぎたところにあるという。親鸞《しんらん》聖人は、浄土について真実の浄土（真実報土）と方便の浄土（化土）とを区別している。↓しんじつほうど〔真実報土〕、けど〔化土〕、補註2。

しょうどうもん〔聖道門〕　浄土門に対する語。聖道は、本来は聖（仏果、仏のさとり）に至る道のことで、仏道と同義語。浄土門に対する教判（教法の価値判断）の用語として用いる時は、自力の修行によって、この世でさとりを開くことを宗とする法門を意味する。↓じょうどもん〔浄土門〕。

しょうとくたいし〔聖徳太子〕（五七四―六二二）親鸞《しんらん》聖人が「和国の教主」と讃仰した日本仏教の始祖。厩戸王子《うまやとのおうじ》・上宮太子《じょうぐうたいし》とも称される。父は用明《ようめい》天皇。高句麗《こうくり》の慧慈《えじ》に仏教を学んだ。法隆寺、四天王寺《てんのうじ》等の寺院を建立し、また、『法華経《ほけきょう》』『勝鬘経《しょうまんぎょう》』『維摩経《ゆいまぎょう》』の義疏《ぎしょ》（三経義疏）を製作したとも伝えられ、仏教の興隆に力を尽した。他方、推古《すいこ》天皇の摂政《せっしょう》として政治を行い、遣隋使《けんずいし》を派遣し、冠位十二階を制定し、憲法十七条を作った。

じょうどごえねんぶつりゃくほうじぎさん〔浄土五会念仏略法事儀讃〕　一巻。唐《とう》の法照《ほっしょう》の著。略して『五会法事讃《ごえほうじさん》』という。南無阿弥陀仏の六字を、①平声に緩く称える、②平上声に緩く称える、③非緩非急に称える、④漸く急に称える、⑤転じて阿弥陀仏の四字を急に称える、の五種の曲調にのせて修する五会念仏の行儀《ぎょうぎ》作法を述べ、三十九種の讃文《さんもん》を集めたもの。

じょうどさんまいきょう〔浄土三昧経〕　中国撰述の経典。『浄度三味経』とも『浄土菩薩経』ともいう。現存しない。道綽禅師《どうしゃくぜんじ》（五六二—六四五）の『安楽集』、善《ぜん》導《どう》大師（六一三—六八一）の『観《かん》念法門《ねんぼうもん》』、『経律異相《きょうりついそう》』巻四十九、『法苑珠林《ほうおんじゅりん》』巻二十三、『諸経要《しょきょうよう》集《しゅう》』巻十九などにその文が引用されている。

じょうどしゅう〔浄土宗〕　往生浄土宗ともいう。往生浄土を宗義とする法門。法然《ほうねん》聖人（一一三三—一二一二）は自力修行の成仏を説く聖道門《しょうどうもん》に対し、阿弥陀仏の選《せん》択《じゃく》本願による他力救済を宗とする往生浄土の法門があることを明らかにし、これを浄土宗と名づけて独立させた。聖浄二門判《しょうじょうにもんはん》を教判（教法の価値判断）とし、浄土三部経と天親菩薩《てんじんぼさつ》（四〇〇—四八〇頃）の『浄土論』を所依の経論とする。親鸞《しんらん》聖人はこの法然聖人の浄土宗の真実義を開顕するために浄土真宗という宗名を用いた。

じょうどしんしゅう〔浄土真宗〕　①往生浄土の真実の教え。真実の教である『大経』に説かれた阿弥陀仏の選択《せんじゃく》本願を指し、具体的には弘願《ぐがん》他力の念仏成仏の教えをいう。②親鸞《しんらん》聖人を宗祖とする教団の宗名に用いられる。

じょうどもん〔浄土門〕　往生浄土門の略。聖道門に対する語。阿弥陀仏の本願力によって、その浄土に往生してさとりを開く教え。↓しょうどうもん〔聖道門〕。

じょうどろん〔浄土論〕　一巻。天《てん》親菩薩《じんぼさつ》（四〇〇—四八〇頃）造、北魏《ほくぎ》の菩提流支《ぼだいるし》訳。つぶさには『無量寿経優婆提舎願生偈《むりょうじゅきょううばだいしゃがんしょうげ》』といい、『浄土論』とも『往生論』ともいう。二十四行九十六句の偈《げ》頌《じゅ》（詩句）と、その意義を論述した長行《じょうごう》（散文）とからなる。はじめに天親菩薩自らの願生の意を述べ、ついで三厳二十九種《さんごんにじゅうくしゅ》の浄土のうるわしさを讃嘆《さんだん》し、そこに往生する行としての五念門《ごねんもん》行を説く。七祖聖教《しちそしょうぎょう》の一。

しょうにょ〔証如〕（一五一六—一五五四）本願寺第十代宗主。第九代実如《じつにょ》上人の第三子円如《えんにょ》の長男。信受院。諱《いみな》は光教《こうきょう》。円如の早世により法嗣《ほうし》となり、大永《だいえい》五年（一五二五）、実如上人の示寂《じじゃく》により十歳で継職。加賀《かが》一向一揆に乗じ加賀（現在の石川県南部）を本願寺領とした。天文《てんぶん》元年（一五三二）、細川晴元《ほそかわはるもと》の意を受けた六角《ろっかく》定頼《さだより》と日蓮宗《にちれんしゅう》徒の攻撃により山《やま》科《しな》本願寺を焼かれ、寺基を大坂石山の坊舎に移して本寺と定めた（大坂石山本願寺）。以後、和平の策を取り、本願寺教団の体制確立に努めた。『御文章』五帖をはじめて開版した。

じょうはい〔上輩〕　三輩の一。↓

さんぱい〔三輩〕。

しょうぼう〔正法〕 ①仏法のこと。正しい理法。②正《しょう》・像《ぞう》・末《まつ》の三時の一。教（仏の教法）と行（実践）と証（さとり）の三つがすべて具わっている時代。→さんじ〔三時〕、ぞうぼう〔像法〕、まっぽう〔末法〕。

しょうぼうねんぎょう〔正法念経〕『正《しょう》法《ぼう》念《ねん》処《じょ》経《きょう》』のこと。七十巻。東《とう》魏《ぎ》の瞿《く》曇《どん》般《はん》若《にゃ》流《る》支《し》訳。六《ろく》道《どう》生《しょう》死《じ》の因果を観じ、これを厭《えん》離《り》すべきことを説く。

じょうぼんのう〔浄飯王〕 浄飯は梵語シュッドーダナ（Śuddho-dana）の漢訳。古代インドのカピラヴァストゥの王で釈尊の父。釈尊成《じょう》道《どう》後、深く仏教に帰《き》依《え》した。

しょうみょう〔称名〕 仏・菩《ぼ》薩《さつ》の名《みょう》号《ごう》を口に称《とな》えること。浄土教では、とくに阿弥陀仏の名号（南無阿弥陀仏）を称えることをいう。善《ぜん》導《どう》大師は、阿弥陀仏の本願（第十八願）に「乃至十念せん。もし生ぜずは、正《しょう》覚《がく》を取らじ」とあるのを、「わが名号を称すること下《しも》十声に至るまで、もし生ぜずは、正覚を取らじ」と称名往生を誓ったものと領解し、称名行を浄土に往生するための正《しょう》定《じょう》業《ごう》であるとした。法《ほう》然《ねん》聖人はそれを受けて、阿弥陀仏がその本願において、難劣な余行を選捨し、最勝にして至易である称名を選取して、往生の正定業と選定したといい、他の一切の行を廃して、称名一行の専《せん》修《じゅ》を勧めた。これは本願を信じて称える他力の称名である。この他力の称名は称えた功をみず、名号願力に帰する行であるから、その体徳からいえば正定の業《ごう》因《いん》である。しかし信後の称名は、正因決《けつ》定《じょう》後のおこないであるから、行者は仏恩《ぶっとん》報謝の思いに住して行ずべきであるというのが、浄土真宗の信心正因・称名報恩説である。→補註10。

じょうみょう〔浄名〕『維《ゆい》摩《ま》詰《きつ》所《しょ》説《せつ》経《きょう》』のこと。三巻。後《こう》秦《しん》の鳩《く》摩《ま》羅《ら》什《じゅう》訳。在家の維摩詰（浄名とも無《む》垢《く》称《しょう》ともいう）を主人公としたもの。一切皆空の思想にもとづいて、大乗菩《ぼ》薩《さつ》の実践道を説く。

しょうもん〔声聞〕 梵語シュラーヴァカ（śrāvaka）の漢訳。声を聞く者の意。仏の説法の声を聞いてさとる者をいう。もとは釈尊在世当時の弟子を指したが、二乗・三乗の一に数える場合は、仏の教説に従って修行するものの、自己の解《げ》脱《だつ》のみを目的とする小乗の聖《しょう》者《じゃ》の意とする。**—ぞう**〔声聞蔵〕 声聞を相手にして説かれた教え。小乗教のこと。菩薩蔵に対する語。→ぼさつぞう〔菩薩蔵〕。

しょぎょうおうじょう〔諸行往生〕自分の力で諸善万行を修め、その功徳《くどく》によって浄土に往生しようとするもの。念仏往生に対する要門第十九願《じゅうくがん》の教え。→ねんぶつおうじょう〔念仏往生〕。

じょごう〔助業〕五正行の中の、称名《しょうみょう》以外の読誦《どくじゅ》・観察《かんざつ》・礼拝《らいはい》・讃嘆供養《さんだんくよう》は、称名の助となり伴（ともないつくの意）となる行業《ぎょうごう》であるから助業という。→ごしょうぎょう〔五正行〕、しょうじょうごう〔正定業〕。

しょち〔諸智〕『大経』に説く阿弥陀仏の五種の智慧《ちえ》（五智）のことをいう。①仏智。仏智（如来の智慧）は総名で後の四智は別名である。②不思議智。凡夫《ぼんぶ》の思議の及ばない智慧。③不可称智。ほめ尽せない智慧。④大乗広智。一切衆《しゅ》生《じょう》を救う広大な智慧。⑤無等無倫最上勝智。何ものにも比べることのできない最もすぐれた智慧。無等とは二乗・菩薩《ぼさつ》にすぐれることをいい、無倫とは諸仏に超えることをいう。

しょぶつあみださんやさんぶつさるぶつだんかどにんどうきょう〔諸仏阿弥陀三耶三仏薩楼仏檀過度人道経〕『大阿弥陀経』のこと。→だいあみだきょう〔大阿弥陀経〕。

じょぼだい〔助菩提〕『菩提《ぼだい》資糧《しりょう》論《ろん》』のこと。六巻。隋《ずい》の達磨笈多《だつまぎゅうた》訳。龍樹菩薩《りゅうじゅぼさつ》（一五〇―二五〇頃）の造とされる偈頌《げじゅ》に自在比丘《じざいびく》が釈論を付したもの。菩提を得るための資糧として、六波羅蜜《ろっぱらみつ》などの行を説く。

じり〔自利〕[1]自らを利するの意。自らの修行によって自身が利益《りやく》を得ること。[2]浄土真宗では、自力の意にも用いられる。→りた〔利他〕。

―しんじつ〔自利真実〕利他真実に対する語。二利真実の一。自利は自力の意。衆生《しゅじょう》がまことをこめておこす自力の真実心。→りたしんじつ〔利他真実〕。

じりき〔自力〕阿弥陀仏の本願を疑い、自分の修めた身口意《しんくい》（からだ・言葉・心）の善根《ぜんごん》によって浄土へ往生しようとすること。行者自身のはからいのこと。→たりき〔他力〕。

しろん〔四論〕龍樹菩薩《りゅうじゅぼさつ》（一五〇―二五〇頃）の『中論』四巻『十二門論』一巻『大智度論《だいちどろん》』百巻とその弟子提婆《だいば》（一七〇―二七〇頃）の『百論』二巻を総称して四論という。四論宗の所依の論とされる。

しろんしゅう〔四論宗〕龍樹菩薩《りゅうじゅぼさつ》の『中論』『十二門論』『大智度論《だいちどろん》』とその弟子提婆《だいば》の『百論』にもとづいた宗派。三論宗《さんろんしゅう》の一派といわれるが、歴史的には四論宗は実在しなかったという見解もある。

しんぎょう〔信楽〕『大経』第十八願の三心の一で、三心はこの信楽の一心におさまる。阿弥陀仏の本願の生起本末《しょうきほんまつ》を聞いて疑いのない心。他力の信心のこと。↓さんしん〔三心〕1。

しんごう〔身業〕 三業の一。↓さんごう〔三業〕。

しんごんしゅう〔真言宗〕 弘法《こうぼう》大師空海《くうかい》によって大成された日本の密教の宗派。大日如来の法身《ほっしん》説法を唱え、即身成仏を実践の目的とする。天台宗《てんだいしゅう》に伝えられる密教を台密《たいみつ》というのに対して、真言宗を東密《とうみつ》という。

しんじかんぎょう〔心地観経〕『大乗本生心地観経《だいじょうほんじょうしんじかんぎょう》』のこと。八巻。唐《とう》の般若《はんにゃ》訳。出家の寂静《じゃくじょう》処《しょ》に住して妄想をとどめて、常に心地観法を行ずべきことを説く。この経の訳出には日本の入唐《にっとう》留学僧、霊仙《りょうせん》三蔵が加わった。

しんじつ〔真実〕 1教法についていう場合、邪偽《じゃぎ》（外教《げきょう》）・権仮《ごんけ》（聖道《しょうどう》、第十九《じゅうく》・二十願の法門）に対して第十八願の法門を真実という。2虚妄《こもう》である自己と社会の現実に対して如来の願心を真実という。**ーくどくそう**〔真実功徳相〕 真実の功徳の相。真如法性《しんにょほっしょう》にかない（不顛倒《ふてんどう》）、衆生《しゅじょう》を浄土に入らしめる（不虚偽《ふこぎ》）はたらきをもつ。1極楽浄土の三種荘《しょう》厳《ごん》（国土荘厳・仏荘厳・菩薩《ぼさつ》荘厳）のこと。2無礙光如来《むげこうにょらい》のこと。3南無阿弥陀仏の名号《みょうごう》のこと。**ーしん**〔真実心〕 仏心のこと。自力の虚仮《こけ》（うそ）のまじらない心。**ーしんじん**〔真実信心〕 阿弥陀仏より衆生に与えられた本願力回《え》向《こう》の信心。↓補註11。**ーほうど**〔真実報土〕 阿弥陀仏の浄土。阿弥陀仏は因位《いんに》の誓願《せいがん》と修行に報いて仏になった報身仏《ほうじんぶつ》であるから、その浄土は報土である。これに真実報土と方便化土の別があり、他力の信心を得た者のみが往生する報土を真実報土という。↓けど〔化土〕、じょうど〔浄土〕、補註2。

じんじっぽうむげこうにょらい〔尽十方無礙光如来〕 阿弥陀仏の徳をあらわす名で、天親菩薩《てんじんぼさつ》の『浄土論』に示されている。智慧《ちえ》の光をもって十方《じっぽう》世界を照らして、さわりなく衆生《しゅじょう》を救う如来という意。↓あみだぶつ〔阿弥陀仏〕。

しんしゅう〔真宗〕 真実の宗旨。まことの教え。↓じょうどしんしゅう〔浄土真宗〕1。

じんしん〔深心〕『観経』に説く三心の一。深く信じる心。↓さんしん〔三心〕2。

しんじんかんぎ〔信心歓喜〕『大経』の第十八願成就文に出る語。

信心とは無疑心であり、歓喜とは信心獲得《ぎゃくとく》の相状である。名号《みょうごう》のいわれを聞いて疑いなく領受し、必ず往生できるとよろこぶ安堵心のこと。第十八願の信楽《しんぎょう》に同じ。

じんずう〔神通〕 超人間的で自由自在な不思議なはたらき。五神通（天眼通《てんげんつう》・天耳通《てんにつう》・他心通《たしんつう》・神足通《じんそくつう》・宿命通《しゅくみょうつう》）、また、六神通（五神通に漏尽通《ろじんずう》を加えたもの）があるとされる。→ろくじんずう〔六神通〕。

じんちほっし〔神智法師〕（一〇四二―一〇九一）従義《じゅうぎ》のこと。北宋《ほくそう》代の天台宗《てんだいしゅう》の僧。温州平陽《うんしゅうへいよう》（現在の浙江省《せっこう》）の人。天台宗の正統派（山家《さんげ》）に対して異説を立てた。山外派《さんがい》のうちの後山外派と呼ばれる中の一人。『天台四教儀集解《てんだいしきょうぎしゅうげ》』三巻『法華三大部補註《ほっけさんだいぶふちゅう》』十四巻など多くの著書がある。

しんに〔瞋恚〕 いかり。三毒の一。→さんどく〔三毒〕。

しんにょ〔真如〕 梵語タタター（tathatā）の漢訳。かくあること。衆生《しゅじょう》の虚妄分別《こもうふんべつ》を超えた存在のありのままのすがた。形相を超えた絶対究極のありかた。すなわちすべての存在の本性が、あらゆる差別的な相を超えて絶対の一であることをいう。

しんねい〔真影〕 礼拝《らいはい》の対象として造画された祖師方の肖像をいう。

しんぶつ〔真仏〕（一二〇九―一二五八）親鸞《しんらん》聖人の高弟。下野高田《しもつけたかだ》（現在の栃木県芳賀郡二宮町）の住。専修寺《せんじゅじ》の第二代。その門下は関東から奥州《おうしゅう》・遠江《とおとうみ》・三河《みかわ》に及び、高田門徒と呼ばれ、のちの専修寺教団の基礎を築いた。

しんぶつど〔真仏土〕 真実の仏身《ぶっしん》と仏土。化身土に対する語。光明無量の願（第十二願）、寿命無量の願（第十三願）によって成就された真の報仏報土。真仏は不可思議光如来《ふかしぎこうにょらい》（尽十方無碍光如来ともいう）。真土は無量光明土《むりょうこうみょうど》（諸智土ともいう）で、第十八願の他力念仏の行者が生れる浄土。→けしんど〔化身土〕、補註2。

しんもん〔真門〕 方便真門。第二十願およびこれを開説した『小経』顕説《けんぜつ》（表面に説かれた自力の教え）にもとづく自力念仏によって浄土に往生しようとする法門で、要門（方便仮門）、弘願に対する語。法は他力真実であるが、機は自力であって真実ではない。それゆえ真実とはいわずに真門という。→ぐがん〔弘願〕、ようもん〔要門〕、補註15。

しんらん〔親鸞〕（一一七三―一二六三）浄土真宗の開祖。日野有範《ひのありのり》の長子。『御伝鈔』によれば、九歳の時に慈円《じえん》（慈鎮《じちん》）について出家し、範宴《はんねん》と名のったという。以後二十年間、比叡山《ひえいざん》で修学したが、その間には常行三昧堂《じょうぎょうざんまいどう》の堂僧をつとめていたとみられている。建《けん》仁《にん》元年（一二〇一）、二十九歳の時、比叡山を下り、六角堂に参籠《さんろう》し、九十五日の暁、聖徳太子の夢告を受けて、吉水《よしみず》に法然《ほうねん》聖人（一一三三―一二一二）を訪ね、その門弟となった。元久《げんきゅう》元年（一二〇四）、比叡山の圧力に対して法然聖人が提出した「七箇条制誡《しちかじょうせいかい》」に「僧綽空《しゃくくう》」と署名している。翌元久二年（一二〇五）、『選択集《せんじゃくしゅう》』を付属されてこれを書写し、法然聖人の真影《しんねい》を図画した。また夢告により、綽空の名を善信《ぜんしん》と改めたという。建永《けんえい》二年（承元《じょうげん》元年・一二〇七）、念仏弾圧によって、法然聖人や同輩数名とともに罪せられ、越後《えちご》（現在の新潟県）に流された。恵信尼《えしんに》公と結ばれたのはこの地であったともいわれる。建暦《けんりゃく》元年（一二一一）、赦免《しゃめん》され、建保《けんぽう》二年（一二一四）、妻子とともに常陸《ひたち》（現在の茨城県）に移住し、関東で伝道の生活をおくった。六十二、三歳の頃、京都に帰ったが、その理由は明らかではない。建長《けんちょう》初年の頃から、関東の門弟中に法義理解の混乱が生じたため、息男慈信房善《じしんぼうぜん》鸞《らん》を遣わしたが、かえって異義を生じ、建長八年（一二五六）、善鸞を義絶した。弘長《こうちょう》二年十一月二十八日、弟尋有《じんう》の坊舎で、九十年の生涯を終えた。なお弘長二年のほとんどの期間は西暦一二六二年に該当するが、十一月二十八日は、新暦の一月十六日にあたるので、入滅《にゅうめつ》の年を一二六三年と表示する。親鸞聖人の撰述は、主著『顕浄土真実教行証文類（教行信証）』をはじめとして、『文類聚鈔』『愚禿鈔』『二門偈』「三帖和讃」『三経往生文類』『銘文』『一多文意』『唯信鈔文意』など数多い。

しんれんぼう〔信蓮房〕（一二一一―）栗沢《くりさわ》信蓮房明信。「日野一流系図」によると、親鸞《しんらん》聖人の第四子。越後中頸城《えちごなかくびき》郡栗沢（現在の新潟県上越市板倉区）に住した。

す

すいしゃく〔垂迹〕　仏・菩薩《ぼさつ》が衆《しゅ》生済度《じょうさいど》のために仮の姿を現すこと。また、その現した姿。本地に対する語。↓ほんじ〔本地〕。

せ

せいかく〔聖覚〕（一一六七―一二三五）親鸞《しんらん》聖人の法兄。藤原通憲《みちのり》の孫。比叡山《ひえいざん》東塔北谷八部尾の竹林房静厳《じょうごん》に師事した。また父澄《ちょう》憲《けん》の開いた安居院流の唱導（説教）師として安居院法印聖覚と呼ばれた。のちに法然《ほうねん》聖人（一一三三―一二一二）に帰し、『唯信鈔』

を著すなど、専修《せんじゅ》念仏の教えの弘《ぐ》通《ずう》に努めた。

せいがん〔誓願〕　阿弥陀仏が因位《いんに》の法蔵菩薩《ほうぞうぼさつ》の時にたてた、生きとし生けるものを救いたいという願。成就しなければ仏にならないという誓いをともなっているので誓願という。→ぐぜい〔弘誓〕、ほんがん〔本願〕、補註17。

せいかんぼう〔勢観房〕（一一八三—一二三八）諱《いみな》は源智《げんち》。法然《ほうねん》聖人（一一三三—一二一二）の門弟。十三歳の時、法然聖人に託され、慈円《じえん》（慈鎮《じちん》）のもとで出家した。法然聖人示寂《じじゃく》までの十八年間常随し、「一枚起請文」を授けられた。その門流を紫野門徒という。

せいし〔勢至〕　大勢至菩薩のこと。→だいせいしぼさつ〔大勢至菩薩〕。

せいしぼさつ〔勢至菩薩〕　大勢至菩薩のこと。→だいせいしぼさつ〔大勢至菩薩〕。

せけん〔世間〕　世の中。煩悩《ぼんのう》に束縛されて存在しているすべてのもの。世間を、有情《うじょう》世間（生きもの。衆生《しゅじょう》世間ともいう）と器《き》世間（生きものを住まわせている山河大地など）の二種世間に分類する場合もある。

せじざいおうぶつ〔世自在王仏〕　世自在王は、梵語ローケーシュヴァラ・ラージャ（Lokeśvara-rāja）の漢訳。世間一切法に自在なることを得、世間を利益《りやく》するに自在を得た仏という意。法蔵菩薩《ほうぞうぼさつ》の師である過去仏の名。楼夷亘羅《るいこうら》とも音写し、世饒王仏《せにょうおうぶつ》・饒王仏・世間自《せけんじ》在王《ざいおう》如来ともいう。

せしん〔世親〕　梵語ヴァスバンドゥ（Vasubandhu）の漢訳（新訳）。旧訳《くやく》では天親という。→てんじん〔天親〕。

せそん〔世尊〕　一切世間で最も尊い者の意。如来十号の一。釈尊を呼ぶ場合によく用いられる。多くは梵語バガヴァット（bhagavat）の漢訳である。バガヴァットは福《ふく》徳《とく》を有する者の意で、古代インドでは師に対する呼びかけの言葉であったが、仏教では釈尊に対する呼称として用いられ、のちに仏一般の尊称となった。

せっしゅふしゃ〔摂取不捨〕「摂取して捨てたまはず」。『観経』の真《しん》身観《しんかん》に出る語。阿弥陀仏が、念仏の行者を光明《こうみょう》の中におさめ救いとって決して捨てないこと。親鸞《しんらん》聖人は、これを阿弥陀仏という名のいわれとする。

せっせん〔雪山〕　梵語ヒマーラヤ（Himālaya）の漢訳。雪のあるところという意。雪嶺、大雪山ともいう。インドの西北方から東に連なる大山脈、いわゆるヒマラヤの諸山脈のこと。またパミールの西南方のカラコルム、ヒンドゥークシュ山脈をも総じて雪山ということもある。

せつな〔刹那〕 梵語クシャナ(kṣaṇa)の音写。念頃《ねんきょう》(ひとつの心をおこす間)などと漢訳する。時間の最少単位。

ぜんえぼう〔善恵房〕(一一七七―一二四七) 証空《しょうくう》のこと。浄土宗西山《せいざん》派《は》の派祖。十四歳で出家し法《ほう》然《ねん》聖人(一一三三―一二一二)の門に入った。「七箇条制誡《しちかじょうせいかい》」の四番目に署名するなど法然門下の重要な地位にあった。承元《じょうげん》の法難(一二〇七)・嘉禄《かろく》の法難(一二二七)に連座したが、とりなしがあり免れた。建保《けんぽう》元年(一二一三)から西山善峰寺の往生院(三鈷《さんこ》寺《じ》)に住したので、その門流を西山義と呼ぶ。著書に『観経疏観《かんぎょうしょかん》門義《もんぎ》』二十一巻『往生礼讃観門《おうじょうらいさんかんもん》義《ぎ》』十巻などがある。

ぜんぎょう〔漸教〕 長時の修行によって漸次にさとりを開こうとする教え。天台宗《てんだいしゅう》などでは説法の形式の上で、浅い内容のものから次第に深い教えへと進んで行く説き方をいう。頓教に対する語。↓とんぎょう〔頓教〕。

ぜんごん〔善根〕 梵語クシャラ・ムーラ(kuśala-mūla)の漢訳。善本、徳本とも漢訳する。諸善を生ずるもとのこと。功徳《くどく》のたね。無貪《むとん》・無瞋《むしん》・無痴《むち》を三善根、三毒(貪欲《とんよく》・瞋恚《しんに》・愚痴《ぐち》)を三不善根という。

ぜんじつ〔善実〕 梵語スバーフ(Subāhu)の漢訳。修婆睺《しゅばこう》などと音写し、妙臂《みょうひ》・好臂《こうひ》などと漢訳する。ヴァーラーナシー(ベナレス)の富商の子であった耶舎《やしゃ》(名聞《みょうもん》)の友人。釈尊の弟子。耶舎の出家を聞いて、離垢《りく》・具足《ぐそく》・牛王《ごおう》とともに出家した。

せんじゃく〔選択〕 取捨すること。粗悪なものを選び捨て、善妙なものを選び取ること。浄土宗では「せんちゃく」、浄土真宗では「せんじゃく」と読む。**―ほんがん**〔選択本願〕 阿弥陀仏が因位《いんに》の法蔵菩薩《ほうぞうぼさつ》の時に、十方《じっぽう》諸仏の国土の中から、その善妙なものを選び取り、粗悪なものを選び捨てて、衆生《しゅじょう》救済のためにたてた因位の願のことで、一往は四十八願《しじゅうはちがん》のすべてを指す。しかしとくに第十八願において、一切衆生を平等に救済するために、自力の余行を選び捨てて、勝易具足の他力の称《しょう》名《みょう》一行を往生の行として選び取ったという、諸行と念仏との選択が中心になるので、再往は選択本願を第十八願の別名とする。↓補註17。

せんじゃくほんがんねんぶつしゅう〔選択本願念仏集〕 法然《ほうねん》聖人

（一一三三―一二一二）の主著。略して『選択集《せんじゃくしゅう》』ともいう。建久《けんきゅう》九年（一一九八）、九条兼実《くじょうかねざね》の請によって撰述された。善導《ぜんどう》教学を指南として、阿弥陀仏も釈迦も諸仏も、すべて余行を選び捨て、念仏一行を往生行として選び取られていることを、浄土三部経によって論証し、念仏が選択本願の行であることを明かし、浄土宗の教えを明らかにした書。七祖《しちそ》聖教《しょうぎょう》の一。

せんじゅ〔専修〕 ①称名《しょうみょう》一行を修すること（他力）。②称名一行を中心として五正行を相続すること（他力）。③自力心をもって五正行（読誦《どくじゅ》・観察《かんざつ》・礼拝《らいはい》・称名《しょうみょう》・讃嘆供養《さんだんくよう》）のうちの一行を専ら修すること（自力）。→ざっしゅ〔雑修〕、ごしょうぎょう〔五正行〕。**―ねんぶつ**〔専修念仏〕 専ら称名念仏を修すること。

ぜんしゅう〔禅宗〕 開祖とされる菩提達磨《ぼだいだるま》の名によって達磨宗ともいい、仏の心印を伝える宗旨という意で仏心宗ともいう。教外別伝《きょうげべつでん》、不立文字《ふりゅうもんじ》（経論の言葉によらず、仏のさとりの真髄を心から心へと直接伝えること）を立場とし、坐禅によって自己の心の本性をさとろうとする。日本には、栄西《えいさい》（「ようさい」とも読む。）が入宋《にっそう》して臨済宗《りんざいしゅう》を伝え、道元《どうげん》が入宋《そう》して曹洞宗《そうとうしゅう》を伝え、明《みん》の隠元《いんげん》が渡来して黄檗宗《おうばくしゅう》を伝えた。

ぜんじゅう〔善従〕（一三九九―一四八八）道西《どうさい》ともいう。近江《おうみ》金森《かねがもり》（現在の滋賀県守山市金森町）の人。蓮如《れんにょ》上人の本願寺再興を支えた門弟。俗名は弥七。蓮如上人から法名を道西と賜り、のちに善従と改める。長享《ちょうきょう》二年（一四八八）、九十歳で没した。

ぜんしょう〔善星〕 梵語スナクシャトラ（Sunakṣatra）の漢訳。出家して釈尊の弟子となったが、のちに釈尊に背き、因果の道理を否定する邪見を起したため、生きながら無間《むけん》地獄に堕ちたといわれる。『涅槃経《ねはんぎょう》』では釈尊の子供とされる。

ぜんじょう〔禅定〕 精神を統一し、安定させること。六波羅蜜（六度）の一。→ろっぱらみつ〔六波羅蜜〕。

せんだい〔闡提〕 一闡提のこと。→いっせんだい〔一闡提〕。

ぜんぢしき〔善知識〕 よきとも。巧みな教化者。教えを説いて、仏道に入らしめる人。正しい道に導く人。また仏道に入らせる縁を結ばせる者や、ともに仏道を励む人をいう。浄土真宗では、とくに念仏の教えを勧め導く人をいう。また、本願寺歴代の宗主を指す場合もある。

ぜんどう〔善導〕（六一三―六八一）中国浄土教の大成者。光明《こうみょう》寺《じの》和尚《かしょう》・宗家《しゅうけ》大師・終南《しゅうなん》大師等とも呼ばれる。臨淄《りんし》（現在の山東《さんとう》省臨淄）の出身、あるいは泗州《ししゅう》（現在の江蘇《こうそ》省宿遷《しゅくせん》）の生れともいう。各地を遍歴し、西方浄土《さいほうじょうど》変相図《へんそうず》をみて浄土教に帰し、のち并州《へいしゅう》の玄中寺《げんちゅうじ》に道綽禅師《どうしゃくぜんじ》（五六二―六四五）を訪ねてその門に投じた。師の示寂《じじゃく》後、長安に出て終南山悟真寺《ごしんじ》、光明寺等にあって念仏弘通《ぐずう》につとめた。当時、『観経』にもとづく浄土教の研究・講説が盛んであったが、善導大師は浄影寺慧遠《じょうようじえおん》等の聖道《しょうどう》諸師の説を批判して『観経疏《かんぎょうしょ》』四巻を著し、曇鸞《どんらん》大師（四七六―五四二）・道綽禅師の伝統を受け、凡夫入報《ぼんぶにっぽう》の宗旨を明らかにした。著書は他に『観念法門《かんねんぼうもん》』一巻『往生礼讃《おうじょうらいさん》』一巻『法事讃《ほうじさん》』二巻『般舟讃《はんじゅさん》』一巻がある。真宗七高僧の第五祖。

ぜんぼう〔善法〕　人々を安穏《あんのん》ならしめるような善き行いのことで、とくに六波羅蜜行《ろっぱらみつぎょう》のような自他ともに仏になることのできる善《ぜん》行《ぎょう》のことをいう。

ぜんぽん〔善本〕　①本は因の意味、すぐれた果を得るための因となる善根。↓ぜんごん〔善根〕。②阿弥陀仏の名号《みょうごう》のこと。一切の善の根本であるからこのようにいう。この場合の本は根本の意味。

ぜんむい〔善無畏〕（六三七―七三五）インドの出身。ナーランダ寺の達摩鞠多《だつまきくた》に密教を学び、のち中国に渡って『大日経《だいにちきょう》』七巻『蘇《そ》悉地経《しつじきょう》』三巻などを訳出した。

ぜんらい〔善来〕　梵語スヴァーガタ（Svāgata）の漢訳。娑竭陀・莎伽多などと音写する。釈尊の弟子。カウシャーンビーの長者の子であったが、家産が傾き、釈尊の説法を聞いて出家した。

そ

そう〔僧〕　梵語サンガ（samgha）の音写、僧伽《そうぎゃ》の略。和合衆《わごうしゅ》と漢訳する。三宝の一。仏の教えを受けてさとりをめざす集団（教団）を指す。のちに中国や日本では教団内の個々の人、仏門に入り教えを伝える人を指すようになった。↓さんぼう〔三宝〕。

ぞうぎょう〔雑行〕　正行に対する語。雑は邪雑、雑多の意味で、本来はこの世でさとりを開くことをめざす聖道門《しょうどうもん》の行である諸善万行を往生行として転用したものであるから、このようにいう。化土《けど》の業因《ごういん》であるとされている。↓しょうぎょう〔正行〕②。

そうごう〔相好〕　仏や菩薩《ぼさつ》の身体に具わるすぐれた容貌形相のこと。この中で顕著なものを相、微細なものを好といい、両者を合せて相好という。通常三十二相八十種好を数える。

そうし〔荘子〕　曾子《そうし》との混同を避けるため、「そうじ」という場合もある。①荘周《そうしゅう》のこと。中国戦国時代の道家の代表的思想家。老《ろう》子《し》の思想を継承したとされる。孟《もう》子《し》と同時代の人といわれる。②荘周の著。三十三篇からなり、人間の絶対的自由と万物斉同の理を説く。『老子』と並び称される道家の代表作。

そうじ〔総持〕　梵語ダーラニー（dhāraṇī）の漢訳。陀羅尼《だらに》と音写する。仏の教えの精要をわずかな言語におさめた章句のこと。①よくすべてをおさめ保って忘れない力。ひとつのことがらを記憶することによって、あらゆることがらを連想して忘れない記憶術。②万善万行を欠けることなく円《まど》かに具えた名号《みょうごう》のこと。③智慧のこと。→ちえ〔智慧〕。

そうじゅりんげおうじょう〔双樹林下往生〕　自力の諸行によって往生を願う者の得る化土《けど》往生の果をいう。第十九願《じゅうくがん》の諸行往生の法門にあたり、それを開説した『観経』顕説《けんぜつ》の定散《じょうさん》二善、すなわち要門の法義をあらわす。双樹林下とは釈尊入滅《にゅうめつ》の所である沙羅《さら》双《そう》樹《じゅ》下のこと。仏の入滅を見ることがある化土の往生であることを示して双樹林下往生と名づける。→さんおうじょう〔三往生〕、しょぎょうおうじょう〔諸行往生〕、補註15。

そうしょう〔宗昭〕　覚如上人の諱《いみな》。→かくにょ〔覚如〕。

ぞうじょうえん〔増上縁〕　縁となって果を引かせる強いはたらき。また因が果になることをさまたげないこと。浄土教では、往生を得しめる阿弥陀仏のすぐれた力のこと。また、念仏者の得る五種のすぐれた利益《りやく》（滅罪・護念・見仏・摂生・証生）を指す場合もある。→さんえん〔三縁〕①。

そうでん〔僧伝〕　『高僧伝《こうそうでん》』のこと。十四巻。梁《りょう》の慧皎《えこう》の著。『梁高僧伝』『梁伝』ともいう。後漢《ごかん》の永《えい》平《へい》十年（六七）から梁の天監《てんかん》十八年（五一九）までの四百五十三年間の高僧の伝記を集録したもの。

そうにあらずぞくにあらず〔僧にあらず俗にあらず〕　「非僧非俗」。『教行信証』後序に出る語。親鸞《しんらん》聖人は自らを非僧非俗と位置づけ、愚禿と名のった。承元《じょうげん》の法難（一二〇七）によって流罪に処せられた時に僧籍《そうせき》を剝奪《はくだつ》されたから、「僧尼令《そうにりょう》」によって国家に公認された僧侶ではない（非僧）。しかし妻帯をしていても、法衣をつけ、世俗の権勢にこびず、名利をいたむ心をもって、念仏の自信教人信に生きるのだから単なる俗人でもない（非俗）。このような宗教的態度を表明するために聖人は「禿《とく》」を姓とし、さらに自身の愚悪を表して「愚禿」と称した。後年は「愚禿釈親鸞」などと自署するが、「愚禿」は「非僧」を示す姓、「釈親鸞」は「非俗」なる仏教徒としての自覚を示す名とみられる。→ぐとく〔愚禿〕。

ぞうぼう〔像法〕　正《しょう》・像《ぞう》・末《まつ》の三時の一。正法の後、一千年つづくという。証（さとり）はないが、教（仏の教法）と行（実践）の二つが存していて、正法時に似ている時代のこと。像は似ているという意。→さんじ〔三時〕、しょうぼう〔正法〕、まっぽう〔末法〕。

ぞうぼうけつぎきょう〔像法決疑経〕　仏入滅《にゅうめつ》後に起る僧俗の非法をあげてこれを誡《いまし》め、大慈布施《ふせ》を勧めたもの。六朝時代の撰述とみられる。三階教《さんがいきょう》で重視された。

そくとくおうじょう〔即得往生〕　信心を獲得《ぎゃくとく》すると同時に、正定聚の位につき定まることをいう。→しょうじょうじゅ〔正定聚〕。

ぞんかく〔存覚〕（一二九〇―一三七三）本願寺第三代覚如《かくにょ》上人の長子。諱《いみな》は光玄《こうげん》。嘉元《かげん》元年（一三〇三）、東大寺で受戒し、南都、比叡山《ひえいざん》で諸宗の教義を学んだ後、京都大谷に帰って父覚如上人に従い教化を助けた。正和《しょうわ》三年（一三一四）、覚如上人より大谷廟堂《びょうどう》留《る》守《す》職《しき》を継職するが、八年後、父上人との間に不和を生じ、義絶され留守職の地位を剥奪《はくだつ》された。その後、和解と義絶を繰り返したが、再び留守職に就任することはなかった。晩年は大谷今小路の常楽《じょうらく》台《だい》に住した。初期本願寺教団の教学を学問的に組織した功績は大きい。著書に『六要鈔《ろくようしょう》』十巻『浄土真要鈔』二巻『持名鈔』二巻『歩船鈔《ぶせんしょう》』二巻『顕名鈔《けんみょうしょう》』『決智鈔《けっちしょう》』『嘆徳文』などがある。

た

だいあみだきょう〔大阿弥陀経〕『阿弥陀三耶三仏薩楼仏檀過度人道経《あみださんやさんぶつさるぶつだんかどにんどうきょう》』のこと。二巻。呉《ご》の支謙《しけん》訳とされている。阿弥陀仏の二十四願を説く。『大経』の異訳の一。

だいいちぎ〔第一義〕　梵語パラマールタ（paramārtha）の漢訳。第一義諦に同じ。→だいいちぎたい〔第一義諦〕。

だいいちぎたい〔第一義諦〕　梵語パラマールタ・サティヤ（para-mārtha-satya）の漢訳。真如実相《しんにょじっそう》のこと。無上にして絶対的な真理という意。真諦《しんたい》・勝義諦《しょうぎたい》に同じ。世俗諦に対する語。

だいがんごうりき〔大願業力〕　す

ぐれた願によって成就された阿弥陀仏の救済のはたらき。

たいぐ〔胎宮〕　方便化土《けど》の異名。↓ぎじょうたいぐ〔疑城胎宮〕。

だいごう〔大号〕　梵語マハー・ナーマ（Mahā-nāma）の漢訳。摩《ま》訶男《かなん》などと音写し、大名《だいみよう》などと漢訳する。釈尊の最初の弟子である五比丘《びく》の一人。

だいじっきょう〔大集経〕　『大方等《だいほうどう》大集経《だいじつきよう》』のこと。六十巻。前二十六巻と「日密分《にちみつぶん》」三巻は北涼《ほくりよう》の曇無讖《どんむしん》訳、「無尽意品《むじんいぼん》」四巻は劉宋《りゆうそう》の智厳《ちごん》・宝雲《ほううん》共訳、「日蔵分《にちぞうぶん》」十二巻「月蔵分《がつぞうぶん》」十一巻「須弥蔵分《しゆみぞうぶん》」二巻は那連提黎耶舎《なれんだいれいやしや》訳とされ、隋《ずい》の僧就《そうじゆ》が一部としてまとめたもの。釈尊が十方《じつぽう》の仏・菩薩《ぼさつ》や諸天を集めて大乗の法を説いたもので、空思想に加えて、密教的要素が濃い。また「月蔵分」巻十には、五箇五百年（釈尊滅後の仏教の展開を五種の五百年に区切って表すもの）をあげ、末法《まつぽう》のすがたを説く。

たいしゃくてん〔帝釈天〕　梵語インドラ（Indra）またはシャクラ（Śakra）の漢訳。釈提桓因《しやくだいかんいん》ともいう。もとヴェーダ神話における最も有力な神であったが、仏教にとり入れられて梵天王《ぼんてんのう》とともに仏法の守護神となった。須弥山《しゆみせん》の頂上の忉利天《とうりてん》善見城《ぜんけんじよう》（喜見城）に住すという。

だいじゅう〔大住〕　摩訶倶絺羅のこと。↓まかくちら〔摩訶倶絺羅〕。

だいじゅつきょう〔大術経〕　『摩訶《まか》摩耶経《まやきよう》』のこと。二巻。蕭斉《しようせい》の曇景《どんけい》訳。釈尊が忉利天《とうりてん》に昇り生母の摩耶《まや》夫人のために説法したこと、釈尊入滅の際に摩耶夫人が忉利天より降《くだ》り来《きた》ったことなどを説く。

たいしょう〔胎生〕　①衆生《しゆじよう》が生れる四種の形態のうち母胎から生れるもの。迷界の四生の一。↓ししょう〔四生〕。②方便化土《けど》の往生のこと。仏智の不思議を疑い、自己の力をたのんで善行《ぜんぎよう》や念仏をはげむ第十九《じゆうく》・第二十願の行者は、浄土に往生しても、五百年の間、仏に遇わず、法を聞かず、聖《しよう》衆《じゆ》（浄土の聖者《しようじや》）を見ることができない。それはあたかも母の胎内にあるがごとくであるから、これを喩えて胎生という。この胎生に対して、明らかに仏智を信じる者の往生（真実報土《ほうど》の往生）を化生という。↓けしょう〔化生〕②。

だいじょう〔大乗〕　梵語マハーヤーナ（mahāyāna）の漢訳。大きな乗物という意。教法は衆生《しゆじよう》をさとりに向かわせる乗物であるから乗といい、大乗とは、自らさとりを求めるとともに、広く一切衆生をも救済しようとする自利・利他の教えをいう。小乗に対する語。↓しょうじょう〔小乗〕。

だいじょうし〔大浄志〕 摩訶迦旃延のこと。↓まかかせんえん〔摩訶迦旃延〕。

だいじょうどうしょうきょう〔大乗同性経〕『一切仏行入智毘盧遮那蔵説経《いっさいぶつぎょうにゅうちびるしゃなぞうせつきょう》』ともいう。二巻。北周《ほくしゅう》の闍那耶舎《じゃなやしゃ》訳。楞伽城《りょうがじょう》の羅刹《らせつ》王に大乗の種々の教えを説き、仏・菩薩《ぼさつ》の過去世のありさまなどを示したもの。

たいしょうへんじ〔胎生辺地〕 方便化《け》土の往生のこと。仏智を疑い、自力の行を因として浄土に生れようと思う者は、真の浄土に生れず、浄土のほとりの疑城胎宮《ぎじょうたいぐ》に生れると説かれている。↓たいしょう〔胎生〕②、へんじ〔辺地〕。

だいせいしぼさつ〔大勢至菩薩〕 大勢至は梵語マハー・スターマプラープタ（Mahā-sthāmaprāpta）の漢訳。大精進《だいしょうじん》・得大勢《とくだいせい》とも漢訳する。智慧《ちえ》の勢いがあらゆるところに至るという意。阿弥陀仏の右の脇士《きょうじ》で、阿弥陀仏の智慧の徳をあらわす菩薩。左の脇士、観世音菩薩に対する。↓かんぜおんぼさつ〔観世音菩薩〕。

だいち〔大智〕 元照のこと。↓がんじょう〔元照〕。

だいちどろん〔大智度論〕 百巻。龍樹菩薩《ぼさつ》（一五〇―二五〇頃）の著（現在では龍樹撰述に疑問が出されている）。後秦《こうしん》の鳩摩羅什《くまらじゅう》訳。『摩訶般若波羅蜜経《まかはんにゃはらみっきょう》』（『大品般若経《だいぼんはんにゃきょう》』）を註釈したもの。原本は現存しないが、元来は十万頌《じゅ》あったと伝えられ、鳩摩羅什がそれを百巻に要約したといわれる。般若空の思想を基本的立場としながらも、自著『中論』にみられる否定面と比べてむしろ諸法実相《じっそう》の積極的な肯定面に力を注いでおり、大乗の菩薩思想や六波羅蜜《ろっぱらみつ》などの宗教的実践面を明らかにしている。↓りゅうじゅ〔龍樹〕。

だいば〔提婆〕 提婆達多の略称。↓だいばだった〔提婆達多〕。

だいばだった〔提婆達多〕 梵語デーヴァダッタ（Devadatta）の音写。略して提婆といい、調婆達多《じょうばだった》、調達《じょうだつ》などともいう。釈尊の従弟で阿難《あなん》の兄。釈尊の弟子となったが、のちに背き、五百人の弟子を率いて独立を企てた。また、阿闍世《あじゃせ》をそそのかして父王を死に至らせ、ついで釈尊をも害して教権を握ろうとしたが失敗し、生きながら地獄に堕ちたと伝えられている。

だいはつねはん〔大般涅槃〕 般涅槃は梵語パリニルヴァーナ（parinirvāṇa）の音写。大滅度・大円寂入などと漢訳する。すぐれて完全なさとりの境地をいう。↓ねはん〔涅槃〕。

だいひきょう〔大悲経〕　五巻。北《ほく》斉《せい》の那《な》連《れん》提《だい》黎《れい》耶《や》舎《しゃ》訳。釈尊が入《にゅう》滅《めつ》に臨んで法を梵天王《ぼんてんのう》・帝釈天《たいしゃくてん》および迦葉《かしょう》・阿難《あなん》に与え託し、滅後の法蔵伝持《ほうぞうでんじ》者を予言し、舎利《しゃり》供《く》養《よう》の功徳《くどく》や滅後結集《けつじゅう》の方法を示したもの。

だいぼんぎょう〔大品経〕『大品般《だいぼんはん》若《にゃ》経《きょう》』の略。『摩訶般若波羅蜜《まかはんにゃはらみつ》経《きょう》』のこと。二十七巻。後秦《こうしん》の鳩《く》摩《ま》羅什《らじゅう》訳。大乗仏教初期の般若空観を説いた基礎的経典である。

だいぼんてんのう〔大梵天王〕　梵天王に同じ。→ぼんてんのう〔梵天王〕。

だいもくけんれん〔大目犍連〕　目犍連は、梵語マウドガリヤーヤナ(Maudgalyāyana) の音写。摩《ま》訶《か》目犍連また略して目連ともいう。釈尊十大弟子の一人。神通《じんずう》第一と称された。舎利弗《しゃりほつ》と親交があり、ともに六師外道《げどう》の一人である刪闍《さんじゃ》耶《や》毘《び》羅《ら》胝《てい》子《し》(サンジャヤ・ベーラッタプッタまたはサンジャヤ・ベーラッティプッタ) に従っていたが、のちに釈尊に帰依《きえ》して仏弟子となった。王舎城《おうしゃじょう》行乞《ぎょうこつ》中に仏教教団を嫉《ねた》む執杖《しゅうじょう》バラモンによって殺害された。

たけてん〔他化天〕　欲界《よくかい》六欲天のうちの最高天の主。この世界の神々は他の天界の神々のつくりだした欲望の対象を自在に受け用いて自分の楽とすることができるという。

たすけたまへ　浄土真宗では、衆《しゅ》生《じょう》が阿弥陀仏に向かって救いを請《しょう》求《ぐ》する意ではなく、許諾《こだく》(先方の言い分を許し承諾する) の義で、「必ずたすける」という本願招喚《しょうかん》の勅命を領納 (うけいれる) して、仰せの通りに信順している信相をあらわす。

たのむ　浄土真宗では、阿弥陀仏に向かって「お願いする」「請い求める」という祈願《きがん》請求《しょうぐ》の意ではなく、阿弥陀仏の本願力を「たのみにする」という依憑《えひょう》(よりたのむ) の意とする。信順・帰命《きみょう》の和訓であり、本願の信楽《しんぎょう》にあたる。親鸞《しんらん》聖人は「よりたのむ」「よりかかる」「本願他力をたのみて自力をはなれたる、これを唯信といふ」などという。

たりき〔他力〕　阿弥陀仏の本願力。阿弥陀仏が衆生《しゅじょう》に往生の因と果を与えて救済するはたらき。また、はからいなく本願力にまかせることを他力ともいう。→じりき〔自力〕、補註12。

ち

ちえ〔智慧〕　梵語プラジュニャー(prajñā) の漢訳。般若《はんにゃ》と音写する。真如《しんにょ》の理をさとる無分別智《むふんべつち》のこと。物事を正しくとらえ、真理を見きわめる認識力。六波羅蜜（六度）の一。→ろっぱらみつ〔六波羅蜜〕。**ーこう**〔智慧光〕阿弥陀仏の十二光の一。→じゅうにこう〔十二光〕。

ちかく〔智覚〕（九〇四―九七五）延寿《えんじゅ》のこと。諡号《しごう》は智覚禅師。杭《こう》州《しゅう》永明寺に住して、禅を修する傍ら念仏を行じ、その調和に努めた。著書に『宗鏡録《すぎょうろく》』百巻、『万《まん》善同《ぜんどう》帰集《きしゅう》』六巻などがある。

ちくしょう〔畜生〕鳥・獣・虫・魚などの生き物。六道の一。→ろくどう〔六道〕。

ちしき〔知識〕善知識のこと。→ぜんぢしき〔善知識〕。

ちしょう〔智昇〕（八世紀頃）唐《とう》の玄宗《げんそう》朝の僧で経論に通じ、律を宗とした。長安の崇福寺《すうふくじ》に住し、開元十八年（七三〇）に『開元《かいげん》釈教録《しゃくきょうろく》』二十巻を編纂したほか、『集諸経礼懺儀《しゅうしょきょうらいさんぎ》』二巻『続大唐《ぞくだいとう》内典録《ないてんろく》』一巻など多くの著書を残している。

ちゅうはい〔中輩〕三輩の一。→さんぱい〔三輩〕。

ちょうさいようごう〔兆載永劫〕兆・載は非常に大きな数の単位。法蔵菩薩《ほうぞうぼさつ》が本願を成就するために修行した、きわめて長い時間のこと。

ちょうにちがっこう〔超日月光〕阿弥陀仏の十二光の一。→じゅうにこう〔十二光〕。

て

ていげんのしんじょうしゃくきょうのもくろく〔貞元の新定釈教の目録〕三十巻。唐《とう》の徳宗の貞元十六年（八〇〇）、沙門円照《しゃもんえんしょう》が勅命によって編集した経典目録。略して『貞元録』とも『円照録《えんしょうろく》』ともいう。後漢《ごかん》から唐の貞元十六年までの訳出経典目録。智昇《ちしょう》の『開《かい》元録《げんろく》』を継承してこれに訂正を施し、『開元録』以後の新たな訳出経典を加えたもの。なお貞元は「じょうげん」とも「ていげん」ともいう。

てんじん〔天親〕（四〇〇―四八〇頃）梵語ヴァスバンドゥ（Vasubandhu）の漢訳（旧訳《くやく》）。新訳では世親《せしん》と漢訳する。ガンダーラ地方のプルシャプラ（現在のペシャワール）に生れ、はじめ部派仏教の説一切有部《せついっさいうぶ》・経量部《きょうりょうぶ》に学び、『倶舎論《くしゃろん》』を著した。その後、兄無着《むじゃく》の勧めで大乗仏教に帰し、無着とともに瑜伽行唯識学派《ゆがぎょうゆいしきがくは》を組織し大成した。『唯識二十論』『唯識三十頌《じゅ》』『十地経論《じゅうじきょうろん》』『浄土《じょうど》論《ろん》』など多くの著書があり、千部の論師《ろんじ》といわれている。真宗七高僧の第二祖。

てんだいだいし〔天台大師〕（五三

八—五九七）天台宗の大成者、智《ち》顗《ぎ》のこと。智者大師とも呼ぶ。荊《けい》州《しゅう》華容《かよう》県（現在の湖南《こなん》省華容）に生れる。俗姓は陳氏。十八歳で出家して涅槃《ねはん》、法華《ほっけ》を学び、大蘇山（現在の河南《かなん》省）で慧思《えし》に師事した。慧思が南岳《なんがく》に隠退した後は、金陵《きんりょう》（現在の江蘇《こうそ》省南京）の瓦《が》官寺《かんじ》に住して『法華経《ほけきょう》』『大智度《だいちど》論《ろん》』を講じた。太建《たいけん》七年（五七五）天台山（現在の浙江《せっこう》省）に入り、天台教学を確立した。『法華《ほっけ》玄義《げんぎ》』『法華文句《ほっけもんぐ》』『摩訶止観《まかしかん》』などの講述がある。

てんりんじょうおう〔転輪聖王〕 転輪王《てんりんのう》・輪王ともいう。輪宝を転ずる王の意。三十二相を具え、七宝（輪宝・象・馬・珠・玉女・主《しゅ》蔵臣《ぞうしん》・主兵臣《しゅへいしん》）を有し、正法《しょうぼう》によって全世界を統治するといわれ、理想的な王として仏典にしばしば説かれる。

てんりんのう〔転輪王〕　転輪聖王に同じ。→てんりんじょうおう〔転輪聖王〕。

と

とうがく〔等覚〕　等正覚に同じ。→とうしょうがく〔等正覚〕。

どうぎょう〔同行〕　ともに念仏の教えを聞き行ずる人々。浄土真宗の信者は、心を同じくして道を行ずるものであるから同行という。→どうぼう〔同朋〕、補註13。

どうしゃく〔道綽〕　（五六二—六四五）俗姓は衛氏。幷州汶水《へいしゅうぶんすい》（現在の山西《さんせい》省文水）の生れ。十四歳で出家し『涅槃経《ねはんぎょう》』を究めたが、石壁玄中寺《せきへきげんちゅうじ》の曇鸞《どんらん》大師（四七六—五四二）の碑文を読み、四十八歳で浄土教に帰依《きえ》したという。以後、日々念仏を称《とな》えること七万遍、『観経』を講義すること二百回以上に及び、民衆に小豆念仏（小豆で念仏の数量を数えること）を勧めた。その著書の『安楽集《あんらくしゅう》』二巻は、曇鸞大師の教学を受け、末《まっ》法《ぽう》到来の時代の認識、聖浄《しょうじょう》二門《にもん》判《はん》などの浄土教の主要な問題について述べたものである。真宗七高僧の第四祖。

どうしゅう〔道宗〕　（—一五一六）蓮如《れんにょ》上人の門弟。越中《えっちゅう》五箇山《ごかやま》赤《あか》尾《お》（現在の富山県南砺《なんと》市赤尾）の人。俗名は弥七。赤尾の道宗とも呼ばれる。蓮如上人の御文章を収集して「道宗本」を作成し、また、自誡の「道宗二十一箇条」を残す。

どうじょう〔道場〕　道はさとりのことで、道場とはさとりを開く場所の意。もとは釈尊がさとりを開いた場所、ブッダガヤー（Buddhagayā）の菩提樹下を指した（寂滅《じゃくめつ》道場）。広く仏道修行の場所をいうが、とくに浄土真宗の場合、門徒の集会場所としてつくった建物をいう。**ーじゅ**〔道場樹〕仏のさとりを開く場所にある樹。菩提樹のこと。釈尊の菩提樹は畢《ひっ》鉢《ぱ》羅《ら》樹、弥勒《みろく》仏のそれは竜華《りゅうげ》樹とされる。

とうしょうがく〔等正覚〕　等覚・正等覚ともいう。①絶対平等の真《しん》如《にょ》をさとった仏のさとり。正覚。②平等の真理をさとった者、仏。如来十号の一。→にょらい〔如来〕。③仏因円満した正覚に等しい位で仏の一歩手前にある者。菩薩の修行に五十二位あるうちの第五十一位。→ぼさつ〔菩薩〕。④真実信心を得た者は、仏因円満していて、必ず仏になるから、現生の正定聚《しょうじょうじゅ》の位を「弥勒に同じ」といい、また、「等正覚」ともいう。→べんどうみろく〔便同弥勒〕、補註6。

どうぞく〔道俗〕　道は僧侶〔出家〕、俗は俗人〔在家〕をいう。

どうぼう〔同朋〕　同師同門のとも。同じ専修《せんじゅ》念仏に生きる仲間。すべての人間は仏の子であるという自覚にもとづき明らかにされた、念仏者の平等性をあらわす言葉。→どうぎょう〔同行〕、補註13。

とうりてん〔忉利天〕　忉利は梵語トラーヤストリンシャ（Trāyas-triṃśa）の音写。三十三天と漢訳する。六欲天の第二。須弥山《しゅみせん》の頂上にあり、帝釈天《たいしゃくてん》がその中央の善見城《ぜんけんじょう》に住すという。善見城の四方に各八天があるので、合せて三十三天となる。

どくじゅ〔読誦〕　経典の文字を見て音読することを「読」、文字を見ないで音読することを「誦」という。とくに大乗経典を読誦するのを読誦大乗といい、浄土教では、浄土三部経を読誦するのを読誦正行とし、それ以外の経典を読誦するのを読誦雑行《ぞうぎょう》とする。→ごしょうぎょう〔五正行〕。

とくほん〔徳本〕　①本は因の意味、すぐれた果徳を得るための因となる善法、善根《ぜんごん》のこと。②徳は徳号、すべての仏の徳号のもととなる阿弥陀仏の名号《みょうごう》を指す。

どしゅじょうしん〔度衆生心〕　衆《しゅ》生《じょう》を救済しようとする心。曇鸞《どんらん》大師は無上菩提心を規定して願作仏《がんさぶつ》心《しん》、度衆生心とした。→ぼだいしん〔菩提心〕。

とじゅん〔杜順〕（五五七―六四〇）雍州万年《ようしゅうばんねん》（現在の陝西《せんせい》省西安）の人。法順《ほうじゅん》と称し、杜順と呼ばれる。僧珍《そうちん》に師事して禅を学び、のち終南山《しゅうなんざん》に住して華厳《けごん》の教えを宣揚した。著書として『華《け》厳法界観門《ごんほっかいかんもん》』一巻が知られるが、真撰ではないとする説もある。後代、華厳宗第一祖とされる。

とそつてん〔兜率天〕　兜率は梵語

トゥシタ（Tuṣita）の音写。兜率陀天・都卒天ともいう。六欲天の第四。次の世に成仏する菩薩《ぼさつ》の住処で、釈尊もかつてここに住し、現在は弥勒《みろく》菩薩が住しているという。内院《ないいん》と外院《げいん》からなり、内院は弥勒の住処で、弥勒浄土、兜率浄土などと通称される。外院は神々の住処である。

とんぎょう〔頓教〕　すみやかに仏果（仏のさとり）を得る教法をいう。天台宗《てんだいしゅう》などでは説法の形式の上で、相手を考慮せずに、はじめから直ちに深い内容の教えを説く説き方をいう。漸教に対する語。↓ぜんぎょう〔漸教〕。

どんむしん〔曇無讖〕（三八五—四三三）「どんむせん」とも読む。北涼《ほくりょう》代の訳経僧。インドの出身。亀茲《きじ》・敦煌《とんこう》を経て、北涼の玄始《げんし》（元始）元年（四一二）、河西《かせい》王沮《そ》渠蒙遜《きょもうそん》に迎えられて姑臧《こぞう》（現在の甘粛《かんしゆく》省武威《ぶい》県）に入り、『涅槃経《ねはんぎょう》』四十巻『金光明経《こんこうみょうきょう》』四巻『菩薩《ぼさつ》地持経《じじきょう》』十巻などを訳出した。

とんよく〔貪欲〕　貪愛《とんない》ともいう。我欲。むさぼり。自己の好む対象に向かってむさぼり求める心をおこすこと。三毒の一。↓さんどく〔三毒〕。

どんらん〔曇鸞〕（四七六—五四二）雁門《がんもん》（現在の山西《さんせい》省代《だい》県）の生れ。神鸞《じんらん》とも尊称された。四論や『涅槃経《ねはんぎょう》』の仏性義《ぶっしょうぎ》に通じ、『大集経《だいじっきょう》』の註釈を志したが、健康を害して果せなかったことから、不老長生の法を求めて江南に道士陶弘景《とうこうけい》を訪ね、仙経を授かった。帰途洛陽《らくよう》で菩提流支《ぼだいるし》に会い、浄土教の典籍を授けられ仙経を焼きすてて浄土教に帰したという。東魏《とうぎ》の皇帝の尊崇を受け、并州《へいしゅう》（現在の山西省太原《たいげん》）の大巌寺《だいがんじ》に住し、のちに石壁山《せきへきさん》（現在の山西省交《こう》城《じょう》北）の玄中寺《げんちゅうじ》に入った。その後、汾州《ふんしゅう》の平遥山《へいようさん》の寺に移り、ここで示寂《じじゃく》した。天親《てんじん》菩薩《ぼさつ》（四〇〇—四八〇頃）の『浄土論』を註釈して『往生論註《おうじょうろんちゅう》』二巻（『浄土論註』『論註』ともいう）を著し、五念門《ごねんもん》の実践を説き、浄土教の教学と実践を確立した。著書は他に『讃阿弥陀仏偈《さんあみだぶつげ》』一巻などがある。真宗七高僧の第三祖。

な

ないし〔乃至〕　①中間を省略することを示す語。「…から…まで」という意。数の多少、時間の長短を兼ねおさめることを表す。②最少限度を示す語。下至に同じ。ー

いちねん〔乃至一念〕　心念・称《しょう》名《みょう》・時刻などの極少の一念をあげ、さらに多念をも含める意があるので「乃至一念」という。下至一念に同じ。↓いちねん〔一念〕。ー

じゅうねん〔乃至十念〕　十念は十声の念仏の意。上は生涯の多念から下はわずか十声・一声などに至るまで、称名の回数を限定しないことをいう。↓じゅうねん〔十念〕。

なだいかしょう〔那提迦葉〕　梵語ナディー・カーシュヤパ（Nadī-Kāśyapa）の音写。三迦葉の次兄で、もと事火外道《じかげどう》（火を尊び、これに供養《くよう》して福を求める異教徒の一派。拝火《はいか》外道ともいう）であったが、長兄が釈尊に帰依《きえ》したのを見て、三百人の弟子とともに仏弟子となった。↓さんかしょう〔三迦葉〕。

なも〔南無〕　梵語ナマス（namas）の音写。帰命と漢訳する。仏・法・僧の三宝《さんぼう》に帰順し、敬礼する意。↓きみょう〔帰命〕。**ーあみだぶつ**〔南無阿弥陀仏〕　かぎりない寿命と光明《こうみょう》の徳を有する阿弥陀仏に帰依《きえ》し信順するという言葉。南無とは衆生《しゅじょう》の帰命を意味するが、親鸞《しんらん》聖人はそれも阿弥陀仏が成就して衆生に回向《えこう》するものであるとし、南無阿弥陀仏の六字全体を仏の名号とする。↓みょうごう〔名号〕。

なゆた〔那由他〕　梵語ナユタ（na-yuta）の音写、那庾多とも音写する。インドの数量の単位で、非常に大きな数、兆・溝と漢訳する。千億にあたるという。

なんえんぶだい〔南閻浮提〕　閻浮提は梵語ジャンブードヴィーパ（Jambūdvīpa）の音写。南瞻《なんせん》部洲《ぶしゅう》・穢洲《えしゅう》・好金土などともいう。仏教の世界観によると、須弥山の東西南北に四洲があるとされ、その南方にあるのが南閻浮提とされる。北に広く南に狭い地形で、住民が受ける楽しみは東、北の二洲に劣るが、仏が出現するのはこの洲のみであるという。↓しゅみせん〔須弥山〕。

なんぎょう〔難行〕　修することが困難な行法。聖道門《しょうどうもん》の自力の修行をいう。易行に対する語。↓いぎょう〔易行〕。**ーどう**〔難行道〕　自力によって久しい間かかって種々の困難な行を修して仏になろうとする道。↓いぎょうどう〔易行道〕。

なんじおうじょう〔難思往生〕『小経』の顕説《けんぜつ》（表面に説かれた自力の教え）の、第二十願真門、すなわち自力の称名《しょうみょう》による方便化土《けど》への往生をいう。名号《みょうごう》の徳より難思の名を与え、仏力を疑う点から議の一字を省き、第十八願の難《なん》思議往生《じぎおうじょう》に対して難思往生という。↓さんおうじょう〔三往生〕、補註15。

なんじぎおうじょう〔難思議往生〕　第十八願の弘願《ぐがん》念仏による真実報《ほう》

土《ど》への往生をいう。難思議とは不可思議という意。『大経』の第十八願の法は因果ともに不可思議であるから難思議という。→さんおうじょう〔三往生〕、補註2。

なんじこう〔難思光〕 阿弥陀仏の十二光の一。→じゅうにこう〔十二光〕。

なんだ〔難陀〕 梵語ナンダ(Nanda)の音写。釈尊の弟子。釈尊の異母弟にあたる。容姿端麗であったと伝えられ、諸欲をよくおさえて諸根を調伏《じょうぶく》(感覚器官を統制する)すること第一といわれた。『大経』では嘉楽《からく》の名で出るが、一説ではこの嘉楽は牧牛者であった別人のナンダであるという。

に

にがのひゆ〔二河の譬喩〕 二河《にが》白道《びゃくどう》、貪瞋《とんじん》二河の譬喩ともいう。浄土往生を願う衆生《しゅじょう》が、信を得て浄土に至るまでを譬喩によって表したもの。善導《ぜんどう》大師の「散善義」に説かれる。ある人が西に向かって独り進んで行くと、無人の原野に忽然《こつねん》として水火の二河に出会う。火の河は南に、水の河は北にある。河の幅はそれぞれわずかに百歩ほどであるが、深くて底なく、また南北にほとりはない。ただ中間に一筋の白道があるばかりだが、幅四五寸で水火が常に押し寄せている。そこへ後方・南北より群賊悪獣が殺そうと迫ってくる。往くも還るも止まるも、どれひとつとして死を免れ得ない。しかし思い切って白道を進んで行こうと決意した時、東の岸より「この道を尋ねて行け」と勧める声(発遣《はっけん》)が、また西の岸より「ただちに来れ、われよくなんぢを護らん」と呼ぶ声(招喚《しょうかん》)がする。東岸の群賊たちは危険だから戻れと誘うが顧みず、一心に疑いなく進むと西岸に到達し、諸難を離れ善友と相見《まみ》えることができたという。火の河は衆生の瞋憎《しんぞう》、水の河は貪愛《とんない》、無人の原野は真の善知識《ぜんぢしき》に遇わないこと、群賊は別解《べつげ》・別行《ぎょう》・異学・異見の人、悪獣は衆生の六識《ろくしき》・六根《ろっこん》・五蘊《ごうん》・四大に喩える。白道は浄土往生を願う清浄《しょうじょう》の信心、また本願力をあらわす。東岸の声は娑婆《しゃば》世界における釈尊の発遣の教法、西岸の声は浄土の阿弥陀仏の本願の招喚に喩える。

にけんだにゃだいし〔尼乾陀若提子〕 パーリ語ニガンタ・ナータプッタ(Nigaṇṭha Nātaputta)。六師外道《げどう》の一人。ジャイナ教の祖。本名をヴァルダマーナ(Vardha-māna)といい、大悟してのちは、マハーヴィーラ(Mahāvīra・偉大な英雄)、ジナ(Jina・勝者)と尊称される。ヴェーダの権威を否定し、多元論的な積聚《しゃくじゅ》説を説き、実践論としては現世に苦行を修めることにより来世に福徳《ふくとく》を得るといい、禁戒を守り苦行を実践する苦行主義を教えた。↓ろくし〔六師〕。

にじゅうくう〔二十九有〕 ①二十九回目の生。初果の聖者《しょうじゃ》（須《しゅ》陀《だ》洹《おん》果《か》を得たもの）は、人間界に七生、天上界に七生、また、それぞれ生の終りから次の生を得るまでの中有《ちゅうう》の状態（死と生の間の中間的存在）の十四生、合せて二十八生を経れば、さらに二十九回目の生を受けず、完全な涅槃《ねはん》に入ることができるとされる。②二十五有のうち浄居天《じょうごてん》をさらに無煩《むぼん》・無《む》熱《ねつ》・善現《ぜんげん》・善見《ぜんけん》・色究竟天《しきくきょうてん》の五つに分けて二十九としたもの。迷いの生存のすべて。↓にじゅうごう〔二十五有〕。

にじゅうごう〔二十五有〕 有とは迷いの境界《きょうがい》のことで、衆生《しゅじょう》の流転する迷いの世界（三界《さんがい》＝欲界《よっかい》・色界《しきかい》・無色界《むしきかい》）を二十五種に分けたもの。欲界に四悪趣・四洲・六欲天の十四有、色界に四禅天と無《む》想《そう》・浄居《じょうご》・大梵天《だいぼんてん》の七有、無色界に四空処天の四有があり、合せて二十五有となる。

にじゅうごぼさつ〔二十五菩薩〕 念仏の衆生《しゅじょう》を守護し来迎《らいこう》する二十五人の菩薩。『十往生経《じゅうおうじょうきょう》』に説かれる。道綽《どうしゃく》、善導《ぜんどう》両師は現《げん》生護念増上縁《しょうごねんぞうじょうえん》（現生において念仏の行者を仏・菩薩が念じまもるすぐれた縁）の証としたが、日本では、平安末期以降、弥陀来迎の時に付き従う来迎の菩薩として信仰された。観世音《かんぜおん》・大勢至《だいせいし》・薬王《やくおう》・薬上《やくじょう》・普賢《ふげん》・法自在王《ほうじざいおう》・陀羅尼《だらに》・白象王《びゃくぞうおう》・虚空蔵《こくうぞう》・宝蔵《ほうぞう》・徳蔵《とくぞう》・金《こん》蔵《ぞう》・光明王《こうみょうおう》・金剛蔵《こんごうぞう》・山海慧《さんかいえ》・華《け》厳王《ごんおう》・日照王《にっしょうおう》・月光王《がっこうおう》・衆宝王《しゅぼうおう》・三昧王《さんまいおう》・師子吼《ししく》・大威《だいい》徳王《とくおう》・大自在王《だいじざいおう》・定自在王《じょうじざいおう》・無辺身《むへんしん》の二十五菩薩をいう。

にじゅうよはい〔二十余輩〕 覚如《かくにょ》上人が如信《にょしん》上人の三十三回忌（正慶《しょうきょう》元年・一三三二）を営んだ時、親鸞《しんらん》聖人の門弟の遺蹟を継ぐ二十四名が集まり、邪義をただすべきことを誓って連署し、いわゆる二十四輩が定められたという説がある。二十四輩の寺院の多くは中世に廃退したが、近世に復興され、二十四輩巡拝が盛んになった。

にじょう〔二乗〕 声聞乗と縁覚乗のこと。ともに小乗である。↓さんじょう〔三乗〕、しょうもん〔声聞〕、えんがく〔縁覚〕。

にぞう〔二蔵〕 蔵《くら》は仏の教法を収めた蔵のことで、声聞《しょうもん》・縁覚《えんがく》二乗の教を説く声聞蔵（小乗）と、菩《ぼ》薩《さつ》の教を説く菩薩蔵（大乗）とをいう。→さんぞう〔三蔵〕。

にそん〔二尊〕　釈迦牟尼仏(釈尊)と阿弥陀仏とをいう。

にゅうじゅんにん〔柔順忍〕　三法忍の一。すなおに真理に随順し、背かないこと。→さんぼうにん〔三法忍〕。

にゅうほっかいぼん〔入法界品〕『華厳経《けごんぎょう》』の最後の一章。善財童《ぜんざいどう》子《じ》が道を求めて五十三人の善知識《ぜんぢしき》を歴訪し、ついにさとりに到達する始終を説いたもの。→けごんぎょう〔華厳経〕。

にょじつしゅぎょうそうおう〔如実修行相応〕　真如《しんにょ》の理にしたがって修行し、その信じるところ、修するところが真如にかなうこと。また、阿弥陀仏の本願に相応し、教のごとくに修行して法に違わないこと。

にょしん〔如信〕（一二三五—一三〇〇）慈信房善鸞《じしんぼうぜんらん》の子で、親鸞《しんらん》聖人の孫にあたる。本願寺第二代、錦織寺《きんしょくじ》第二代、大網願入寺《おおあみがんにゅうじ》の開基。祖父親鸞聖人のもとで法義を受け、のち関東を遊化して奥州《おうしゅう》白川郡大網（現在の福島県石川郡古殿町、一説に西白河郡泉崎村）に至り願入寺を創立してこの地に住し、浄土真宗の法統を覚如《かくにょ》上人に伝えた。晩年、常陸《ひたち》（現在の茨城県）金沢に移り布教したが、正《しょう》安《あん》二年（一三〇〇）、六十六歳で示寂《じじゃく》した。

にょらい〔如来〕　梵語タターガタ(tathāgata)の漢訳。真如《しんにょ》（真理）より現れ来った者、あるいは真如をさとった者の意で、仏のこと。十種の称号がある（如来の十号）。①応供《おうぐ》。供養《くよう》を受けるに値する者。②等正覚《とうしょうがく》。平等の真理をさとった者。③明行足《みょうぎょうそく》。智慧《ちえ》と行とがともに完全な者。④善逝《ぜんぜい》。迷界をよく超え出て再び迷いに還らない者。⑤世間解《せけんげ》。世間・出世間のことをすべて知る者。⑥無《む》上士《じょうじ》。最上最高の者。⑦調御丈《じょうごじょう》夫《ぶ》。衆生《しゅじょう》を調伏《じょうぶく》・制御してさとりに導く者。⑧天人師《てんにんし》。神々と人間の師。⑨仏《ぶつ》。覚れる者。⑩世尊《せそん》。世間で最も尊い方。この十号に如来を加えると十一号になる。十号の数え方については、如来を加えて、仏世尊を一種とするものなど諸説がある。

—とひとし〔如来とひとし〕　如来回向《えこう》の信心は、如来の智慧と慈悲の徳をもつ仏因（仏になる因種、たね）であるから、信心の行者は「如来とひとし」「諸仏とひとし」という。等《とう》覚《がく》のこと。→しょうじょうじゅ〔正定聚〕、とうしょうがく〔等正覚〕、しにょみろく〔次如弥勒〕、補註6。

にんげん〔仁賢〕　梵語バドリカ

(Bhadrika)の漢訳。婆提《ばだい》などと音写し、有賢《うけん》などと漢訳する。釈尊の最初の弟子である五比丘《びく》の一人。

にんしょう〔仁性〕　薄拘羅のこと。↓はくら〔薄拘羅〕。

にんにく〔忍辱〕　耐え忍ぶこと。六波羅蜜（六度）の一。↓ろっぱらみつ〔六波羅蜜〕。

にんのうきょう〔仁王経〕　後秦《こうしん》の鳩摩羅什《くまらじゅう》訳と伝えられる『仏説《ぶっせつ》仁王般若波羅蜜経《にんのうはんにゃはらみっきょう》』二巻と唐《とう》の不空《ふくう》訳『仁王護国般若波羅蜜多《にんのうごこくはんにゃはらみった》経《きょう》』二巻の二本がある。鎮護国家《ちんごこっか》の三部経の一。釈尊が十六大国の諸王に対して、国を護り安穏《あんのん》にするためには般若波羅蜜を受持すべきであると説いたもの。中国撰述のものともいわれる。

ね

ねはん〔涅槃〕　梵語ニルヴァーナ(nirvāṇa)の音写。泥洹《ないおん》とも音写し、滅度・寂滅などと漢訳する。すべての煩悩《ぼんのう》を滅したさとりの境地をいう。仏教の究極的な実践目的である。↓めつど〔滅度〕、じゃくめつ〔寂滅〕。

ねはんぎょう〔涅槃経〕『大般涅槃《だいはつねはん》経《ぎょう》』のこと。大乗涅槃経類と小乗涅槃経類とがあり、本聖典の用例では大乗涅槃経類を指す。漢訳には、東晋《とうしん》の法顕《ほっけん》・仏陀跋陀羅《ぶつだばつだら》訳『大般泥洹経《だいはつないおんぎょう》』六巻、北涼《ほくりょう》の曇無《どんむ》讖《しん》訳『大般涅槃経』四十巻（北本という）があり、また、この北本を劉宋《りゅうそう》の慧観《えかん》・慧厳《えごん》・謝霊雲《しゃれいうん》らが法顕等訳の六巻本を参照しつつ調巻し直した三十六巻本（南本という）などがある。釈尊の入滅《にゅうめつ》直前の説法とされるもので、如来《にょらい》常住《じょうじゅう》（如来の法身《ほっしん》は永遠不変であること）、悉有仏性《しつうぶっしょう》（すべての衆生《しゅじょう》は仏性を有していること）が説かれ、さらに一闡提《いっせんだい》（断善《だんぜん》根《ごん》・信不具足《しんふぐそく》）成仏を明かしている。

ねはんしゅう〔涅槃宗〕　中国十三宗の一。『涅槃経』によって如来《にょらい》常住《じょうじゅう》・悉有仏性《しつうぶっしょう》・一闡提《いっせんだい》成仏の教義を研鑽する学派。

ねんぶつ〔念仏〕　仏を念ずること。真如《しんにょ》を念ずる実相《じっそう》の念仏、仏の相《そう》好《ごう》を心に思い観《み》る観想の念仏、仏像を観ずる観像の念仏、仏の名《みょう》号《ごう》を称《とな》える称名念仏などがあり、聖道門《しょうどうもん》では、実相念仏を最勝とし、称名念仏を最劣とみる。しかし浄土門では、称名は阿弥陀仏の本願において選び取られた決定《けつじょう》往生の行であり、極善最上の法であるとする。↓しょうみょう〔称名〕。**ーおうじょう**〔念仏往生〕　阿弥陀仏より選択回向《せんじゃくえこう》された名号を信じて称える行が往生の業因《ごういん》であることをいう。諸行往生に対する語。→しょぎょうおうじょう〔諸行往生〕。**ーざんまい**〔念仏三昧〕　心静かにひたすら念仏を修すること。一般には仏の相好や功《く》徳《どく》を心に思い観る観仏のこととするが、親鸞《しんらん》聖人は阿弥陀仏の本願を信じて、一心に名号を称する他力念仏のこととする。

〔は〕

はくえん〔帛延〕（三世紀頃）三国時代の訳経僧。白延とも書く。西域の亀茲《きじ》国の出身。『平等覚《びょうどうがく》経《きょう》』四巻など数部の経典を訳出した。

はくら〔薄拘羅〕　梵語ヴァックラ（Vakkula）の音写。釈尊の弟子。幼い頃、ヤムナー河で大魚に呑まれたが、その魚を買ったヴァーラーナシー（ベナレス）の長者の妻に救われたという。『大経』では仁性《にんしょう》の名で出る。

ばそばんず〔婆藪槃豆〕　梵語ヴァスバンドゥ（Vasubandhu）の音写。婆藪般豆・婆藪槃豆・婆藪盤頭とも音写する。旧訳《くやく》では天親、新訳では世親《せしん》と漢訳する。→てんじん〔天親〕。

はちきょう〔八敬〕　八敬法・八《はち》重法《じゅうほう》・八尊師法《はちそんしほう》・八不可越法《はちふかおつほう》ともいう。比丘尼《びくに》が比丘に対して守るべき法。①百歳の尼も初受戒《しょじゅかい》の比丘を礼拝《らいはい》すること。②尼は比丘を恭敬《くぎょう》してみだりにそしってはならない。③比丘に過失があっても尼はこれを挙げてはならない。④具足戒を奉持《ぶじ》しようとする尼は大徳《だいとく》の比丘のもとでこれを求めること。⑤尼に過失があれば比丘衆の中で懺悔《さんげ》すること。⑥尼は毎月二回、大徳の比丘衆の中で教誡法《きょうかいほう》を求め自ら仏道を修めること。⑦夏安《げあん》居《ご》の間は比丘と同処して朝夕法義を諮問し、見聞を増し、自ら修習すること。⑧安居が終ると比丘衆に随って自恣《じし》の法を行ずること。

はちげだつ〔八解脱〕　八種の禅《ぜん》定《じょう》の力によって貪りを捨て去ること。八背捨《はちはいしゃ》ともいう。①内有色想《ないうしきそう》外色解脱《げしきげだつ》。②内無色想《ないむしきそう》外色解脱《げしきげだつ》。③浄解脱身作証具足住《じょうげだつしんさしょうぐそくじゅう》。④空無《くうむ》辺処解脱《へんしょげだつ》。⑤識無辺処解脱《しきむへんしょげだつ》。⑥無《む》所有処解脱《しょうしょげだつ》。⑦非想非非想処解脱《ひそうひひそうしょげだつ》。⑧滅受想定解脱身作証具足住《めつじゅそうじょうげだつしんさしょうぐそくじゅう》。

はちじゅうずいぎょうこう〔八十随形好〕　八十種好・八十随好ともいう。仏・菩薩《ぼさつ》の身に具わるすぐれた容貌形相の中で、顕著な三十二相に対して、微細な八十種の形相をいう。→そうごう〔相好〕。

はちなん〔八難〕　仏や正法《しょうぼう》を見聞することが困難な八種の境界《きょうがい》のこと。地獄・餓鬼《がき》・畜生《ちくしょう》（この三は苦しみが多くて仏法を聞くことができない）・長寿天《ちょうじゅてん》・北倶《ほっく》盧洲《るしゅう》（この二は楽しみが多くて求道心《ぐどうしん》が起らない)・聾盲瘖瘂《ろうもうおんあ》・世智弁聡《せちべんそう》(世俗智にたけて正理に従わない)・仏前仏後(仏がいない時代)の八をいう。

はちぶ〔八部〕 仏法を護持する八種の鬼神《きじん》。①天。②竜。③夜叉《やしゃ》(梵語ヤクシャ yakṣa の音写)。毘沙門天《びしゃもんてん》に仕え衆生《しゅじょう》を守護する。④乾闥婆《けんだつば》(梵語ガンダルヴァ gandharva の音写)。緊那羅《きんなら》とともに帝釈天《たいしゃくてん》に仕え、音楽を奏する。⑤阿修羅《あしゅら》(梵語アスラ asura の音写)。闘争を好む鬼神。⑥迦楼羅《かるら》(梵語ガルダ garuḍa の音写)。金翅鳥《こんじちょう》ともいい、竜を食べるという大鳥。⑦緊那羅《きんなら》(梵語キンナラ kiṃnara の音写)。美しい音声《おんじょう》をもち歌舞をなす天の楽神《がくしん》。⑧摩睺羅迦《まごらか》(梵語マホーラガ ma-horaga の音写)。大蛇。蛇神。

はちぼさつ〔八菩薩〕 正法《しょうぼう》を護持し衆生《しゅじょう》を守護する文殊師利《もんじゅしり》・観《かん》世音《ぜおん》・大勢至《だいせいし》・無尽意《むじんい》・宝壇華《ほうだんけ》・薬王《やくおう》・薬上《やくじょう》・弥勒《みろく》の八菩薩。

はっかいさい〔八戒斎〕 八の戒と一の斎で八戒斎という。また八斎戒ともいい、略して八戒ともいう。在家の信者が一日一夜の期限を限って、出家者と同様に身心の行為動作を慎むこと。五戒と衣・住・食の贅沢についての戒め。①不殺生戒《ふせっしょうかい》。②不偸盗戒《ふちゅうとうかい》。③不婬戒《ふいんかい》。④不妄語戒《ふもうごかい》。⑤不飲酒戒《ふおんじゅかい》。⑥不香油塗身戒《ふこうゆずしんかい》。身体に香油を塗ったり化粧したりしない。⑦不歌舞観聴戒《ふかぶかんちょうかい》。歌をうたったり舞をまったりしない。またそれを観ても聴いてもいけない。⑧不高広大床戒《ふこうこうだいしょうかい》。高くゆったりとした寝台に寝ない。⑨不非時食戒《ふひじじきかい》。昼以後、何も食べない。以上の九のうち、⑨不非時食戒を斎とするが、他にも諸説がある。

はっく〔八苦〕 生《しょう》・老・病・死の四苦《しく》に、愛別離苦《あいべつりく》(愛するものと別れる苦しみ)、怨憎会苦《おんぞうえく》(怨み憎むものに会う苦しみ)、求不得苦《ぐふとくく》(求めて得られない苦しみ)、五蘊盛苦《ごうんじょうく》(人間の身心を形成する色《しき》・受《じゅ》・想《そう》・行《ぎょう》・識《しき》から起る苦しみ)の四を加えたもの。↓く〔苦〕。

はっくどくすい〔八功徳水〕 八種のすぐれた性質のある水。『称讃浄土経《しょうさんじょうどきょう》』(『小経』の異訳)には、澄浄《ちょうじょう》・清冷《しょうりょう》・甘美《かんみ》・軽軟《きょうなん》・潤沢《じゅんたく》・安和《あんわ》・除患《じょげん》・養根《ようこん》をあげ、「定善義」には、清浄《しょうじょう》潤沢《じゅんたく》(色境《しききょう》)・不臭(香境)・軽・冷・軟(この三は触境)・美(味境)・飲時調適・飲已無患(この二は法境)をあげる。

はっしょうどう〔八聖道〕 八正道・八聖道分ともいう。さとりに至るための八種の正しい行法。①正見《しょうけん》。四諦《したい》の道理を正しく見る智慧《ちえ》。②正思惟《しょうしゆい》。正しく思惟し意思すること。③正語《しょうご》。正しい言葉を語ること。④正業《しょうごう》。身の行いを正しくすること。⑤正命《しょうみょう》。身口意《しんくい》（からだ・言葉・心）の三《さん》業《ごう》をきよらかにして正しい生活をすること。⑥正精進《しょうしょうじん》。正しい努力。道に努め励むこと。⑦正念《しょうねん》。正しい憶念《おくねん》。四諦の道理を常に心に留めて忘れないこと。⑧正定《しょうじょう》。正しい精神統一。

はっそう〔八相〕　八相成道《じょうどう》・八相示現《じげん》・八相化儀《けぎ》ともいう。仏が衆生《しゅじょう》救済のためにこの世に現れ、その一生涯に示す八種の相。その内容には諸説があるが、『大経』では次の八をあげる。①受胎。兜《と》率天《そってん》から降りて母胎に宿る。②出生。右脇《うきょう》から出生する。③処宮。宮殿で世俗の生活をいとなむ。④出家。老病死の無常を感じて王宮を出る。⑤降魔《ごうま》。菩提樹下で悪魔を降伏《ごうぶく》する。⑥成道《じょうどう》。正覚《しょうがく》を開く。⑦転法輪《てんぼうりん》。法を説き教化をする。⑧入涅槃《にゅうねはん》。沙羅樹《さらじゅ》の下で滅《めつ》度《ど》に入る。**―じょうどう**〔八相成道〕　成道は八相の中の第六。成道が八相の中心であるところから八相成道という。

はっち〔八智〕　苦《く》・集《じゅう》・滅《めつ》・道《どう》の四諦《したい》を見とおして煩悩《ぼんのう》を断ち、聖《しょう》者《じゃ》の仲間（見道位《けんどうい》）に入った者が得る八種の無漏智《むろち》。苦法智《くほっち》・苦類《くるい》智《ち》・集法智《しゅうほっち》・集類智《しゅうるいち》・滅法智《めっぽっち》・滅《めつ》類智《るいち》・道法智《どうほっち》・道類智《どうるいち》をいう。

はっとん〔八音〕　仏の音声《おんじょう》に具わる八種のすぐれた特質。①極好《ごくこう》音《おん》。聞く者を仏道に導く妙なる音声。②柔軟音《にゅうなんおん》。聞く者を喜悦させるやさしくおだやかな音声。③和適音《わちゃくおん》。聞く者に理を会得《えとく》させる調和のとれた音声。④尊慧音《そんえおん》。聞く者に智慧《ちえ》を体得させる尊い智慧の音声。⑤不女音《ふにょおん》。聞く者に畏敬の念を起させる音声。⑥不誤音《ふごおん》。聞く者に正しい見解を得させるあやまちのない音声。⑦深遠音《じんおんおん》。十《じっ》方《ぽう》に徹し、聞く者に深遠な道理をさとらせる音声。⑧不竭音《ふかつおん》。尽きることのない音声。

はっぱい〔八輩〕　四向四果《しこうしか》（声《しょう》聞《もん》の修道《しゅどう》階位）の聖者《しょうじゃ》のこと。四向四果とは須陀洹《しゅだおん》向・須陀洹果・斯陀含《しだごん》向・斯陀含果・阿那含《あなごん》向・阿那含果・阿羅漢《あらかん》向・阿羅漢果の八をいう。この場合の向は果に向かって修行して行く過程、果は修行によって得られた境地のこと。

はらみつ〔波羅蜜〕　梵語パーラミター（pāramitā）の音写。語源的には「最もすぐれた状態」「完成」「完全」を意味するといわれる。到彼岸《とうひがん》・度《ど》と漢訳する。迷いの此岸《しがん》からさとりの彼岸に至ること、またはそのために修する菩薩《ぼさつ》の行をいう。→ろっぱらみつ〔六波羅蜜〕。

ばらもん〔婆羅門〕　梵語ブラーフマナ（brāhmaṇa）の音写。古代インドの四姓制度の最上位の身分。祭祀《さいし》を行うことをつとめとする。→補註9。

はんじゅさん〔般舟讃〕　一巻。善《ぜん》導《どう》大師（六一三—六八一）の著。『観経』などによって浄土の讃文《さんもん》をつくり、讃嘆供養《さんだんくよう》・別時法事《べつじほうじ》の行儀《ぎょうぎ》を述べたもの。七祖聖教《しちそしょうぎょう》の一。

はんじゅざんまいきょう〔般舟三昧経〕　漢訳には後漢《ごかん》の支婁迦讖《しるかせん》訳の三巻本、支婁迦讖訳と伝えられるが実際には訳者不詳の一巻本、訳者不明の『抜陂菩薩経《ばつばぼさつきょう》』一巻、隋《ずい》の闍那崛多《じゃなくった》訳の『大集経《だいじっきょう》』「賢《げん》護分《ごぶん》」五巻の四本があり、このうち第二の訳本が最も多く用いられた。般舟三昧を得れば、十方《じっぽう》の諸仏が現前するといい、とくに西方阿弥陀仏の見仏《けんぶつ》の例を挙げる。現存の大乗経典の中では初期に成立したものといわれる。

はんにゃ〔般若〕　梵語プラジュニャー（prajñā）の音写。智慧《ちえ》・明《みょう》と漢訳する。一如《いちにょ》をさとる無分別《むふんべつ》智《ち》のこと。真実を明らかに把握するさとりの智慧。**―はらみつ**〔般若波羅蜜〕　一切諸法の真空の理に達した智慧によってさとりの岸に至ること。六波羅蜜（六度）の智慧波羅蜜のこと。→ろっぱらみつ〔六波羅蜜〕。

はんにゃえのしゃく〔般若会の釈〕『金剛般若会釈《こんごうはんにゃえしゃく》』のこと。三巻。窺基《きき》の著。無着《むじゃく》の『金剛般若論《こんごうはんにゃろん》』（二巻。隋《ずい》の達磨笈多《だつまぎゅうた》訳）の註釈書。

ひ

ひがん〔彼岸〕　生死《しょうじ》の迷いを超えたさとりの世界。迷いの世界である此岸《しがん》に対する語。

ひがん〔悲願〕　大悲の誓願。仏の大慈悲心より発された誓願。→せいがん〔誓願〕。

びく〔比丘〕　梵語ビクシュ（bhikṣu）の音写。苾蒭《びっしゅ》とも音写する。出家して具足戒を受けた二十歳以上の男性。四衆の一。→ししゅ〔四衆〕。

びくに〔比丘尼〕　梵語ビクシュニー（bhikṣuṇī）の音写。苾蒭尼《びっしゅに》とも音写する。出家して具足戒を受けた二十歳以上の女性。四衆の一。→ししゅ〔四衆〕。

ひけきょう〔悲華経〕　十巻。北《ほく》涼《りょう》の曇無讖《どんむしん》訳。また異訳に訳者不詳の『大乗悲分陀利経《だいじょうひふんだりきょう》』八巻がある。諸仏・菩薩《ぼさつ》の浄土成仏を説き、同時に、釈尊の穢土《えど》成仏を讃《さん》嘆《だん》している。第四「諸菩薩本授記《ほんじゅき》品《ぼん》」に説かれる無諍念王発願《むじょうねんおうほつがん》の因縁《いんねん》が、『大経』の説き方と類似しているため、浄土門の典籍にもしばしば引用される。

ひしゃく〔飛錫〕（八世紀頃）唐《とう》中期の僧。草堂寺に住す。不空《ふくう》三蔵の翻訳事業に参画した。遣唐使《けんとうし》の石上宅嗣《いそのかみのやかつぐ》に『念仏五更讃《ねんぶつごこうさん》』を贈ったといわれる。著書に『念仏《ねんぶつ》三昧宝王論《ざんまいほうおうろん》』三巻などがある。

ひそうひひそうしょ〔非想非非想処〕想（表象作用）があるのでもなく、ないのでもないという禅《ぜん》定《じょう》の境地。三界《さんがい》の最上位、無色界《むしきかい》の第四天（有頂天《うちょうてん》）の境界《きょうがい》にあたる。仏道にはずれた者はここを究極の理想境とする。

びばしゃな〔毘婆舎那〕梵語ヴィパシュヤナー（vipaśyanā）の音写。毘婆娑那とも音写する。観《かん》・妙観《みょうかん》・正見《しょうけん》と漢訳する。止《し》（禅《ぜん》定《じょう》）と並べて止観といわれる。禅定によって得られる静かな心で、対象をありのままに正しく観察《かんざつ》すること。↓しかん〔止観〕①。

びょうどうがくきょう〔平等覚経〕『無量清浄平等覚経』のこと。↓むりょうしょうじょうびょうどうがくきょう〔無量清浄平等覚経〕。

びんずるはらだ〔賓頭盧頗羅堕〕梵語ピンドーラ・バーラドヴァージャ（Piṇḍola-bhāradvāja）の音写。釈尊の弟子。カウシャーンビーの大臣の家に生れる。神通《じんずう》力にすぐれ、巧みな説法を行ったという。

びんばしゃら〔頻婆娑（沙）羅〕梵語ビンビサーラ（Bimbisāra）の音写。釈尊在世当時のマガダ国の王。妃として韋提希《いだいけ》を迎え、その間に生れたのが阿闍世《あじゃせ》である。釈尊に深く帰依《きえ》し、竹林精舎《ちくりんしょうじゃ》を建立するなど、仏教の外護者《げごしゃ》であったが、提婆達多《だいばだった》にそそのかされた阿闍世によって幽閉され殺害された。

ふ

ふえこう〔不回向〕法然《ほうねん》聖人の説。雑行《ぞうぎょう》（念仏以外の行）は本来、非往生行であるから、浄土往生の因となるように願いをこめてふりむけなければ往生行とならないが、本願の念仏は阿弥陀仏が往生行として選定したものであるから、行者が回向する必要がないということ。親鸞《しんらん》聖人はこの意を受けて、如来からの回向を説いた。

ふかしぎこう〔不可思議光〕阿弥陀仏の徳号の一。不可思議は人間の思いやはからいを超えた仏のさとりの絶対の徳をあらわし、光《こう》明《みょう》は仏の智慧《ちえ》をあらわす。

ふくうけんじゃくじんべんしんごんぎょう〔不空羂索神変真言経〕三十巻。唐《とう》の菩提流志《ぼだいるし》訳。不空羂索観音の真言陀羅尼《しんごんだらに》、念誦《ねんじゅ》法、曼《まん》荼羅《だら》、功徳《くどく》などを説く。

ふくちぞう〔福智蔵〕『大経』に説く第十八願弘願《ぐがん》の教え。福徳《ふくとく》と智《ち》慧《え》の二荘厳《しょうごん》を円《まど》かに成就している教え。

ふくとくぞう〔福徳蔵〕『観経』に説く第十九願《じゅうく》要門の教え。定散《じょうさん》の諸行を修めて浄土往生を願う教え。

ふげん〔普賢〕 梵語サマンタバドラ(samantabhadra)の漢訳。①仏の慈悲のきわみ。あまねく一切衆《しゅ》生《じょう》を済度する利他大悲の行徳。②遍吉《へんきつ》ともいう。文殊菩薩《もんじゅぼさつ》とならぶ釈尊の脇士《きょうじ》で、慈悲をつかさどる菩薩とされる。『華厳経《けごんぎょう》』「普賢行願品」では、その十大願を説く。

ふしょ〔補処〕 一生補処の略。↓いっしょうふしょ〔一生補処〕。

ふじょうじゅ〔不定聚〕 第二十願の行者のこと。自力の称名《しょうみょう》念仏をたのんで浄土に往生しようとする者をいう。

ふせ〔布施〕 梵語ダーナ(dāna)の漢訳。檀那《だんな》・檀と音写する。他に与えること、施しの意。財物を施すことを財施、法を説くことを法施、無畏《むい》(おそれなき心)を施すことを無畏施といい、総称して三施という。六波羅蜜(六度)の一。↓ろっぱらみつ〔六波羅蜜〕。

ふぞく〔付属(嘱)〕 与え託すこと。委嘱すること。仏が説法の後、対告衆《たいごうしゅ》(仏の説法の相手)中の一人、もしくは数人に、教法を後世に伝えるよう託すこと。『大経』は弥勒《みろく》に、『観経』は阿難《あなん》に付属されている。

ふたい〔不退〕 不退転の略。↓ふたいてん〔不退転〕。

ふたいてん〔不退転〕 仏道を修行して証果を得ることに定まり、再び下位に退転しないこと。浄土真宗では、信一念の時、正定聚の位につきさだまるのを不退転に住するとし、現生不退を説く。↓しょうじょうじゅ〔正定聚〕。

ふだんこう〔不断光〕 阿弥陀仏の十二光の一。↓じゅうにこう〔十二光〕。

ぶつ〔仏〕 梵語ブッダ(buddha)の音写。覚者と漢訳し、「ほとけ」と和訳する。自ら真理をさとり、他をさとらしめ、さとりのはたらきが完全に窮まり満ちた者のこと。↓さんぼう〔三宝〕。

ぶっしょう〔仏性〕 梵語ブッダ・ダートゥ(buddha-dhātu)の漢訳。如来性《にょらいしょう》・覚性《かくしょう》等という意で、仏の本性、仏のさとりそのものの性質をいう。また仏になる可能性をいう。仏の性質を果仏性といい、仏になる可能性を因仏性という。大乗仏教では一般に、一切衆生《しゅじょう》はすべてこの性《しょう》を有しているとする。浄土真宗では、往生成仏は阿弥陀仏の本願力によるとするから、如来が衆生に与えた信心を仏性とする。

ぶっせつしょぶつあみださんやさんぶつさるぶつだんかどにんどうきょう〔仏説諸仏阿弥陀三耶三仏薩楼仏檀過度人道経〕『大阿弥陀経』のこと。→だいあみだきょう〔大阿弥陀経〕。

ぶつほんぎょうきょう〔仏本行経〕 七巻。劉宋《りゅうそう》の宝雲《ほううん》訳。『仏本行《ぶつほんぎょう》讃伝《さんでん》』『仏本行讃経《ぶつほんぎょうさんぎょう》』などともいう。釈尊一代の行状を記したもの。全体が流麗な偈頌《げじゅ》（詩句）の形式で、『仏所行讃《ぶつしょぎょうさん》』とともに仏伝文学の双璧といわれる。

ぶつほんぎょうじゅうきょう〔仏本行集経〕 六十巻。隋《ずい》の闍那崛多《じゃなくった》訳。過去仏の系譜、釈迦族の歴史、釈尊の伝記、仏弟子の伝記などを詳細に説く。

ふらんな〔富蘭那〕 パーリ語プラーナ（Pūraṇa）またはプーラナ（Purāṇa）の音写。富蘭那迦葉《ふらんなかしょう》ともいう。六師外道《げどう》の一人。一切の法は虚空《こくう》のごとくして生滅《しょうめつ》なしとし、善悪の業報《ごうほう》を認めない道徳否定論者。→ろくし〔六師〕。

ふるな〔富楼那〕 梵語プールナ（Pūrṇa）の音写。富楼那弥多羅尼《ふるなみたらに》子《し》（プールナ・マイトラーヤニープトラ Pūrṇa-maitrāyaṇīputra）ともいう。釈尊十大弟子の一人。説法第一と称された。『大経』では満願子《まんがんし》の名で出る。『観経』では幽閉されている頻婆娑羅王《びんばしゃらおう》のもとへ釈尊の命によって赴き、説法する。

ふんだりけ〔分陀利華〕 分陀利は梵語プンダリーカ（puṇḍarīka）の音写。芬陀利・邠陀利とも音写する。白蓮華《びゃくれんげ》のこと。蓮の華の中で最も高貴なものとされる。仏や真実の教法の喩えとされ、また、念仏の行者、信心の人を讃嘆《さんだん》する語とされる。→補註6。

へ

へいぜいごうじょう〔平生業成〕 臨終を待つまでもなく、平生に他力の信心を得たその時に浄土往生が確定すること。→ごうじじょうべん〔業事成弁〕。

へんじ〔辺地〕 浄土の中の周辺の地。『大経』に説く疑城胎宮であり、自力の行者が往生する方便化土のこと。→ぎじょうたいぐ〔疑城胎宮〕、けど〔化土〕。

べんしょうろん〔弁正論〕 八巻十二篇。唐《とう》の法琳《ほうりん》の著。高祖の武徳《ぶとく》九年（六二六）の撰。外教《げきょう》（主として道教）の邪に対して、仏教の正なることを弁じた書。親鸞《しんらん》聖人は「化巻」に十喩篇《じゅうゆへん》・九箴篇《きゅうしんへん》・

気為《きい》道本篇《どうほんぺん》・出道《しゅつどう》偽謬篇《ぎびゅうへん》・帰心《きしん》有《う》地篇《じへん》を引用している。↓ほうりん〔法琳〕。

べんどうみろく〔便同弥勒〕「すなはち弥勒に同じ」。念仏の行者は弥勒菩薩《ぼさつ》と同じように次の生で必ず仏になるから、「便同弥勒」とも「次如弥勒」（次いで弥勒のごとし）ともいう。↓みろく〔弥勒〕、しにょみろく〔次如弥勒〕、しょうじょうじゅ〔正定聚〕、補註6。

ほ

ほう〔法〕 梵語ダルマ（dharma）の漢訳。達磨《だつま》などと音写する。それ自体の本性を保持して、認識や行為の軌範となるもの。[1]存在しているもの。事物。[2]意識の対象。[3]特性・性質。[4]軌範・規準。[5]教法・教説。[6]真理。[7]善・善い行い、などの意味がある。

ほうい〔法位〕 （七世紀頃） 新羅《しらぎ》の僧。元暁《がんぎょう》と同時代の人とみられる。著書に『無量寿経義疏《むりょうじゅきょうぎしょ》』二巻があり、散逸したが、近年、諸書の引用を集成して、ほぼ復元された。

ほうおんこう〔報恩講〕 御正忌《ごしょうき》報恩講のこと。宗祖親鸞《しんらん》聖人の祥月（一月十六日。旧暦では十一月二十八日）に聖人の御遺徳をしのび、洪恩《こうおん》を報謝して営む法要をいう。

ほうかい〔法界〕 梵語ダルマ・ダートゥ（dharma-dhātu）の漢訳。意識の対象となるすべてのものごと。全宇宙。あるがままの理法の世界などを指し、とくに大乗仏教では存在の根源の意味に用いて、一切の存在を真理のあらわれと見、法界を真如と同義語に使う。また、仏の教化の対象である衆生《しゅじょう》界を意味する場合もある。↓しんにょ〔真如〕。**―しん**〔法界身〕 法界（衆生界）を利益《りやく》し教化する仏身《ぶっしん》。

ほうかいしだい〔法界次第〕『法界《ほうかい》次第初門《しだいしょもん》』のこと。天台《てんだい》大師智顗《ちぎ》の著。六巻（または三巻）。主として『大品般若経《だいぼんはんにゃきょう》』と『大智度論《だいちどろん》』により、初心者のために仏教の基本的な用語を解説したもの。

ほうがつどうじしょもんぎょう〔宝月童子所問経〕 現存しない。この経を抄訳したと思われるものに『大乗宝月童子問法経《だいじょうほうがつどうじもんぼうきょう》』一巻（北《ほく》宋《そう》の施護《せご》訳）がある。同経は頻婆《びんば》娑羅《しゃら》王《おう》の王子宝月童子のために、釈尊が十六諸仏の名号《みょうごう》の受持を勧めたもの。

ほうじさん〔法事讃〕 二巻。善導《ぜんどう》大師（六一三―六八一）の著。上巻には招請、供養懺悔《くようさんげ》の儀式を明かし、下巻には『小経』を読誦《どくじゅ》する儀式作法を示している。七祖《しちそ》聖教《しょうぎょう》の一。

ほうじん〔報身〕　仏の三身の一。因位《いんに》の願行《がんぎょう》に報いて成就した仏《ぶつ》身《しん》。菩薩《ぼさつ》としての誓願《せいがん》と修行を完成することによって成就した仏の身体。光明無量、寿命無量の徳をもつ阿弥陀仏はその代表である。→さんしん〔三身〕。

ほうぞうびく〔法蔵比丘〕　法蔵菩薩のこと。→ほうぞうぼさつ〔法蔵菩薩〕。

ほうぞうぼさつ〔法蔵菩薩〕　法蔵は梵語ダルマーカラ（Dharmākara）の漢訳。曇摩迦《どんまか》・曇摩迦《どんまか》留《る》と音写し、法処《ほうしょ》・作法《さほう》とも漢訳する。阿弥陀仏の因位《いんに》の名、すなわち阿弥陀仏が世自在王仏《せじざいおうぶつ》のもとで本願をたてた時の名。→あみだぶつ〔阿弥陀仏〕、補註16。

ほうど〔報土〕　因位《いんに》の菩薩《ぼさつ》の願《がん》行《ぎょう》に報い現れた報身仏《ほうじんぶつ》の浄土。→しんじつほうど〔真実報土〕。

ほうどうきょうてん〔方等経典〕　梵語ヴァイプリヤ・スートラ（vaipulya-sūtra）の漢訳。普遍平等の真理を説き表した経典。大乗経典の総称。

ほうねん〔法然〕　源空聖人の房号。→げんくう〔源空〕。

ほうぶつ〔報仏〕　因位《いんに》の願行《がんぎょう》に報い現れた仏。報身《ほうじん》の仏。

ほうべん〔方便〕　梵語ウパーヤ（upāya）の漢訳。近づく、到達するの意。巧みな方法を用いて衆《しゅ》生《じょう》を導くこと、真実の法に導くための仮のてだてとしての教え、巧みな教化方法、差別の事象を知って衆生を利益《りやく》する智慧《ちえ》など種々の意味がある。浄土真宗では、権仮《ごんけ》方便と善巧《ぜんぎょう》方便との二種類が用いられる。①権仮方便。真実の法に入らしめるために仮に設けた法門のこと。方便の願《がん》、方便の行《ぎょう》信《しん》、方便化身土《けしんど》などがこれに相当する。この方便は、一度真実に入ったならば不要となり廃されるため暫用還廃《ざんゆうげんぱい》（暫《しばら》く用《もち》いて還《かえ》りて廃《はい》す）の法といわれる。②善巧方便。仏・菩薩《ぼさつ》が衆生をさとりに導くために、衆生の素質や能力に応じて巧みに教化する大悲の具現としての手段、方法。→補註15。

ーほっしん〔方便法身〕　真如《しんにょ》そのものである法性法身が、衆生救済のために名を示し形を現した仏身《ぶっしん》のこと。二種法身《ほっしん》の一。→ほっしょうほっしん〔法性法身〕。

ほうぼう〔謗法〕　仏の教えをそしり、正しい真理をないがしろにすること。五逆《ごぎゃく》罪より重い罪とされる。

ほうりん〔法琳〕　（五七二—六四〇）隋《ずい》・唐《とう》代の護法僧。俗姓は陳氏。頴川《えいせん》郡（現在の河南《かなん》省許州《きょしゅう》）の出身。幼時に出家し、儒仏二道に通じていた。武徳《ぶとく》四年（六二一）、道士傅奕《ふえき》が寺塔を整理して国と民とを利するよう高祖に進言すると、ただちに上書して反論し、『破邪論《はじゃろん》』二巻を著した。以後も『弁正論《べんしょうろん》』八巻を撰して道教の非を唱え、仏教擁護の論陣を張ったが、貞観《じょうがん》十三年（六三九）道士秦世英《しんせえい》が、『弁正論』は国家を誹謗するものであると進言したため、益州《えきしゅう》に配され、翌年病没した。

ほけきょう〔法華経〕『妙法蓮華経《みょうほうれんげきょう》』のこと。八巻二十八品《ほん》。後秦《こうしん》の鳩摩羅什《くまらじゅう》訳。異訳に西晋《せいしん》の竺《じく》法護《ほうご》訳『正法華経《しょうほけきょう》』十巻、隋《ずい》の闍那崛多《じゃなくった》・達磨笈多《だつまぎゅうた》共訳『添品《てんぼん》妙法蓮華経《みょうほうれんげきょう》』七巻があり、梵本もいくつか現存する。大乗経典の中では初期の成立に属する。本《ほん》迹《しゃく》二門に分れ、迹門では二乗作《にじょうさ》仏《ぶつ》、本門では釈尊の久遠成道《くおんじょうどう》を説く。中国では諸師が註釈を加えているが、智顗《ちぎ》が『法華玄義《ほっけげんぎ》』『法華文句《ほっけもんぐ》』『摩訶止観《まかしかん》』の三大部を著し、この経を釈尊の出世《しゅっせ》本《ほん》懐《がい》の経として天台宗《てんだいしゅう》を大成した。

ぼさつ〔菩薩〕　梵語ボーディサットヴァ（bodhisattva）の音写。菩提薩埵《ぼだいさった》ともいい、覚有情《かくうじょう》・道衆《どうしゅ》生《じょう》・道心衆生《どうしんしゅじょう》などと漢訳する。さとりを求める者。大乗仏教では自ら菩提《ぼだい》を求め（上求菩提）、一切衆生《しゅじょう》を利益《りやく》しよう（下化衆生）とする者のことをいい、利他的意義を強調するようになった。菩薩が仏果（仏のさとり）に至るまでの階梯については、一般に『瓔珞《ようらく》経《きょう》』の五十二位説が用いられる。十信《じっしん》・十住《じゅうじゅう》・十行《じゅうぎょう》・十回《じゅうえ》向《こう》・十《じゅう》地《じ》・等覚《とうがく》・妙覚《みょうがく》の五十二段階である。十信位を外凡《げぼん》、十住・十行・十回向を内凡《ないぼん》・三賢《さんげん》、十地を十《じっ》聖《しょう》といい、また、十住を習種性《しゅうしゅしょう》、十行を性種性《しょうしゅしょう》、十回向を道種性《どうしゅしょう》、十地を聖種性《しょうしゅしょう》、等覚を等覚性、妙覚を妙覚性の六種性とする。↓補註16。

―ぞう〔菩薩蔵〕　大乗の菩薩の教えのこと。大乗教。

ぼさつかいきょう〔菩薩戒経〕『梵網経《ぼんもうきょう》』下巻の別名。この部分に、大乗菩薩の戒法《かいほう》である十重《じゅうじゅう》禁戒《きんかい》・四十八軽戒《しじゅうはちきょうかい》が説かれているのでこのようにいう。『梵網経』は、後秦《こうしん》の鳩摩羅什《くまらじゅう》訳と伝えられるが、五世紀頃、中国で僧官制に反対する仏教徒によって撰述されたとも考えられている。最澄《さいちょう》は南都の小乗二百五十戒に対して、本経の戒を採用し、大乗の円頓戒《えんどんかい》を主張した。

ぼさつしょたいきょう〔菩薩処胎経〕『菩薩従兜術天降神母胎説広普経《ぼさつじゅうとじゅってんごうじんもたいせつこうふきょう》』のこと。五巻（または七巻）。後秦《こうしん》の竺仏念《じくぶつねん》訳。釈尊が入《にゅう》滅《めつ》する直前の二月八日の夜、阿難《あなん》に対して説いたとされる。その中に懈慢界《けまんがい》について言及している。

ぼだい〔菩提〕　梵語ボーディ（bodhi）の音写。智・道・覚などと漢訳する。迷いを離れたさとりの智《ち》慧《え》のこと。声聞《しょうもん》の菩提、独覚《どくかく》の菩提、仏の菩提の三種があり、なかでも仏の菩提はこの上ないものであるので、阿耨多羅三藐三菩提《あのくたらさんみゃくさんぼだい》（無上正等正覚《むじょうしょうとうしょうがく》・無上正真道《むじょうしょうしんどう》・無上正遍知《むじょうしょうへんち》）という。

ーしん〔菩提心〕 梵語ボーディ・チッタ（bodhi-citta）の漢訳。阿耨多羅三藐三菩提心・無上正真道《むじょうしょうしんどう》意《い》・無上菩提心・無上道心などともいう。仏果（仏のさとり）に至り、さとりの智慧を得ようとする心のこと。この心をおこすことを発菩提心といい、仏道の出発点とされる。親鸞《しんらん》聖人は「信巻」等において、菩提心について自力と他力を分判し、如来回向《えこう》の信心は願《がん》作仏心《さぶっしん》（自利）、度衆生心《どしゅじょうしん》（利他）の徳をもつ他力の大菩提心であると説いた。

ぼだいるし〔菩提流支〕（六世紀頃）菩提留支とも書く。北インドの人。北魏《ほくぎ》の永平《えいへい》年中（五〇八―五一二）洛陽《らくよう》に来て永寧寺《えいねいじ》に住し、『金剛般若経《こんごうはんにゃきょう》』一巻『入楞伽経《にゅうりょうがきょう》』十巻『十地経論《じゅうじきょうろん》』十二巻『浄土論』一巻などの経論を訳出した。曇鸞《どんらん》大師（四七六―五四二）は、菩提流支の勧めで陶弘景《とうこうけい》から授けられた仙経を焼きすてて浄土教に帰入したと伝えられている。

ぼだいるし〔菩提流志〕（―七二七）南インドの人。バラモンの出身で、はじめ外教《げきょう》を学び、六十歳の時、仏教に転向したという。『大宝積経《だいほうしゃくきょう》』百二十巻『宝雨経《ほううきょう》』十巻などを訳出し、実叉難陀《じっしゃなんだ》の新訳『華厳経《けごんぎょう》』の翻訳に協力した。

ほつがんえこう〔発願回向〕 浄土往生の願をおこし回向すること。善導《ぜんどう》大師の「玄義分《げんぎぶん》」の六字釈（南無阿弥陀仏の六字の解釈）に出る語。親鸞《しんらん》聖人は、阿弥陀仏が衆生《しゅじょう》を救う本願をおこして、衆生に往生の行を与えることと解した。

ほっきょう〔法鼓経〕 『大法鼓経』のこと。二巻。劉宋《りゅうそう》の求那《ぐな》跋陀羅《ばっだら》訳。如来が常住《じょうじゅう》であること、一切衆生《しゅじょう》に仏性《ぶっしょう》があること、また、空の教説がすべて方便であることなどを説く。

ほっけしゅう〔法華宗〕 天台宗《てんだいしゅう》のこと。『法華経』（『妙法蓮華経《みょうほうれんげきょう》』）によって立てた宗であるから天台法華宗といい、円宗・台宗などともいう。天台大師智顗《ちぎ》によって大成された。仏一代の教を五時八教の教判によって価値判断し、『法華経』を釈尊出世の本懐とする。諸法の実相《じっそう》を空《くう》・仮《け》・中《ちゅう》の三《さん》諦相即《たいそうそく》をもってあらわす三諦円融《さんたいえんにゅう》の妙理を説き、一念三千の円頓《えんどん》止観《しかん》を修して仏のさとりに至ろうとする。日本には最澄《さいちょう》が伝え、天台円教《えんぎょう》・密教・禅・菩薩《ぼさつ》戒を融合統一した総合仏教として天台法華宗を樹立した。なお日蓮《にちれん》が『法華経』によって立てた宗も法華宗と通称されるが、本聖典での用例はすべて天台宗を指す。

ほっしょう〔法性〕　梵語ダルマター（dharmatā）の漢訳。法の法たる性という意。人間の虚妄分別《こもうふんべつ》を超えた存在（法）の真実なるありよう。すべての存在の真実常《じょう》住《じゅう》なる本性。すべての存在の本性があらゆる差別の相を超えていることをいう。真如《しんにょ》・実相《じっそう》・法界《ほうかい》などの異名として用いられる。

ーほっしん〔法性法身〕　色もなく形もない真如法性の理体のこと。二種法身《ほっしん》の一。→ほうべんほっしん〔方便法身〕。

ほっしょう〔法照〕（八世紀頃）唐《とう》代の僧。南岳《なんがく》弥陀台（現在の湖南《こなん》省衡山《こうざん》）の承遠《じょうおん》に師事、のちに五台山、長安でひろめたので五会法師とも呼ばれた。五会念仏《ごえねんぶつ》を創唱し、また善導《ぜんどう》大師（六一三―六八一）の生れかわりという意味で後善導ともいわれる。著書に『五《ご》会《え》法事讃《ほうじさん》』一巻がある。

ほっしん〔法身〕　仏の三身の一。色もなく形もない真如《しんにょ》そのものである仏身《ぶっしん》。→さんしん〔三身〕。

ほっそうしゅう〔法相宗〕　中国十三宗の一。唯識宗《ゆいしきしゅう》・慈恩宗《じおんしゅう》ともいう。玄奘《げんじょう》がインドの戒賢《かいげん》から伝えた護法《ごほう》系の唯識学説を受けて、その弟子慈恩大師窺基《きき》が法相宗として大成した。『解深密経《げじんみっきょう》』『瑜《ゆ》伽《が》師地論《しじろん》』『成唯識論《じょうゆいしきろん》』を所依とし、一切の諸法は識の所変にほかならないことを説く。釈尊一代の教に有《う》・空《くう》・中《ちゅう》の三時教判を立て、衆生《しゅじょう》の機類を声聞定姓《しょうもんじょうしょう》・縁覚《えんがく》定姓（声聞・縁覚の二乗の果を得ると定まっている者）・菩薩《ぼさつ》定姓（仏果を得ると定まっている者）・不定姓（いずれの果を得るとも定まっていない者）・無姓有情《うじょう》（仏果も二乗の果も得ることができないと定まっている者）の五に分ける五姓各別《ごしょうかくべつ》を説く。日本には、道昭《どうしょう》が、白雉《はくち》四年（六五三）に入唐《にっとう》して玄奘に教えを受けて斉明《さいめい》天皇七年（六六一）に帰国し伝えたのをはじめとして、計四度にわたって伝来したとされる。南都六宗の一に数えられる。→じおん〔慈恩〕。

ほんがん〔本願〕　梵語プールヴァ・プラニダーナ（pūrva-praṇidhāna）の漢訳で、以前からの願いという意。菩薩《ぼさつ》が因位《いんに》の時におこした衆生《しゅじょう》救済の誓いをいう。また、衆生救済のためのまさしく根本となる願。阿弥陀仏の四十《しじゅう》八願《はちがん》中、とくに第十八願を本願と称する。→がん〔願〕、ぐぜい〔弘誓〕、せいがん〔誓願〕、補註17。

ほんがんじ〔本願寺〕　文永《ぶんえい》九年（一二七二）、親鸞《しんらん》聖人の遺骨を京都東山の鳥部野《とりべの》の北から吉水《よしみず》の北に改葬して、廟堂《びょうどう》を建て、聖人の影像を安置したことに始まる。敷地は親鸞聖人の末娘、覚信尼《かくしんに》公が寄進し、関東の門弟の承認を受けて、覚信尼公の子孫が管理することになった。その後、覚信尼公の孫、覚如《かくにょ》上人が廟堂の寺院化を図り、本願寺と号した（大谷本願寺）。寛正《かんしょう》六年（一四六五）、延《えん》暦寺《りゃくじ》の衆徒によって堂舎が破却され、蓮如《れんにょ》上人は祖像を近江《おうみ》に移した（近松顕証寺）。その後、上人は吉崎《よしざき》に移るが、文明《ぶんめい》七年（一四七五）に畿内に戻り、同十年（一四七八）、京都山科《やましな》に寺地を選定し、同十三年（一四八一）、本願寺を再興した（山科本願寺）。天文《てんぶん》元年（一五三二）、細川晴元《ほそかわはるもと》の意を受けた六角定頼《ろっかくさだより》と日蓮宗《にちれんしゅう》徒《と》に攻められて焼失したため、証《しょう》如《にょ》上人は大坂の坊舎に寺基を移した（大坂石山本願寺）。顕如《けんにょ》上人の時、織田信長との戦いにより、天正《てんしょう》八年（一五八〇）、紀伊《きい》鷺《さぎの》森《もり》に退去し（鷺森本願寺）、その後、和泉《いずみ》貝塚（貝塚本願寺）・摂《せっ》津《つ》天満《てんま》（天満本願寺）に寺基を移転するが、同十九年（一五九一）、豊臣秀吉の寄進によって、京都六条堀川に寺基を定めることになった（現在の本願寺）。顕如上人の示寂《じじゃく》後、秀吉の裁断により教如《きょうにょ》上人にかわって弟准如《じゅんにょ》上人が本願寺宗主を継職したが、慶長《けいちょう》七年（一六〇二）、徳川家康の寄進により教如上人が烏丸七条に本願寺を別立した（東本願寺）。

ほんがんやくしきょう〔本願薬師経〕『薬師瑠璃光如来本願功徳《やくしるりこうにょらいほんがんくどく》経《きょう》』のこと。一巻。唐の玄奘《げんじょう》訳。薬師如来の十二の誓願《せいがん》とその国土である東方浄瑠璃《じょうるり》世界の荘厳《しょうごん》を説き、この如来の名号《みょうごう》の功徳《くどく》や供養《くよう》法などについて教示する。

ほんがんりき〔本願力〕　阿弥陀仏の本願に具わる衆生《しゅじょう》救済のはたらき。因位《いんに》の本願にかなって成就された衆生救済のはたらき。→補註12。

ほんぐぜいがん〔本弘誓願〕　阿弥陀仏が因位《いんに》においてひろく一切衆生《しゅじょう》を救おうと誓った願をいう。→ほんがん〔本願〕。

ほんじ〔本地〕　本体。本源。衆《しゅ》生済度《じょうさいど》のために現した仮の姿である垂迹身に対して、その本体の仏・菩薩《ぼさつ》をいう。→すいしゃく〔垂迹〕。

ぼんてんのう〔梵天王〕　梵天はインド思想における万有の根源ブラ

フマン（brahman）を神格化したもの。仏教にとり入れられて色《しき》界初禅天《かいしょぜんてん》の神とされる。色界初禅天に梵衆天《ぼんしゅてん》・梵輔天《ぼんほてん》・大梵天《だいぼんてん》の三天があり、とくに大梵天を指して梵天王、梵王などという。帝釈《たいしゃく》天《てん》と並んで護法神とみなされた。

ぼんのう〔煩悩〕　梵語クレーシャ（kleśa）の漢訳。惑《わく》とも漢訳する。身心を煩《わずら》わせ、悩ませる精神作用の総称。衆生《しゅじょう》はこの煩悩によって業《ごう》を起し、苦報《くほう》を受けて迷界に流転する。煩悩の中で代表的な貪《とん》欲《よく》（むさぼり・我欲）・瞋恚《しんに》（いかり）・愚痴《ぐち》（おろかさ・真理に対する無知）を三毒という。また、憍《きょう》慢《まん》・疑・悪見を合せて根本煩悩という。→さんどく〔三毒〕。

ぼんぶ〔凡夫〕　梵語プリタッグ・ジャナ（pṛthag-jana）の漢訳。必栗託仡那《ひつりつたきつな》と音写し、異生《いしょう》とも漢訳する。凡愚《ぼんぐ》ともいう。四諦《したい》の真理をさとらず、貪《とん》・瞋《しん》・痴《ち》などの煩悩《ぼんのう》に束縛されて、六道を輪廻する者。

ま

ま〔魔〕　梵語マーラ（māra）の音写語、魔羅《まら》の略。悪魔、人の生命を奪い善を障礙《しょうげ》する悪鬼神。欲界《よくかい》第六天の主である魔王。転じてさとりに至ることをさまたげるもの、煩悩《ぼんのう》を指す。

まかかしょう〔摩訶迦葉〕　梵語マハー・カーシュヤパ（Mahā-kāśyapa）の音写。大迦葉ともいう。釈尊十大弟子の一人。衣食住に対する執着を払い捨てて修行に専念し、頭陀《ずだ》第一と称された。釈尊入滅《にゅうめつ》後、教団の統率者として、第一結集《けつじゅう》（最初の聖典編集会議）を行ったと伝えられる。

まかかせんえん〔摩訶迦旃延〕　梵語マハー・カーティヤーヤナ（Mahā-kātyāyana）の音写。釈尊の十大弟子の一人。論議第一と称された。アヴァンティ国王の大臣の息子として、ウッジャイニー（現在のウジャイン）に生れた。ある日、王の命で釈尊を迎えるため、王の臣下とともに釈尊のもとを訪ねたが、それが機縁となって釈尊に帰依《きえ》し出家したという。『大経』では大浄志《だいじょうし》の名で出る。

まかくちら〔摩訶倶絺羅〕　梵語マハー・カウシュティラ（Mahā-kausthila）の音写。釈尊の弟子。舎利弗《しゃりほつ》の兄弟であるとする説、長《ちょう》爪《そう》（ディーガナカ）梵志と同一人物で、舎利弗の伯父にあたるとする説などがある。『大経』では大《だい》住《じゅう》の名で出る。

まかこうひんな〔摩訶劫賓那〕　梵語マハー・カルピナ（Mahā-kalpina）の音写。釈尊の弟子。クックタという町の王族に生れ、父の跡を継いで王位についたが、ある商人より釈尊が祇園精舎《ぎおんしょうじゃ》に滞在していることを聞いて旅立ち、途中で釈尊に会うことを得て出家したという。

まかしかん〔摩訶止観〕　二十巻。略して『止観』ともいう。天台大師智顗《ちぎ》講述、章安《しょうあん》大師灌頂《かんじょう》筆録。天台三大部の一で、一念三千という円頓《えんどん》止観を説いたもの。↓てんだいだいし〔天台大師〕。

まかしゅな〔摩訶周那〕　梵語マハー・チュンダ（Mahā-cunda）の音写。純陀《じゅんだ》などと漢訳する。釈尊の弟子。舎利弗《しゃりほつ》の弟で、沙弥《しゃみ》の時、阿羅漢《あらかん》のさとりを開いたと伝えられる。舎利弗が入滅《にゅうめつ》した時、その衣鉢を持って釈尊に知らせたという。

まかだこく〔摩伽陀国〕　摩伽陀は梵語マガダ（Magadha）の音写。釈尊在世当時のインドの王国（現在のビハール州ガンジス河以南の平野部）。当時勢力のあったコーサラ、アヴァンティ、ヴァトサなど、いわゆる十六大国の中で最も強大な国であった。頻婆娑羅王《びんばしゃらおう》とその子阿闍世王《あじゃせおう》が王舎城（現在のラージギル）に都を置き、釈尊を外護《げご》した。↓おうしゃじょう〔王舎城〕。

まかもくけんれん〔摩訶目犍連〕　大目犍連のこと。↓だいもくけんれん〔大目犍連〕。

まかりくしゃりし〔末伽梨拘賒梨子〕　パーリ語マッカリ・ゴーサーラ（Makkhali Gosāla）の音写。六師外道《げどう》の一人。宿命的自然論者。釈尊在世当時のインドにおける反ヴェーダの自由思想の一、アージーヴィカ派（Ājīvika―仏典では邪命《じゃみょう》外道と呼ばれる）の代表といわれる。人間が向上するも堕落するも、因もなく縁もなく

一切ははじめから決定されているとする一種の運命論を主張した。↓ろくし〔六師〕。

ますかた〔益方〕　生没年未詳。「日野一流系図」によると、親鸞《しんらん》聖人の第五子。有房・益方大夫入道と号し、出家法名を道性とすると伝える。益方は居住していた地（現在の新潟県上越市板倉区に比定される）に由来する呼び名である。上洛して親鸞聖人の臨終に立ち会ったことが、『恵信尼消息』によって知られる。

まつだい〔末代〕　末世《まっせ》。末の世。正《しょう》・像《ぞう》・末《まつ》の三時思想よりいえば末法の時代のこと。↓まっぽう〔末法〕、さんじ〔三時〕。

まっぽう〔末法〕　正《しょう》・像《ぞう》・末《まつ》の三時の一。像法の後、一万年つづくという。教（仏の教法）のみあって行（実践）と証（さとり）のない仏教衰微の時代。なお末法を過

ぎて教法もなくなる時代を法滅《ほうめつ》という。道綽《どうしゃく》禅師《ぜんじ》は、今時《こんじ》末法という自覚に立って、末法に生きる凡夫《ぼんぶ》の救いを説くのが他力浄土の教であると規定した。以来浄土の教法は、末法には滅亡していく自力聖道《しょうどう》の教に対して末法相応の教として確立されていった。↓さんじ〔三時〕、しょうぼう〔正法〕、ぞうぼう〔像法〕。

まっぽうとうみょうき〔末法灯明記〕　一巻。最澄《さいちょう》撰と伝えるが、現在では後人の作とする説も多い。仏法と王法とが相依すべきであること、また、末法時にはただ無戒名字の比丘のみがあり得るが、この比丘《びく》を正法《しょうぼう》時の制文で律すべきではなく、世の真宝福田として尊ぶべきであることなどを説く。↓さいちょう〔最澄〕。

まやぶにん〔摩耶夫人〕　摩耶は梵語マーヤー（Māyā）の音写。カピラヴァストゥの王であった浄飯王《じょうぼんのう》の妃で、釈尊の生母。ルンビニー園で釈尊を生んだが、七日後に逝去し、忉利天《とうりてん》に上生したといわれる。

まんがんし〔満願子〕　富楼那のこと。↓ふるな〔富楼那〕。

み

みだきょうぎ〔弥陀経義〕　『阿弥陀《あみだ》経義疏《きょうぎしょ》』のこと。↓あみだきょうのぎしょ〔阿弥陀経の義疏〕。

みっきょう〔密教〕　秘密教の略称。顕教に対する語。仏教の教説の中で、最高深遠にして、大日《だいにち》如来の境地に到達したもの以外にはうかがい知ることのできない教えという意。『大日経』『金剛頂経《こんごうちょうぎょう》』などの後期大乗経典を正依《しょうえ》とする教えで、チベットに伝わった仏教の主流はこの密教である。わが国では、一般的には真言宗《しんごんしゅう》（東密《とうみつ》）および天台宗《てんだいしゅう》の密教（台密《たいみつ》）がこれにあたる。↓けんぎょう〔顕教〕。

みょうがく〔妙覚〕　菩薩五十二位のうち第五十二位の最後の果位のことで、煩悩《ぼんのう》を断ち切り悲智が円《まど》かに具わった位をいう。仏のこと。↓ぼさつ〔菩薩〕。

みょうごう〔名号〕　一般にはすべての仏・菩薩《ぼさつ》の名前を名号《みょうごう》という。浄土教では、とくに阿弥陀仏の名を指していう。浄土真宗では「南無《なも》阿弥陀仏」を六字の名号といい、その徳義をあらわした「南無不可思議光仏」を八字の名号、「南無不可思議光如来」を九字の名号、「帰命尽十方無礙光如来《きみょうじんじっぽうむげこうにょらい》」を十字の名号という。曇鸞《どんらん》大師は、帰命尽十方無礙光如来の名号には、衆生《しゅじょう》の無明《むみょう》を破し、往生成仏の志願を満たす徳があるといい、善《ぜん》導《どう》大師は、南無阿弥陀仏には願と行が具足しているからよく往生の行となるといい、法然《ほうねん》聖人は、名号には阿弥陀仏のもつ無量の徳が具わっているという。親鸞《しんらん》聖人は、仏の衆生救済の願いが名号となってあらわれているといい、摂取《せっしゅ》して捨てないという仏意をあらわす本願招喚《しょうかん》の勅命が名号であると説いた。→補註10。

みょうこうにん〔妙好人〕　念仏者をほめ称《たた》えていう語。好人《こうにん》・上上人・希有人《けうにん》・最勝人《さいしょうにん》ともいう。念仏を信受する人は、人中の白蓮《びゃくれん》華《げ》のように、尊くすぐれているという意。

みょうたいふに〔名体不二〕　阿弥陀仏の名号《みょうごう》とその仏体《ぶったい》とが一であること。名号が正覚《しょうがく》（さとり）の全体であり、名号を離れて阿弥陀仏の正覚がないことを示す。

みょうちょう〔名帳〕　信者の名を列記して師資相承《ししそうじょう》の系譜を示した帳簿。仏光寺の了源《りょうげん》やその後継者がこれを依用して、教線を拡大した。「絵系図《えけいず》」とともに用いられ、しばしば「名帳・絵系図」と併称される。→えけいず〔絵系図〕。

みょうほう〔明法〕　生没年未詳。「交名牒《きょうみょうちょう》」によると、常陸《ひたち》（現在の茨城県）北郡の住。『御伝鈔』によると、もと山臥《やまぶし》（山伏）で、親鸞《しんらん》聖人の念仏布教を憎み殺害しようとしたが、かえって教化されて弟子になったという。弁円《べんねん》という通称は近世以降の伝承によるもののようである。

みょうもん〔名聞〕　梵語ヤシャス（Yaśas）の漢訳。耶舎《やしゃ》などと音写し、善称《ぜんしょう》などと漢訳する。ヴァーラーナシー（ベナレス）の富商の子。五比丘《びく》についで釈尊の弟子となった。

みろく〔弥勒〕　梵語マイトレーヤ

（Maitreya）の音写。慈氏《じし》と漢訳する。また阿逸多《あいった》ともいう。阿逸多は梵語アジタ（Ajita）の音写で無能勝《むのうしょう》と漢訳し、弥勒の字《あざな》とされる。もとは別の人格であったのを混同したものと考えられる。弥勒は現在の一生を過ぎると釈尊のあとを補って仏になる補処《ふしょ》の菩《ぼ》薩《さつ》として、現在兜率天《とそつてん》の内院《ないいん》に住しているという。釈尊が入滅《にゅうめつ》してから五十六億七千万年を経た時、この世に下生《げしょう》して、竜華樹《りゅうげじゅ》の下でさとりを開き、衆生《しゅじょう》を救済するために三回説法するといわれる（竜華三会・弥勒三会）。浄土真宗では、真実信心を得た人は次の生で必ず仏になるから、その位は弥勒に同じであるとして、「便同《べんどう》弥勒」（すなはち弥勒に同じ）とも、「次如《しにょ》弥勒」（次いで弥勒のごとし）ともいう。

むい〔無畏〕　梵語ヴァイシャーラディヤ（vaiśāradya）の漢訳。無所畏とも漢訳する。①何事も恐れることのない智慧《ちえ》をもって説法すること。仏・菩薩《ぼさつ》の徳の一。→しむしょい〔四無所畏〕。②仏のこと。③涅槃の異名。→ねはん〔涅槃〕。

むい〔無為〕　梵語アサンスクリタ（asaṃskṛta）の漢訳。有為に対する語。さまざまな因縁《いんねん》（原因と条件）によって生成されたものではない存在。すなわち生滅《しょうめつ》変化を超えた常住《じょうじゅう》不変の真実のこと。涅槃《ねはん》の異名。親鸞《しんらん》聖人は自然《じねん》の異名とする。→うい〔有為〕。**ーほっしん**〔無為法身〕　生滅変化を離れ、色もなく形もなく、常住にして一切に遍在する絶対の真理そのものとしての仏身《ぶっしん》のこと。

むが〔無我〕　梵語アナートマン（anātman）、ニラートマン（nir-ātman）、ナイラートミヤ（nair-ātmya）などの漢訳。非我とも漢訳する。①我とは、常住《じょうじゅう》であり（常）、唯一のものであり（一）、万物の主体であり（主）、支配者である（宰）ような実体的な存在をいう。すべてのものにはこのような実体的な我が内在していると説く有我説を否定するのが無我説である。仏教思想の特徴としての三法印《さんぼういん》・四法印の一に諸法無我を説く。②我執《がしゅう》のないこと。我を離れたこと。

むき〔無記〕　梵語アヴィアークリタ（avyākṛta）の漢訳。①記は記別《きべつ》（認可、未来の果に対する証言）の意。記別のないこと。認証が得られないこと。無意味というほどの意。②三性の一。善とも悪とも明記できないもの。

むげこう〔無礙光〕　阿弥陀仏の十二光の一。→じゅうにこう〔十二光〕。

むげこうにょらい〔無礙光如来〕　阿弥陀仏のこと。→あみだぶつ〔阿弥陀仏〕。

むけんじごく〔無間地獄〕　阿鼻《あび》地獄ともいう。八大地獄の最下。五《ご》逆《ぎゃく》謗法《ほうぼう》の者の堕ちる地獄で、最も苦しみが多く、間断なく苦を受けるから無間と呼ばれる。

むしょう〔無生〕　①生じないこと。本来生滅《しょうめつ》変化を超えていること。涅槃《ねはん》の異名。また浄土のさとりをいう。②無生法忍のこと。→むしょうぼうにん〔無生法忍〕。

むじょう〔無常〕　因縁《いんねん》によって生じるものは、生滅《しょうめつ》変化して少しの間もとどまらないこと。永遠性のないことを諸行無常といい、仏教思想の特徴としての三法印《さんぼういん》・四法印の一とされる。

むしょうこう〔無称光〕 阿弥陀仏の十二光の一。→じゅうにこう〔十二光〕。

むしょうにん〔無生忍〕 無生法忍の略。→むしょうぼうにん〔無生法忍〕。

むじょうねはん〔無上涅槃〕 大乗の涅槃をいう。煩悩《ぼんのう》が完全に消滅し、智慧《ちえ》と慈悲とが完成し、自利利他の徳が円満したこの上ないさとりの境地。

むしょうぼうにん〔無生法忍〕 三法忍の一。真理にかない形相を超えて不生不滅の真実をありのままにさとること。→さんぼうにん〔三法忍〕。

むそう〔無相〕 有無の相を超えたもの。執着すべき何ものもない絶対平等の空そのものをいう。

むたいこう〔無対光〕 阿弥陀仏の十二光の一。→じゅうにこう〔十二光〕。

むねん〔無念〕 有念に対する語。①無相離念の理観のこと。形相を離れて理を観じ、真理と一体になること。②定善のこと。定善は心がひとつの対象に専注して、思慮分別がはたらかないから無念という。→うねん〔有念〕、じょうぜん〔定善〕。

むへんこう〔無辺光〕 ①阿弥陀仏の十二光の一。→じゅうにこう〔十二光〕。②大勢至菩薩《だいせいしぼさつ》の異名。

むみょう〔無明〕 梵語アヴィディヤー(avidyā)の漢訳。愚痴《ぐち》とも無知ともいう。真理に暗く、もののあるがままのありよう(実相《じっそう》)に背いた見解をいう。すべての煩《ぼん》悩《のう》の根本。迷いの根源。また浄土真宗では、本願を疑い仏智を明らかに信じないことを無明という場合もある。

むりょうこう〔無量光〕 阿弥陀仏の十二光の一。→じゅうにこう〔十二光〕。

むりょうこうみょうど〔無量光明土〕 阿弥陀仏の浄土のこと。はかりなき光明の世界。『平《びょう》等《どう》覚《がく》経《きょう》』に出る語で、元来は「無量の光明土」(諸仏土)の意であるが、親鸞《しんらん》聖人は阿弥陀仏の浄土に諸仏土がすべておさまるとし、「無量光明の土」(弥陀浄土)の意に転じている。

むりょうじゅきょううばだいしゃがんしょうげ〔無量寿経優婆提舎願生偈〕 『浄土論』のこと。→じょうどろん〔浄土論〕。

むりょうじゅこく〔無量寿国〕 阿弥陀仏の浄土のこと。→じょうど〔浄土〕。

むりょうじゅにょらいえ〔無量寿如来会〕 二巻。唐《とう》の菩提流志《ぼだいるし》の訳。『大経』の異訳の一。『大宝積《だいほうしゃく》経《きょう》』百二十巻中の第十七・十八巻にあたる。

むりょうじゅぶつ〔無量寿仏〕　無量寿は梵語アミターユス（Amitāyus）の漢訳。はかりなき命の仏。阿弥陀仏の時間的な永遠性・常住《じょうじゅう》性を示す語。→あみだぶつ〔阿弥陀仏〕。

むりょうしょうじょうびょうどうがくきょう〔無量清浄平等覚経〕四巻。略して『平等覚経』ともいう。後漢《ごかん》の支婁迦讖《しるかせん》訳と伝えられてきたが、曹魏《そうぎ》の帛延《はくえん》（または白延）訳ともいわれる。阿弥陀仏の二十四願を説く。『大経』の異訳の一。

むろ〔無漏〕　有漏（煩悩《ぼんのう》）に対する語。煩悩のけがれのない清浄《しょうじょう》な状態をいう。→うろ〔有漏〕。

め

めつど〔滅度〕　梵語ニルヴァーナ（nirvāṇa）の漢訳。涅槃のこと。度はわたるの意で、生死《しょうじ》の苦を滅して彼岸《ひがん》（さとりの世界）にわたること。→ねはん〔涅槃〕。

めみょう〔馬鳴〕（一―二世紀頃）梵語アシュヴァゴーシャ（Aśvaghoṣa）の漢訳。インド最大の仏教詩人。インドの舎衛国《しゃえこく》のバラモンの家に生れ、のちに脇《きょう》尊者（一説ではその弟子富那奢《ふなしゃ》）に論破されて仏教に帰依《きえ》した。カニシュカ王の帰依を受けて仏教をひろめたと伝えられる。代表的な著書に『仏所行讃《ぶっしょぎょうさん》』がある。

めんのう〔面王〕　梵語モーガラージャ（Mogharāja）の漢訳。摩《ま》訶羅倪《からげい》などと音写する。バーヴァリというバラモンの弟子であったが、十五人の同輩とともに釈尊に問答を試み、その場で釈尊の弟子になったという。

も

もうねん〔妄念〕　真理に背反した迷いの心。

もくれん〔目連〕　大目犍連のこと。→だいもくけんれん〔大目犍連〕。

もくれんしょもんぎょう〔目連所問経〕　中国撰述の経典。現存しないが、『安楽集』にその文が引用されている。現存する同名の経（宋《そう》の法天《ほうてん》訳）とは別のもの。

もん〔聞〕　聞き信じること。阿弥陀仏の本願のいわれを聞きわけて疑う心のないこと。→補註7。

もんじき〔聞持記〕『阿弥陀経義《あみだきょうぎ》疏聞持記《しょもんじき》』のこと。三巻。戒度《かいど》の著。師元照《がんじょう》の『阿弥陀経義疏』を詳しく釈したもの。執持名号《しゅうじみょうごう》を経の宗要として、師説を顕彰する。戒度は本書執筆中、東方段に至って病のために筆を折り、示《じ》寂《じゃく》したので、没後約三十年を経て、法久《ほうきゅう》が補筆し、本書を完成した。

もんじゅしり〔文殊師利〕　梵語マンジュシュリー（Mañjuśrī）の

音写。妙吉祥《みようきちじよう》・妙徳《みようとく》などと漢訳する。普賢菩薩《ふげんぼさつ》とならぶ釈尊の脇士《きようじ》で、智慧《ちえ》をつかさどる菩薩とされる。

もんじゅはんにゃ〔文殊般若〕『文殊師利所説摩訶般若波羅蜜経《もんじゆしりしよせつまかはんにやはらみつきよう》』のこと。二巻。梁《りよう》の曼陀羅仙《まんだらせん》訳。般若空観《はんにやくうがん》の理法を述べ、一相無相の意義を説き明かす。

や

やしゃ〔夜叉〕　梵語ヤクシャ(yakṣa)の音写。薬叉・夜乞叉とも音写し、勇健《ゆうけん》・威徳《いとく》・暴悪《ぼうあく》などと漢訳する。羅刹《らせつ》とならび称される鬼神《きじん》。人を傷害し食らう暴悪な鬼神。また仏法を護持する八部衆(八種の善神)の一。毘沙門天《びしやもんてん》の眷属《けんぞく》として衆生《しゆじよう》を守護するとされる。→はちぶ〔八部〕。

やまてん〔夜摩天〕　夜摩は梵語ヤマ(Yama)の音写。六欲天の第三。須弥山《しゆみせん》の頂上から八万由旬《ゆじゆん》にその天宮があり、五欲の楽を受けるという。

ゆ

ゆいえん〔唯円〕(一二八八、一説に一二二二―一二八九)親鸞《しんらん》聖人の面授《めんじゆ》の弟子。常陸《ひたち》(現在の茨城県)河和田《かわわだ》の人。河和田の報仏寺《ほうぶつじ》の開基といわれる。聖人の信仰をよく伝え、『歎異抄』の著者と推定されている。また覚如《かくによ》上人、唯善《ゆいぜん》に教義を授けた。

ゆじゅん〔由旬〕　梵語ヨージャナ(yojana)の音写。インドの距離の単位。一由旬は帝王一日の行軍の距離、または牛車の一日の旅程とされるが、種々の説があって一定しない。

よ

ようかん〔永観〕(一〇三三―一一一一)。南都三論宗《さんろんしゆう》の浄土教の学僧。文章博士《もんじようはかせ》源国経《みなもとのくにつね》の子で、十一歳の時、禅林寺深観《じんかん》に師事し、翌年東大寺で具足戒を受け、三論、法相《ほつそう》の教義を学ぶ。その後東大寺別所の光明山寺《こうみようせんじ》に入って念仏をつとめとしたが、四十歳の時に禅林寺に帰り、東南院を構え、念仏の教えを勧めた。六十八歳の時、東大寺別当職に補されたが、一住持二年だけつとめて禅林寺に帰り、八十歳で示寂《じじやく》した。著書に『往生拾因《おうじようじゆういん》』一巻『往生講式《おうじようこうしき》』一巻などがある。

ようきん〔用欽〕　南宋《なんそう》代、銭塘《せんとう》七宝院《しちほういん》の僧。元照《がんじよう》に律と浄土教を学び、日課念仏三万遍を修したという。著書に『阿弥陀経疏超玄記《あみだきようしよちようげんき》』一巻『観経疏白蓮記《かんぎようしよびやくれんき》』四巻があったが、現存しない。

ようもん〔要門〕　浄土要門。弘願(第十八願)に転じ入る肝要な門戸の意。第十九《じゅうく》願を開説した『観経』に説かれている定散《じょうさん》二善の諸行《しょぎょう》の法門をいう。→ぐがん〔弘願〕、しんもん〔真門〕、補註15。

ようらく〔瓔珞〕　梵語ケーユーラ(keyūra)の漢訳。玉を糸でつづったり、貴金属を編んで作った飾り。インドの貴族が頭、頸、胸などに掛ける装身具として用いた。浄土の荘厳《しょうごん》にも用いられる。

ようらくきょう〔瓔珞経〕『菩薩《ぼさつ》瓔《よう》珞本業経《らくほんごうきょう》』のこと。『菩薩瓔珞経』ともいう。二巻。後秦《こうしん》の竺仏《じくぶつ》念《ねん》訳と伝えられるが、五、六世紀頃、中国で撰述されたものとみられる。八章からなり、菩薩の法である十波羅蜜《じっぱらみつ》、四諦《したい》、修行の階位(五十二位)などについて説く。

よくしょう〔欲生〕　阿弥陀仏の浄土に往生しようと願う心。①『大経』第十八願の三心の一。他力の欲生心。阿弥陀仏が衆生《しゅじょう》をまねきよぶ心であり、衆生が必ず浄土に往生できると思う心である。→さんしん〔三心〕①。②第十九《じゅうく》願、第二十願の欲生。自分の修めた諸善行《しょぜんぎょう》の功徳《くどく》により往生を願う自力の欲生心。

よしざき〔吉崎〕　現在の福井県あわら市吉崎。文明《ぶんめい》三年(一四七一)、蓮如《れんにょ》上人が北陸教化の根本道場として吉崎御坊を建立した地。

よしみず〔吉水〕　現在の京都市の東山知恩院《ちおんいん》の東方にあたる地。法《ほう》然《ねん》聖人(一一三三—一二一二)は、比叡山黒谷《ひえいざんくろだに》からこの地に移り、草庵を設けて専修《せんじゅ》念仏の教えを説いたので、法然聖人のことを吉水《きっすい》ともいう。親鸞《しんらん》聖人は、建仁《けんにん》元年(一二〇一)、比叡山を下りて六角堂に参籠《さんろう》し、吉水の草庵に法然聖人を訪ねて門弟になった。

ら

らいこう〔来迎〕　浄土に往生したいと願う人の臨終に、阿弥陀仏が菩薩《ぼさつ》、聖衆《しょうじゅ》(浄土の聖者《しょうじゃ》)を率いてその人を迎えに来ること。臨《りん》終現前《じゅうげんぜん》ともいう。『大経』第十《じゅう》九《く》願に誓われ、さらに三輩往生の一段にも説かれる。『観経』では、九品《くぼん》往生にそれぞれの来迎の相を説き、また『小経』にも説かれている。浄土真宗では、平生聞信の一念に往生の業因《ごういん》が成就する(平《へい》生業成《ぜいごうじょう》)から臨終来迎を期することはないと説き、臨終来迎を期するのは諸行往生、自力の行者であるとして、臨終の来迎をたのみにすることを否定する(不来迎)。また、来迎の意味を転じて、他力念仏の人が信心獲得《ぎゃくとく》より浄土往生の時まで、常に仏・菩薩の来迎にあずかり護念されるという阿弥陀仏の摂取《せっしゅ》の利益《りやく》のこととして説かれることもある。

らいさん〔礼讃〕『往生礼讃』のこと。→おうじょうらいさん〔往生礼讃〕。

らいはい〔礼拝〕　仏や菩薩《ぼさつ》に対して、恭敬《くぎょう》・信順の心をもって敬礼すること。『浄土論』には五念門の一に、「散善義」には五正行の一に数えられている。→ごねんもん〔五念門〕、ごしょうぎょう〔五正行〕。

らうん〔羅云〕　羅睺羅のこと。→らごら〔羅睺羅〕。

らかん〔羅漢〕　阿羅漢の略。→あらかん〔阿羅漢〕。

らくほうもんるい〔楽邦文類〕　五巻。南宋《なんそう》の宗暁《しゅうぎょう》の編。慶元《けいげん》六年（一二〇〇）頃の成立。楽邦（西方浄土）に関する経論の要文などを集めた類書。『教行信証』には、諸所に本書からの引用がある。

らごら〔羅睺羅〕　梵語ラーフラ(Rāhula)の音写。覆障《ふくしょう》などと漢訳する。釈尊十大弟子の一人。密行《みつぎょう》第一（戒律を細かく守ること第一）と称された。釈尊の実子で、成道《じょうどう》後の釈尊が故郷カピラヴァストゥへ帰ったおり、舎利《しゃり》弗《ほつ》・目連《もくれん》を師として出家した。『大経』では羅云《らうん》の名で出る。

らせつ〔羅刹〕　梵語ラークシャサ(rākṣasa)の音写。悪鬼の類。神通《じんずう》力で人を魅し、食うという。のちに仏教の守護神となり、羅刹天という場合もある。

り

りく〔離垢〕　梵語ヴィマラ（Vimala）の漢訳。維摩羅《ゆいまら》などと音写し、無垢《むく》などと漢訳する。ヴァーラーナシー（ベナレス）の富商の子であった耶舎《やしゃ》（名聞《みょうもん》）の友人。釈尊の弟子。耶舎の出家を聞いて、善実《ぜんじつ》・具足《ぐそく》・牛王《ごおう》とともに出家した。

りしょう〔離障〕　阿㝹楼駄のこと。→あぬるだ〔阿㝹楼駄〕。

りた〔利他〕　①他の衆生《しゅじょう》に功徳《くどく》利益《りやく》を施すこと。自利に対する語。②阿弥陀仏が衆生を救済するはたらきをいう。他力の意。→じり〔自利〕。**―しんじつ**〔利他真実〕自利真実に対する語。二利真実の一。利他は他力の意。阿弥陀仏が衆生を救おうとして起した他力の真実。→じりしんじつ〔自利真実〕。

りはた〔離婆多〕　梵語レーヴァタ(Revata)の音写。釈尊の弟子。舎利弗《しゃりほつ》の弟。カディラの林に住し、阿羅漢《あらかん》のさとりを開いたという。『大経』では流灌《るかん》の名で出るが、一説ではこの流灌は釈尊の異母弟の難陀《なんだ》であるという。

りゃくろん〔略論〕『略論安楽浄《りゃくろんあんらくじょう》

土義《どぎ》』のこと。一巻。曇鸞《どんらん》大師（四七六—五四二）の著とされるが、異説もある。安楽浄土が三界《さんがい》の所摂でないこと、三厳《さんごん》二十九《にじゅうく》種《しゅ》の荘厳相《しょうごんそう》、三輩九品《くぼん》の機類、胎生《たいしょう》者の相、疑惑の相、十念相続の問題などについて問答体で述べる。

りゅうかん〔隆寛〕（一一四八—一二二七）法然《ほうねん》聖人（一一三三—一二一二）門下の一人で、長楽寺《ちょうらくじ》流の祖。藤原少納言資隆《すけたか》の三男。比叡山《ひえいざん》で範源《はんげん》、慈円《じえん》（慈鎮《じちん》）に師事して天台《てんだい》教学を学び、山を下りて洛東長楽寺に住し、法然聖人から教えを受けて念仏行者となる。法然聖人の示寂《じじゃく》後、専修《せんじゅ》念仏教団の指導的地位にあったが、天台僧定照《じょうしょう》の『弾選択《だんせんじゃく》』に対して『顕選択《けんせんじゃく》』を著して反論したため、嘉禄《かろく》三年（一二二七）に念仏弾圧が起り、隆寛は奥州《おうしゅう》に遠流《おんる》となった。しかし門弟西阿《さいあ》の斡旋で相模《さがみ》飯山（現在の神奈川県厚木市飯山）に留り、同年示寂した。著書に『自力他力事』『一念多念分別事』などがある。

りゅうじゅ〔龍樹〕（一五〇—二五〇頃）梵語ナーガールジュナ（Nāgārjuna）の漢訳。南インドの生れ。空の思想を大成して大乗仏教の教学の基盤を確立した。中《ちゅう》観《がん》学派の祖。インドはもとより中国・チベットにおいても大きな影響を与え、日本では古来、八宗の祖とされる。また、『十住毘婆《じゅうじゅうびば》沙論《しゃろん》』の「易行品《いぎょうぼん》」を著したことで浄土教の祖師とされる。その他の著書に『中論』『十二門論』、『大智度論《だいちどろん》』（現在では龍樹撰述に疑問が出されている）などがある。真宗七高僧の第一祖。

りゅうじょじょうどもん〔龍舒浄土文〕十二巻。南宋《なんそう》の王日《おうにっ》休《きゅう》（雅号は龍舒居士《りゅうじょこじ》）の著。略して『浄土文《じょうどもん》』ともいう。龍舒は王日休がいた現在の安徽《あんき》省盧江《ろこう》の山川にちなむもの。経論や伝記の中から浄土教に関する要義を集めた書。『宋史《そうし》』に十一巻とあるのは、付録を数えていないためである。

りょうがきょう〔楞伽経〕如来蔵《にょらいぞう》思想と阿頼耶識《あらやしき》思想との融合をはかったインド中期大乗思想の代表的経典。漢訳には、劉宋《りゅうそう》の求那《ぐな》跋陀羅《ばっだら》訳『楞伽阿跋多羅宝経《りょうがあばったらほうきょう》』四巻、北魏《ほくぎ》の菩提流支《ぼだいるし》訳『入楞《にゅうりょう》伽経《がきょう》』十巻、唐《とう》の実叉難陀《じっしゃなんだ》訳『大《だい》乗入楞伽経《じょうにゅうりょうがきょう》』七巻の三本がある。

りょうげ〔領解〕浄土真宗においては安心《あんじん》・信心と同様に用いられる。もともと領納解了の意味で、如来の勅命を受け取り、勅命の通りその道理を理解して身につけることをいう。

りょうげん〔了源〕（一二八四―一三三五、一説に一二九五―一三三六）仏光寺第七代。六波羅《ろくはら》の南方探題、陸奥《むつ》守北条維貞《ほうじょうこれさだ》の家人比留左衛門太郎維広の中間《ちゅうげん》で、弥三郎と称する武士であったという。関東で阿佐布《あざぶ》門徒の甘縄了円《あまなわりょうえん》（明光《めいこう》）に教えを受け、のち元応《げんおう》二年（一三二〇）大谷に来て、覚如《かくにょ》上人に法門の指導を願い出、その長子、存覚《ぞんかく》上人より指導を得た。「名帳《みょうちょう》・絵系図《えけいず》」などにより教化活動を展開して仏光寺教団を築いた。

りょうほんざい〔了本際〕　梵語アージュニャータ・カウンディニヤ（Ājñāta-kauṇḍinya）の漢訳。阿《あ》若憍陳如《にゃきょうじんにょ》・阿若拘隣《あにゃくりん》などと音写する。釈尊の最初の弟子である五比丘《びく》の一人。五比丘の中で最初に阿羅漢《あらかん》のさとりを開いたという。

りんね〔輪廻〕　梵語サンサーラ（saṃsāra）の漢訳。流れるの意。車の輪が回転してきわまりないように、衆生《しゅじょう》が三界六道《さんがいろくどう》の迷いの世界を生れかわり死にかわりして流転すること。

る

るかん〔流灌〕　離婆多のこと。→りはた〔離婆多〕。

れ

れんい〔蓮位〕（―一二七八）親鸞《しんらん》聖人の門弟。常陸《ひたち》（現在の茨城県）下妻《しもつま》の人。「交名牒《きょうみょうちょう》」に「洛中居住弟子」と註してその名が見える。京都に住して聖人の晩年側近に侍した。聖人と関東の門弟たちとの往復書簡の取次をつとめている。本願寺坊官下間《しもつま》氏の祖とされている。

れんげ〔蓮華〕　はすの花。淤泥華《おでいけ》とも呼ばれ、泥の中にありながらその華葉《けよう》が泥に染まらないところから仏や仏性《ぶっしょう》の清浄《しょうじょう》性の喩えとされる。また、仏・菩薩《ぼさつ》は多く蓮華をその座（蓮華座、蓮台）とする。なお仏典中の蓮華は睡蓮に近いといわれる。**―ぞうせかい**〔蓮華蔵世界〕　蓮華から出生した浄土。『華厳経《けごんぎょう》』では毘盧舎那仏《びるしゃなぶつ》の浄土、『梵網経《ぼんもうきょう》』では毘盧舎那仏とその化身である釈迦仏の浄土のこと。また、煩悩《ぼんのう》の穢濁をこえた蓮華のようにきよらかな報身仏《ほうじんぶつ》の境界《きょうがい》で、『浄土論』等では阿弥陀仏の極楽浄土を指す。

れんげめんぎょう〔蓮華面経〕　二巻。隋《ずい》の那連提黎耶舎《なれんだいれいやしゃ》訳。釈尊が入滅《にゅうめつ》の三カ月前に未来の仏教のありさまを説き示したもの。ミヒラクラ（富蘭那外道《ふらんなげどう》の弟子、蓮華面の生れかわり）という悪王が現れて、カシュミール国伝来の仏鉢を破壊し、仏教が滅亡すると説く。

れんせい〔蓮誓〕（一四五五―一五二一）蓮如《れんにょ》上人の第七子（第四男）。諱《いみな》は康兼《こうけん》。加賀《かが》山田光教寺に住し、越中《えっちゅう》中田之坊、加賀滝野坊、九谷坊を開いた。実如《じつにょ》上人による一門一家の制の制定にも関わったという。

れんそう〔蓮崇〕（―一四九九）蓮《れん》如《にょ》上人吉崎《よしざき》時代の奏者役。越前浅《えちぜんあそ》水《うず》（現在の福井県福井市内）の人。安芸法眼《あきのほうげん》と呼ばれる。蓮如上人の門下に入り、蓮崇の法名を与えられる。本願寺家臣として下間《しもつま》の姓を用いるようになる。文明《ぶんめい》七年（一四七五）、加賀《かが》の門徒を煽動《せんどう》して富樫政親《とがしまさちか》との抗争にかりたてた責を問われ、破門されたが、明応《めいおう》八年（一四九九）三月、許された。蓮如上人の中陰中に没した。

れんにょ〔蓮如〕（一四一五―一四九九）本願寺第八代宗主。第七代存如《ぞんにょ》上人の長子。諱《いみな》は兼寿《けんじゅ》。院号は信証院。十七歳の時、青蓮院《しょうれんいん》で得度《とくど》し、父に真宗教義を学び、近江《おうみ》・北陸の教化を助け、関東の親鸞《しんらん》聖人の遺蹟を巡拝した。長《ちょう》禄《ろく》元年（一四五七）、四十三歳で本願寺を継いで近江の教化を進めたが、寛正《かんしょう》六年（一四六五）、延《えん》暦寺《りゃくじ》衆徒の本願寺破却によって、河内《かわち》・近江等に移った。文明《ぶんめい》三年（一四七一）、越前吉崎《えちぜんよしざき》に坊舎を建て、御文章等による独創的な伝道を展開し、北陸を中心に東海・奥《おう》州《しゅう》に教線をひろめた。同六年（一四七四）頃から加賀《かが》において領主、在地武士などの擾乱《じょうらん》が絶えず、本願寺門徒の一部もその渦中に陥るようなこともあって、翌七年（一四七五）、吉崎を退去した。その後摂津《せっつ》・河内・和泉《いずみ》に布教し、同十三年（一四八一）、京都山科《やましな》に御影堂、阿弥陀堂を建てて本願寺の再興をなしとげ、延徳《えんとく》元年（一四八九）に隠居した。親鸞聖人、覚如《かくにょ》上人、存覚《ぞんかく》上人の教説を受けて直截で明解な文体の御文章や法語をもって伝道につとめ、今日の本願寺教団の基盤をつくり、本願寺教団中興の祖と仰がれている。著述に『御文章』『正信偈大意』などがある。

ろ

ろうし〔老子〕　中国古代の思想家。楚《そ》の苦県厲郷曲仁里《こけんらいきょうきょくじんり》（現在の河《か》南《なん》省鹿邑《ろくゆう》）の人と伝えられ、姓は李《り》氏、名は耳。李耳《りじ》・老聃《ろうたん》・李伯《りはく》陽《よう》・太上老君《たいじょうろうくん》・無上大道君とも呼ぶ。後世、教団道教が成立してから は道教の祖に仮託《かたく》された。著書『老子』は『道徳経《どうとくきょう》』ともいわれる。儒教の教説に対しての反論を主とし、太古の黄帝《こうてい》時代を理想とし、無《む》為《い》自《じ》然《ねん》の道を説いた。

ろくし〔六師〕　釈尊とほぼ同時代

にガンジス河中流域で勢力のあった反バラモン的な自由思想家六人の総称。①富蘭那迦葉《ふらんなかしょう》（パーリ語プーラナ・カッサパ Pūraṇa Kassapa またはプラーナ・カッサパ Purāṇa Kassapa の音写）。善悪の業報《ごうほう》を認めない道徳否定論者。②末伽梨拘賖梨子《まかりくしゃりし》（パーリ語マッカリ・ゴーサーラ Makkhali Gosāla の音写）。宿命的自然論者。③刪闍耶毘羅胝子《さんじゃやびらていし》（パーリ語サンジャヤ・ベーラッタプッタ Sañjaya Belaṭṭhaputta またはサンジャヤ・ベーラッティプッタ Sañjaya Belaṭṭhiputta の音写）。人知に普遍妥当性を認めない懐疑論者。④阿耆多翅舎欽婆羅《あぎたししゃきんばら》（パーリ語アジタ・ケーサカンバラ Ajita Kesakambala またはアジタ・ケーサカンバリン Ajita Kesakambalin の音写）。唯物論、快楽論者。⑤迦羅鳩駄迦旃延《からくだかせんえん》（パーリ語カクダ・カッチャーヤナ Kakudha Kaccāyana またはパクダ・カッチャーヤナ Pakudha Kaccāyana あるいはパクダ・カーティヤナ Pakudha Kātiyana の音写）。無因論的感覚論者。⑥尼《に》乾陀若提子《けんだにゃだいし》（パーリ語ニガンタ・ナータプッタ Nigaṇṭha Nātaputta の音写）。ジャイナ教の祖。

ろくしき〔六識〕　色《しき》（形あるもの）・声《しょう》・香《こう》・味《み》・触《そく》・法《ほう》（認識の対象となるすべてのもの）の六種の対象（六境《ろっきょう》）を知覚し認識する眼識《げんしき》・耳識《にしき》・鼻識《びしき》・舌識《ぜつしき》・身識《しんしき》・意識《いしき》のこと。

ろくしゅ〔六趣〕　六道に同じ。↓ろくどう〔六道〕。

ろくしん〔六親〕　六種の親族。父・母・兄・弟・妻・子を総じていう。

ろくじん〔六塵〕　六識《ろくしき》の知覚の対象となる六つの境界《きょうがい》。色《しき》・声《しょう》・香《こう》・味《み》・触《そく》・法《ほう》の六境《ろっきょう》をいう。

ろくじんずう〔六神通〕　梵語シャッド・アビジュニャー（ṣaḍ-abhijñā）の漢訳。六通ともいう。すぐれた智慧《ちえ》に基礎づけられた自由自在な活動能力。①神足通《じんそくつう》。欲する所に自由に現れることができる能力。②天眼通《てんげんつう》。世間のすべてを見通す力。また、衆生《しゅじょう》の未来を予知する能力。③天耳通《てんにつう》。世間一切の苦楽の言葉、遠近の一切の音を聞くことができる能力。④他心《たしん》通《つう》。他人の考えていることを知る能力。⑤宿命通《しゅくみょうつう》。自己や他人の過去のありさまを知る能力。⑥漏《ろ》尽通《じんずう》。煩悩《ぼんのう》を滅尽させる智慧。六神通のうち前の五は凡夫《ぼんぶ》にも得られるが、第六の漏尽通は聖者《しょうじゃ》のみが得るといわれる。

ろくど〔六度〕　六波羅蜜のこと。↓ろっぱらみつ〔六波羅蜜〕。

ろくどう〔六道〕　衆生《しゅじょう》がそれぞ

れの行為によって趣き往く迷いの境界《きょうがい》を六種に分けていう。六趣ともいう。①地獄。地下にある牢獄の意。苦しみのきわまった世界。②餓鬼《がき》。常に飢餓に悩まされる世界。③畜生《ちくしょう》。人に飼われて生きているものの意。鳥・獣・虫・魚などとしての生存状態。④阿修羅《あしゅら》。絶えず対立し闘争する者としての生存状態。⑤人間。⑥天。すぐれた楽を受ける喜悦の世界。

ろくねん〔六念〕　六随念《ろくずいねん》・六念処《ろくねんじょ》ともいう。他の思いを止《と》めて仏・法・僧・戒・施・天を、それぞれ心静かに念ずること。すなわち念仏・念法・念僧・念戒・念施・念天をいう。

ろくようしょう〔六要鈔〕　十巻。存覚《ぞんかく》上人の著。延文《えんぶん》五年（一三六〇）作。親鸞《しんらん》聖人の『教行信証』の註釈書。本願寺では『教行信証』を解読するのに本書を指標とした。

ろくわきょう〔六和敬〕　六合念法・六和合・六和ともいう。修行者が、六つの点について互いに敬いあうこと。大乗では、菩薩《ぼさつ》が衆《しゅ》生《じょう》に対して行う和敬法として説かれる。①身和敬。②口和敬。③意和敬。（以上の三は身口意《しんくい》の行為を同じくすること）④戒和敬。⑤見和敬。⑥利和敬。（以上の三は戒と見解と衣食などの利を同じくすること）。

ろっこん〔六根〕　六識《ろくしき》のよりどころとなり、対象を認識するための六種の器官。眼根《げんこん》・耳根《にこん》・鼻根《びこん》・舌根《ぜっこん》・身根《しんこん》の五つの感覚器官と、前刹那《せつな》の意識《いしき》である意根《いこん》。

ろっぱらみつ〔六波羅蜜〕　波羅蜜は梵語パーラミター（pāramitā）の音写。語源的には「最もすぐれた状態」「完成」「完全」を意味するといわれる。度《ど》・到彼岸《とうひがん》と漢訳する。大乗の菩薩《ぼさつ》が修めなければならない六種の行業《ぎょうごう》のこと。六度ともいう。①布施《ふせ》。施しをすること。②持戒《じかい》。戒律を守ること。③忍辱《にんにく》。耐え忍ぶこと。④精進《しょうじん》。すすんで努力すること。⑤禅定《ぜんじょう》。精神を統一し、安定させること。⑥智慧《ちえ》。真実の智慧（さとり）を得ること。前五波羅蜜の根拠となる無分別智《むふんべつち》のこと。→はらみつ〔波羅蜜〕。

ろんご〔論語〕　孔子《こうし》の言行、孔子とその弟子たちとの問答、弟子たち同士の問答などを集録した書。四書の一。

ろんちゅう〔論註〕　二巻。曇鸞《どんらん》大師（四七六—五四二）の著。『無《む》量寿経優婆提舎願生偈註《りょうじゅきょううばだいしゃがんしょうげちゅう》』のこと。『往生論註』『浄土論註』『註論』などと略称する。天親菩《てんじんぼ》薩《さつ》（四〇〇—四八〇頃）の『浄土論』を註釈したもので、上巻には論の偈頌《げじゅ》を解釈し、下巻には論の長行《じょうごう》を解釈して、浄土に往生し成仏する要因はすべて阿弥陀仏の本願力によることを説き明かしている。浄土思想発展に大きな影響を与えた書。七祖聖教《しちそしょうぎょう》の一。

わ

わこうどうじん〔和光同塵〕「光を和《やわ》らげて塵に同ず」と読む。『老《ろう》子《し》』に「その鋭を挫き、その紛を解き、その光を和らげて、その塵に同ず」とある文から出た語。自己の才能をかくして、塵の世に交わり入るという意味である。仏教ではこの語を転用して、仏・菩薩《ぼさつ》が衆生《しゅじょう》を救うために、光輝くような本来の姿をかくし、さまざまな姿を示して、煩悩《ぼんのう》の衆生に応同していくことをいう。『摩訶止観《まかしかん》』（六・下）にある「和光同塵は結《けち》縁《えん》の始め、八相成道《じょうどう》はもつてその終りを論ず」という文は、この語の用例として有名である。わが国においては、仏本神迹の本地垂《ほんじすい》迹《じゃく》説に応用し、仏・菩薩がわが国の民衆に仏縁を結ぶために、さまざまな神祇《じんぎ》となってあらわれているのであるから、諸神の本意は衆生を仏道に引き入れるためであると説くのに用いることが多かった。

補　註（要語解説）

1 阿弥陀仏
2 往生・真実証・浄土
3 機・衆生
4 具縛の凡愚・屠沽の下類
5 業・宿業
6 正定聚
7 信の一念・聞
8 真実教
9 旃（栴）陀羅
10 大行・真実行
11 大信・真実信
12 他力・本願力回向
13 同朋・同行
14 女人・根欠・五障三従
15 方便・隠顕
16 菩薩
17 本願

1 阿弥陀仏《あみだぶつ》　阿弥陀仏とは、西方浄土（極楽世界）にあって大悲の本願をもって生きとし生けるものを平等に救済しつつある仏である。『大経《だいきょう》』によれば、法蔵菩薩《ほうぞうぼさつ》が光《こう》明《みょう》無量（第十二願）、寿命無量（第十三願）であろうと願い、その願いに報いて成就されたので、無量光（アミターバ Amitābha）、無量寿（アミターユス Amitāyus）の徳をもつといい、このような徳をあらわすために阿弥陀と名づけられたといわれている。無量寿とは仏のはたらきの時間的無限性をあらわし、無量光とは空間的な無辺性をあらわしており、時間的空間的な限定を超えて、あらゆる衆《しゅ》生《じょう》をもらさず救う仏の名である。これによって親鸞聖人《しんらんしょうにん》は、「摂取してすてざれば阿弥陀と名づけたてまつる」といわれる。善導大師《ぜんどうだいし》は、阿弥陀仏は念仏の衆生を救うことができなければ仏になるまいと誓い、永劫《ようごう》の修行によってその願いを成就してなられた仏であるから、願行に報いた報身仏《ほうじんぶつ》であるといわれた。そして、聖道《しょうどう》諸師の中において阿弥陀仏を応化身《おうげしん》とみるような説を否定するとともに、念仏の衆生は、仏の本願力に乗じて必ず報仏の土（報土）へ往生できると強調された。

また親鸞聖人は、曇鸞《どんらん》大師の教えによって法性《ほっしょう》・方便の二種法身《ほっしん》として阿弥陀仏を説明されている。法性法身とは、さとりそのものである法性真如《しんにょ》を本身とする仏身のことで、それはあらゆる限定を超え、私どもの認識を超えたものである。これについて『唯信鈔文意《ゆいしんしょうもんい》』には、「いろもなし、かたちもましまさず。しかれば、こころもおよばれず、ことばもたえたり」とある。そして方便法身とは、「この一如（法性法身）よりかたちをあらはして、方便法身と申す御すがたをしめして、法蔵比丘《びく》となのりたまひて」といわれる。すなわち、万物が本来平等一如のありようをしていることを人々に知らしめ、自他を分別し執着して、煩悩をおこし苦悩しているものをよびさまし、真如の世界にかえらしめようとして、絶対的な法性法身がかたちを示し、阿弥陀仏という救いの御名を垂れて人々に知らしめているすがたを方便法身というのである。『論註《ろんちゅう》』（下）には、「正直を方といふ。おのれを外にするを便といふ」といい、真如にかなって、おのれを捨てて一切衆生を救う大悲のはたらきを方便というとされている。要するに大悲の本願をもって衆生を救済する仏を方便法身というのである。

　この阿弥陀仏を『浄土論《じょうどろん》』には「尽十方無礙光如来《じんじっぽうむげこうにょらい》」といわれた。十方世界にみちみちて、一切衆生をさわりなく救う大悲の智慧《ちえ》の徳をもつ如来ということである。また『讃弥陀偈《さんみだげ》』には「不可思議光仏」といわれた。人間の思議を超えた絶対の徳を成就された如来ということである。親鸞聖人は、これによって阿弥陀仏を「帰命《きみょう》尽十方無礙光如来」、「南無《なも》不可思議光仏（如来）」、「南無阿弥陀仏」と十字、八字（九字）、六字の名号《みょうごう》をもって讃嘆《さんだん》し、敬《きょう》信《しん》された。

2　往生《おうじょう》・真実証《しんじつしょう》・浄土《じょうど》　往生とは、阿弥陀仏の浄土に往き生れることである。阿弥陀仏の浄土は完全に煩悩が寂《じゃく》滅《めつ》した無為涅槃界《むいねはんがい》であるから、生れるとただちに仏となる。これを「往生即成仏」という。「信巻《しんかん》」（末）に、「念仏の衆生《しゅじょう》は（中略）臨終一念の夕《ゆうべ》、大般《だいはつ》涅槃を超証す」とあるように、現生《げんしょう》の命を終えるとすぐ、阿弥陀仏の浄土に往生し、ただちに仏となるのである。これを難思議《なんじぎ》往生という。親鸞聖人《しんらんしょうにん》は「行巻《ぎょうかん》」に、「往生はすなはち難思議往生なり」と示され、また「証巻《しょうかん》」の冒頭に「必至滅度《ひっしめつど》の願、難思議往生」とかかげられている。

　必至滅度の願とは第十一願であり、その願文には、「たとひわれ仏を得たらんに、国中の人天《にんでん》、定聚《じょうじゅ》に住し、かならず滅度に至らずは、正覚《しょうがく》を取らじ」とある。滅度とは、梵語ニルヴァーナ（nirvāṇa）の漢訳で煩悩の寂滅した「さとり」のことであるから、「証巻」は衆生のさとりを明かした巻である。大行《だいぎょう》・大信《だいしん》の因によって得る果であるから、これを真実の証という。「証巻」に、「つつしんで真実の証を顕さば、すなはちこれ利他円満の妙位、無上涅槃の極果《ごくか》なり」とある。真実の証とは、自身の迷いを完全に脱却するとともに、衆生済度《さいど》が自由自在に可能となることである。このように阿弥陀仏の浄土に往生したのち衆生救済の活動に出ることを還相《げんそう》といい、親鸞聖人は「証巻」の約三分の二にわたって還相の釈をなされている。

　衆生が往生するところの阿弥陀仏の浄土については、「真仏土巻《しんぶつどかん》」においてあきらかにされる。すなわち第十二願・第十三願に報いて完成された浄土であるから、光明《こうみょう》無量、寿命無量の徳の実現している真実報土である。それゆえ親鸞聖人は、「土はまたこれ無量光明土なり」と、浄土を光明の世界としてあらわされている。光明とは、智慧《ちえ》のはたらきをあらわしているが、智慧が人々を導き救うすがたが大悲方便であるから、浄土とは大悲の顕現した阿弥陀仏のさとりの世界であることはあきらかである。前に述べたように、真実の証果はこの浄土において完成するのであるが、浄土は往相・還相の二回向《えこう》があらわれでてくる衆生救済の淵源《えんげん》でもある。

3 機《き》・衆生《しゅじょう》 機とは、法（教法）に対する言葉である。つまり、仏の教えをこうむるべき対象であり、法によって救済されるべきものをいう。一般に機と衆生は同じような意味で用いられているが、衆生（有情《うじょう》）は、「生きとし生けるもの」という意味であり、その衆生が教法に対したときに機といわれるのである。

真宗の聖教《しょうぎょう》における機の用例には種々の意味がある。まず「その機はすなはち一切善悪大小凡愚なり」（行巻《ぎょうかん》）とは、教法を受けるべき衆生が千差万別であることをあらわしている。また「正機《しょうき》たる悪凡夫《あくぼんぶ》」（口伝鈔《くでんしょう》・一九）とは、法（阿弥陀仏の救済）の正《まさ》しきめあてが、悪人（罪悪深重《じんじゅう》の凡夫）であることをあらわし、「正定聚《しょうじょうじゅ》の機」（信巻《しんかん》・標挙《ひょうこ》）とは、本願の法を正しく受けて、必ず仏になるべき身に定まっていることをあらわしている。

このうち、阿弥陀仏の救済のめあてが悪人であるという場合の機とは、『歎異抄《たんにしょう》』（二）に、「いづれの行もおよびがたき身」とあるように、仏になるべき能力も素質もそなわっていないもののことである。仏道を修行するについて、すぐれた能力・素質をそなえた人々が上根《じょうこん》とよばれるのに対し、また下根《げこん》といわれるのも同じ意味である。

このような悪人とは、阿弥陀仏の教法を信受してはじめて知らされることがらであって、これを機の深信《じんしん》という。善導大師《ぜんどうだいし》は機の深信をあらわす文に、「決定《けつじょう》して深く、自身は現にこれ罪悪生死《しょうじ》の凡夫、曠劫《こうごう》よりこのかたつねに没《もっ》し、つねに流転して、出離《しゅつり》の縁あることなしと信ず」（信巻・本、引文）といわれている。

また「金剛の信心は絶対不二の機なり」（行巻）とあるのは、信心のことを機といったものである。これは法（阿弥陀仏の救済の力）が機である衆生に至り届いたのが信であるから、信心を法に対して機とよぶのである。南無阿弥陀仏の六字に、行（必ずたすけるという阿弥陀仏の法）も信（南無とたのむ機）も成就されていることを、蓮如《れんにょ》上人《にん》が「機法一体の南無阿弥陀仏」といわれるのも同じ意味である。

4　具縛《ぐばく》の凡愚《ぼんぐ》・屠沽《とこ》の下類《げるい》　「具縛の凡愚」「屠沽の下類」は、ともに「信巻《しんかん》」（本）引用文（中国宋代の僧・元《がん》照《じょう》の『阿弥陀経義疏《あみだきょうぎしょ》』、元照の門弟・戒度《かいど》の『聞持記《もんじき》』）中の言葉である。親鸞聖人《しんらんしょうにん》は『唯信鈔文意《ゆいしんしょうもんい》』の中でこれを解釈して、「具縛はよろづの煩悩にしばられたるわれらなり。（中略）屠はよろづのいきたるものをころし、ほふるものなり、これはれふしといふものなり。沽はよろづのものをうりかふものなり、これはあき人なり。これらを下類といふなり」といい、煩悩具足の凡夫《ぼんぶ》、殺生を生業とする猟師・漁師、物を売り買う商人のことであるといわれている。つづいて聖人は、『五会法事讃《ごえほうじさん》』の「能令瓦礫変成《のうりょうがりゃくへんじょう》金《こん》」という文の解釈を通して、「れふし・あき人、さまざまのものはみな、いし・かはら・つぶてのごとくなるわれらなり。（中略）れふし・あき人などは、いし・かはら・つぶてなんどをよくこがねとなさしめんがごとしとたとへたまへるなり」といい、ご自身を猟師（漁師）や商人と同じ位置において、社会的に「下類」とみなされた人々と立場を共有し、石・瓦・礫のような私たちが、阿弥陀仏より回《え》向《こう》された信心によって、「弥勒《みろく》に同じ」、「諸仏とひとし」といわれる「こがね」のような尊厳な徳をもつものに転《てん》成《じょう》せしめられるのだとよろこばれている。

親鸞聖人在世当時の社会は、古代より続いた貴族社会から新興の武士社会に移る時代であり、制度的な差別はなかった。しかし、非常に強い尊卑・貴賤の考え方があり、それが政治的にも、社会的にも複雑なありかたで人々の生活の上に差別を形づくっていた。

仏教は、本来差別を否定するものであったにもかかわらず、日本の古代からの仏教の大勢は、その時々の支配権力と結んで社会的な身分差別を容認してきた。そうした歴史的状況の中にあって善悪、賢愚、貴賤をえらばず、万人を平等に摂取したもう阿弥陀仏の本願こそ真実であると信知し、人間がつくりあげた身分や、職業の貴賤といった差別を超え、すべての人間の尊厳性と平等性を明確に主張していかれたところに、親鸞聖人の教えの特色がみられる。

5　業《ごう》・宿業《しゅくごう》　業とは、梵語カルマン（karman）の漢訳であり、広い意味の行為のことで、おこない、はたらきのことである。通常、身口意《しんくい》の三業に分ける。また行為の結果、すなわち「善因楽果、悪因苦果」といわれるように、業による報いとしての業報の意味も含めて用いられる。

元来仏教の業は、仏教以前に用いられていた宿命論的な因果一貫の業論ではなく、縁起の立場にたつ業論である。それは衆縁《しゅえん》によってなりたつ自己を、縁起的存在であるとみ、固定的な実体観を否定する無我の立場であるとともに、主体的な行為によって真実の自己を形成すべきことを強調する立場であった。

ことに親鸞聖人《しんらんしょうにん》が用いられた業には、三つの用法があったとうかがえる。第一は、法蔵菩薩《ほうぞうぼさつ》の本願よりおこる「智慧清浄《ちえしょうじょう》の業」と、その果徳としての阿弥陀仏の「大願《だいがん》業力《ごうりき》」とであり、第二には、その阿弥陀仏の大智大悲の光《こう》明《みょう》に映し出され、あきらかに知らされた煩悩具足の凡夫《ぼんぶ》のすがたを、機の深信《じんしん》として表白《ひょうびゃく》されたときに用いられる「罪業深重《ざいごうじんじゅう》」の業である。第三には、かかる罪業深重の私の上に、如来より回向《えこう》された大行《だいぎょう》・大信《だいしん》を「本願名号正《みょうごうしょう》定業《じょうごう》」とか、「称名正定業」とか、「至心信楽《ししんしんぎょう》の業因」といわれるときの業がそれである。従来の浄土真宗の業に対する誤解は、その第二の用法にみられる「罪業」とか「業《ごっ》障《しょう》」という言葉だけが、機の深信から切り離されて取り上げられたところから生ずるものである。

『歎異抄《たんにしょう》』第十三条の宿業説は、悪をつつしみ、善人にならねば救われないと主張する異義を破るために、機の深信の立場にたって、煩悩具足の凡夫という存在をあらわそうとされたものである。宿業とは、宿世（過去世）の行為とその報いという意味の言葉であるが、現実の自己が限りない過去とつながっているという宗教的な見方を強調する言葉として用いられていた。そこで『歎異抄』はこの言葉を用いて、人間は自己の思いのままにすぐに善人になれるほど単純なものではなく、縁によってどのようなふるまいをするかわからない存在であり、自分でも手のつけようのない煩悩の深みをもつものであるという人間のありさまをあらわそうとしたのである。こうして『歎異抄』の宿業説は、「されば善きことも悪しきことも業報にさしまかせて、ひとへに本願をたのみまゐらすればこそ、他力にては候へ」といわれるように、法の深信と一つに組みあって自力無功と信知する機の深信の内容としてのみ用いられるものであった。

この業・宿業の語が、仏教、ことに浄土教において誤って用いられた例が多い。「因果応報」というような表現をもって固定的な因果論を説き、現実社会の貧富、心身の障害や病気、災害や事故、性別や身体の特徴までもが、その人の個人の前世の業の結果によるものと理解させ、貴賤、浄穢というような差別を助長し、それによって一方ではそれぞれの時代の支配体制を正当化するとともに、また一方で被差別、不幸の責任をその人個人に転嫁してきた歴史がある。

例えば、『大経《だいきょう》』（下）の「五善五悪」（一般に「五悪段」と呼ばれる）に、「強きものは弱きを伏《ぶく》し、うたたあひ剋賊《こくぞく》し、残害殺戮《せつろく》してたがひにあひ呑噬《とんぜい》す（中略）神《じん》明《みよう》は記識《きし》して、犯せるものを赦《ゆる》さず。ゆゑに貧窮《びんぐ》・下賤・乞丐《こつがい》・孤独・聾《ろう》・盲・瘖瘂《おんあ》・愚痴・弊悪《へいあく》のものありて（中略）また尊貴・豪富・高才《こうざい》・明達《みようだつ》なるものあり。みな宿世に慈孝《じきよう》ありて、善を修し徳を積むの致すところによる」と説かれたものを、江戸時代の説教などでは、これは現在の果を見て過去の因を知らしめるもので、現世の貴賤、貧富や、心身の障害も、すべてその人の過去世の業（宿業）の報いであると教えたものと解説してきた。こうして政治的につくりあげられた封建的な身分差別までも、すべて個人の業報であると説くことによって、社会的身分制度を正当化するような役割を果してきたのであった。このような宿業理解は近年まで続いている。すなわち、仏教は因果応報という天地宇宙の真理を説くもので、自己の幸、不幸は、あくまで自己の負うべきもので、いかなる不幸や逆境に遭遇しても愚痴や不平をいわず、他人をうらまず、その原因は自己にあることを知り懺悔《さんげ》して自己の欠点をあらため、善《よ》き因《たね》をまくようにしなければならないというふうに解説するものも少なくなかった。しかし現実の幸、不幸の原因のすべてを個人の宿業のせいにし、不幸をもたらしたさまざまな要因を正しく見とどけようとしないことは、むしろ縁起の道理にそむく見解である。

現実の矛盾や差別は歴史的社会的につくられたものであり、それによってもたらされた不幸を、被害者である本人の責任に転嫁し、その不幸をひきおこした本当の要因から目をそらさせてしまうような業論が説かれるならば、それは誤りであるといわねばならない。

浄土真宗では『大経』の「五悪段」は、第十八願成就《じようじゆ》文《もん》の逆謗抑止《ぎやくほうおくし》の教意を広く説かれたものと領解《りようげ》されてきた。すなわち、未信者に対しては、悪を誡《いまし》めつつ自身の罪悪を知らしめて本願の念仏に導き、信者に対しては、機の深信の立場から、自身をつねに顧みて、五悪をつつしみ、五善をつとめるように信後の倫理生活を勧誡されたものと受けとめられてきたのである。このように宗教的倫理を勧めたものであるかぎり、現実を過去によって正当化することを目的として説かれたものではなく、現実の生き方を誡めて、正しい未来を開くための教説であるとしなければならない。ところがそのことを強調するために功績と褒賞、犯罪と刑罰というような因果の関係をすべてにおよぼすという論理が用いられている。たしかにわかりやすい倫理説である。しかしそれはどこまでも悪を誡めて善を勧めるという本来の目的にそって領解されなければならない。もしそうでなくて現実に存在するさまざまな社会的な差別事象や、個人的な幸、不幸を説明するための教説と受けとるならば、すべての不幸は、その人の過去世の悪業の報いとしての罰であり、すべての幸福は過去の善行に対する褒賞であるという固定的な現実理解を生み出し、教説の本意から外れていくことになるであろう。さきにあげた説教などにおける教説の誤用はそこから生れてきたのである。ことにこのような説が輪廻《りんね》転生《てんしょう》という一種の宗教的な考え方に裏づけられたとき、それの誤解は人間の心の深い領域までも決定するような力をもってくる。すべての不幸を罰として受けとるというような社会意識も、そこから生れてきたのである。「五悪段」の成立や翻訳には、その当時の時代背景や思想の影響があったことを十分留意して経の真意を読みとっていかねばならない。『大経』は、一切の不幸を罰として甘受せよと教えてはいなかった。あらゆる人々の苦悩に共感する大悲心をもって、苦悩の衆生《しゅじょう》を背負ってたちたもう阿弥陀仏の大願業力《だいがんごうりき》が、衆生の煩悩悪業を転じて、涅槃《ねはん》の浄土にあらしめるという救いを説く経典であるかぎり、「五悪段」の教説も大悲救苦の仏意にたって領解しなければならない。

なお、宿業とよく似た語であるが、意味の異なるものに宿善《しゅくぜん》ということがいわれる。宿善とは、「宿世の善因縁」ということで、信心を得るための過去の善き因縁という意味である。蓮如上人《れんにょしょうにん》が『御一代記聞書《ごいちだいききがき》』（末）に、「宿善めでたしといふはわろし、御一流には宿善ありがたしと申すがよく候ふ」といわれたように、宿善の体は如来のお育てのはたらきであるとあおぐべきである。もともと宿善とは、他力の信心を得た上で、過去をふりかえって、仏のお育てをよろこぶものである。すなわち、獲信《ぎゃくしん》以前になしたさまざまな行善《ぎょうぜん》は、そのときは自力のつもりであったが、ふりかえってみると、他力の仏意に気づかせるための如来のお育てであったといただくものである。これを宿善の当相は自力だが、その体は他力であるといいならわしている。

6 正定聚《しょうじょうじゅ》 正定聚とは、正《まさ》しく仏になることに決定《けつじょう》しているなかまという意味である。必ず仏になるということは、言葉をかえれば決して退転しないということであるので、不退転ともいう。親鸞聖人《しんらんしょうにん》はこのような正定聚は平《へい》生《ぜい》の信の一念に与えられる利益《りやく》であるので、これを現生《げんしょう》正定聚といわれた。このように必ず往生し成仏することに決定するのは、臨終のときではなく平生（ふだん）であるので、これをまた平生業成《ごうじょう》ともいう。

衆生《しゅじょう》が阿弥陀仏によって救済され、現生において与えられる利益について親鸞聖人は、『文類聚鈔《もんるいじゅしょう》』に、「また現生無量の徳を獲《う》」と示され、「信巻《しんかん》」（末）には具体的に、

「現生に十種の益を獲」といい現生十益が示されているが、これらはいずれも正定聚に入るという利益におさまるものである。

本願を信じ念仏するものは阿弥陀仏の本願に随順し、釈尊の教説に随順し、諸仏の教意に随順するものであるから、真の仏弟子といわれ、また分陀利華《ふんだりけ》（白蓮華）に喩えてほめたたえられている。また金剛の信心をいただいた信心の行者は、次生《じしょう》において必ず仏になることに決定しているという意味で、一生補処《いっしょうふしょ》の菩薩《ぼさつ》と同じ位にある。すなわち現に兜率天《とそつてん》にあって、次生にこの娑婆に出現して仏となるといわれる弥勒《みろく》菩薩と同じ等覚《とうがく》の位であるというので、「便同《べんどう》弥勒」（すなはち弥勒に同じ）、「次如《しにょ》弥勒」（次いで弥勒のごとし）といわれる。等覚は平等正覚《しょうがく》の意味として仏の地位をあらわす場合もあるが、ここでは「等しい」を「ほとんど同じ」という意味にとり、仏のさとりである正覚とほとんど同じ徳をもつ菩薩の最高位をあらわして等覚というのである。阿弥陀仏の救済を受けた人々を「如来とひとし」という場合の「ひとし」というのもこの意味で、念仏者の絶対の尊厳性を示された言葉である。なお、これについては『親鸞聖人御消息《ごしょうそく》』第十一通等に明かされている。

7 信《しん》の一念《いちねん》・聞《もん》　親鸞聖人《しんらんしょうにん》は『大経《だいきょう》』（下）の第十八願成就文《じょうじゅもん》に、「あらゆる衆生《しゅじょう》、その名号《みょうごう》を聞きて信心歓喜せんこと、乃至《ないし》一念せん。（中略）すなはち往生を得、不退転に住せん」と説かれた「乃至一念」を信の一念とみなし、「信巻《しんかん》」（末）には、「それ真実の信楽《しんぎょう》を案ずるに、信楽に一念あり。一念とはこれ信楽開発《かいほつ》の時剋《じこく》の極促《ごくそく》を顕し、広大難思《こうだいなんじ》の慶心《きょうしん》を彰すなり」と釈し、また『一多文意《いったもんい》』には、「一念といふは信心をうるときのきはまりをあらはすことばなり」と釈されている。つまり、阿弥陀仏の本願を聞いて疑いなく信受する信心が開け発《おこ》った最初の時を信の一念（時剋の一念）というのである。そのとき同時に衆生は、必ず往生することのできる身に定まるという利益《りやく》を与えられる。そのことを、「すなはち往生を得、不退転に住せん」といわれたのであって、このことを信益《しんやく》同時という。このように、信の一念に衆生は必ず往生することができる身に定まるということによって、信心一つで往生が定まるという唯信正因《しょういん》の法義が確立する。そしてまた、救いはまったく如来の御はからいによって成就するのであって、衆生のはからいはまったくかかわらないという絶対他力のいわれがあきらかになる。

信の一念について、また「信巻」（末）には、「一念といふは、信心二心なきがゆゑに一念といふ」とある。これを前の時剋の一念に対して信相の一念という。信相とは、信心のすがたという意味であり、阿弥陀仏の救済をふたごころなく疑いなく信ずることをまた一念というのである。

　なお「信巻」(末)には、『大経』(下)の「聞其名号(その名号を聞きて)」の「聞」を釈して、「聞《もん》といふは、衆生、仏願の生起《しょうき》本末《ほんまつ》を聞きて疑心あることなし、これを聞といふなり」といい、名号のいわれを正《まさ》しく聞き開いたことが信心であるといわれている。これを「聞即信《もんそくしん》」といい、これによって他力回向《えこう》の信心は名号すなわち如来の招喚《しょうかん》の勅命《ちょくめい》を聞いて成就するものであることがあきらかになる。

8　真実教《しんじつきょう》　真実教とは、釈尊の出世《しゅっせ》の本懐《ほんがい》をあらわした経をいう。親鸞聖人《しんらんしょうにん》は「教巻《きょうかん》」のはじめに、「それ真実の教を顕さば、すなはち大無量寿経《だいむりょうじゅきょう》これなり」といわれている。われわれが仏法にふれることができるのは、まず釈尊の説かれた教えによってである。しかし、釈尊が説かれたのは『大経』だけではない。一般に八万四千の法門といわれるように、膨大な経典が遺されているが、その中で、釈尊が最もお説きになりたかった教えを出世本懐の教という。『大経』には、釈尊がふだんと異なったすばらしいすがたでもってこの経を説かれたとあり、また如来が世に出現される理由は、苦悩の群萌《ぐんもう》に真実の利を恵み与えるためであると述べられている。その真実の利が、この経に説かれる阿弥陀仏の本願の救い、すなわち十方《じっぽう》の衆生《しゅじょう》に無上功徳の名号《みょうごう》を与え、万人を平等に救って涅槃《ねはん》の浄土に生れしめようとする教説を指すことはいうまでもない。このように、釈尊がみずから真実の法を説く出世本懐の経であるといわれているから、真実教とされるのである。親鸞聖人は『大経』の法義を要約して、「如来の本願を説きて経の宗致《しゅうち》とす、すなはち仏の名号をもつて経の体とするなり」といい、本願の始終をもって、名号のいわれをあらわした経であるといわれている。
　ところで、この経は阿弥陀仏の第十七願に応じて説かれたものである。第十七願の願文には、「たとひわれ仏を得たらんに、十方世界の無量の諸仏、ことごとく咨嗟《ししゃ》(ほめたたえる)して、わが名を称せずは、正覚《しょうがく》を取らじ」とあり、十方の諸仏に阿弥陀仏の名号をほめたたえしめようと誓われている。釈尊が『大経』を説いて本願名号のいわれを顕示されたのは、この第十七願成就のすがたなのである。この真実教にあらわされている本願の名号を、正定業《しょうじょうごう》として示されるのが「行巻《ぎょうかん》」である。

9　旃《せん》(栴)陀羅《だら》　旃陀羅とは、梵語チャンダーラ(caṇdāla）の音写で、語源的にはチャンダ（caṇḍa）、「激しい、獰猛《どうもう》な、残酷な」から来た語とみられる。中国では、厳熾《ごんし》執《しゅう》、暴悪人、屠者《としゃ》、殺者《せっしゃ》などと訳されている。『観経《かんぎょう》』の「発起序《ほっきじょ》」に、母を殺害しようとする阿闍世王《あじゃせおう》を月光《がっこう》と耆《ぎ》婆《ば》が誡《いまし》めて、「大王、臣聞く、毘陀論経《びだろんきょう》に説かく、劫初《こうしょ》よりこのかたもろもろの悪王ありて、国位を貪《むさぼ》るがゆゑにその父を殺害せること一万八千なりと。いまだかつて無道に母を害することあるを聞かず。王いまこの殺逆《せつぎゃく》の事をなさば、刹利種《せつりしゅ》を汚さん。臣聞くに忍びず。これ栴陀羅なり。よろしくここに住すべからず」といわれている。善導大師《ぜんどうだいし》の『観経疏《かんぎょうしょ》』（序分義）には、これを釈して、「是旃陀羅といふはすなはちこれ四姓の下流なり。これすなはち性、匈悪《きょうあく》を懐きて仁義を閑《なら》はず。人の皮を着たりといへども、行ひ禽獣に同じ」という。これによれば、旃陀羅は下層の身分のもので、母をも殺すような凶悪な性格をもつものであるということになる。親鸞聖人《しんらんしょうにん》の『浄土和讃《じょうどわさん》』（七六）には、『観経』によって、「是旃陀羅とはぢしめて（中略）闍王《じゃおう》の逆心いさめける」といわれている。

古代インドのカースト社会で、旃陀羅は四姓の身分からもれた卑しく汚れたものとされたグループであった。ヒンドゥー教の『マヌ法典』によれば、梵天《ぼんてん》（ブラフマン）の口から司祭者（ブラーフマナ＝婆羅門《ばらもん》）、腕から王族（クシャトリヤ＝刹帝利《せっていり》・刹利《せつり》）、腿《もも》から庶民（ヴァイシュヤ＝毘舎《びしゃ》）、足から隷民《れいみん》（シュードラ＝首陀羅《しゅだら》・首陀）がそれぞれ生れたとしている。しかし、旃陀羅は梵天から生れたものではないから、アウトカーストとして人間以下の犬や豚と同じ存在であるとみなされていた。この身分制度は支配者が権力を維持するために、神の名によって権威づけ、人為的につくったものであることはいうまでもない。旃陀羅階層には財産を持たせず、行刑や屠殺、清掃等の仕事を強制して行わせ、教育を受けることを許さず、ヴェーダ聖典を聞かせないことなど、これらを神の律法として制度化したのである。この制度は、インドの歴史を通じて長く伝承されてきた。現在では憲法ならびに法律で差別は否定されており、差別打破の運動も行われているが、いまだ完全な解消には至っていない。

釈尊が、こうしたインドの社会にあって生れによる貴賤・尊卑という考え方を否定し、一切のものの平等を説き、一人ひとりの人間の行為に注目されたことはよく知られている。しかしながら、仏教の長い歴史の中には、「旃陀羅は悪人である」とか「母をも殺すようなものである」というような言葉を用いて、社会制度として被差別をしいられている人々を、さげすみ差別してきたことも事実である。それはインドだけではなく中国や日本でも同様であり、

「旃陀羅は悪人なり」といった人もある。江戸時代には、このインドに起源をもつ旃陀羅と、その成立を異にしている中国の屠者と、日本の「穢多《えた》・非人《ひにん》」とを無理に結びつけて差別の合理化がはかられた。そして被差別部落の人々には、その死後に「桃源旃陀羅男」などの戒名をつけ、墓石に刻みつけて差別したのであった。

浄土真宗でも、江戸時代の『観経』や『浄土和讃』の註釈書に、「旃陀羅は日本にていへば穢多といへるごとく、常人の交際のならぬものなり」などといい、近年まで、「無道に母を害し給ふは、穢多非人の仕業《しわざ》である」と註釈した解説書もあった。こうした旃陀羅の差別的な解釈は布教の現場でも用いられ、部落差別を温存し助長する用語として利用してきたことを、われわれは厳しく反省しなければならない。

親鸞聖人が「是旃陀羅とはぢしめて」といわれたとき、『観経』の教説に準拠して、母を殺すような行為は、極悪非道であり、最も恥ずべきことであるということを強調するためであって、旃陀羅を悪人であるときめつけるためでなかったことはあきらかである。倫理的な善悪の行為と、民衆支配のために人為的につくりあげた身分制度とはまったく別種のものであるのに、両者を結びつけて、刹利種(クシャトリヤ)は善を行うもの、旃陀羅は悪を行うものというようにみる誤った社会意識が聖典の中にさえ反映していることの一例であろう。われわれは、親鸞聖人が造悪を恥じしめようとされた本意を正確に聞きとるとともに、旃陀羅を恥ずべきものとみなすような理解に陥らないように十分注意をして聖典を拝読しなければならない。

10 大行《だいぎょう》・真実行《しんじつぎょう》 大行とは、第十七願に誓われた諸仏讃《さん》嘆《だん》の名号《みょうごう》をいう。大行の大には大、多、勝の三義がある。すなわち広大、多量、最勝の意味で、行の徳用《とくゆう》をあらわしている。「行巻《ぎょうかん》」に大行と名づけられる理由を明かして、「もろもろの善法《ぜんぽう》を摂し、もろもろの徳本を具せり」といわれたのは無量の徳で多の義にあたり、「極速円満す」は勝れた用徳《ゆうとく》で勝の義、「真如《しんにょ》一実の功徳宝海なり」は広大無辺な真如にかなう性徳《しょうとく》で大の義にあたるといえよう。

行とは、一般に教・行・証という場合の行は、梵語のチャリヤー(caryā)の漢訳で、菩提《ぼだい》、涅槃《ねはん》に至るための行為を意味する。『唯信鈔文意《ゆいしんしょうもんい》』には「行」の字に左訓《さくん》して「おこなふとまうすなり」といわれている。

このように大行とは、真如にかない、無量の徳をもち、衆生《しゅじょう》をすみやかに涅槃に至らしめるすぐれた行業《ぎょうごう》(おこない)のことである。それゆえ「真実行」ともいわれるのである。

「行巻」の出体出願《しゅったいしゅつがん》の釈に、「大行とはすなはち無礙《むげ》光《こう》如来の名《みな》を称するなり」と行体を指定されている。これは『論註《ろんちゅう》』(下)の起観生信章《きかんしょうしんしょう》の名号破満の釈によられたもので、名義《みょうぎ》にかなわない自力の念仏に対して、無礙光如来の光明《こうみょう》智相にかない、名義と相応している如実行であることをあらわすためである。その名義である光明智相とは、衆生の無明《むみょう》を破り、往生成仏の志願を満たす力用《りきゆう》をもつ名号であるということで、この名号のもつ破闇満願の力用こそ衆生を涅槃に進趣せしめる行としての徳義である。「無礙光如来の名を称するなり」と行体を指して称名を大行であるといわれているが、称えたはたらきによって行となるのではなく、称えられている名号に大行としての徳をもち、この名義にかなって称えているから称名また大行といわれる徳があると、能所不二《のうじょふに》の大行の義趣を示されたのが出体出願の釈である。

もともと、信心、称名といっても名号の活動相のほかになく、衆生は、称えているまま能称を忘れて無礙光如来の名義を聞き、本願招喚《しょうかん》の勅命《ちょくめい》を聞信《もんしん》しているのである。それを「称名即名号」、「信心即名号」、「称名即信心」といい、このように信心、称名の全体が名号大行の活動相であるというのが「行巻」のあらわすところである。「信巻《しんかん》」は、この法体《ほったい》大行が衆生の上に届いて大信《だいしん》となり、衆生の往生成仏の正因《しょういん》となっていくという機受の要義をあらわすのであって、行と信は、法と機の関係にあるのである。

11　大信《だいしん》・真実信《しんじつしん》　大信とは、阿弥陀仏よりたまわった信心の徳をたたえた言葉である。信心とは信楽《しんぎょう》ともいわれ、無疑心のことであって、疑心なく本願の名号《みょうごう》を領受した心をいう。それは大行《だいぎょう》である名号のはたらきが衆生《しゅじょう》に正《まさ》しく至り届いたすがたである。この信心は、「如来の大悲心なるがゆゑに、かならず報土の正定《しょうじょう》の因となる」(信《しん》巻《かん》・本)といわれている。これを信心正因《しょういん》という。すなわち如来回向《えこう》の信心は真如《しんにょ》にかない、無量の徳をもち、衆生を涅槃《ねはん》のさとりに至らしめるすぐれた徳をもっているから大信心といわれ、また真実信といわれるのである。

「信巻」の冒頭には、「至心信楽の願」と第十八願がかかげられている。その願文には、至心・信楽・欲生《よくしょう》という三心《さんしん》が示されるが、天親菩薩《てんじんぼさつ》は、本願の三心が疑いなく名号を信受する信楽の一心のほかにないことをあらわすために、『浄土論《じょうどろん》』に「一心」と示されたといわれている。すなわち至心とは、真実の心という意味であり、これは信楽(信心)の体徳である。つまり衆生の信心は、阿弥陀仏の真実の心を体徳としているということである。欲生とは、阿弥陀仏が衆生を浄土に生れさせようと願いたもう大悲心であり、また衆生にとっては、必ず阿弥陀仏の浄土に往生できると浄土を期《ご》する心である。これは阿弥陀仏の本願を疑いなく信受した信楽のもついわれを別開したもので、信楽のほかにはない。このように至心も欲生も信楽の一心におさまることを「三心即一」といい、三心と誓われているが、本願の名号のいわれを領受するのは信楽一心のほかにないことがわかる。この信心は、阿弥陀仏の本願招喚《しょうかん》の勅命《ちょくめい》（衆生を招き喚ぶ声）に帰順する（したがう）心であるからこれを帰命《きみょう》ともいうのである。

12 他力《たりき》・本願力回向《ほんがんりきえこう》 他力とは、阿弥陀仏の本願力回向のはたらきをいう。本願力とは、因位《いんに》の本願のとおりに完成された力用《りきゆう》のことである。その本願とは、十方《じっぽう》の衆生《しゅじょう》をして阿弥陀仏の救いを信ぜしめ、その名号《みょうごう》を称えしめて、浄土に往生せしめようという願いであったから、本願力とは、衆生をして信行《しんぎょう》せしめ往生成仏せしめているはたらきをいうのである。このように、衆生に南無阿弥陀仏を与えて救うことを、親鸞聖人《しんらんしょうにん》は本願力回向といわれたのである。回向とは「回転して趣向すること」であるが、これに自身の善根《ぜんごん》を転じて菩提《ぼだい》（さとり）に向かう菩提回向（自利）と、他の衆生に施し与えて救っていく衆生回向（利他）と、真如《しんにょ》にかなっていく実際回向とがある。いま本願力回向とは、本願に誓われたように、阿弥陀仏が自身の成就された仏徳のすべてを南無阿弥陀仏におさめて衆生に与えたもう利他回向のことである。『一多文意《いったもんい》』に、「回向は、本願の名号をもつて十方の衆生にあたへたまふ御《み》のりなり」といわれたごとくである。親鸞聖人は「教巻《きょうかん》」のはじめに、本願力回向の相に、往相《おうそう》・還相《げんそう》の二種のあることを示された。往相とは、衆生が浄土に往生していく因果のすがたであって、教を与え行信の因を与え証果を与えていくことである。還相とは、証果を開いたものが大悲をおこして菩薩《ぼさつ》のすがたとなって、十方の衆生を救うためにこの世に還り来るすがたであるが、それもまた阿弥陀仏の第二十二願によって与えられたすがたである。

13 同朋《どうぼう》・同行《どうぎょう》 『歎異抄《たんにしょう》』などでは、法然聖人《ほうねんしょうにん》を同じ師とする門下のともがらのこととされている。『親鸞聖人《しんらんしょうにん》御消息《ごしょうそく》』（三）では、「とも同朋にもねんごろにこころのおはしましあはばこそ」などと、専修《せんじゅ》念仏に生きるものの平等のありようとして使われている。同行とは『華厳経《けごんぎょう》』などでは、同じ仏道修行に励むもののこととされている。天台大師《てんだいだいし》の『摩訶止観《まかしかん》』には、「同行とは（中略）切磋琢《せっさたく》磨《ま》し、心を同じくし志を斉《ひと》しくして一船に乗るがごとく、たがひにあひ敬重《きょうじゅう》して世尊を視《み》るがごとくす」といわれている。また善導《ぜんどう》大師は、同じ念仏行に生きるものの意とされ、親鸞聖人の御消息には、共に念仏の教えを聞き行ずる人々として「御《おん》同行」、「とも同朋」といわれ、浄土真宗の信者は心を同じくし、親しんで道を行ずるものとして使われる。親鸞聖人は、「とも同朋にもねんごろに」とか「同行をあなづるな」といわれているが、これは阿弥陀仏の平等の大悲に包まれて、共に仏子として救われていく念仏者の平等性と互敬の思いを示されたものといえよう。すなわち他力回向《えこう》の一味の信心に生き、同一の念仏に生きるものとして、正定聚《しょうじょうじゅ》の位につき、「弥勒《みろく》と同じ」、「如来とひとしき」尊い徳に生かされるものとして、互いに信頼と尊敬の念をもって「御同朋、御同行」と敬愛しあって生きるべきことを示されているのである。とくに親鸞聖人は『歎異抄』(五)に、「一切の有情《うじょう》はみなもつて世々生々《せせしょうじょう》の父母《ぶも》・兄弟なり」といい、念仏者だけでなく、すべての衆《しゅ》生《じょう》は、同じいのちにつらなる父母・兄弟であるとして、同朋の観念を一切衆生にまでひろげ普遍化されている。

教団の歴史の中では、毎月一定の日に道場に集合して行う仏事を縁として講が組織され、同行、同朋として当時の社会身分階層を超えて親しみ、差別を打ち破って同じ信に生きるよろこびを一つにする、信仰共同体を生み出してきた。ところが、一方では、社会的分業が進み、職業が固定化し、差別も流動的なものから固定的なものになっていった。そして、封建的身分制が確立した江戸時代に至っては、同朋思想も形骸化し、教団の中にさえ「穢寺《えじ》、穢僧《えそう》」をつくり、御同朋であるべき門徒の中でも差別をする事実を生み出してきた。さらに現代に至っても差別温存の姿勢が続けられていることは大きな誤りである。

14　女人《にょにん》・根欠《こんけつ》・五障三従《ごしょうさんしょう》　『浄土論《じょうどろん》』などには、浄土は平等なさとりの世界であって、「譏嫌《きげん》の名なし」。女人および根欠、二乗の種」は存在しないと説かれている。ここでいわれる譏嫌とは、成仏できないものとして嫌われることを意味していたが、『論註《ろんちゅう》』には譏嫌名に世間的なそしりの意味も含められている。それは当時の差別された女性や障害者の救済を説くために、浄土にはこのような差別の実体もなく、女人や根欠という差別的な名さえもない絶対平等の世界であるとあらわされたものである。その聖典が成立した当時の社会にあっては、女人や根欠を卑しいものとみる社会通念が支配的であった。そうした中にあって仏国の平等性をあらわすことによって、差別の社会通念を破り、女人や根欠に救いをもたらそうとした教説である。二乗とは声聞《しょうもん》、縁覚《えんがく》という小乗の行者のことであって、仏になれないものとされていた。根欠とは、『論註』では、眼《げん》、耳《に》、舌《ぜつ》等の諸器官が不自由な人のこととみられている。

釈尊は比丘尼《びくに》、沙弥尼《しゃみに》として女性の出家を許されたし、実際にさとりを開いた女性が存在していたことも『長老尼偈《ちょうろうにげ》』などには記録されていて、さとりを開くのに男女の差のないことが初期の教団では立証されていた。ところが、後世の教団では五障三従説を唱えて、女性は仏になれないとしたのである。五障説とは、梵天王《ぼんてんのう》・帝釈天《たいしゃくてん》・魔王・転輪聖王《てんりんじょうおう》・仏の五つに女性はなれないというもので、世間的にも出世間的にも女性は指導者になれないとする説である。三従説とは、『マヌ法典』に、「婦人は幼にしてはその父に、若き時はその夫に、夫死したる時はその子息に従うべし。婦人は決して独立を享受すべからず」とあるもので、仏教教団もこの思想に多分に影響されて五障説を唱え、五障三従の教説が成立したのである。そうした中、『法華経《ほけきょう》』や『大経《だいきょう》』などでは変成男子《へんじょうなんし》の教えが説き示されるようになった。すなわち『法華経』の「提婆品《だいばぼん》」には、女人は五障があって成仏できないであろうとする舎利弗《しゃりほつ》の疑問に対して、八歳の竜女が女身を転じて男身となり成仏していくことが説かれており、『大阿弥陀経《だいあみだきょう》』の第二願や、『大経』の第三十五願には、本願力によって女身を転じて往生成仏せしめようと誓われている。このように女性が一度男性になってから仏になるというのは、父権制社会のきびしい差別の中で、仏になれないとされた女性に成仏の道があることを示したものである。親鸞聖人《しんらんしょうにん》は、この変成男子を女人成仏と受けとめるとともに、さらにすすんで「男女老少をえらばず」といい、阿弥陀仏の本願は、男性も女性もまったく差別なく、ひとしく救済されるとあらわされたのである。

女性を罪深く、不浄であるとする考えは、現代の一般社会にもみられるが、これは男性中心の考え方であり、女性差別の思想であるといえよう。

また「女人・聾《ろう》・盲」などの言葉が譬喩としてよく使われるが、その多くは悪い意味で使われている。たとえば、『論註』(上)に、浄土にはそしり、嫌われるような名さえもないということをあらわすのに、「人の諂曲《てんごく》なると、あるいはまた儜弱《にょうにゃく》なるを、譏《そし》りて女人といふがごとし。また眼《まなこ》あきらかなりといへども事を識《し》らざるを、譏りて盲人といふがごとし。また耳聴《き》くといへども義を聴きて解らざるを、譏りて聾人といふがごとし。(中略) かくのごとき等ありて、根《こん》具足せりといへども譏嫌の名あり」といい、世間では、女性や、障害者のすがたをそしり嫌うことの譬喩として用いているといわれるものなどがそれである。このように女性や心身に障害のある者をそしりの言葉として用いることは、今もなお行われているが、たとえ譬喩としてであれ、女性や心身に障害をもつ人を差別することは大きな誤りである。

15　方便《ほうべん》・隠顕《おんけん》　方便とは、仏が衆生《しゅじょう》を救済するときに用いられるたくみな方法（てだて）をいう。その中に真実と権仮《ごんけ》とがある。真実の方便とは、仏の本意にかなって用いられる教化の方法で、随自意《ずいじい》の法門をいう。それは、大智を全うじた大悲が巧みな方法便宜をもって衆生を済度《さいど》されるというので、善巧《ぜんぎょう》方便ともいう。阿弥陀仏を方便法身《ほっしん》というときの方便がそれである。権仮方便とは、未熟な機は直ちに仏の随自意真実の法門を受けとれないから、その機に応じて、仮に暫く誘引のために用いられる程度の低い教えをいう。機が熟すれば真実の法門に入らしめて、権仮の法門は還って廃せられる。このように暫く用いるが、後には還って廃するような随他意《ずいたい》の法門を権仮方便という。「方便化身土《ほうべんけしんど》」といわれるときの方便がそれである。

親鸞聖人《しんらんしょうにん》は四十八願の中で、往生の因を誓われた第十八願、第十九《じゅうく》願、第二十願のうち第十八願のみが真実願であり、第十九願、第二十願は方便願であるとされた。第十八願は、他力回向《えこう》の行信《ぎょうしん》によって、真実報土の果を得しめられる真実願であり、第十九願は、自力諸行によって往生を願うものを、臨終に来迎《らいこう》して方便化土《けど》に往生せしめることを誓われたものであり、第二十願は、自力念仏によって往生を願うものを、方便化土に往生せしめることを誓われた方便願であるといわれるのである。そしてこの三願は、聖道《しょうどう》門の機を浄土門に誘うために第十九願が、自力諸行の機を念仏の法門に導き、さらにその自力心を捨てしめて第十八願の他力念仏往生の法門に引き入れるために第二十願が誓われたとされている。

阿弥陀仏の第十九願に応じて説かれた釈尊の教えが『観《かん》経《ぎょう》』であり、第二十願に応じて説かれた教えが『小経《しょうきょう》』である。『観経』に説かれた教えは、定善《じょうぜん》・散善《さんぜん》といういろいろな善根《ぜんごん》によって阿弥陀仏の浄土に往生するというものであり、『小経』に説かれた教えは、一心不乱の自力称名念仏によって往生するというものである。第十九願・第二十願の教えが、第十八願の教えに引き入れようとするものであるのと同じく、『観経』、『小経』を説かれた釈尊の本意は、他力念仏の教えを説くことにある。したがって表面に説かれた教えは、前に述べたようなものであるが、その底を流れる釈尊の真意が、部分的に表面にあらわれている。『観経』に、「なんぢ、よくこの語を持《たも》て。この語を持てといふは、すなはちこれ無量寿仏の名《みな》を持てとなり」とあり、『小経』に「難信の法」とあるのがその例である。このように表面に説かれた自力の教えを「顕説《けんぜつ》」といい、底に流れる他力の教えを「隠彰《おんしょう》」という。これによって『観経』、『小経』には、隠顕の両意があるといわれる。こうして浄土三部経は、顕説からいえば真実教と方便教の違いがあるが、隠彰の実義からいえば三経ともに第十八願の真実の法門が説かれていることがわかる。

16 菩薩《ぼさつ》 菩薩とは、梵語ボーディサットヴァ（bodhi-sattva）を音写した語で、菩提薩埵《ぼだいさった》ともいい、漢訳して覚《かく》有情《うじょう》・道衆生《どうしゅじょう》・道心衆生などともいう。さとりを求めて修行するもの、すなわち求道者の意味である。最初期は成仏する以前の修行時代の釈尊を指す言葉であった（釈迦菩薩）。その意味では「さとりに定まった有情」を指すのが元の語義であった。それが大乗仏教になると、意味が拡大されて、出家・在家、男女を問わず、仏陀《ぶっだ》のさとりを求めて修行するものをすべて菩薩と呼ぶようになったのである（凡夫《ぼんぶ》の菩薩）。また、弥勒《みろく》・普賢《ふげん》・文殊《もんじゅ》・観音《かんのん》などのもう一つの菩薩があって、これらの菩薩は、現にましまして衆生を教化しつつある菩薩（大菩薩）である。大乗仏教の菩薩はすべて願《がん》と行《ぎょう》とを具えているといわれる。その願は、それぞれの菩薩によって異なる。それを象徴的に示したのが、普賢の行、観音の慈悲、文殊の智慧《ちえ》などである。しかしすべての菩薩に通じるものは、自らさとりを完成する（自利）と同時に生きとし生けるものを救う（利他）という目標をもって、深い慈悲に根ざしているということである。

　このような願と行とを具する菩薩の典型的なものは、『大経《だいきょう》』に説かれる法蔵《ほうぞう》菩薩である。『大経』には、過去無数劫《むしゅこう》（無限の過去）に一人の国王があり、出家して法蔵と名のり、世自在王仏《せじざいおうぶつ》の弟子となり、諸仏の国土を見て五劫の間思惟《しゆい》し、一切衆生を平等に救おうとして四十八願をおこし、兆載永劫《ちょうさいようごう》（無限の時間）の修行を経て阿弥陀仏となられたと説かれてある。因位《いんに》の法蔵菩薩が願と行に報《ほう》われて阿弥陀仏となられたのであり、このような仏陀を報身仏《じんぶつ》と呼ぶ。

　そのことから菩薩は、後には総合的に成仏道を歩む修行者という向上的な意味とともに、すでに仏となったものが、衆生救済のために菩薩のすがたをとるという向下的な意味をあわせもつようになった。いわゆる菩薩道とはこのような意味を含むものである。

　阿弥陀仏の因位である法蔵菩薩についても、その発願《ほつがん》・修行の結果阿弥陀仏となったと説かれているが、久遠実《くおんじつ》成《じょう》の阿弥陀仏（無限の過去より、すでに仏であったところの阿弥陀仏、『浄土和讃《じょうどわさん》』、『口伝鈔《くでんしょう》』に出る）が、衆生救済のために菩薩の発願・修行のすがたを示されたのであるという見方もある。

17　本願《ほんがん》　本願の意味には因本《いんぽん》の願と根本の願の二つがあるといわれている。因本の願とは、因位《いんに》のときにおこされた願いということである。この願いには、それが完成しなければ仏にならぬという誓いをともなっているので誓願といわれる。この因本の願には、総願と別願とがある。総願とは、すべての菩薩《ぼさつ》が共通しておこすものであり、「無辺の衆生《しゅじょう》を救済しようという願い、無数の煩悩を断とうという願い、無尽の法門を知ろうという願い、無上の仏道を成就しようという願い」のいわゆる四弘誓願《しぐぜいがん》として知られている。次に別願とは、それぞれの菩薩に特有なものであり、これによってそれぞれの仏の性格が異なってくる。阿弥陀仏が因位のときにおこされた四十八願は、この別願である。『大経《だいきょう》』（上）には、法蔵《ほうぞう》菩薩が世自在王仏《せじざいおうぶつ》のもとで二百一十億の諸仏の国土の中より、粗悪なものを選び捨てて、善妙なものを選び取り四十八願を建立したと説かれている。

根本の願いとは、この四十八願は第十八願を根本とし、余の四十七願は第十八願を開いた枝末の願とみることをいう。そこで法然聖人《ほうねんしょうにん》は、第十八願を本願中の王といい、第十八願の念仏を、難劣な諸行を選び捨てて選び取られた勝易具足《しょういぐそく》の行であるというので、これを選択《せんじゃく》本願念仏といわれた。

第十八願には、「たとひわれ仏を得たらんに、十方《じっぽう》の衆生、至心信楽《ししんしんぎょう》してわが国に生《しょう》ぜんと欲《おも》ひて、乃至《ないし》十念せん。もし生ぜずは、正覚《しょうがく》を取らじ。ただ五逆と誹謗正法《ひほうしょうぼう》とをば除く」とある。親鸞聖人《しんらんしょうにん》はここに誓われてある行《ぎょう》（＝十念）、信（＝至心信楽欲生）、証（＝衆生の往生）、真仏土（＝阿弥陀仏の成仏）をそれぞれ、第十七・十八・十一・十二・十三願に配当される。この五願は真実五願といわれ、『教行信証《きょうぎょうしんしょう》』の各巻の冒頭にかかげられている。これによって浄土真宗の法門は、総じていえば第十八願、開いていえば真実五願によって成就され回向《えこう》されたものであることを知らしめられたのである。

刊行にあたって

一、聖典の刊行について

浄土真宗本願寺派では、昭和五十七年（一九八二）より、第二期宗門発展計画を起点として、聖典編纂の事業が進められ、すでに『浄土真宗聖典（原典版）』（以下『原典版』という）が刊行されたが、本願寺寺基《じき》京都移転四〇〇年を迎えるいま、この『浄土真宗聖典（註釈版）』（以下『註釈版』という）を刊行することになった。

この聖典の発刊によって、聖教《しょうぎょう》がひろく宗門内外の人びとに拝読されることを望むものである。

浄土真宗がよりどころとしている聖教*は、㈠浄土三部経、㈡七高僧の論釈、㈢宗祖親鸞聖人《しんらんしょうにん》の撰述、㈣歴代宗主の撰述、および宗祖・歴代宗主の敬重された聖教である。本聖典には、浄土真宗の領解・学習・伝道に用いるべき主要なものをおさめた。

さきに出版した『原典版』は、定評のある善本を底本として忠実に翻刻し、諸種の重要な異本等をもちいて文献学的に厳密な校異を行ったもので、宗門の各種聖典の文字通り原典となるものである。ここに刊行した『註釈版』は、『原典版』の底本に準拠しながら、現在の学問的水準を考慮して、現代の人びとに親しみやすく、しかも、正しく理解できるように配慮を加えた聖典で、将来逐次刊行されるべき現代語訳等の基礎となるものである。

本聖典では、『原典版』の底本および対校本諸本を校訂して本文を確定し、歴史的仮名遣いに統一した。また漢字は、現行の新漢字をもちいるようにし、振り仮名を付し、できるだけ読みやすいものになるようにつとめた。

聖教には、中国で経典が翻訳されて以来、伝統的にもちいられてきた数多くの専門用語がある。これらは深遠な仏教の真理を正確に伝えるためのものであるが、また一面、これによって聖教が難解になっていることも否定できない。そのため、本聖典では、これらの専門用語を中心に、聖教にみえる基本的な用語約八百語を抽出して巻末に註釈を設け、さらに各聖教本文の文脈に則して、できるかぎり本文註と脚註を加え、読者の理解を助けるための措置を講じた。また、とくに解説を要すると考えられる語については補註（要語解説）を設けた。これらの措置が聖典拝読の助となればさいわいである。

二、聖典の拝読について

仏の教えは、それが現実の社会のなかで説かれ、伝えられる以上、その時代、その社会の人びとの思想や生活と無関係に説かれたものではない。したがって、それぞれの時代、社会の特異性を反映している。ただ、そうした特異性に埋没することなく、時代を超えて人びとに真実を知らしめ、苦悩からの救済を教示してきたのが仏教の聖典であった。その意味において、伝承されてきた聖典類をうかがう場合には、それが成立した当時の時代背景、思想との深いかかわりがあり、少なくともその言語表現には歴史的、社会的な影響があるという認識のもとに、その聖典のあらわそうとしている本旨を正しくとらえるように留意しなければならない。

親鸞聖人が聖典拝読にとられた姿勢は、聖典の文言を重視しながらも、根源的には依義不依文《えぎふえもん》（義に依って文に依らず）という大乗仏教の基本姿勢にならわれたものであった。それは聖典の言葉、文章を大切にし、あくまでその文に立脚しながらも、単にその言語表現の表相だけにとどまらず、如来大悲の心をこころとして、義に依って文を読み、文に込められた深い義理を領解するようにつとめ、選択本願《せんじやくほんがん》の仏意をより明らかにされたのであった。私たちが聖典を拝読する際にも、聖人のこの姿勢を尊重すべきであろう。

宗門における聖典の註釈は、遠くは覚如《かくにょ》上人、存覚《ぞんかく》上人にはじまるが、近くは第十三代宗主良如《りょうにょ》上人が学寮《がくりょう》を創建し宗学の研究体制を整えられたころから、本格的に行われるようになった。以後、それぞれの時代の宗学者は真摯《しんし》に教学の研究を進め、すばらしい成果をおさめたが、また一面、近世江戸時代は封建社会であったために教学もその影響を受けたことは否定できない。さらに、明治以降は国家至上主義的な社会体制の制約のもとで、当時の国策に従うような教学の営みがなされてきたことも事実であった。そのような状況のなかでなされた聖典解釈のなかには、今日からみて妥当ではないと考えられるような解釈もみうけられる。

したがって、この『註釈版』は、伝統的な解釈を十分尊重しながらも、新しい研究成果を加味して、註釈を加え、浄土真宗の本義を明らかにすべく意図した。ことに、わが宗門の同朋《どうぼう》運動の歴史のなかで確認されてきた視点に立って、『註釈版』においては、特記すべき事項についてはとくに補註（要語解説）のなかで示した。むろん、今回の出版において『註釈版』の編纂が完成したということではない。表記・註釈等の措置には今後さらに検討・改訂を要する点も多々あるものと思われる。ひろく諸賢のご批判、ご助言をいただきながら、本聖典の改訂を重ねて、より完全なものにしていくことが宗門のつとめであると考える。

本聖典の拝読を通して、真実によびさまされ、生死《しょうじ》を越えていく大きな力を得られるように念願してやまない。

昭和六十三年（一九八八）一月

真宗聖典編纂委員会

＊浄土真宗の聖教については、平成二十年（二〇〇八）四月一日に施行された「浄土真宗本願寺派宗制」により変更になりました。「第二版の刊行にあたって」の追記をご参照ください。

第二版の刊行にあたって

『浄土真宗聖典（註釈版）』の初版は、「真宗聖典編纂委員会」（平成元年「浄土真宗聖典編纂委員会」に改称）の編纂により昭和六十三年（一九八八）一月に刊行されました。本聖典は、浄土真宗がよりどころとしている主要な聖教を収めた『浄土真宗聖典（原典版）』（以下『原典版聖典』と呼ぶ）を底本とし、本文を校訂し種々の註釈を施して、文字通り「註釈版聖典」として拝読者の便宜をはかったものです。発刊より今日まで、浄土真宗の教義の領解・学習・伝道に欠かせぬ聖典として、ひろく宗門内外の人々に依用され、平成十五年（二〇〇三）三月には第二十一刷が出版されました。

この間、多くの方々から本聖典に対する様々なご意見が寄せられ、編纂委員会ではその都度検討を重ねる傍ら、第二版を想定しつつ、本文表記・語註の見直しを進め、また付録の充実や後に刊行しました『浄土真宗聖典七祖篇（註釈版）』（以下『註釈版聖典七祖篇』と呼ぶ）との連絡をはかるなどの新たな措置を検討し、あるいは真宗学・仏教学・史学等の学界の動向に目を向け、聖典に反映すべき研究成果の把握に努めてきました。そして、初版刊行後十年を経過した平成十年（一九九八）七月に開催された第四十回浄土真宗聖典編纂委員会において、第二版編纂の主旨および改訂に係る基本方針が了承され、本格的な改訂作業に入りました。

第二版の印刷は、印刷業界の全体的な流れが活版印刷から電算写植へと移行しつつある現状を踏まえ、電算写植を採用することにしました。このことは、聖典の縮小版や拡大版等の刊行を想定したデータの有効利用などを考慮した措置でもあります。そして、改訂にあたり、本文については、誤字・脱字・誤植等の訂正を中心に聖教本文を損なわない範囲での改訂を、また巻末註や脚註といった用語の註釈については、内容の著しい増広は行わないようにし、註釈内容の明らかな誤り、誤解を招くような不適切な表現について改めることを原則としました。さらに本聖典刊行当初よりの拝読者からの要望に応えて、収録聖教のご文を検索するための用語索引を巻末に付して聖典拝読の一層の便宜をはかりました。その体裁は『註釈版聖典七祖篇』に準じ、掲載用語数も同様に一五〇〇〇語を上限としました。また本聖典では『原典版聖典』との参照の便宜をはかるために『原典版聖典』の各聖教毎の該当頁数を本文上部に示しましたが、第二版ではこれに加えて、本聖典収録聖教に引用されている七祖聖教のご文に参照の便宜をはかるために『註釈版聖典七祖篇』の該当頁数（通頁）を本文註で示すという新たな措置を講じました。

平成十五年（二〇〇三）四月一日より、本願寺の機構改革に伴い、浄土真宗教学研究所に設置されていました「浄土真宗聖典編纂委員会」が廃され、浄土真宗聖典の編纂業務は新たに設けられた教学伝道研究センターの「聖典編纂部門」に引き継がれました。そして、各学問分野の編纂委員の校閲を経て進められてきた改訂作業は、聖典編纂部門の研究員を中心に行われ、ほぼ予定通りに第二版を刊行できる運びとなりました。

しかし、初版の「刊行にあたって」に「本聖典の改訂を重ねて、より完全なものにしていくことが宗門のつとめである」と記されていますように、今後もひろく諸賢のご批判、ご助言をいただきながら改訂を重ね、より完全な『註釈版聖典』になるようにしていきたいと考えています。

聖典の拝読を通して、真実によびさまされ、生死をこえて、人生を歩んでいく大きな力を得られますよう念願してやみません。

平成十六年（二〇〇四）三月

追　記

平成二十年（二〇〇八）四月一日に「浄土真宗本願寺派宗制」が施行されましたので、浄土真宗の聖教については、左記の通りとなります。

浄土真宗が依りどころとしている聖教は、㈠浄土三部経、㈡七高僧の撰述、㈢宗祖の撰述であり、宗祖の教えを伝承し、その意義を明らかにされた第三代宗主覚如上人の撰述及び第八代宗主蓮如上人の『御文章』等、並びに宗祖や蓮如上人が信心の鑑として敬重された典籍は聖教に準じます。

教学伝道研究センター
聖典編纂監修委員会

跋

いずれの宗教においても教学・伝道の根幹をなすものは聖典であり、いつの時代にあっても聖典が正確にわかりやすく教団の内外に伝承されていくことこそ肝要であります。

浄土真宗聖典の編纂事業は、本願寺第二十四代即如ご門主のご就任を期として実施された宗門発展計画に基づき、昭和五十七年（一九八二）に「真宗聖典編纂委員会」（平成元年「浄土真宗聖典編纂委員会」に改称）が組織されて始まり、以来二十余年が経過しました。その間に刊行しました「原典版聖典」「註釈版聖典」「現代語版聖典」の三種の聖典は、研究者をはじめ門信徒はいうに及ばず、広く社会に裨益するところとなり、多くの人々に拝読され親しまれてきております。このことは、親鸞聖人のみ教えを通して一人でも多くの念仏者が育つことを願う宗門にとってまことに喜ばしいことであります。

親鸞聖人は、「慶ばしいかな、西蕃・月支の聖典、東夏・日域の師釈に、遇ひがたくしていま遇ふことを得たり、聞きがたくしてすでに聞くことを得たり。真宗の教行証を敬信して、ことに如来の恩徳の深きことを知んぬ。ここをもつて聞くところを慶び、獲るところを嘆ずるなり」と、『教行信証』（総序）にお示しいただいておりますが、このお言葉はそのまま、聖典を拝読するものにとって無上の感慨をもって頂戴できるおぼしめしであります。

まことに聖典は、インド、中国、日本と、国と歴史を越えて今日に伝えられたひろい社会性を内包した精神的財産であって、ひとり一宗門のみの独占すべきものではありません。その意味においても、正確でわかりやすい聖典の刊行が社会から要請され、昭和六十三年（一九八八）一月、『浄土真宗聖典（原典版）』を底本とし種々の註釈を施した『浄土真宗聖典（註釈版）』を刊行致しました。そして今日に至るまで本聖典に対して多くの方々から様々なご意見を賜りました。そのご意見を踏まえ、この度、㈠聖教のご文を検索するために巻末に用語索引を設け付録の充実をはかる、㈡七祖聖教の引用文については既刊の『浄土真宗聖典七祖篇（註釈版）』との連絡頁を表示する、㈢巻末註や脚註の註釈内容を見直して語註の充実を行う、など聖典拝読者のより一層の便宜をはかることを主眼とした改訂版を第二版として刊行する運びとなりました。

平成十五年（二〇〇三）四月、本願寺の機構改革に伴って「浄土真宗聖典編纂委員会」が廃され、浄土真宗聖典の編纂業務は教学伝道研究センターの「聖典編纂部門」が担当することになりましたが、第二版の編纂当初より、浄土真宗聖典編纂委員会の真宗学そして仏教学をはじめとする各学問領域の編纂委員には大変なご苦労をおかけしました。お陰をもちましてここにみごとな成果をみたわけであります。

本聖典が、浄土真宗の教えを仰ぐすべての人々の手に渡るとともに、まだ浄土真宗に縁を結ばれていない多くの方々にも届き、仏祖のみ教えにふれられる機縁となりますよう念願いたすものであります。

平成十六年（二〇〇四）三月

浄土真宗本願寺派

総長　不二川公勝　識

付録

年表

凡例

一、本年表は、親鸞聖人誕生（一一七三年）から今日に至る浄土真宗八百年の教学の流れを概観することを目的として、本聖典の底本・対校本に用いた聖教の製作書写年時等、聖教関係の記事を中心に構成した。また、参考事項として教学・教団史上における重要な事項を二字下げで記載した。

一、表記については、敬称も含め主として『本願寺年表』に準じた。

一、年号・西暦・歴代宗主の年齢・事項を月日順に列記し、月日不詳の場合はその年の最後に〇印を付し、この年の意を示した。

一、閏月は〇の中に数字で月を記した。

一、他派に関する事項は次の記号で示した。

真宗大谷派　㊅　真宗高田派　㊂　真宗仏光寺派　㊄

年号	西暦	宗主年齢	事項
承安三	一一七三	宗祖　一	○　宗祖、日野有範の子として誕生（出自は親鸞伝絵。誕生年は尊号真像銘文、唯信鈔文意など宗祖真蹟本奥書から逆算）。
養和元	一一八一	宗祖　九	春　宗祖、慈円の坊舎で出家得度、範宴と号する（親鸞伝絵）。
寿永元	一一八二	宗祖一〇	○　恵信尼（宗祖内室）誕生（恵信尼消息から逆算）。
建久九	一一九八	宗祖二六	○　源空、『選択集』を著す（選択要決・選択伝弘決疑鈔）（元久元年の異説あり）。
建仁元	一二〇一	宗祖二九	○　宗祖、比叡山を下り、六角堂に参籠。聖徳太子の示現にあずかり、源空の門に入って専修念仏に帰す（教行信証・恵信尼消息・親鸞伝絵）。
			○　宗祖、源空門下で研鑽を積まれていた頃（二九歳～三五歳）、『観無量寿経註』『阿弥陀経註』を著す（本願寺蔵）。
元久元	一二〇四	宗祖三二	11・―　源空、比叡山衆徒の専修念仏弾圧に対し、誓文を山門に送り、門弟に七箇条制誡を示す。
			11・8　宗祖、源空の七箇条制誡に「僧綽空」と連署（二尊院文書）。
			11・28　某、『選択集』を写す（奈良県当麻寺往生院蔵元久元年書写本奥書）。
二	一二〇五	宗祖三三	4・14　宗祖、源空から『選択集』を付属され、同日、源空の影像を図画する（教行信証）。
			⑦・29　先に図画した影像に源空が讃銘を書く。同日、宗祖、綽空の名を改める（教行信証）。
			10・―　興福寺衆徒、専修念仏について九失をあげて停止を訴える（興福寺奏状）。
承元元	一二〇七	宗祖三五	2上旬　宗祖、専修念仏停止により越後国府に流罪となる。源空は土佐（実際は讃岐）、他の門弟四人も配流、また西意・性願・住蓮・安楽は斬首される（教行信証・親鸞伝絵・拾遺古徳伝）。承元の法難。

建暦 元	一二一一	宗祖三九	11・17	宗祖、流罪を赦免される（親鸞伝絵・拾遺古徳伝）。
二	一二一二	宗祖四〇	1・23	源空、源智に『一枚起請文』を授ける（京都府金戒光明寺蔵奥書・龍谷大学蔵元亨元年刊『和語灯録』所収本奥書）。
			1・25	源空示寂（八〇）（教行信証・高僧和讃・西方指南抄・法然上人伝法絵・拾遺古徳伝）。
建保 二	一二一四	宗祖四二	○	宗祖、上野佐貫で「浄土三部経」の千部読誦を発願。やがて中止して、常陸へ行く（恵信尼消息）。
承久 三	一二二一	宗祖四九	8・14	聖覚、『唯信鈔』を著す（本願寺蔵宗祖真蹟本奥書・専修寺蔵宗祖真蹟本奥書）。
元仁 元	一二二四	宗祖五二	8・5	延暦寺衆徒の訴えにより専修念仏停止（皇代暦）。
			○	宗祖、『教行信証』に仏滅年代算定基準としてこの年をあげる（草稿本成立の年とする説あり）。
安貞 元	一二二七	宗祖五五	6・24	延暦寺衆徒、大谷の源空の墳墓を破却する（百錬抄・法然上人伝法絵・拾遺古徳伝）。嘉禄の法難。
			6・―	隆寛・幸西・空阿を遠流に処し、ついで専修念仏を停止する（明月記）。
			10・―	延暦寺衆徒、『選択集』の版木を焼却する（金綱集）。
寛喜 二	一二三〇	宗祖五八	5・25	宗祖、『唯信鈔』を写す（本願寺蔵宗祖真蹟本奥書・専修寺蔵宗祖真蹟本奥書）。
三	一二三一	宗祖五九	4・4	宗祖病臥。夢中に建保二年の「浄土三部経」千部読誦の発願と中止を想い、反省（恵信尼消息）。
貞永 元	一二三二	宗祖六〇	○	この頃、宗祖帰洛（反故裏書）（関東在住二十年とする古説や『口伝鈔』一切経校合の伝承によると文暦・嘉禎の六二、三歳の頃か）。帰洛後しばらく五条西洞院に居住（親鸞伝絵）。
嘉禎 元	一二三五	宗祖六三	3・5	聖覚示寂（六九）（明月記・専修寺蔵顕智書写唯信鈔奥書）。

年号	西暦	宗主年齢	事項
嘉禎 元	一二三五	宗祖六三	6・19 宗祖、『唯信鈔』（平仮名本）を写す（専修寺蔵宗祖真蹟本奥書）。
			〇 如信（宗祖孫　善鸞息男）誕生（本願寺蔵如信寿像裏書から逆算）。
仁治 二	一二四一	宗祖六九	10・14 宗祖、『唯信鈔』を写す（大阪府真宗寺蔵奥書）。
			10・19 宗祖、『唯信鈔』を写す（京都府常楽寺蔵奥書・真宗法要本校異）。
三	一二四二	宗祖七〇	9・21 定禅、入西の求めにより宗祖の影像を描く（親鸞伝絵）。
寛元 四	一二四六	宗祖七四	3・14 宗祖、『唯信鈔』を写す（専修寺蔵顕智書写本奥書・真宗法要本校異）。
			3・15 宗祖、『自力他力事』を写す（大谷大学蔵恵空書写本奥書）。
宝治 元	一二四七	宗祖七五	2・5 尊蓮、『教行信証』を写す（大谷大学蔵奥書・龍谷大学蔵奥書・寛永版奥書）。
二	一二四八	宗祖七六	1・21 宗祖、『浄土和讃』『浄土高僧和讃』を著す（専修寺蔵国宝本奥書）。
建長 二	一二五〇	宗祖七八	10・16 宗祖、『唯信鈔文意』を著す（岩手県本誓寺蔵奥書）。
三	一二五一	宗祖七九	⑨・20 宗祖、常陸の門弟に「有念無念の事」を書く（専修寺蔵顕智書写奥書・末灯鈔一・消息一）。
四	一二五二	宗祖八〇	2・24 宗祖、常陸の門弟に書状を書く（末灯鈔二〇・消息二）。
			3・4 宗祖、『浄土文類聚鈔』を著す（専修寺蔵真智書写本奥書）。
			3・4 宗祖、『入出二門偈頌』を著す（茨城県聖徳寺蔵奥書）。
六	一二五四	宗祖八二	2・― 宗祖、『唯信鈔』を写す（滋賀県真念寺蔵奥書・大谷大学蔵恵空写伝本校異）。
			9・16 宗祖、『後世物語聞書』を写す（真宗法要本校異）。
			11・18 宗祖、二河白道の譬喩を延書にする（茨城県照願寺旧蔵奥書）。
			12・― 宗祖、『浄土和讃』を写す（反故裏書）。
			〇 恵信尼、すでに越後に還住する（恵信尼消息）。
七	一二五五	宗祖八三	4・23 宗祖、『一念多念分別事』を写す（大谷大学蔵奥書・大阪府光徳寺蔵奥書）。
			4・26 宗祖、『浄土和讃』を写す（専修寺蔵顕智書写本奥書）。
			5・23 真仏、『法然聖人御消息』を写す（専修寺蔵法然聖人御消息奥書）。

康元元　一二五六　宗祖八四

6・2 宗祖、『尊号真像銘文』（建長本〈略本〉）を著す（福井県法雲寺旧蔵宗祖真蹟本奥書）。
6・22 専信、『教行信証』を写す（専修寺蔵「宝暦十二壬午年六月三日御目録」）。
7・14 宗祖、『浄土文類聚鈔』を写す（真宗大谷派蔵奥書・滋賀県小松福田寺蔵奥書）。
8・6 宗祖、『浄土三経往生文類』（略本）を著す（本願寺蔵宗祖真蹟本奥書）。
8・27 宗祖、『愚禿鈔』を著す（専修寺蔵顕智書写本奥書・京都府常楽寺蔵存覚書写本奥書）。
10・3 宗祖、「かさまの念仏者のうたがひとはれたる事」を書く（真宗大谷派蔵宗祖真蹟奥書・末灯鈔二・消息六）。
11・晦 宗祖、『皇太子聖徳奉讃』七十五首を著す（専修寺蔵真仏書写本奥書・専修寺蔵顕智書写本奥書・真宗大谷派蔵覚如書写本奥書）。
12・10 宗祖、火災にあう（専修寺蔵宗祖真蹟消息・恵信尼消息）。
12・15 宗祖、真仏に書状を書く（専修寺蔵宗祖真蹟奥書）。
冬 真仏・顕智、『教行信証』を相伝する（顕正流義鈔）。
○ 朝円、宗祖影像（安城御影）を描く（存覚袖日記）。
○ 十字の名号本尊に銘を書く（専修寺蔵宗祖真蹟銘）。
2・9 蓮位、聖徳太子が宗祖を阿弥陀仏の化身として礼する夢想を得る（親鸞伝絵・口伝鈔）。
3・23 真仏、『入出二門偈頌』を写す（専修寺蔵真仏書写本奥書）。
3・24 宗祖、『唯信鈔文意』を写す（大阪府光徳寺蔵奥書）。
4・13 宗祖、「念仏者疑問」を写す（専修寺蔵奥書・末灯鈔二・消息六）。
4・13 真仏、「四十八誓願」を写す（専修寺蔵奥書）。
5・28 宗祖、覚信に書状を書く（専修寺蔵宗祖真蹟奥書・末灯鈔一一・消息七）。

年号	西暦	宗主年齢	事項
康元元	一二五六	宗祖八四	5・29 宗祖、善鸞（宗祖息男）を義絶（専修寺蔵顕智書写・消息九）。同日、その旨を性信に報じる（血脈文集二・消息八）。
			6・27 善鸞、義絶状を受け取る（専修寺蔵顕智書写・消息九）。
			7・25 宗祖、『往生論註』に加点（本願寺蔵宗祖加点本奥書）。
			10・13 宗祖、『西方指南抄』（上・末）を、翌日、同（中・末）を写す（専修寺蔵宗祖真蹟本奥書）。
			10・25 宗祖、十字・八字の名号本尊を書く（専修寺蔵宗祖真蹟裏書）。
			10・28 宗祖、六字・十字の名号本尊を書く（本願寺蔵宗祖真蹟銘・愛知県妙源寺蔵宗祖真蹟銘）。
			10・30 宗祖、『西方指南抄』（下・本）を写す（専修寺蔵宗祖真蹟本奥書）。
			11・8 宗祖、『西方指南抄』（下・末）を写す（専修寺蔵宗祖真蹟本奥書）。
			11・29 宗祖、『往相回向還相回向文類（如来二種回向文）』を著す（愛知県上宮寺蔵奥書）。
正嘉元	一二五七	宗祖八五	1・1 宗祖、『西方指南抄』（上・末）を校合する（専修寺蔵宗祖真蹟本奥書）。
			1・2 宗祖、『西方指南抄』（上・本）を写す。同日、同（中・本）を校合する（専修寺蔵宗祖真蹟本奥書）。
			1・11 宗祖、『唯信鈔文意』を写す（専修寺蔵宗祖真蹟本奥書）。
			1・27 宗祖、『唯信鈔文意』を写す（専修寺蔵宗祖真蹟本奥書）。
			2・5 真仏、『西方指南抄』（下・本）を写す（専修寺蔵真仏書写本奥書）。
			2・9 宗祖、夢中に和讃を感得する（専修寺蔵国宝本「正像末法和讃」）。
			2・17 宗祖、『一念多念文意』を著す（真宗大谷派蔵宗祖真蹟本奥書）。
			2・27 真仏、『西方指南抄』（中・本）を写す（専修寺蔵真仏書写本奥書）。

年号	西暦	年齢	月日	事項
			2・30	宗祖、『大日本国粟散王聖徳太子奉讃』百十四首を著す（真宗遺文纂要所収本奥書）。
			3・2	宗祖、『浄土三経往生文類』（広本）を写す（興正寺蔵奥書）。
			3・5	真仏、『西方指南抄』（上・本）を写す（専修寺蔵真仏書写本奥書）。
			3・20	真仏、『西方指南抄』（中・末）を写す（専修寺蔵真仏書写本奥書）。
			③・1	宗祖、さる二月九日の夢告の和讃を記す（専修寺蔵国宝本「正像末法和讃」）。
			③・3	宗祖、書状に視力等の衰えを記す（末灯鈔八・消息一〇）。
			③・21	真仏、『如来二種回向文』を写す（専修寺蔵奥書）。
			5・11	宗祖、『上宮太子御記』を写す（本願寺蔵奥書）。
			6・4	宗祖、『浄土文類聚鈔』を写す（大谷大学蔵奥書）。
			8・6	宗祖、『一念多念証文（文意）』を写す（龍谷大学蔵奥書・大谷大学蔵恵空書写本奥書・真宗法要本奥書）。
			8・19	宗祖、『唯信鈔文意』を写す（専修寺蔵顕智書写本奥書・群馬県妙安寺蔵奥書・真宗法要本奥書）。
			10・10	宗祖、性信に書状を書く（末灯鈔三・消息一一）、同じく真仏に書状を書く（末灯鈔四・消息一二）。
二	一二五八	宗祖八六	3・8	真仏示寂（五〇）（正統伝後集・専修寺蔵「顕智聞書」）。
			6・28	宗祖、『尊号真像銘文』（正嘉本〈広本〉）を著す（専修寺蔵宗祖真蹟本奥書）。
			8・18	真仏、『三部経大意』を写す（専修寺蔵奥書）。
			9・24	宗祖、『正像末法和讃』を著す（専修寺蔵顕智書写本奥書）。
			10・29	蓮位、宗祖の返書に添えて覚信の上京・示寂の報を慶信に伝える（専修寺蔵奥書）。
			12・14	顕智、三条富小路善法坊で宗祖から「獲得名号自然法爾」の法語を聞書する（専修寺蔵顕智書写本奥書・末灯鈔五・消息一四）。

年号	西暦	宗主年齢	事項
正元 元	一二五九	宗祖八七	9・1 宗祖、『選択集』延書（上・本）を写し、九月十日、同（下）を写し終る（大谷大学蔵奥書・専修寺蔵奥書）。
文応 元	一二六〇	宗祖八八	⑩・29 宗祖、高田入道に書状を書く（専修寺蔵宗祖真蹟奥書）。
			11・13 宗祖、乗信に書状を書く（末灯鈔六・消息一六）。
			12・2 宗祖、『弥陀如来名号徳』を写す（長野県正行寺蔵奥書）。
			○ 宗祖、『正像末和讃』を補訂する（文明五年蓮如開版本奥書）。
弘長 二	一二六二	如信二八	11・28 宗祖、未刻、善法坊にて示寂（九〇）（本願寺蔵教行信証奥書・存覚袖日記）、一説に午刻（専修寺蔵真仏書写教行信証奥書・福井県浄得寺蔵教行信証奥書・親鸞伝絵）。覚信尼（宗祖息女）・益方（宗祖息男）等これに侍す（恵信尼消息）。
			11・29 宗祖を東山鳥辺野にて荼毘に付す（福井県浄得寺蔵教行信証奥書）。
			11・30 拾骨（福井県浄得寺蔵教行信証奥書）。
			12・1 覚信尼、恵信尼に宗祖の訃報を送る（恵信尼消息）。
三	一二六三	如信二九	2・10 恵信尼、覚信尼に宗祖の回顧を伝える（恵信尼消息）。
文永 五	一二六八	如信三四	3・12 恵信尼（八七）、病により往生の近いことを覚信尼に伝える（恵信尼消息）。
七	一二七〇	如信三六	12・28 覚如（覚恵息男）誕生（慕帰絵・最須敬重絵詞）。
九	一二七二	如信三八	冬 宗祖の遺骨を吉水の北に移し、大谷廟堂を建立する（親鸞伝絵・専修寺文書）。
建治 元	一二七五	如信四一	7・17 性信示寂（八九）（報恩寺荼毘塔銘）。
			○ 某、『教行信証』を写す（福井県浄得寺蔵奥書）。
三	一二七七	如信四三	9・22 覚信尼、大谷敷地を宗祖の墓所として寄進する（本願寺文書）。
弘安 六	一二八三	如信四九	2・2 明性、『教行信証』（坂東本）を相伝する（真宗大谷派蔵宗祖真蹟本奥書）。

一〇	一二八七	如信五三	11・19 覚如、大谷で覚恵（宗祖孫 覚信尼息男）とともに如信から宗要を授かる（慕帰絵）。
正応 元	一二八八	如信五四	冬 覚如、上京中の常陸河和田の唯円に法門の疑義を問う（慕帰絵）。
二	一二八九	如信五五	11・6 覚如、『愚禿鈔』を写す（和歌山県真光寺蔵奥書）。
三	一二九〇	如信五六	9・16 顕智、『浄土和讃』を写す（専修寺蔵顕智書写本奥書）。 9・25 顕智、『正像末法和讃』を写す（専修寺蔵顕智書写本奥書）。
四	一二九一	如信五七	5〜8上旬 性海、『教行信証』を開版すという（専修寺蔵教行信証奥書・中山寺蔵教行信証奥書）。
永仁 元	一二九三	如信五九	10・6 顕智、『愚禿鈔』を写す（専修寺蔵顕智書写本奥書）。 ○ 宗祖三十三回忌。
二	一二九四	如信六〇	○ 覚如、『報恩講私記』を著す（真宗法要本奥書・大谷本願寺通紀）。
三	一二九五	如信六一	10・12 覚如、『善信聖人絵』（親鸞伝絵）を著す（本願寺蔵奥書・慕帰絵）。 12・13 覚如、『善信聖人親鸞伝絵』（親鸞伝絵）を写す（専修寺蔵奥書）。
四	一二九六	如信六二	12・14 顕智、『法然上人伝法絵』詞書を写す（専修寺蔵奥書）。
正安 二	一三〇〇	覚如三一	1・4 如信示寂（六六）（本願寺蔵如信寿像裏書・最須敬重絵詞）。
三	一三〇一	覚如三二	12・5 覚如、羽前長井道信のために『拾遺古徳伝』を著す（本願寺蔵奥書・存覚一期記）。
乾元 元	一三〇二	覚如三三	5・22 覚恵、留守職を覚如に譲る（本願寺文書）。
嘉元 二	一三〇四	覚如三五	8・29 覚如、『浄土文類聚鈔』を写す（大谷大学蔵延書奥書）。
三	一三〇五	覚如三六	7・27 顕智、宗祖の善鸞義絶状を写す（専修寺蔵顕智書写・消息九）。
徳治 二	一三〇七	覚如三八	4・12 覚恵示寂（六〇余）（存覚一期記・最須敬重絵詞）。 10・6 覚如、三河造岡道場で『上宮太子御記』を抜見し、和田宿房で写す（本願寺蔵奥書）。 12・26 顕智、『一念多念文意』を写す（専修寺蔵顕智書写本奥書）。

年号	西暦	宗主年齢	事項
延慶 元	一三〇八	覚如三九	1・27 顕智、「五巻書」を写す（三重県上宮寺蔵奥書）。
			2・15 顕智、『西方指南抄』（下・末）を写す（専修寺蔵奥書）。
			○ 覚如、『浄土文類聚鈔』を宗祖加点本により校合する（大谷大学蔵奥書）。
二	一三〇九	覚如四〇	1・20 某、『浄土文類聚鈔』を写す（滋賀県光延寺蔵奥書）。
三	一三一〇	覚如四一	7・4 顕智示寂（八五）（遺骨包紙墨書・正統伝後集）。
			秋 覚如、留守職に就任する（存覚一期記）。
応長 元	一三一一	覚如四二	6・14 光珠丸（従覚）、『皇太子聖徳奉讃』を写す（真宗大谷派蔵奥書）。
文保 二	一三一八	覚如四九	9・8 覚如、『皇太子聖徳奉讃』を写す（真宗大谷派蔵奥書）。
			9・― 存覚（覚如息男）、前年三月より『観無量寿経註』『阿弥陀経註』を写す（専修寺蔵奥書）。
			11・26 覚如、宗祖自筆『自力他力事』を写す（大谷大学蔵奥書）。
元亨 元	一三二一	覚如五二	2・― 宗祖の門流と禁圧の一向衆を区別するよう、妙香院の挙状を添えて幕府に請う（本願寺号の初見）（本願寺蔵文書）。
			7・― 『和語灯録』を刊行する（刊記）。
正中 元	一三二四	覚如五五	1・6 存覚、了源のために『浄土真要鈔』を著す（大谷大学蔵建武五年書写本奥書・真宗法要本校異・浄典目録）。
			1・12 存覚、了源のために『諸神本懐集』を著す（真宗法要本奥書）。
			3・13 存覚、了源のために『持名鈔』を著す（石川県本誓寺蔵奥書・浄典目録）。
			8・22 存覚、了源のために『破邪顕正鈔』を著す（真宗法要本奥書・浄典目録）。
			○ 存覚、了源のために『女人往生聞書』を著す（奥書・浄典目録）。
嘉暦 元	一三二六	覚如五七	9・5 覚如、願智房永承のために『執持鈔』を著す（本願寺蔵蓮如書写本奥書）。
			11・28 『教行信証大意』成る（本願寺蔵蓮如書写本奥書・真宗法要本奥書）。
三	一三二八	覚如五九	11・― 存覚、了源のために『破邪顕正鈔』を漢文体にする（本願寺蔵奥書）。

元弘元 元徳三	一三三一	覚如六二	11下旬 覚如、乗専に『口伝鈔』を口授する（龍谷大学蔵覚如自筆本奥書・大阪府願得寺蔵奥書）。
元弘二 正慶元	一三三二	覚如六三	1下旬 乗専、『口伝鈔』を写す（本願寺蔵康永四年書写本奥書）。
元弘三 正慶二	一三三三	覚如六四	4・25 従覚（覚如息男）、『末灯鈔』を編集する（龍谷大学蔵奥書）。
延元二 建武四	一三三七	覚如六八	8・1 覚如、『本願鈔』を著す（真宗法要本奥書）。 8・― 存覚、明光のために備後で『顕名鈔』を著す（新潟県浄興寺蔵奥書・存覚一期記）。 9・25 覚如、乗専のために『改邪鈔』を口授し、書写する（本願寺蔵奥書・慕帰絵・最須敬重絵詞）。
延元三 暦応元	一三三八	覚如六九	3・― 存覚、備後国府で日蓮宗徒を論破する（存覚一期記）。 3・― 存覚、備後在国中、『歩船鈔』『決智鈔』『報恩記』『選択註解鈔』『至道鈔』『法華問答』等を著す（浄典目録・存覚一期記）。 7・3 従覚、『末灯鈔』を再治する（龍谷大学蔵奥書）。 12・10 乗専、善実のために『安心決定鈔』を写す（大阪府願得寺蔵奥書）。
興国元 暦応三	一三四〇	覚如七一	4・23 某、『浄土文類聚鈔』延書を写す（和歌山県真光寺蔵奥書）。 9・24 覚如、近江伊香の成信のために『願願鈔』を著す（本願寺蔵蓮如書写本奥書・慕帰絵）。 10・15 覚如、飛驒の願智房永承所持の自筆『執持鈔』を写す（本願寺蔵蓮如書写本奥書）。 12・25 存覚、『愚禿鈔』（下）を写す（京都府常楽寺蔵奥書）。
興国二 暦応四	一三四一	覚如七二	④・6 覚如、『愚禿鈔』を写す（新潟県浄興寺蔵奥書）。
興国三 康永元	一三四二	覚如七三	7・12 乗専、『末灯鈔』を写す（大阪府願得寺蔵奥書）。

年号	西暦	宗主年齢	事項
興国三 康永元	一三四二	覚如七三	9・11 存覚、『愚禿鈔』（上）を写させる（京都府常楽寺蔵奥書）。
興国四 康永二	一三四三	覚如七四	4・26 覚如、目良の寂円のため『最要鈔』を従覚に口授、筆記させる（大阪府光徳寺蔵奥書・慕帰絵）。 5・17 存覚、乗智のために『教行信証』を延書にする（龍谷大学蔵奥書）。 11・2 覚如、『本願寺聖人伝絵』（親鸞伝絵）を重修する（真宗大谷派蔵奥書）。
興国五 康永三	一三四四	覚如七五	4・7 覚如、『口伝鈔』（上）を写す（龍谷大学蔵覚如自筆本奥書）。 9・12 覚如、『口伝鈔』（下）を写す（龍谷大学蔵覚如自筆本奥書）。 10・27 某、『親鸞聖人門侶交名牒』を写す（愛知県妙源寺蔵奥書）。
興国六 貞和元	一三四五	覚如七六	9・28 乗専、円実のために『往生大要鈔』を写す（本願寺蔵奥書）。
正平元 貞和二	一三四六	覚如七七	6・11 存覚、『無量寿経』を写す（本願寺蔵奥書）。
正平二 貞和三	一三四七	覚如七八	6・10 存覚、『観無量寿経』を写す（本願寺蔵奥書）。 10・6 某、空観のために『安心決定鈔』を写す（龍谷大学蔵奥書）。 12・28 覚如、『尊師和讃鈔』を著す（慕帰絵）。
正平四 貞和五	一三四九	覚如八〇	1・15 某、乗観のために『御伝鈔』を写す（岐阜県楢谷寺蔵奥書）。 7・22 定専、『後世物語聞書』を写す（専修寺蔵定専書写本奥書）。㊫
正平五 観応元	一三五〇	覚如八一	5・28 覚如、『法然上人法語』を写す（愛知県聖徳寺蔵奥書）。
正平六 観応二	一三五一	善如一九	1・19 覚如（宗昭）示寂（八二）（慕帰絵・最須敬重絵詞・存覚一期記・存覚袖日記・日野一流系図）。 10・30 従覚、『慕帰絵』を著す（本願寺蔵序）。 11・28 存覚、『阿弥陀経』を写す（本願寺蔵奥書）。

正平七 文和元	一三五二	善如二〇	10・19 乗専、『最須敬重絵詞』を著す（真宗法要本奥書）。
正平一一 延文元	一三五六	善如二四	3・4 存覚、『存覚法語』を著す（岐阜県専精寺蔵奥書）。
正平一四 延文四	一三五九	善如二七	11・16 存覚、善如（従覚息男）の求めにより『嘆徳文』を著す（大阪府願得寺蔵奥書）。
正平一五 延文五	一三六〇	善如二八	1・22 善如、『教行信証』延書を写す（本願寺蔵善如書写本奥書）。 6・20 従覚（慈俊）示寂（六六）（存覚一期記・日野一流系図）。 8・1 存覚、『六要鈔』を著す（本願寺蔵慈観書写本奥書）。
正平一六 康安元	一三六一	善如二九	11・17 常楽台巧覚、覚忍尼から『無量寿経』『和語灯録』を付属される（龍谷大学蔵奥書）。 ○ 宗祖百回忌。
正平一七 貞治元	一三六二	善如三〇	5・26 存覚、善如のために『浄典目録』を著す（本願寺蔵奥書）。 7・28 存覚、乗智のために『纔解記』を著す（大谷大学蔵恵空書写本奥書）。
正平二一 貞治五	一三六六	善如三四	5・13 存覚、『嘆徳文』を再治する（大阪府願得寺蔵奥書）。
文中二 応安六	一三七三	善如四一	2・28 存覚（光玄）示寂（八四）（存覚一期記・大谷本願寺通紀）。
天授五 康暦元	一三七九	善如四七	2・22 善如、『存覚法語』を写す（真宗法要本奥書）。
天授六 康暦二	一三八〇	善如四八	6・25 綽如、『口伝鈔』に跋を加える（大阪府真宗寺蔵奥書）。
元中六 康応元	一三八九	綽如四〇	2・29 善如（俊玄）示寂（五七）（祖師代々事・大谷本願寺通紀）。
明徳四	一三九三	巧如一八	4・24 綽如（時芸）示寂（四四）（本願寺系図・大谷本願寺通紀）。
応永八	一四〇一	巧如二六	11・28 巧如、『教行信証』延書を写す（大阪府妙琳坊蔵奥書）。

年号	西暦	宗主年齢	事項
応永二二	一四一五	巧如四〇	2・25 蓮如（存如息男）、東山大谷において誕生（蓮如上人御一期記・蓮如上人遺徳記・大谷本願寺通紀）。
三一	一四二四	巧如四九	10・15 存如、信濃浄興寺性順に『安心決定鈔』（本）を授ける（大阪府願得寺蔵存如書写本奥書）。
三二	一四二五	巧如五〇	2・15 存如、信濃浄興寺性順に『法華問答』を授ける（新潟県浄興寺蔵奥書）。 8・― 存如、信濃浄興寺性順に『御伝鈔』『教化集』『持名鈔』『浄土真要鈔』『安心決定鈔』（末）を授ける（新潟県浄興寺蔵奥書）。
三四	一四二七	巧如五二	9・8 巧如、信濃浄興寺周観に『口伝鈔』を授ける（新潟県浄興寺蔵奥書）。応永年中、巧如、信濃浄興寺芸範に『教行信証』を授ける（新潟県浄興寺蔵奥書）。
永享　二	一四三〇	巧如五五	9・7 本願寺、浄興寺周観に『執持鈔』を授ける（新潟県浄興寺蔵奥書）。 9・10 某、『改邪鈔』を写す（新潟県浄興寺蔵奥書）。
三	一四三一	巧如五六	夏 蓮如、青蓮院で剃髪し、広橋兼郷の猶子となり、蓮如・兼寿と称す（蓮如上人御一期記・蓮如上人遺徳記・拾塵記）。
六	一四三四	巧如五九	2・13 存如、信濃浄興寺周観に『愚禿鈔』を写させる（新潟県浄興寺蔵奥書）。
八	一四三六	巧如六一	8中旬 蓮如、京都金宝寺教俊に『三帖和讃』を授ける（本願寺蔵奥書）。
九	一四三七	巧如六二	9・25 存如、加賀専光寺に『三帖和讃』を授ける（石川県専光寺蔵奥書）。
一〇	一四三八	巧如六三	8・15 蓮如、『浄土真要鈔』を写し、存如、跋を加える（本願寺蔵蓮如書写本奥書）。 10・13 存如、『諸神本懐集』を写す（真宗法要本奥書）。 12・13 蓮如、近江長沢福田寺琮俊に『口伝鈔』を授ける（上巻　福田寺、下巻　本願寺蔵奥書）。 ○ 存如、堂舎造営を進める（真宗大谷派蔵存如消息・新潟県浄興寺蔵存如消息）。

一一	一四三九	巧如六四	6・23	存如、加賀専光寺に『持名鈔』『教化集』を授ける（石川県専光寺蔵存如書写本奥書）。
一二	一四四〇	存如四五	7・29	蓮如、『後世物語』を写す（大谷大学蔵奥書）。
			7下旬	蓮如、『他力信心聞書』を写す（京都府常楽寺蔵奥書）。
			10・14	巧如（玄康）示寂（六五）（日野一流系図）。
嘉吉 元	一四四一	存如四六	9・7	蓮如、『浄土真要鈔』を写す（本願寺蔵奥書）。
文安 三	一四四六	存如五一	1中旬	蓮如、『愚禿鈔』を写す（本願寺蔵奥書）。
四	一四四七	存如五二	1下旬	蓮如、近江長沢福田寺琮俊に『安心決定鈔』を授ける（大阪府慧光寺蔵奥書）。
			2・晦	蓮如、『末灯鈔』を写す（大谷大学蔵蓮如書写本奥書）。
五	一四四八	存如五三	10・19	蓮如、『還相回向聞書』を写す（兵庫県本徳寺蔵奥書）。
宝徳 元	一四四九	存如五四	5・28	蓮如、加賀木越光徳寺性乗に『三帖和讃』を授ける（本願寺蔵奥書）。
			6・3	蓮如、加賀木越光徳寺性乗に『安心決定鈔』を授ける（奈良県岸部氏蔵奥書）。
			7中旬	蓮如、『女人往生聞書』を写す（愛知県加藤氏蔵奥書）。
二	一四五〇	存如五五	10・14	蓮如、加賀河崎専称寺真光に『御伝鈔』を授ける（富山県勝興寺蔵奥書）。
			○	蓮如、近江長沢福田寺琮俊に『御伝鈔』を授ける（龍谷大学蔵奥書）。
三	一四五一	存如五六	8・16	存如、加賀木越光徳寺性乗に前年蓮如書写の『教行信証』を授ける（本願寺蔵奥書）。
享徳 二	一四五三	存如五八	11・22	蓮如、近江手原道場に『三帖和讃』を授ける（滋賀県円徳寺蔵奥書）。
三	一四五四	存如五九	4・17	蓮如、近江安養寺浄性に『往生要集』延書を授ける（滋賀県明性寺蔵奥書）。
			7・8	蓮如、越前円金に『教行信証』延書を授ける（大阪府願泉寺蔵貼紙）。
康正 元	一四五五	存如六〇	7・19	蓮如、『慕帰絵詞』を写す（本願寺蔵奥書）。
長禄 元	一四五七	蓮如四三	2・20	蓮如、『最要鈔』を写す（真宗法要本奥書）。

年号	西暦	宗主年齢	事項
長禄 元	一四五七	蓮如四三	4初旬 蓮如、『持名鈔』を写す（本願寺蔵蓮如書写本奥書）。 6・18 存如（円兼）示寂（六二）（拾塵記・蓮如上人御一期記・蓮如上人遺徳記・本福寺跡書・叢林集・日野一流系図・経覚私要鈔）。
二	一四五八	蓮如四四	2・4 蓮如、京都金宝寺教俊に『三帖和讃』を授ける（本願寺蔵奥書）。
寛正 元	一四六〇	蓮如四六	6・― 蓮如、近江金森の道西のために『正信偈大意』を著す（大阪府慧光寺蔵奥書・真宗法要本奥書・金森日記抜。一説に長禄二年六月）。
二	一四六一	蓮如四七	3・― 蓮如、初めて「御文章」を書く（蓮如上人遺文一）。 7・― 蓮如、近江安養寺浄性に『教行信証』延書を授ける（本願寺蔵奥書）。 10・― 蓮如、宗祖影像（安城御影）を修復する（本願寺蔵裏書）。 12・8 蓮如、『嘆徳文』を写す（本願寺蔵蓮如書写本奥書）。 ○ 宗祖二百回忌。
六	一四六五	蓮如五一	1・9 延暦寺西塔の衆徒、大谷本願寺を破却する（本福寺跡書。同由来記は一〇日、経覚私要鈔は一一日）。 3・21 延暦寺西塔の衆徒、再び大谷本願寺を破却する（経覚私要鈔・大乗院寺社雑事記）。
応仁 元	一四六七	蓮如五三	2・16 蓮如、河内久宝寺の法円に『口伝鈔』を授ける（大阪府浄照坊蔵奥書）。
二	一四六八	蓮如五四	10中旬 蓮如、『報恩講式』を写す（真宗大谷派蔵奥書）。
文明 元	一四六九	蓮如五五	春 蓮如、大津の南別所に坊舎（顕証寺）を建て、宗祖影像を安置する（本福寺跡書）。
三	一四七一	蓮如五七	4上旬 蓮如、大津南別所（顕証寺）から京都を経て、越前吉崎に赴く（蓮如上人遺文二六・五〇）。 7・27 蓮如、越前吉崎に坊舎を建てる（蓮如上人遺文二六）。
五	一四七三	蓮如五九	3・― 蓮如、『正信偈和讃』を刊行する（刊記）。

六	一四七四	蓮如六〇	3・28	越前吉崎の坊舎を焼失する（蓮如上人遺文五八・拾塵記）。
			7・26	加賀の宗徒、富樫政親と共に専修寺門徒・富樫幸千代と戦う（白山宮荘厳講中記録）。
七	一四七五	蓮如六一	3下旬	加賀の宗徒、富樫政親と戦う（徳了袖日記）。
			8・21	蓮如、越前吉崎を退去し、若狭小浜に着し、丹波・摂津を経て河内出口に至る（蓮如上人遺文九九）。
九	一四七七	蓮如六三	10・27	蓮如、『教行信証大意（名義）』を写す（京都府常楽寺蔵奥書）。
			11初頃	蓮如、「御文章」（『御俗姓』）を書く（蓮如上人遺文九六・大谷大学蔵奥書・新潟県本誓寺蔵奥書）。
			12中旬	蓮如、『浄土見聞集』を写す（仮名聖教本奥書）。
一〇	一四七八	蓮如六四	1・29	蓮如、山城山科に至り坊舎の造営を始める（蓮如上人遺文一〇四・蓮如上人遺徳記・拾塵記）。
一一	一四七九	蓮如六五	10・15	蓮如、宗祖影像（安城御影）を修復し、模本二幅を作る（本願寺蔵裏書・反故裏書）。
一二	一四八〇	蓮如六六	3・28	山科本願寺の御影堂上棟（蓮如上人遺文一〇七・拾塵記）。
			11・21	宗祖影像を大津近松から山科に動座（蓮如上人遺文一〇七・同一〇八・拾塵記）。
一四	一四八二	蓮如六八	11上旬	蓮如、『慕帰絵』第一・七巻の欠を補う（本願寺蔵奥書）。
一七	一四八五	蓮如七一	4・4	蓮如、覚如真筆の十字名号本尊を修復する（本願寺蔵裏書）。
			○	蓮如、このころまでに『歎異抄』を写すか。
長享 二	一四八八	蓮如七四	6・9	加賀の宗徒、富樫政親を高尾城に攻め破る（蔭涼軒日録・後法興院記・親長記）。
延徳 元	一四八九	実如三二	8・28	蓮如、寺務を実如に譲り、南殿に隠居する（空善聞書）。
			10・20	蓮如、『教行信証大意』を添削する（大阪府真宗寺蔵奥書）。

年号	西暦	宗主年齢	事項
延徳 元	一四八九	実如三二	10・28 蓮如、『教行信証』延書を写す（愛知県蓮成寺蔵奥書）。
三	一四九一	実如三四	11・28 蓮照、蓮如の『正信偈註』を写す（石川県善性寺蔵奥書）。
明応 五	一四九六	実如三九	1・11 蓮如、『法然上人御詞』を写す（大阪府光徳寺蔵奥書）。 10・8 蓮如、大坂石山に坊舎を建立する（拾塵記・蓮如上人遺文一五六）。
八	一四九九	実如四二	3・25 蓮如（兼寿）示寂（八五）（空善聞書・蓮如上人御一期記・蓮如上人遺徳記）。 4・25 蓮如の子息等『兄弟中申合条々』（蓮如上人御遺言）を作る（龍谷大学蔵奥書）。
永正 二	一五〇五	実如四八	8・10 実如、『御文章』を門下に授ける（福井県最勝寺蔵奥書）。
一六	一五一九	実如六二	12・13 某、『歎異抄』を写す（大谷大学蔵奥書）。
一七	一五二〇	実如六三	9・23 実悟、『聖教目録聞書』を著す（富山県善徳寺蔵奥書）。
大永 四	一五二四	実如六七	8・3 蓮悟、『蓮如上人遺徳記』を著す（延宝七年刊本奥書）。
五	一五二五	証如一〇	2・2 実如（光兼）示寂（六八）（実如上人闍維中陰録・日野一流系図）。
享禄 二	一五二九	証如一四	7中旬 実悟、信濃浄興寺で存如書写の『安心決定鈔』を相伝する（大阪府願得寺蔵存如書写本奥書）。
天文 元	一五三二	証如一七	8・24 山科本願寺焼失。その後、寺基を大坂石山に移す（私心記）。
六	一五三七	証如二二	○ この頃、証如、『御文章』を開版か（紫雲殿由縁記）。
一〇	一五四一	証如二六	7・15 実悟、『日野一流系図』を作る（大阪府願得寺蔵奥書）。
二〇	一五五一	証如三六	5・21 証如、「和讃」の版木を彫らせる（私心記）。 12・15 『正信偈和讃』を再版する（私心記）。
二二	一五五三	証如三八	11・20 色紙の『和讃』を刷る（私心記）。
二三	一五五四	顕如一二	8・13 証如（光教）示寂（三九）（信受院葬送中陰事・反故裏書）。
永禄 四	一五六一	顕如一九	○ 宗祖三百回忌。

九	一五六六	顕如二四	8下旬	某、『御俗姓』を写す（兵庫県教行寺蔵奥書）。
一〇	一五六七	顕如二五	12・15	顕誓、『今古独語』を著す（寛政二年刊「祖門旧事紀残篇」所収本奥書）。
			12・22	顕誓、『光闡百首』を著す（龍谷大学蔵天正十四年書写本奥書）。
一一	一五六八	顕如二六	6・18	顕誓、『反故裏書』を著す（真宗法要本奥書）。
天正　二	一五七四	顕如三二	11・3	実悟、『蓮如上人仰条々連々聞書』を著す（大阪府願得寺蔵奥書）。
三	一五七五	顕如三三	1・4	実悟、『願成就院事幷安芸蓮崇事』を著す（大阪府光善寺蔵奥書）。
			6上旬	実悟、『山科御坊事幷其時代之事』を著す（大阪府願得寺蔵奥書）。
			8・4	実悟、『蓮如上人御若年砌事』を写す（大谷大学蔵奥書）。
七	一五七九	顕如三七	2・10	実悟、『歎異抄』『末灯鈔』を抄出する（本願寺蔵奥書）。
八	一五八〇	顕如三八	3・2	実悟、『本願寺作法之次第（実悟記）』を著す（大阪府願得寺蔵奥書）。
			4・9	顕如、石山を退去し、紀州鷺森に移る（本願寺文書・由緒略・鷺森旧事記・大谷本願寺通紀・勝興寺文書）。
			9中旬	実悟、『蓮如上人御一期記』を著す（真宗大谷派蔵奥書）。
			11・―	実悟、『蓮如上人和歌縁起』を著す（大阪府願得寺蔵奥書）。
一一	一五八三	顕如四一	7・4	顕如、寺基を和泉貝塚へ移す（貝塚御座所日記・鷺森旧事記・由緒略・叢林集・大谷本願寺通紀）。
一三	一五八五	顕如四三	8・30	顕如、寺基を大坂天満に移す（貝塚御座所日記）。
一九	一五九一	顕如四九	8・5	顕如、寺基を京都に移す（法流故実条々秘録・叢林集・大谷本願寺通紀）。
文禄　元	一五九二	准如一六	11・24	顕如（光佐）示寂（五〇）（信楽院顕如上人往生記・祖門旧事紀・言経卿記）。
慶長　七	一六〇二	准如二六	12・―	准如、『浄土文類聚鈔』を刊行する（龍谷大学蔵刊記）。
寛永　元	一六二四	准如四八	3・18	一雄、『真宗正依典籍集』を著す（龍谷大学蔵奥書）。
七	一六三〇	良如一九	11・30	准如（光昭）示寂（五四）（准如上人往生記・大谷本願寺通紀）。

年号	西暦	宗主年齢	事項
寛永一三	一六三六	良如二五	8・2　本願寺御影堂再建（御影堂棟上之記・寛永日記・大谷本願寺通紀）。
			○　中野市右衛門、『教行信証』を刊行する（寛永版）（刊記）。
一六	一六三九	良如二八	11・14　学寮落成（承応閲牆記・大谷本願寺通紀）。
正保三	一六四六	良如三五	○　中野是誰、寛永版『教行信証』を改訂する（正保版）（刊記）。
明暦元	一六五五	良如四四	7・17　「承応の閲牆」裁決（承応閲牆記・大谷本願寺通紀）。
三	一六五七	良如四六	○　丁子屋九郎衛門、『教行信証』を刊行する（明暦版）（刊記）。
寛文元	一六六一	良如五〇	○　宗祖四百回忌。
二	一六六二	寂如一二	9・7　良如（光円）示寂（五一）（承応閲牆記・御由緒年契・大谷本願寺通紀・本願寺御家譜・本願寺通記）。
九	一六六九	寂如一九	○　河村利兵衛、『教行信証』を刊行する（寛文版）（刊記）。
貞享元	一六八四	寂如三四	9・25　寂如、『御文章』の跋を書く（奥書・大谷本願寺通紀）。
元禄二	一六八九	寂如三九	3・―　保野七郎兵衛・武田治右衛門、『蓮如上人御一代記聞書』を刊行する（龍谷大学蔵刊記）。
八	一六九五	寂如四五	4・―　学林復興（大谷本願寺通紀・御堂衆略譜）。
享保六	一七二一	寂如七一	○　恵空、このころまでに『仮名聖教目録』を編録する。(大)
一〇	一七二五	住如五三	7・8　寂如（光常）示寂（七五）（大谷本願寺通紀・紫雲殿由縁記・年表略）。
一四	一七二九	住如五七	○　月筌、このころまでに『月筌聖教目録』を編録する。
元文四	一七三九	湛如二四	8・6　住如（光澄）示寂（六七）（大谷本願寺通紀）。
寛保元	一七四一	法如三五	5・―　先啓、『浄土真宗聖教目録』を編録する（序）。(大)
			6・7　湛如（光啓）示寂（二六）（大谷本願寺通紀・富島旧記・本願寺御家譜）。
寛延三	一七五〇	法如四四	9・15　僧鎔、『真宗法彙目録及左券』を編録する（序）。
宝暦九	一七五九	法如五三	12・―　憲栄・僧樸、『真宗法要』編集に着手する（大谷本願寺通紀）。
一〇	一七六〇	法如五四	3・26　本願寺阿弥陀堂再建（大谷本願寺通紀・阿弥陀堂遷仏記・考信録）。

	一一	一七六一	法如五五	○ 宗祖五百回忌。
明和	二	一七六五	法如五九	7・25 『真宗法要』完成する（跋・大谷本願寺通紀）。
	三	一七六六	法如六〇	夏 『真宗法要』を本願寺蔵版として刊行する（校補真宗法要典拠）。
	四	一七六七	法如六一	6・13 「明和の法論」裁決（大谷本願寺通紀・明和法論次第）。 ⑨・― 慧琳、『和語聖教目録』を編録する（大谷大学蔵奥書）。（大） ○ 『蔵外真宗法要』刊行、後に本願寺蔵版となる（真宗聖教刊行年表）。
	五	一七六八	法如六二	11・26 随慧、『浄土真宗正依経論釈偈讃法語刊定目録』を編録する（奥書）。（大）
安永	元	一七七二	法如六六	1・― 玄智、『大谷校点浄土三部経』を校刻する（浄土真宗教典志）。
	二	一七七三	法如六七	○ 玄智、『浄土三経字音考』を刊行する（刊記）。
	三	一七七四	法如六八	1・11 玄智、『考信録』を著す（序）。
	五	一七七六	法如七〇	○ 本願寺、明暦版『教行信証』を蔵版とする（本典六要板木買上始末記）。 ○ 東本願寺、寛永版『教行信証』を蔵版とする（本典六要板木買上始末記）。
	七	一七七八	法如七二	4・― 法如、『夏御文章』の第四軸を二つに分け五軸とする（本願寺蔵奥書・大谷本願寺通紀）。（大） 5・― 玄智、『浄土真宗教典志』（三巻本）を著す（緒言）。
	九	一七八〇	法如七四	○ 了正、『三部妙典』を刊行する（真宗典籍目録一）。
天明	四	一七八四	法如七八	1・― 仰誓、『真宗法要典拠』を刊行する（刊記）。
	七	一七八七	法如八一	4・― 『領解文』を刊行する（龍谷大学蔵刊記）。 9・13 玄智、『大谷本願寺通紀』を刊行する（刊記）。 12・― 玄智、『真宗法彙』を刊行する（大谷本願寺通紀）。
寛政	元	一七八九	文如四六	10・24 法如（光闡）示寂（八三）（大谷本願寺通紀）。
	七	一七九五	文如五二	○ 高田派専修寺円遵、『尊号真像銘文』（広本）を開版し専修寺蔵版とする（刊記）。（高）

年号	西暦	宗主年齢	事項
寛政一一	一七九九	本如二二	5・— 大坂長円寺崇興、『七祖聖教』を刊行する（本願寺蔵版本奥書）。
			6・14 文如（光暉）示寂（五六）（信入院殿御葬送御中陰記）。
文化 三	一八〇六	本如二九	7・11 「三業惑乱」裁決（反正紀略）。
			11・5 本如、『御裁断申明書』を発布する（本願寺蔵奥書）。
			11・6 本如、『御裁断御書』を発布する（本願寺蔵奥書）。
八	一八一一	本如三四	○『大谷校点浄土三部経』を本願寺蔵版『校点浄土三部経』として再刻する。
			○『真宗仮名聖教』を刊行する（刊記）。(大)
文政 九	一八二六	広如二九	12・12 本如（光摂）示寂（四九）（本如上人行状記・本願寺御家譜）。
			○ 長円寺所蔵『七祖聖教』版木を本願寺蔵版とする。
一〇	一八二七	広如三〇	4・— 広如、『御文章』を開版する（刊記）（五帖合帖本の嚆矢）。
			○ 本願寺、明暦版『教行信証』を改刻する。
天保 三	一八三二	広如三五	○ 琢成、『真宗仮名聖教関典録』を著す（緒言）。(大)
八	一八三七	広如四〇	5・— 安永九年版『三部妙典』を再版する（刊記）。
			○ 本願寺、明暦版『教行信証』（小本）を刊行する。
一一	一八四〇	広如四三	春 東本願寺、寛永版『教行信証』を改刻する（刊記）。(大)
弘化 元	一八四四	広如四七	8・— 仏光寺派、『教行信証』を刊行する（寛文版を改訂）（渋谷歴世略伝）。(仏)
嘉永 二	一八四九	広如五二	○『七祖聖教』（真宗大谷派依用十行本）を刊行する（刊記）。(大)
安政 三	一八五六	広如五九	5・12 『校補真宗法要典拠』を刊行する（序）。
文久 元	一八六一	広如六四	○ 宗祖六百回忌。
明治 四	一八七一	明如二二	8・19 広如（光沢）示寂（七四）（広如上人芳績考・明如上人伝）。
一一	一八七八	明如二九	9・— 小本『真宗法要』『標註浄土三部経』を本願寺蔵版として刊行する（刊記・本山日報）。
三三	一九〇〇	明如五一	4・7 前田慧雲、『真宗法要拾遺』を刊行する（刊記）。

年号	西暦	年齢	月日	事項
三六	一九〇三	鏡如二八	1・18	明如（光尊）示寂（五四）（明如上人伝）。
四三	一九一〇	鏡如三五	7・―	佐々木月樵、『親鸞伝叢書』を刊行する（刊記）。（大）
四四	一九一一	鏡如三六	12・22	本願寺史編纂事業開始（龍谷大学三百年史・本山録事）。
大正二	一九一三	鏡如三八	1・―	『真宗全書』の刊行を開始する（刊記）。
三	一九一四	（六雄沢慶）	5・14	鏡如、本願寺住職・本願寺派管長を引退（教海一瀾）。
			6・21	『仏教大辞彙』の刊行を開始、八年に完結する（刊記・龍谷大学三百年史）。
五	一九一六		11・―	『真宗大系』の刊行を開始する（刊記）。（大）
一〇	一九二一	（大谷尊由）	12・―	鷲尾教導、本願寺書庫の『恵信尼文書』を公表する（教海一瀾）。
一二	一九二三		3・8	龍谷大学内に「仏書翻訳会」成立する（教海一瀾）。
			4・―	立教開宗七百年記念慶讃法要を勤修（教海一瀾）。
一三	一九二四		12・―	『点字在家勤行集』を刊行する（教海一瀾）。
昭和二	一九二七	勝如一六	10・21	勝如、本願寺住職・本願寺派管長に就任。
			12・1	『真宗叢書』を刊行する（刊記・教海一瀾）。
八	一九三三	勝如二二	4・2	『正信偈和讃』を改譜刊行する（刊記）。
一六	一九四一	勝如三〇	11・25	『真宗聖教全書』を刊行する（刊記）。
二三	一九四八	勝如三七	10・5	鏡如（光瑞）示寂（七三）（鏡如上人年譜）。
三一	一九五六	勝如四五	5・―	聖典意訳編纂所を開設する（宗報）。
三六	一九六一	勝如五〇	○	宗祖七百回忌。
四二	一九六七	勝如五六	5・21	本願寺蔵版『教行信証』を改版する（刊記）。
五二	一九七七	勝如六六	3・31	勝如、門主を引退。
		即如三二	4・1	即如、門主就任。
五三	一九七八	即如三三	4・―	英文真宗聖典翻訳出版事業開始。
五七	一九八二	即如三七	4・―	浄土真宗聖典編纂事業開始。
平成一〇	一九九八	即如五三	○	蓮如五百回忌。
一四	二〇〇二	即如五七	6・14	勝如（光照）示寂（九〇）（勝如上人年譜）。
二三	二〇一一	即如六六	○	宗祖七百五十回忌。

地図

インド仏教史蹟略図
中国仏教史蹟略図
親鸞聖人史蹟略図
蓮如上人史蹟略図
京都聖蹟略図

インド仏教史蹟略図

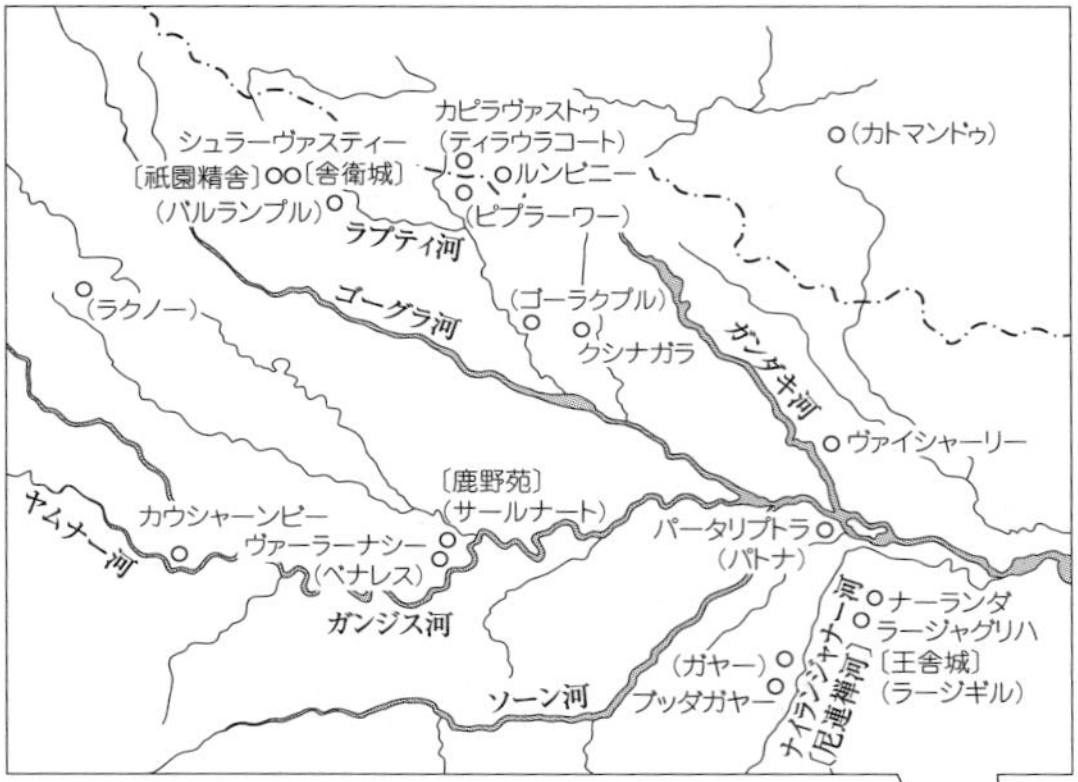
カピラヴァストゥ
（ティラウラコート）
ルンビニー
（ピプラーワー）
シュラーヴァスティー
〔祇園精舎〕
〔舎衛城〕
（パルランプル）
（カトマンドゥ）
ラプティ河
（ラクノー）
ゴーグラ河
（ゴーラクプル）
クシナガラ
ガンダキ河
ヴァイシャーリー
〔鹿野苑〕
（サールナート）
カウシャーンビー
ヴァーラーナシー
（ベナレス）
ヤムナー河
パータリプトラ
（パトナ）
ガンジス河
ナーランダ
ラージャグリハ
〔王舎城〕
（ラージギル）
ナイランジャナー河
〔尼連禅河〕
（ガヤー）
ブッダガヤー
ソーン河

（パキスタン）
チベット高原
インダス河
（デリー）
（ネパール）
（マトゥラー）
ルンビニー
（カトマンドゥ）
クシナガラ
（サールナート）
ガンジス河
ヴァーラーナシー
（ベナレス）
ブッダガヤー
（コルカタ）
ナルマダー河
マハーナディー河
アジャンター
（ムンバイ）
エローラ
ゴーダーヴァリー河
デカン高原
クリシュナ河
（ハイデラバード）
アマラーヴァティー
ナーガールジュナコンダ
アラビア海
ベンガル湾
（チェンナイ）
（スリランカ）
（コロンボ）

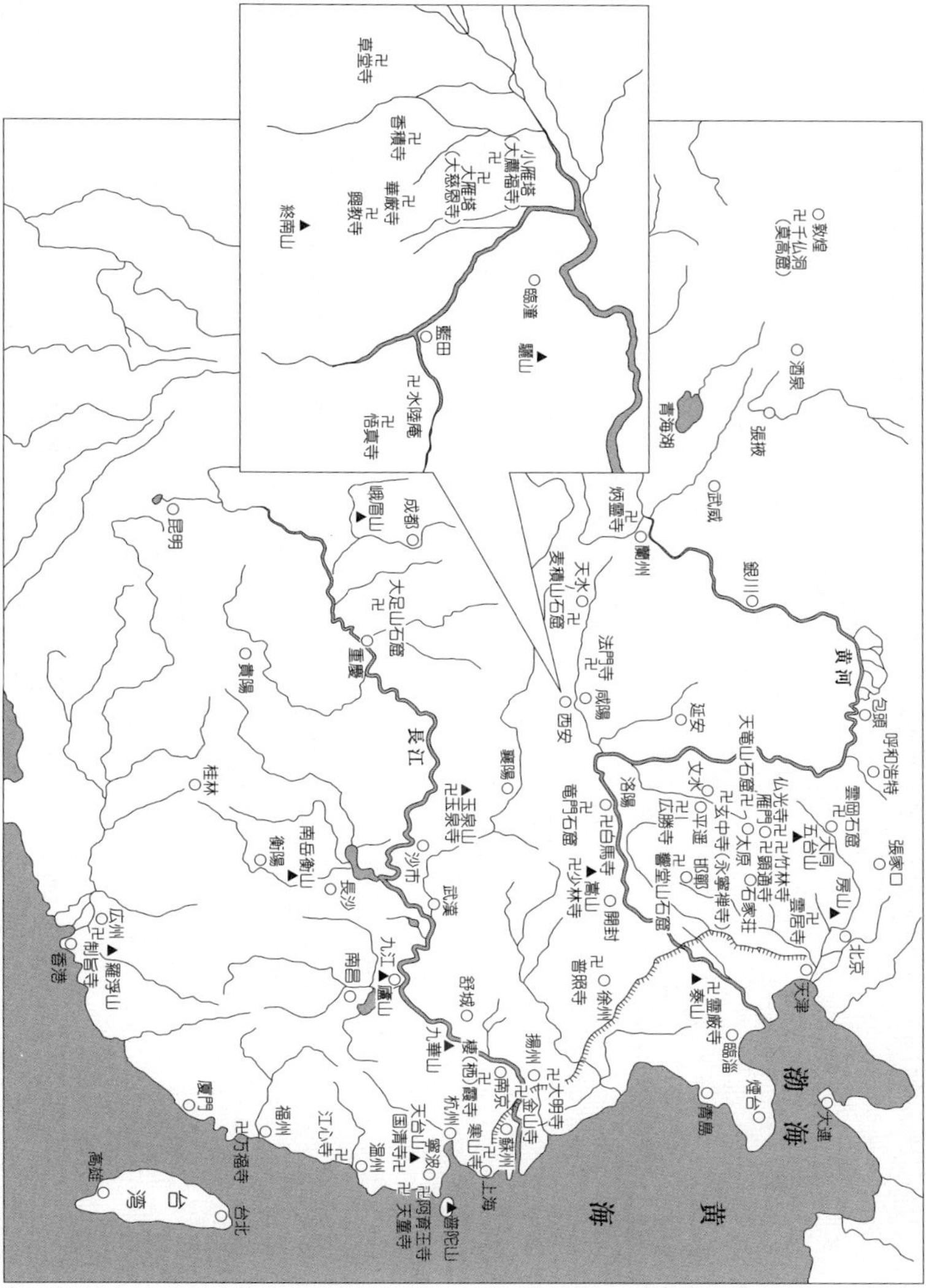
草堂寺
香積寺
小雁塔（大薦福寺）
大雁塔（大慈恩寺）
華厳寺
興教寺
終南山
臨潼
驪山
藍田
水陸庵
悟真寺
敦煌
千仏洞（莫高窟）
酒泉
青海湖
張掖
武威
炳霊寺
蘭州
銀川
黄河
包頭
呼和浩特
天水
麦積山石窟
法門寺
咸陽
西安
延安
天竜山石窟
雲岡石窟
張家口
大同
五台山
仏光寺
竹林寺
顕通寺
雁門
玄中寺（永寧禅寺）
太原
石家荘
文水
平遥
邯鄲
広勝寺
響堂山石窟
房山
雲居寺
北京
天津
洛陽
竜門石窟
白馬寺
嵩山
少林寺
開封
普照寺
徐州
泰山
霊巌寺
臨淄
渤海
大連
煙台
青島
黄海
海
揚州
大明寺
南京
金山寺
棲（栖）霞寺
杭州
蘇州
寒山寺
上海
天台山
国清寺
寧波
阿育王寺
天童寺
普陀山
温州
江心寺
福州
万福寺
厦門
台北
台湾
高雄
香港
広州
制旨寺
羅浮山
九華山
舒城
九江
廬山
南昌
武漢
長沙
南岳衡山
衡陽
沙市
玉泉山
玉泉寺
襄陽
長江
桂林
貴陽
重慶
大足山石窟
成都
峨眉山
昆明

中国仏教史蹟略図

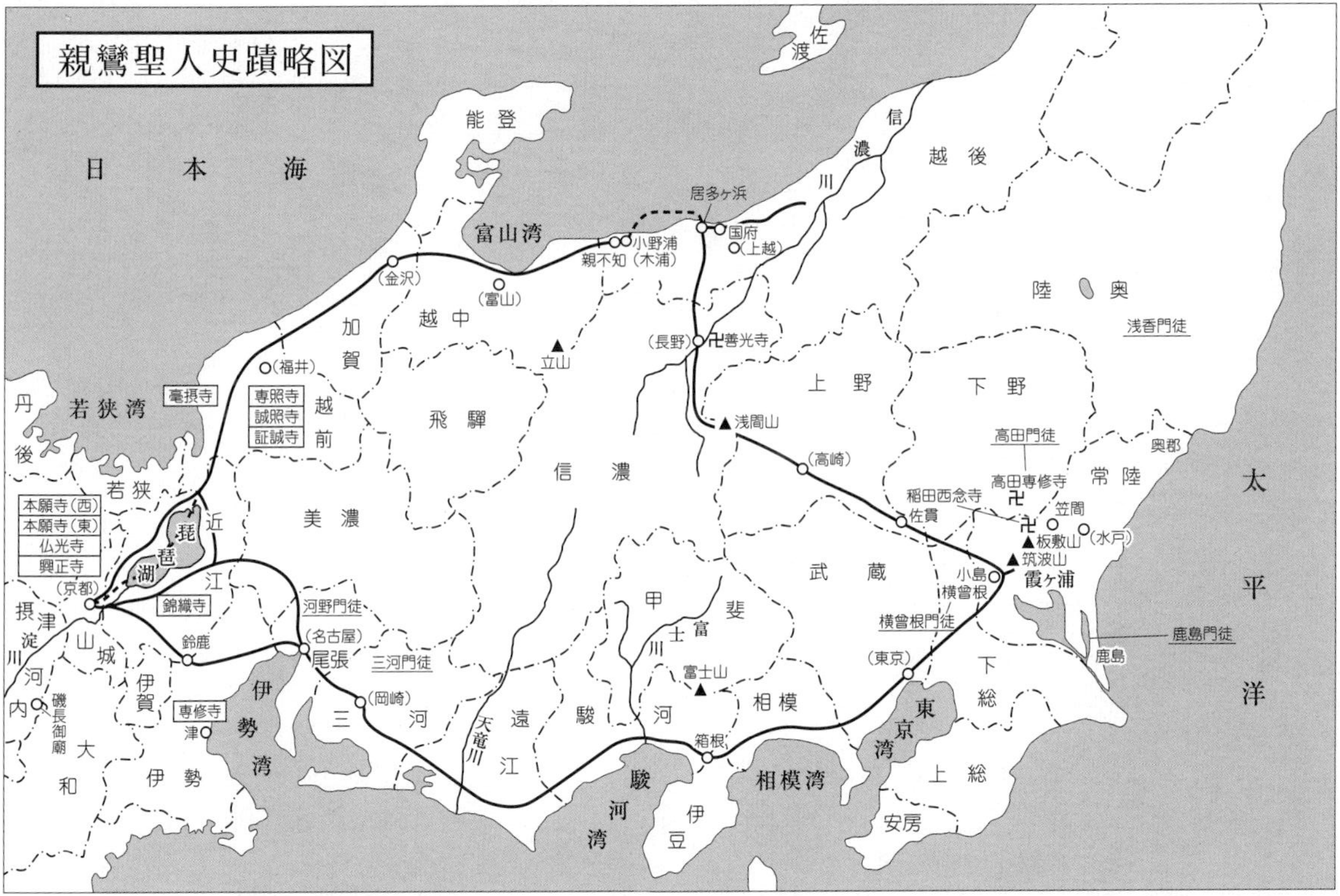
親鸞聖人史蹟略図
日本海
能登
佐渡
富山湾
若狭湾
丹後
若狭
本願寺（西）
本願寺（東）
仏光寺
興正寺
（京都）
琵琶湖
近江
錦織寺
毫摂寺
専照寺
誠照寺
証誠寺
越前
○（福井）
加賀
（金沢）
越中
（富山）
飛驒
立山
小野浦
親不知（木浦）
居多ヶ浜
国府
（上越）
信濃川
越後
（長野）
善光寺
浅間山
上野
（高崎）
信濃
美濃
河野門徒
（名古屋）
尾張
三河門徒
（岡崎）
三河
鈴鹿
摂津
淀川
山城
河内
磯長御廟
伊賀
専修寺
津
伊勢湾
大和
伊勢
天竜川
遠江
駿河
駿河湾
甲斐
富士川
富士山
箱根
相模
相模湾
伊豆
武蔵
（東京）
横曽根門徒
小島
横曽根
佐貫
稲田西念寺
高田専修寺
高田門徒
笠間
板敷山
筑波山
（水戸）
霞ヶ浦
鹿島
鹿島門徒
常陸
奥郡
下野
陸奥
浅香門徒
下総
上総
安房
東京湾
太平洋

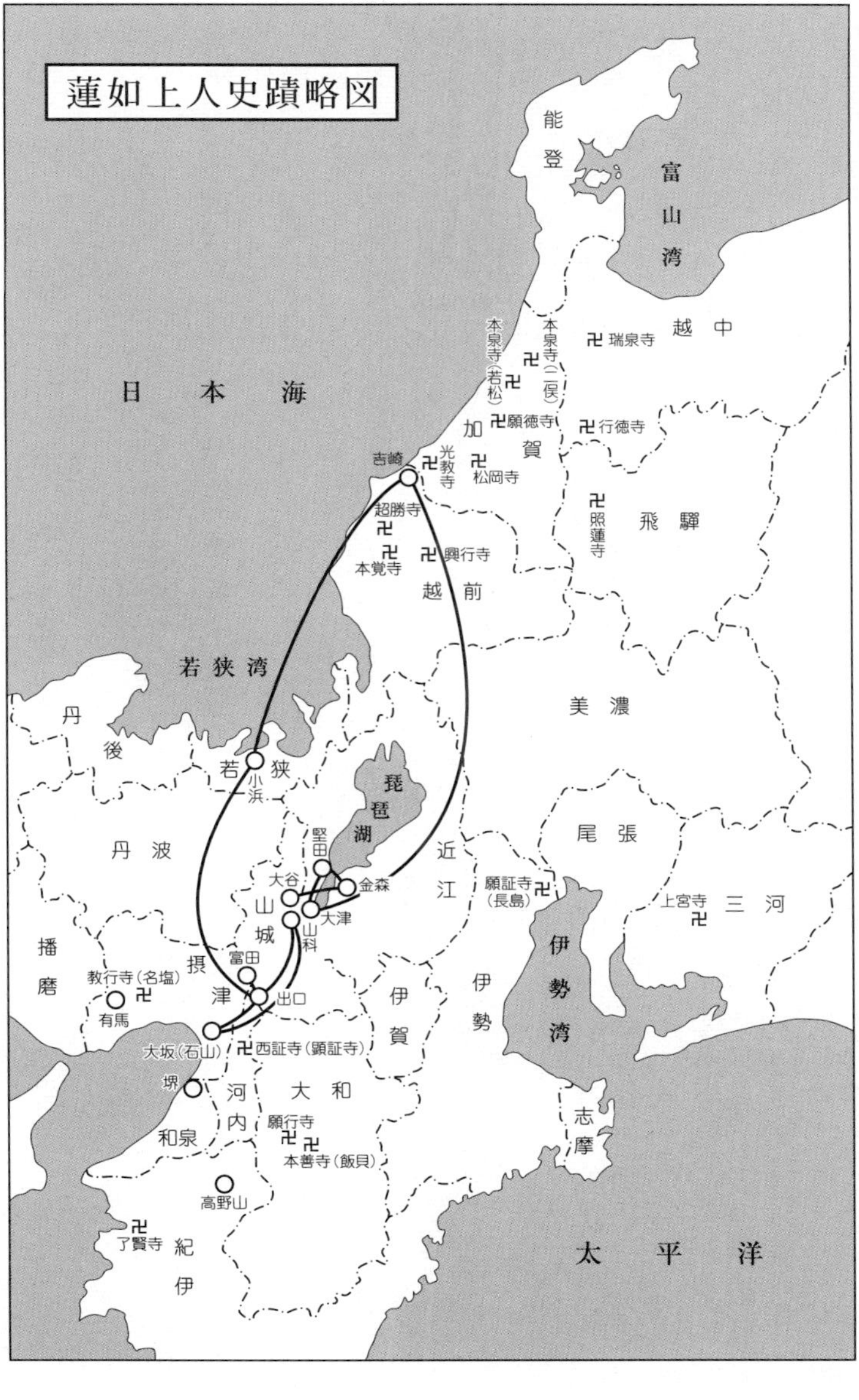
蓮如上人史蹟略図
能登
富山湾
日本海
越中
瑞泉寺
本泉寺(二俣)
本泉寺(若松)
願徳寺
行徳寺
加賀
吉崎
光教寺
松岡寺
超勝寺
照蓮寺
飛驒
本覚寺
興行寺
越前
若狭湾
美濃
丹後
若狭
小浜
琵琶湖
堅田
尾張
丹波
近江
大谷
金森
願証寺(長島)
上宮寺
三河
山城
大津
山科
播磨
摂津
富田
伊勢湾
教行寺(名塩)
出口
伊賀
伊勢
有馬
大坂(石山)
西証寺(顕証寺)
堺
河内
大和
願行寺
本善寺(飯貝)
和泉
志摩
高野山
了賢寺
紀伊
太平洋

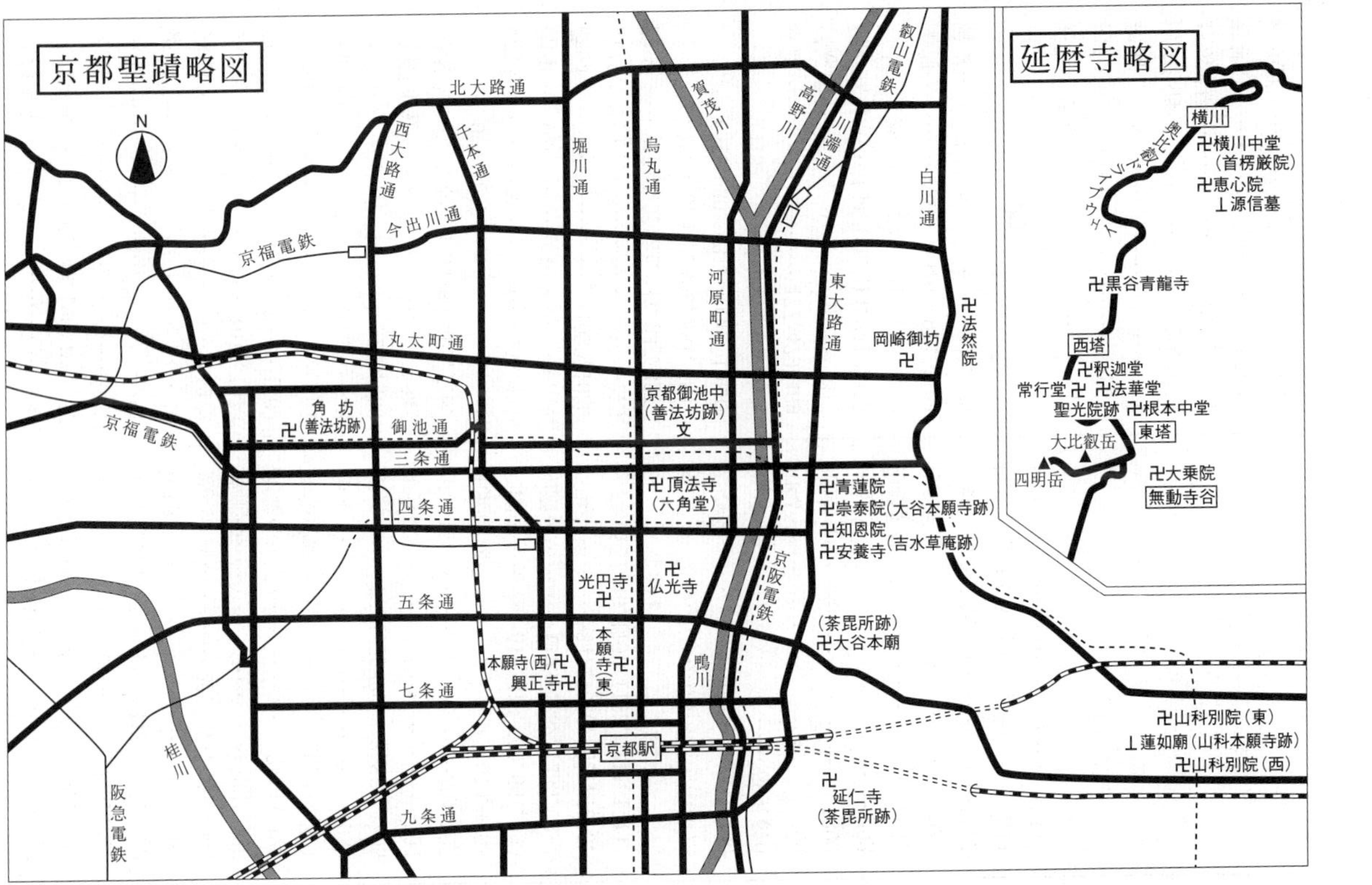
京都聖蹟略図
N
北大路通
西大路通
千本通
堀川通
烏丸通
賀茂川
高野川
叡山電鉄
川端通
白川通
今出川通
京福電鉄
河原町通
東大路通
丸太町通
岡崎御坊
卍法然院
京都御池中
（善法坊跡）
文
角坊
卍（善法坊跡）
御池通
京福電鉄
三条通
四条通
卍頂法寺
（六角堂）
卍青蓮院
卍崇泰院（大谷本願寺跡）
卍知恩院
卍安養寺（吉水草庵跡）
京阪電鉄
光円寺
卍仏光寺
五条通
（荼毘所跡）
卍大谷本廟
本願寺（西）卍
興正寺卍
本願寺（東）
鴨川
七条通
京都駅
卍延仁寺
（荼毘所跡）
九条通
桂川
阪急電鉄
卍山科別院（東）
⊥蓮如廟（山科本願寺跡）
卍山科別院（西）
延暦寺略図
横川
奥比叡ドライブウェイ
卍横川中堂
（首楞厳院）
卍恵心院
⊥源信墓
卍黒谷青龍寺
西塔
卍釈迦堂
常行堂卍
卍法華堂
聖光院跡
卍根本中堂
東塔
大比叡岳
四明岳
卍大乗院
無動寺谷

六根清徹……………………………634
六波羅蜜 …27, 146, 148, 196, 436, 447
六臂………………………………533
六反………………………………291
六返 ………………………………40
六遍 ……………………………1272
六方…………………168, 1010, 1073
炉辺 ……………………………1169
驢馬………………………………161
露命………………………………852
論議…………………………250, 409
論義問答…………………………841
論家 ……204, 209, 373, 486, 496, 746, 999, 1029
『論語』……………………458, 471
論事………………………………317
論師……………………1029, 1030
論じごと…………………………775
論主 ……215, 229, 231, 241, 245, 335, 413, 483, 489, 496, 581, 584, 652, 920, 931, 1030, 1058, 1413
論説…………………477, 479, 489
『論註』…………………………313
『論の註』 ……154, 186, 214, 241, 247, 253, 296, 313, 391
論判 ……………………974, 1104
論文……………………891, 920

わ

わうごぜん……………………780
和会………………………………931
和悦 ………………………………88
汚穢不浄 ……………729, 1059
わかさ殿……………818, 823, 825
若狭守 …………………………1043
わかば……………………………826
わが身ありがほ ………………1167
わが物…………………1275, 1333
わがもの………………1243, 1251
わがものがほ …835, 1242, 1251, 1252
惑障 ……………………………1068
惑染 ……………206, 371, 486, 1033
惑乱…………………………221, 226
和雅……………………34, 44, 123
和顔愛語 ………………26, 232, 491
和光 ……………………………1058
和合………95, 187, 332, 343, 864, 1405
和合縁……………………………304
和合僧……………………304, 305
和光同塵………………1010, 1153
和国…………616, 618, 660, 661, 895
和讃…………1193, 1232, 1235, 1294
『和讃』…………847, 1026, 1037, 1085, 1146, 1192, 1193, 1211, 1214, 1280
和順 ………………………………73
汚染 ……………………52, 231, 490
和朝………………………599, 670
和暢………………………………466
詑言 ……………………………1309
汚坌………………………………292
和鳴哀雅 …………………………97
わらぢ …………………………1330
われこころえ顔 ………………1117
われ物しりがほ…………………849
われら式 ………………………1303

1185, 1204
狼藉……855
蠟燭……1306
老体……1306
老耼……459
楼都……466
隴道万程……1072
老若……838, 1060, 1266
老衲……1186
老筆……867, 914
老病……172
老病死……4
漏戒……422
六悪……526, 527
六一心……528, 529
戮害……282
六決定……521, 522
六師……276
六字……655, 1106, 1118, 1135, 1137, 1141, 1143, 1144, 1145, 1147, 1149, 1179, 1180, 1182, 1186, 1195, 1196, 1200, 1201, 1242, 1243, 1329, 1393, 1406
陸地……319, 549, 1029
六識……225, 536
『鹿子母経』……428
六趣……255, 462, 537, 862, 1080
六住……279
六十行……207, 489
六十二見……265
六十万億那由他恒河沙……101
六種回向……1074
六種兼行……530
六正……523, 524
六臣……277
六親……69, 454, 1203
六塵……225, 536
緑真珠……95
六神通……172
六専修……528, 529
六即……523, 524
六賊……880, 1274, 1409
六体……1256
六代……1043
六畜……54, 55
六通……112, 216, 496, 1073
六度……180, 1015
六道……166, 216, 256, 312, 363, 369, 385, 390, 412, 461, 518, 666, 835, 847, 907, 960, 962, 968, 970, 1014, 1038, 1115, 1233, 1331
陸道……151
六道生死……960, 1015
六度万行……537, 908
六念……108
六波羅……755
六部……250, 408, 409
『六要鈔』……1331
六欲……1015
六欲天主……27
陸路……155, 205, 1029, 1342
六和敬……52
魯扈牴突……69
廬山……704
路次……887, 1117, 1169, 1175, 1328
漏尽意解……82
漏尽比丘……22
六角……1078
六角堂……811, 814, 1044
六箇条……1152, 1176
六劫……115
六根……34, 225, 536, 1337
六根清浄……847

霊瑞華……………………9, 136, 566
霊地……………………1058, 1337
例年……………………1171, 1174
霊廟……………………583
霊服……………………886
霊仏 ……………………1165
黎民 ……………………1048
霊夢 ……………………1051
冷薬……………………277
霊薬 ……………………1007
歴然…………898, 901, 981, 1297, 1329
劣夫……………………194
れふし……………………708
蓮位 ……762, 764, 767, 768, 880, 895, 896, 1046
蓮華 ………40, 52, 90, 91, 96, 98, 100, 101, 106, 110, 111, 112, 114, 115, 116, 122, 200, 319, 342, 379, 549, 638, 1234, 1397
蓮華王……………………272
蓮華座……………………106
蓮華蔵界 ……………………1080
蓮華蔵世界 ………205, 333, 487, 547, 709, 1031
蓮華比丘尼……………………276
『蓮華面経』……………………607
連劫累劫 ……………………1016
蓮師 ……………………1228
連署……………………927
蓮誓 ……………………1315
蓮崇……………………1309, 1310
連続無窮……………………474
蓮台 ……………………902, 1425
蓮智 ……………………1300
蓮如 ………856, 954, 995, 1227, 1231, 1233, 1249, 1250, 1251, 1254, 1255, 1256, 1257, 1259, 1260, 1261, 1262, 1266, 1272, 1274, 1276, 1277, 1282, 1283, 1286, 1287, 1288, 1290, 1291, 1295, 1298, 1299, 1301, 1307, 1311, 1312, 1318, 1319, 1320, 1322, 1325, 1329, 1330, 1331, 1332, 1333, 1334
連年……………………469
憐念……………………514, 577
蓮応 ……………………1263
廉頗……………………460
憐憫……………………178, 296
恋慕……………………889, 919, 920
恋慕涕泣 ……………………906, 1060
憐愍 ……207, 270, 328, 425, 431, 441, 442, 489, 1037

ろ

魯……………………420
老……………………458, 463, 466
廊下 ……………………1332
楼閣 ……………………39, 94, 97, 122
楼観……………………21, 34, 377
老眼 ……………………866, 1116
労苦 ……………………72
老君……………………457, 458, 459, 461
哢言……………………209
牢固……………………380, 381, 634
牢獄 ………63, 65, 378, 611, 612, 613, 635, 637
老子 ……457, 459, 460, 461, 463, 465, 467, 468
老者 ……………………460, 1285
老少 ………245, 771, 831, 1060, 1085, 1341
老少中年……………………280
老少不定 ……1108, 1118, 1164, 1165,

1372, 1393, 1406, 1407, 1409, 1425
臨終一念……264
臨終往生……961
臨終現前の願……375, 392, 567
臨終正念……846, 989
林鐘……1039
藺相如……460
りんず……813, 826
臨池……1218
輪転……193, 207, 441, 905, 968, 1038, 1233
輪廻……166, 226, 256, 404, 412, 462, 492, 496, 574, 579, 597, 608, 847, 960, 962, 1009, 1014, 1017, 1032, 1038, 1331, 1338
輪廻生死……906, 1015
倫匹……62
麟喩独覚……502

る

累劫……1016
類事起行願取仏土味……334
類生……666
累世……58
類同……944
羸陋醜悪……37
羸劣……93, 382, 914
流灌……3
流行……171, 699, 700, 1069, 1341
流刑……1045
流血……390
流罪……855, 856, 1054
流支……205, 487, 1032
留止……514
盧至如来……427, 428
留主……1303
流出……103
流通……403, 660, 896, 901, 911, 979, 1046, 1057, 1078
流通物……881
流転……57, 188, 211, 218, 228, 235, 241, 302, 312, 369, 489, 496, 515, 521, 569, 603, 608, 740, 837, 853, 905, 944, 972, 986, 1004, 1015, 1070, 1234, 1348, 1360, 1364, 1365, 1384, 1386, 1399
流転生死……646, 1337
流転輪廻……412, 492, 574, 579, 597, 608
流入……201
流布……33, 39, 882, 921, 1105, 1143, 1197
瑠璃……28, 32, 33, 35, 36, 94, 122
瑠璃金色……10
瑠璃地……94
瑠璃色……95
瑠璃樹……32
瑠璃妙華……10
流涙……390
流例……1176
流浪……960, 1005

れ

礼儀……922
霊儀……988
霊崛……1077
霊験……1012
例時……1222
霊社……1165
黎庶……7
『霊書経』……466
冷水……923
霊瑞……583

1228, 1235, 1387, 1392, 1400, 1403, 1419
領解出言 ……1227
領解文 ……1228
両肩 ……1016
料簡 ……667, 892, 964, 966, 982, 983, 996, 1039, 1407
了源……995, 996
了悟……182
梁国 ……653, 654, 1031
両御代 ……1303
楞厳の和尚 ……381, 1036
楞厳横川……1043, 1221
両財……180
両三箇国 ……1090
両三日……893
両師……890, 917, 918
猟師……419, 425
良時……618
聊爾 ……929, 1096, 1316, 1322, 1327, 1328
療治 ……269, 279, 1352
両軸 ……1218
両殊……171
領主……1058, 1170
了宗 ……1285
両宗 ……1066
霊鷲山 ……901, 1166
領掌 ……1270
領状……842
令諸衆生 ……944, 969, 1192
了心……371
両説……420
両舌 ……67
遼絶 ……1072
霊山 ……1337
霊山会上……598
霊山聴衆……594
霊山法華 ……1166
両祖……892
両足尊 ……185, 1065
両大名……884
了達……284, 285
了知……195, 246, 285, 309, 413, 628
了知清浄士……441, 443
両典 ……1079
両度……1183, 1184
冷煖 ……35
両人……872
了然……385, 892
領納 ……918, 1180
両判……423
了不了教対……199, 508
両辺 ……94
両篇……875
両方 ……897, 1049
了本際……3
了妙 ……1254
両門……384, 403
両訳……182
憀頼 ……58
慮外……914
離欲……25, 36
慮景裕……457
慮知……254
利楽……137
臨終 ……178, 179, 180, 181, 246, 248, 376, 631, 644, 658, 677, 693, 735, 736, 771, 803, 859, 865, 866, 897, 898, 902, 903, 904, 906, 913, 918, 961, 962, 963, 964, 966, 967, 976, 977, 980, 989, 1044, 1089, 1167, 1231, 1235, 1331, 1350, 1351, 1352,

利物……………………886, 1010, 1153
利益 ……137, 142, 154, 166, 184, 188, 190, 233, 234, 250, 312, 320, 335, 351, 360, 409, 452, 483, 566, 574, 576, 585, 600, 602, 604, 609, 612, 617, 659, 664, 682, 684, 685, 702, 705, 741, 747, 757, 758, 777, 778, 786, 803, 816, 831, 834, 845, 847, 866, 867, 881, 924, 945, 965, 999, 1004, 1007, 1011, 1012, 1013, 1024, 1026, 1031, 1054, 1066, 1073, 1074, 1146, 1193, 1200, 1339, 1372
利益安楽……………………447
利益有情……………………604
暦応 ……………………867, 1061
歴劫迂回……………………246
歴劫周章……………………302
歴劫修行……………………502, 519
利益斉一……………………171
歴事……………………109, 110
歴事供養……………………263, 303, 992
利益衆生……………………560
利益他功徳成就……………………361
略標……………………181
利益別……………………525
『略論』……………………991
劉……………………265
竜王……………………444
龍音 ……………………11
劉官……………………663
流義 ……………………1143, 1236, 1240
劉向……………………465
竜宮……………………419, 601, 757
竜華三会……………………264
立化仏……………………103
龍谷 ……………………1422
流沙……………………459
立寺……………………405
柳子厚……………………265
龍樹 ……154, 156, 187, 204, 315, 359, 363, 419, 479, 486, 538, 578, 579, 580, 599, 650, 671, 730, 940, 941, 974, 1029, 1030, 1104, 1342
隆周……………………458
龍勝 ……………………80
『龍舒浄土文』……………………722
竜神……………………575
竜神八部 ……………………26, 752
龍天 ……………………10
竜女 ……………………1361
竜力……………………432
竜力不可思議……………………360
梁 ………205, 457, 464, 487, 587, 654, 1031
利養 ……251, 357, 407, 409, 840, 889, 890, 1095
良医 ……268, 269, 270, 272, 275, 279, 409, 1007
涼燠 ……………………1079
良因 ……………………1048
遼遠……………………837
領家……………………787, 791
『楞伽経』 ……………………899, 1029
楞伽山 ……………………204, 486, 1029
両願……………………982, 983
了義……………………182
了義経……………………414
了教……………………219, 524, 525
両経……………………300, 495
霊禽……………………4
領解……897, 918, 924, 975, 996, 1176,

爛壊……229
乱群……460
鸞公厳……583
鸞師……582, 583, 586, 588, 1032
乱失……592
欄楯……122
卵生……440, 666
鸞上人……887, 888, 890, 895
鸞聖人……871, 892, 1054, 1079, 1150
乱心……434
乱想……1008
懶堕……147, 186
蘭台……459
乱動……389, 1002
攬入……180
鸞音……10
鸞菩薩……587, 653

り

離暗……432, 433
利害……65
離蓋清浄……50
力願……198, 361
力者……1379
力者法師……619
力精……13
利行満足……332
離垢……3, 10
離垢光……80
陸修静……467
利剣……88, 169, 200, 1070
利鋸……200
利根……48
利事……151
李耳……461
利生……978, 1008, 1012, 1013, 1043
理性……988
離障……3
利生方便……899
離塵垢……10
理尽非理尽対……199, 509
利箭……270
離相……559
利他……154, 190, 191, 192, 231, 296, 317, 322, 335, 360, 381, 388, 389, 484, 522, 541, 546, 548, 562, 570, 592, 723, 899, 943, 1071, 1078
利他回向……235
利他円満……307, 478, 481
利他教化……584
利他教化地……313, 394, 482
利他深広……211, 480, 951
利他真実……217, 233, 235, 241, 385, 393, 518, 519, 581
利他通入……382
理致……1044
利智精進……667, 669, 1361
理智不二……988
律師……180, 182, 194, 247, 405, 470, 514
立宗……871
律宗……178, 182, 248, 264
律僧……1400
立相住心……394, 531
李道士……457
利鈍……248, 351, 667
利鈍対……199, 510
利人……27
離念……171, 394, 531
離婆多……121
利斧……200
理仏……1399
李母……458

ら

雷……265
来会……7
来往……50, 462
来果……365
礼観……166
礼敬……386, 427, 519, 1017, 1078
来化……573
頼郷……459
来月……280
来現……896, 966, 1037, 1052
来迎……110, 312, 365, 397, 404, 658, 699, 701, 702, 735, 736, 803, 859, 898, 913, 961, 963, 964, 965, 966, 981, 982, 983, 984, 985, 986, 987, 988, 989, 990, 992, 1087, 1088, 1089, 1341, 1345, 1349, 1373, 1397, 1425
来迎引接……912, 988
来迎引接の願……375
来迎往生……178, 736
来迎臨終……803
『礼懺』……228
『礼讃』……168, 405, 978, 979, 1278, 1383
『礼懺儀』……405
来至……107, 1045
礼誦……221, 387, 405, 528
来入……1052
来集……443, 444, 449, 931, 1095, 1111, 1156, 1222
来生……13, 19, 51, 143, 144, 145, 176, 177, 193, 307, 316, 376, 436, 562, 630, 631, 723, 847, 896, 1046
礼譲……73
来世……282, 1356
来到……145
礼念……164, 165, 166, 167
来年……1180
礼拝……152, 156, 325, 332, 333, 388, 454, 530, 546, 919
礼拝恭敬……1396
礼拝門……156, 920
来問……1069
来臨……931, 1049, 1214
羅云……3
羅閲祇……290
羅漢……303, 304, 317, 422, 526
楽事……92, 113
楽受……346
楽処……65
楽清浄心……329, 330
洛都……471, 1053
楽邦……180, 205, 399, 487, 1032, 1078
『楽邦文類』……177, 199, 249
洛陽……472, 838, 1056, 1059, 1359
落涙……902, 1232, 1246
螺髻梵志……454, 455
羅睺羅……121, 350
羅刹……440, 441
羅刹王……444
楽果……1099, 1118
落居……909, 1165, 1180
蘿洞……1066
羅覆……33, 634
騾腹……270
羅摩……272
羅網……39, 72, 100, 122
羅縷……1060
鸞……205, 266, 413, 472, 487, 1031, 1046
乱意……163

営務 ……………………………………54
羊毛…………………………………842
要文……………………………228, 996
要門 ……383, 392, 502, 508, 531, 589, 690
雍門…………………………………464
要益…………………………………403
瓔珞………4, 33, 39, 87, 88, 90, 95, 96, 104, 228, 270, 284, 633
『瓔珞経』…………………………198, 507
要略…………………………………432
要路 ……………………………923, 1069
横川……………………………1043, 1221
余教 ………………………………1360
余経 ………………………………1011
余慶 …………………………………38
余行 ………162, 259, 688, 1005, 1342, 1343, 1367, 1378
欲往生……………………………176, 645
欲害恚………………………………233
欲覚 ……………………………26, 232, 491
欲願愛悦……………………………230
欲願審験……………………………490
欲楽往生……………………………159
欲求 …………………………………19
欲繫 …………………………………66
翌日 ………………………………1049
翼従……………………………………4
欲生 ……229, 230, 241, 245, 385, 392, 397, 489, 490, 492, 566, 567, 643, 721, 935, 943, 966, 972, 982, 1162
欲生心……………………………241, 493
よく知り顔 …………1102, 1157, 1158
欲心…………………………………851
欲塹……………………………………5
欲想 ……………………………26, 232, 491
浴池 ……………………………34, 377
欲貪 …………………………………64
翌年 ………………………………1314
欲暴…………………………………256
余業…………………………………271
よこさま ……646, 673, 680, 711, 812, 939, 972, 987, 1028
余言 ………………………………1059
余才…………………………………426
預参…………………………………598
余残…………………………………890
吉崎 ……1090, 1093, 1095, 1098, 1315
義尚 ………………………………1318
吉水 ……………………1044, 1060, 1078
余乗……………………………370, 454
余塵…………………………………933
余善 ……………………405, 687, 1005
よそごと …………………………1285
与奪…………………………………973
余天…………………………………454
余道 ……………………………429, 1097
夜中…………………………………942
余念 ……………………………215, 1144
余念間故 ………………………586, 1034
余仏……146, 152, 165, 212, 688, 1344, 1345
余方 ……………………………37, 308, 481
余菩薩………………………………152
よみぢ ……………………………1299
よみぢ小袖…………………………822
寄合……………………………1183, 1184
仮寝 ………………………………1056
頼政…………………………………895
余流…………………………933, 1009, 1043
預流向………………………………502
夜半 ………………………………1204

涌生 ……………………………………96
涌出 ……………………………………97
涌泉……………………………………200
茂仁……………………………………417
油断……1092, 1117, 1264, 1266, 1293, 1297, 1301, 1327
遊入 ……………………………………44
愈病……………………………………258
遊歩 ……………………………4, 5, 60
ゆふさり ……………………………1246
諛媚 ……………………………………64
踊躍………23, 29, 45, 46, 81, 108, 143, 144, 188, 261, 338, 479, 539, 684, 911, 979, 1078, 1372, 1390
踊躍歓喜……………………836, 837
由来 ……473, 1048, 1088, 1102, 1176, 1183
遊履 ……………………………………73
遊歴……………………………………111
遊猟……………………………………282

よ

用意…………………………1131, 1207
養育 ……201, 422, 437, 438, 439, 440, 441, 442, 443, 444, 445, 447, 449, 450, 451, 452, 616
永観 ……………………………921, 1361
陽気 …………………………………1331
要義 …………………1021, 1068, 1355
用脚 …………………………………1277
要行…………………………222, 405, 534
用欽…………………………182, 248, 264
妖孽……………………………………454
映現 ……………………………………96
容顔 ……………………………………11
影現……………………………………572
営護 ……………………………………68
影護……………………………………262
擁護………………166, 431, 1008, 1010
永劫 ………26, 61, 174, 231, 256, 303, 593, 862, 1134, 1136, 1145, 1195, 1206, 1385, 1402
影向…………………………1056, 1080
永劫不壊……………………………177
遥山寺………………………………583
要旨……………………………………919
栄色 ……………………………………33
容色 ……………27, 37, 39, 308, 481
映飾 …………………………95, 98, 99
用捨 …………………………………1162
妖邪……………………………………453
『要集』……………………380, 634
曜宿……………………………………449
要術 ………………………663, 1078
容恕……………………………………445
幼少………………885, 886, 1254, 1301
永生…………………………1099, 1118
容状 ……………………………………37
用心…………………………1265, 1270
要須…………………………902, 942
映奪……………………………………201
幼稚 ………………………885, 1066
窈窕 ……………………………………70
映徹 ………………………36, 93, 94
幼童 ………………………885, 1277
要道 …………………………………1067
養父 …………………………………1043
要法…………369, 404, 709, 711, 1000, 1067, 1344, 1400
容貌 …………………………………1051
盈満 ……………35, 37, 90, 377, 452
要妙 ……………………………6, 48
窈冥 ……………………………………58

夜光 ……………………………………10
射山 ……………………………………1043
夜叉 ……117, 148, 213, 339, 426, 429, 431, 432, 437, 440, 443
夜叉王……………………………………444
耶嬢 ……………………………………1066
夜前 ……………………………………1232
奴ばら……………………………814, 821
屋戸やの入道……………………………884
野人 ……………………………………65
山路 ……………………………………1100
山科 ……………………………………1248
山寺……………………………………826
夜摩天……………………………………101
夜摩天宮 ………………………………99
大和 ……………………………………1254
山臥 ……………………………………1055
弥生 ……………………………………1093

ゆ

唯円……………………………836, 842
遺恩 ……………………………………1072
遺誡 ……………………………………1067
遺教……………………………………603
『遺教経』………………………………428
遺訓 ……890, 920, 923, 927, 928, 936, 1060, 1071, 1222
遺言 ……………………………………1330
遺跡……………………………………914
唯除 …………296, 643, 644, 722, 1104
唯心 …………209, 455, 941, 942, 1069
唯信…………………………644, 699, 794
『唯信抄』……………644, 699, 752, 844
『唯信鈔』 ……699, 704, 743, 753, 774, 775, 796, 805, 806
『唯信鈔の文意』………………………752
唯信仏語………………………………522
唯知作悪 ………………………………1388
遺弟………600, 928, 1068, 1071, 1072, 1271
唯仏与仏…………………………………580
遺法……………………………………601
遺余……………………………………428
唯蓮 ……………………………………1297
有阿弥陀仏………………………………786
誘引……………………………………375
幽王……………………………………467
祐護……………………………………342
勇健聡慧…………………………………439
夕さり……………………………………815
勇将幢……………………………………200
幽棲…………………………1054, 1079
由漸……………………………………463
勇哲 ……………………………………11
夕な夕な ………………………………1399
右筆…………………………………914, 995
幽閉 ……………………………87, 89, 91
勇猛……42, 80, 108, 233, 433, 541, 904
幽冥 ……………………………………63, 341
勇猛精進 ……………26, 232, 491, 884
勇猛専精 ………………………262, 1395
右命……………………………………460
宥免 ……………………………………1309
勇立 ……………………………………10
瑜伽瑜祇 ………………………………1067
遊行……………………………162, 282, 427
遊禽 ……………………………………52
往く路…………………………………840, 854
弓削……………………………………620
遊戯…………………………243, 313, 334
遊散 ……………………………………69
由旬 ……29, 33, 34, 35, 48, 76, 95, 96, 98, 101, 103, 105, 160, 161, 377, 633, 636, 925, 1017

物しり……………………1173, 1308
ものしりがほ……………………1251
ものわすれ……………………824
ももはし……………………617
守成……………………472, 1054
守屋……………………620
もろこし……………………1429
門下………881, 890, 1093, 1111, 1175, 1185, 1218
文義……………………964
蚊蟻……………………270
文句……………………1340
文芸……………………4
聞見……………145, 151, 356, 357, 401
門戸……………………471, 1053
聞光力……………………362, 558
聞其名号……677, 678, 911, 935, 967, 1106, 1145, 1198, 1372, 1413, 1419
文言……………………996, 1039
聞思……………………132, 484
文字……622, 694, 717, 763, 816, 996, 1200, 1289
聞持……………………898, 1419
『聞持記』……………………248
門室……………………881
文釈……………………898, 1301
文殊……………………196
文殊師利法王子……………87, 121
『文殊般若』……………………163
文証……365, 883, 899, 911, 935, 982, 989
聞信……………………204, 1028
悶絶躄地……………………277
門前……………………1048
文相……………………953
聞知……………………341
聞治……………………266
門弟……875, 880, 895, 918, 922, 924, 927, 932, 935, 940, 1060
文点……………………892
門徒………471, 597, 1049, 1053, 1054, 1057, 1070, 1083, 1093, 1100, 1101, 1117, 1127, 1134, 1138, 1158, 1171, 1174, 1178, 1179, 1268, 1269, 1306, 1309, 1317, 1318, 1327, 1328, 1329, 1330, 1421
問答……841, 854, 888, 889, 925, 1067
問答往復……………………1052
門徒中…1152, 1156, 1158, 1159, 1330
文如……………………1228
門人……………921, 936, 1172, 1221
聞不具足………246, 250, 251, 408, 409
聞法……………………444, 993
聞名……657, 704, 705, 762, 1341, 1390
聞名往生……………………1008
聞名欲往生……………………645, 967
門余……………………394
門葉………930, 946, 1050, 1060, 1072, 1174, 1176, 1222, 1419
門流……………………937, 965
門侶……………………873, 1049
『文類』……………………973

や

野外……………………1204
薬狂……………………283
『薬師』……………………1344
疫神……………………1011
約束…………807, 838, 865, 1187, 1280
厄難……………………25
訳名……………………465
益物……………………1080

1168, 1232, 1238
滅亡……602
女童……818
罵辱……292, 451
碼碯……28, 32, 33, 35, 36, 122
碼碯色……95
碼碯樹……32
馬鳴……371, 419
目やす……853
面謁……770, 1069
俛仰……177
面受……1057
面授……1033
面授口決……913, 927, 946
面像……20, 22, 92, 99, 284, 1051
面王……3
面目……873
面貌……269
眄睞……66

も

妄愛……906
妄雲……1077
孟夏……886, 1184
妄義……919, 935
毛孔……27, 101, 361, 389
毛芥……361
妄見……1353
妄業……968, 1233
妄言……67
耗散……453
申し状……856
亡失……898
忘失……117
申し分……1302
盲者……464
妄執……1086
妄執吉凶……453
妄情……945, 1421
妄心……865, 944, 1414, 1420
妄説……425, 454, 918, 943, 945, 1420
妄想……101, 300, 1316, 1363
妄想顚倒……619
妄念……963, 1015, 1362, 1363, 1378, 1425
妄念妄執……1086
毛髪……73
朦昧……70
盲冥……361, 556, 557
朦冥抵突……57
網明仏……126
網綿……171
朦朧……172, 914
魍魎……454
目犍連…3, 31, 87, 88, 89, 117, 121, 565
目前……63, 1151
木像……919, 943, 1018, 1253
目足……477, 488, 913, 946
沐浴……4, 872
目連……31, 88, 89, 90, 163, 427, 570, 619
『目連所問経』……163
目録……467
模写……1228
母胎……4
勿論……865, 878, 883, 891, 919, 928, 930, 1097
没後葬礼……936, 937
没溺……228
物欲熟時……430
裳無衣……920, 921
物語……831, 851, 871, 1247, 1280, 1293, 1302
ものごし……1246

無量幢仏……126
無量徳……556
無量百千……109, 437
無量不可思議……9, 21, 22, 23, 257
無量仏……240, 364
無量菩薩……562
無量明……152
無量無限……51
無量無数…20, 31, 43, 79, 143, 701, 710
無量無数百千……103
無量無数不可計……561
無量無数不可思議無有等等億那由他百千劫……232
無量無辺……124, 268, 434, 786
無量無辺阿僧祇……146, 268, 348, 376, 631
無量無辺阿僧祇劫……124, 278
無量無辺不可思議……43, 142, 257
無量無辺不可称計……344
無量力功徳……153, 650, 974
無倫……76, 378, 636
無漏……245, 347, 564, 1015, 1052, 1164, 1353, 1400, 1404, 1405
無漏無生……222, 369, 938, 1379

め

迷闇……1052
明応……1183, 1184, 1186, 1187, 1189, 1231, 1235, 1238, 1241, 1246, 1330
迷境……663, 664
明師……861, 882, 965, 1037, 1067, 1077, 1359
迷失……373, 408
明者……1421
迷沙……438
迷執……1356
迷情……944, 1421
迷心……906, 913, 944, 968, 1049, 1151, 1414
名人……1281
迷倒……226, 1391
命日……1150
明辟……462
名望……1128
迷没……57
明文……979, 1057, 1207
銘文……647, 650, 653, 655, 659, 662, 667
名誉……887, 1281, 1331, 1341
迷盧八万……946, 1222
迷惑……266, 454, 942, 975, 1165, 1246, 1276, 1277, 1278, 1295, 1318, 1326
妻うし……1240
召し物……1275, 1329
滅後……420, 1000, 1018, 1029, 1060, 1071, 1430
滅後利益……1066
滅罪……845
滅罪得生……1008
滅除……99, 238, 269, 270, 300, 319
滅除薬……300
滅尽……82, 390, 418, 419, 420, 427, 513, 590, 1395
滅尽三昧……40
滅度……5, 6, 9, 17, 27, 31, 82, 193, 203, 213, 306, 307, 308, 315, 334, 416, 420, 453, 481, 482, 513, 567, 585, 607, 625, 626, 627, 670, 671, 679, 693, 702, 709, 722, 760, 765, 767, 779, 798, 859, 918, 939, 951, 964, 976, 986, 1026, 1089, 1108,

無明沈没……………………………875
無明暴………………………………256
無明品心……………………………370
無明煩悩……………244, 601, 693, 747
無名無実 …………………………1106
無無義………………………………288
無滅……………………………288, 367
無目…………………………………464
無紋 ………………………………1283
無問自説……………………………686
無問自説経……………………398, 686
無益 ………219, 524, 1216, 1237, 1245
無余……………312, 323, 443, 667, 669
無用 …………………1175, 1319, 1333
無余涅槃……………………………428
無楽……………………………345, 346
村雀 ………………………………1286
無利……………………………219, 524
無量阿僧祇億那由他百千…………441
無量阿僧祇劫…………………272, 287
無量慧…………………………364, 564
無量億劫 …………9, 97, 101, 136, 278
無量億那由他百千…………………263
無量音 ………………………………79
無量覚…………………………43, 44, 145
無量義………………………………353
無量光……339, 362, 556, 576, 648, 727
無量劫…………24, 117, 153, 229, 259,
287, 431, 568, 579
無量光仏……………29, 338, 370, 1024
無量光明慧……………………153, 252
無量光明土 ………145, 189, 206, 235,
337, 339, 372, 488, 514, 731,
931, 952, 1033
無量国…………………………400, 636
無量種 ………………………………40
無量寿 …………………155, 766, 1408
『無量寿経』 ………167, 169, 247, 263,
296, 316, 326, 364, 386, 401,
656, 657, 677, 1372, 1387
『無量寿経優婆提舎』………………155
『無量寿経優婆提舎願生偈』…630, 721
無量寿国………34, 39, 53, 73, 77, 213,
242, 627
無量寿極楽界………………………899
無量寿如来……203, 213, 236, 250, 627
『無量寿如来会』 …137, 142, 175, 212,
232, 257, 308, 339, 400, 514,
626, 627, 636, 637, 722, 758,
1025
無量寿仏 ………29, 30, 33, 34, 41, 42,
43, 49, 60, 61, 74, 75, 76, 77,
78, 81, 98, 101, 102, 103, 106,
107, 115, 117, 126, 142, 143,
153, 155, 184, 337, 338, 339,
376, 377, 379, 401, 478, 625,
632, 633, 638, 716, 727, 957,
1003, 1105, 1164, 1350
『無量寿仏観経』 ………374, 375, 381,
502, 631, 690
無量寿仏国…………………39, 61, 163
『無量寿傍経』…………………361, 556
無量種門……………………………149
無量生死 …………………………1364
無量清浄……………………………175
『無量清浄平等覚経』……143, 339, 514
無量清浄仏…………………………144
無量精進仏…………………………125
無量塵数……………………………106
無量深妙………………………151, 160
無量世…………………………295, 351, 432
無量世界……………………………314
無量相仏……………………………126
無量尊…………………………………44, 46

索引 む

無説……183, 371
無善……1385
無染清浄……328
無染清浄心……328, 330
無善造悪……928, 1110, 1172
無相……6, 27, 53, 182, 322, 352, 353, 456
夢想……893, 894, 895, 896, 1044, 1045, 1046, 1052, 1296, 1297, 1316
無相生……666
無相離念……394, 531
無足……184
無対……203, 730
無退……352
無対光……362, 556, 729
無対光仏……29, 338, 370, 1024
無知……191, 322, 329
無智……445, 669, 771, 965, 987, 1102, 1138, 1146, 1189, 1359, 1360, 1367, 1402, 1429
無痴……370, 729, 1025
むつき……1277
六つどき……1247
無道……62, 89, 569, 826
無等光……339
武藤左衛門……884
無動寺……855
無道心……1217
無等智……379, 637
無等等……249, 363, 556, 559
無等無倫最上勝智……76, 378, 636
無貪……370, 1025
無難……238
牟尼……458
無二……164, 352, 398, 435, 584, 897, 1177, 1222
無耳人……572, 787, 790
無人……176, 211, 248, 645, 647, 1119
無人空迥……225, 536
無念……171, 246, 371, 735, 736, 737, 805, 806
無病……173
無仏……154, 298, 314, 367
無仏世……415
無仏法……298
無辺……43, 107, 124, 142, 143, 146, 160, 180, 200, 207, 240, 257, 268, 278, 344, 348, 376, 434, 474, 485, 486, 489, 606, 631, 730, 786, 1038, 1069, 1349
無辺光……105, 203, 339, 362, 556, 727, 1024
無辺光仏……29, 338, 370, 372, 691, 1022, 1024
無辺際……651
無辺不断……195
無法……928
無菩薩……298
無菩薩法……298
むまのぜう……821, 826
無明……12, 131, 146, 169, 181, 189, 196, 197, 200, 204, 214, 234, 362, 462, 478, 484, 485, 558, 572, 585, 670, 672, 701, 709, 710, 731, 739, 745, 746, 797, 863, 875, 876, 882, 963, 1025, 1027, 1035, 1231
無明淵源……1007
無明海……235
無明果業……1070
無明業障……1129, 1133, 1199
無明長夜……586, 606, 667, 669, 670, 864
無明大夜……485

無上解脱道……………………………238
無常見…………………………………286
無称光………………203, 363, 556, 731
無常講…………………………………937
無称光仏…29, 338, 370, 559, 732, 1025
無上士 …………………………………11
無上殊勝……………15, 203, 254, 1166
無上殊勝願 …………………………1023
無上上…………………………342, 572
無上正覚 ………………13, 26, 82, 505
無上正真……19, 27, 193, 316, 630, 723
無上上心………………………………252
無上浄信………………………486, 986
無上正真道 …………………… 11, 254
無上正等菩提……………213, 242, 627
無上正遍道……………………………191
無障心…………………………331, 548
無上心 …………………………44, 494
『無上真書』 …………………………466
無上信心………………………………792
無上甚深………………473, 1047, 1200
無常迅速………………………………911
無上深妙………………………………171
無上尊 ……………4, 44, 484, 556, 560
無上大恩徳……………………………184
無上大功徳田…………………………184
無上大道君……………………………466
無上大涅槃 ………647, 672, 673, 680,
690, 693, 707
無上大般涅槃…………………………700
無上大悲………………………………485
無上大利………901, 1070, 1078, 1182,
1192, 1200
無上智慧………………………………703
無上超世………………………………479
無常転変 ……………………………1401
無上道………24, 25, 81, 237, 238, 254,
288, 453, 548, 664, 777
無上道心…110, 114, 115, 116, 150, 360
無生忍…………36, 102, 110, 116, 149,
358, 577, 648, 649, 845
無上涅槃 ……268, 307, 370, 581, 608,
622, 625, 646, 666, 667, 682,
685, 709, 712, 713, 735, 769,
976, 1026
無上涅槃の願成就の文……………481
無生の生 ………………586, 987, 1245
無常敗壊………………………………346
無称仏…………………………556, 561
無上仏…………………………622, 769
無上仏果………………………………747
無上仏道………………………………260
無上法王………………………………259
無上法皇………………………………579
無上宝珠………………………………586
無生法忍 ……21, 34, 48, 92, 109, 146,
257, 377
無上法輪………………………………410
無上菩提 ………42, 43, 142, 180, 247,
308, 310, 326, 627, 632, 633,
669, 729, 970, 1187
無上菩提心…………247, 253, 271, 326
無上妙果………………………211, 480
無生無滅………………………………367
無上力…………………………………105
無上両足尊……………………………185
無上瑠璃光 ……………………………10
無濁……………………………………352
無所作 …………………………………36
無始流転………………………………608
無信…………………220, 402, 527, 711
無瞋 ……………………370, 729, 1025
無親……………………………………456
無尽 ……………………27, 343, 368

無間長時 ……1373
無間心……300
無見頂……104
無眼人……572, 787, 790
無顧……155
無極 ……37, 60, 308, 311, 340, 341, 482, 562
無極之体……372
無極尊……556, 564
無極体……560
無後心……300
無虚妄……908, 939
無根……286, 287, 295
無作……352
無才 ……669, 1168
無際……25, 412, 1004
武蔵……791, 817
無慚 ……800, 1347
無慚愧……275, 286
無慚無愧……617, 618, 886
無始 ……231, 235, 363, 615, 655, 968, 1014, 1129, 1192, 1199, 1233
無色生……666
無始曠劫……761, 1133, 1201
無始生死……148, 260
無実 ……855, 1106
無著 ……10
無着 ……74
無着光……339
無数……6, 12, 20, 27, 31, 43, 44, 79, 81, 102, 103, 107, 108, 143, 145, 167, 196, 232, 263, 339, 514, 561, 562, 576, 701, 710
無宿善……856, 1158, 1161, 1163, 1170, 1177, 1249, 1265
無数劫 ……60, 104, 152, 410
無数劫阿僧祇……106
無出……352
無数天下……341
無数不可称計 ……80
無数無量 ……9, 49
無数無量那由他 ……19
矛盾……923
無所畏 ……36, 274, 277
無生 ……146, 157, 170, 171, 181, 222, 261, 265, 288, 317, 352, 369, 391, 481, 938, 952, 968, 987, 992, 1233, 1379
無障……330
無所有 ……51
無上 ……79, 81, 188, 191, 205, 227, 235, 244, 275, 300, 327, 422, 424, 449, 479, 487, 496, 497, 512, 515, 521, 537, 550, 561, 578, 585, 591, 597, 603, 685, 704, 707, 713, 911, 913, 945, 946, 951, 971, 979, 1005, 1017, 1024, 1029, 1034, 1115, 1120, 1127, 1151, 1160, 1206, 1371, 1372, 1385, 1386
無常……57, 94, 96, 111, 172, 177, 273, 287, 295, 343, 344, 345, 346, 347, 349, 456, 596, 771, 854, 911, 999, 1072, 1100, 1140, 1151, 1164, 1167, 1203, 1371
無諍……352
無上有上対……199, 508
無諍王……176
無上覚 ……212, 600, 605, 608, 626, 758, 776, 778, 779, 896, 1046
無上覚位……264
無上功徳田……184
無障礙……240
無上華 ……80

無為無漏………1015, 1400, 1404, 1405
無因……………………………………288
無因無果………………………………456
無有見…………………………………286
無有等等………………………………232
無有等等無辺世界……………………143
無縁……102, 359, 461, 757, 878, 1015, 1072
無央数……………………143, 340, 341
無央数劫 ……………………9, 27, 144
無怨無親………………………………456
無果………………………………288, 456
無我 ……36, 45, 94, 96, 111, 273, 327, 1257, 1282
無戒………304, 421, 423, 669, 672, 885
無蓋……………………………………9, 136
無戒名字…………………………422, 619
無学……………………………………304
無願……………………………6, 27, 53, 456
無記 ………219, 468, 524, 1406, 1407, 1408
無愧…………………………617, 618, 886
無義……………………………………837
無疑 …………342, 572, 592, 777, 1167
無記往生 ……………………………1406
無記心 ………………………………1407
無行不成 ……………………………1069
無垢……………………………………175
無窮 …………365, 368, 474, 606, 1349
無窮無極 ………………………………60
無窮無極無央数………………………341
無垢荘厳………………………………319
無苦無楽………………………………345
無垢輪……………………………318, 319
無価 ……………………44, 422, 423
無礙……9, 13, 26, 48, 51, 74, 131, 137, 138, 149, 190, 192, 199, 203, 231, 232, 234, 335, 343, 348, 352, 362, 398, 456, 483, 486, 491, 507, 545, 557, 561, 573, 652, 662, 690, 710, 730, 782, 797, 836, 847, 863, 875, 986, 1024, 1035, 1155
無礙光 ………339, 362, 485, 556, 581, 585, 652, 710, 728, 730, 766, 875, 876, 1030, 1231
無礙広大………………………………235
無礙光如来 ………141, 156, 157, 205, 214, 357, 382, 478, 479, 513, 539, 546, 586, 651, 691, 699, 710, 747, 761, 763, 766, 777, 895, 931, 967, 969, 1022, 1024, 1030
無礙光仏………29, 338, 370, 372, 548, 566, 572, 576, 581, 605, 652, 659, 664, 672, 679, 683, 691, 693, 700, 701, 707, 710, 728, 730, 731, 763, 793, 794, 1024, 1240
無礙智……………………………25, 1404
無礙道…………………………………192
無礙難思………………………………477
無礙人………………192, 196, 364, 564
無礙無辺最勝深妙……………………200
無間 ……212, 304, 326, 387, 541, 667, 669, 906, 1008, 1013
無限 ……………………………………51
夢幻……………………177, 1099, 1100
無間悪業…………………………296, 626
無間有間対……………………………509
無間間対………………………………199
無間業…………………………………304
無間罪…………………………………453
無間地獄………………304, 1110, 1130

1237, 1264, 1280, 1306
明年……770
冥符……405
妙服……22
妙宝……14
妙法……33, 36, 49, 101, 106, 109, 111, 115, 214, 261, 564, 1017
明法……737, 742, 743, 745, 1055
名目……751, 754, 932, 938, 949, 1178, 1420
名聞……3, 317, 840, 889, 890, 1095, 1101, 1177, 1216, 1223, 1262, 1273, 1280
名聞光仏……125
名聞仏……126
妙薬……275, 296
明曜……40
明曜顕赫……75
妙楽勝真心……330, 331, 548
名利……266, 412, 456, 622, 859, 975, 1002, 1017, 1246, 1346
妙理……690, 1066
明利……48
名利恭敬……457
冥慮……890, 922, 1157, 1274
明了……6, 20, 93, 100, 102, 105, 111, 356, 563, 950
明了願……34, 176, 377
妙蓮華……200
明朗……299, 362, 485, 558, 875
未来……90, 92, 98, 162, 348, 349, 354, 371, 382, 456, 515, 605, 701, 905, 907, 963, 969, 1024, 1038, 1193
未来悪世……1167, 1402
未来記……1029
未来際……260, 388
未来世……91, 92, 94
微瀾回流……36
弥勒……60, 62, 71, 72, 74, 77, 78, 79, 81, 82, 149, 188, 263, 378, 379, 427, 428, 478, 510, 513, 605, 615, 628, 637, 638, 671, 680, 681, 682, 722, 758, 759, 764, 765, 776, 778, 794, 798, 803, 911, 1057, 1109
弥勒大士……264
弥勒付属……503
弥勒付嘱……189
弥勒仏……748, 758, 794, 803
弥勒菩薩……53, 58, 59, 60, 74, 79, 83, 263, 510, 604, 628, 722, 779, 802, 860
愍傷……6
愍念……9, 136, 151, 1398

む

無愛無疑……342, 572
無闇……352, 671, 673, 963, 1027, 1275
無安衆生心……327, 328, 330, 331
無為……74, 207, 244, 256, 278, 312, 322, 343, 344, 352, 355, 369, 408, 465, 489, 593, 709, 987, 1014, 1038, 1401, 1405
無畏……6, 36, 80, 196, 352
無為自然……61, 73
無為住……1401
無為常住……1400, 1401, 1403
無為泥洹……37, 308
無為涅槃……369, 404, 408, 433, 709, 1344, 1400
無為法性身……369
無為法身……307, 322, 323, 359, 482, 702, 976

名義 ……157, 214, 215, 245, 247, 326, 333, 546, 548, 1222, 1392
名義倶異……343
名義摂対……329
妙教 ……659, 660, 896, 1046
明教……737, 742
明鏡 ……20, 22, 92
妙行 ……182, 951, 1339
明行足 ……11, 353
妙功徳……200
妙華 ……26, 44, 50, 83, 95, 96, 99, 122
冥見 ……1274
妙悟……951
妙香……320
明好……340
妙好華……262, 682
妙好色……358
名号執持 ……863, 1035
名号定散対……199
妙好上上人……550
名号称念……865
名号信知……875
妙好人……262, 538, 682, 748, 922
名号不思議……571, 585, 838, 839
名光仏……126
命根……471
名言 ……213, 900, 935, 936, 937, 940, 942, 949, 1102, 1105
冥権……320
冥眦 ……1058
名字 ……21, 22, 23, 24, 113, 143, 144, 163, 164, 169, 175, 257, 309, 421, 422, 423, 426, 427, 428, 589, 619, 628, 656, 657, 681, 838, 881, 886, 918, 924, 925, 976, 985, 1046, 1340, 1395
名籍……65, 68
名主……787, 791
名数 ……20
冥衆……886, 919
命終……97, 124, 256, 260, 281, 298, 365, 436, 509, 597, 598, 845, 968, 1071
冥衆護持……251
妙術……211, 481
名声……24, 141, 203, 254, 485, 1023
名称……6
妙声 ……36
明証……138, 190, 209, 366, 919
明浄 ……8, 51
妙声功徳……309, 628
妙荘厳……333
妙荘厳王……994
妙丈夫……446
命濁……128
命濁中夭刹那……602
妙真珠網……95, 98
妙粗対……510
名体不二……1386, 1392, 1403, 1404
明達 ……63
妙談……264
妙智 ……44
名帳……917, 919
妙頂 ……10
名帳勘録……918
妙典 ……138, 478, 966, 1011, 1016, 1065, 1166
妙土 ……14, 15, 26, 562
明灯……174
冥道 ……752, 786, 1010
妙徳……289
妙徳山 ……80
妙徳菩薩……3
明日……1049, 1092, 1203, 1217, 1218,

1356, 1363, 1388
弥陀仏智 ……………………………1299
弥陀仏日……………………………864
弥陀法王……………………………171
弥陀本願…………………166, 667
弥陀無数……………………………701
みだれごころ ………………746, 1414
弥陀和讃……………………………572
弥儱那………………………………438
密意…………………………………311
密義…………………………………277
密教 ……………………668, 999, 1071
密教所談……………………………936
密語…………………………………278
密厳 ………………………………1008
密談…………………………………884
密益 ……………………………973, 1297
御堂 ……812, 1045, 1247, 1248, 1295,
1322
微動 …………………………………39
みどり子 …………………………1408
弥那…………………………………438
南殿……1232, 1281, 1285, 1287, 1288,
1312, 1315
南の荘………………………………741
南別所辺 …………………………1095
美濃絹 ……………………………1278
巳剋 ……………………………954, 1107
美濃殿 ……………………………1246
微薄…………………………276, 287
弥覆…………………………39, 95, 100
微風 ……………………………33, 123
みぶの女房…………………………754
弥満 ……………………………75, 104
美味…………………………………358
耳ぢか…………………………1214, 1216
耳なれ雀 …………………………1286
微妙………5, 33, 37, 39, 40, 44, 49, 51,
96, 97, 99, 123, 137, 288, 308,
309, 481, 485, 628, 1065
微妙安楽 ……………………………53
微妙音………………………………563
微妙奇麗 ……………………………28
微妙快楽 ……………………37, 308
微妙香潔……………………………122
微妙厳浄……………………75, 1340
微妙最勝……………………………357
微妙和雅 ……………………………34
みやづかひ ………………………1393
みやづかへ ………………………1344
明闇………………217, 233, 234, 518
明闇対…………………………199, 510
妙位…………………………………307
冥意 ………………………………1080
名一義異……………………………343
妙衣……………………………38, 39
冥応…………………………………923
妙音声 ………………………………36
妙音仏………………………………125
妙果 ……206, 211, 370, 473, 480, 481,
485, 488, 1034
猛火 ………………………115, 1406
冥加 ……945, 1256, 1258, 1263, 1276,
1277, 1278, 1298, 1306, 1312,
1317, 1319, 1334
妙覚……………………371, 681, 765
明月真珠 ……………………………37
明月摩尼 …………………34, 377
猛火洞燃……………………………939
冥官…………………………………575
名願…………411, 589, 901, 913, 1016,
1066, 1363
名願力…………………………865, 968
妙願力 ……………………………1233

慢悵鬼……………………………471
慢幢……………………………889
万徳 ……180, 182, 185, 197, 685, 866, 1402
万二千那由他 ……………………82
満入……………………………944
万不一生…………………………594
万品……………………310, 628
万物………………7, 20, 21, 50, 75, 274

み

未安心 …1150, 1174, 1214, 1216, 1222
三井寺 ……………………………1095
未覚 ………………………………52
三河 ………………………………1234
三河国 ……………………………1243
御ぐし ……………………………1052
未決定……………………1112, 1159
眉間…………90, 101, 102, 103, 1391
みこ…………………………………825
獼猴……………………………667, 668
微細 ……………………269, 1272
麋散 ………………………………55
味着 ………………………………37
微笑 ……………………………91, 382
未定 ……………………………1178
未生怨…………………………292, 293
未証浄心…………………………313, 314
微塵……………169, 913, 1004, 1395
麋尽 ………………………………65
微塵界……………………………241
微塵劫……………………182, 412, 593
微塵世界 ……571, 691, 700, 709, 710, 863, 1022, 1026, 1035
微塵刹土 ……………………652, 1065
未曾有……………………………116
未曾見……………………………565
未造業……………………………302
弥陀回向 ………………………607, 1244
弥陀界…………………………512, 944
弥陀覚王 …………………………1078
弥陀願力……………934, 1154, 1157
『弥陀経』 ……167, 198, 218, 220, 386, 401, 402, 505, 507, 522, 526, 568, 571, 572, 776
弥陀経往生………………………635
『弥陀経義』………………………180
『弥陀経義集』……………………762
『弥陀経の義疏』…………………405
弥陀弘誓 …………170, 579, 689, 1373
弥陀三昧 ……………………899, 1005
弥陀浄国…………………………933
弥陀定散…………………………529
弥陀浄土…………174, 960, 1068, 1069
弥陀成仏………………………557, 566
弥陀初会…………………………559
弥陀世尊…………………………165
弥陀選択 ……………686, 959, 1001
弥陀善逝 …………………………1065
弥陀尊……………………………185
弥陀大会……………………1031, 1073
弥陀大悲…………382, 609, 1124, 1391
弥陀他力…………………802, 922, 941
弥陀智願………………………604, 607
弥陀超世………………………882, 938
弥陀難思 …………………………1070
弥陀如来回向……………………671
弥陀如来清浄本願………………987
弥陀念仏…………………………529
弥陀仏 ………204, 205, 228, 262, 404, 485, 540, 621, 622, 658, 663, 682, 683, 769, 779, 792, 898, 903, 973, 974, 988, 1003, 1028, 1030, 1122, 1149, 1207,

末代 ……209, 415, 417, 423, 474, 477, 594, 913, 949, 958, 999, 1034, 1067, 1077, 1093, 1113, 1115, 1120, 1136, 1139, 1140, 1166, 1181, 1205, 1338
末代悪世 ……………………………1191
末代罪濁……………………………394
末代濁世…………………589, 1114, 1146
末代相応 …………………………1000
末代不善 …………………………1120
末代無智 …………………………1189
末弟……………………………943, 945
末法 ……391, 415, 417, 418, 420, 421, 424, 428, 453, 549, 601, 602, 609, 921, 1000, 1034, 1057, 1337
末法悪世……………………………619
末法五濁……………………588, 601
末法時……………………………423
末法濁世…………………608, 619, 885
末法濁乱 …………………………1165
末法世……………………………428
末法相応 …………………………1005
『末法灯明記』…………………418, 921
万里小路 …………………………1059
魔天王……………………………444
摩尼………33, 34, 95, 98, 104, 377, 633
摩尼珠王 ……………………………98
摩尼珠光 ……………………………11
摩尼水 ……………………………96
魔女……………………………432, 433
魔波旬…………………425, 434, 435
ままはは……………………………754
魔民……………………………453
磨滅…………………54, 72, 291
魔網……………………………6
摩耶夫人……………………………457
魔羅鬼……………………………471
摩羅国……………………………440
満……………………………420
万一 ………………………………1174
万億恒沙……………………………453
万億倍 ……………………………39
満願子……………………………3
万行 ……172, 180, 183, 365, 395, 396, 537, 567, 571, 588, 866, 908, 1071, 1110, 1121, 1122, 1179
万行円備……………………………477
万行諸善……………413, 569, 587, 880
万行万善 ……………………866, 1406
満月……………………………464
万劫 ……177, 198, 265, 390, 391, 507, 515, 1066
万歳 ………………………………1203
慢恣……………………………6
万差 …………………………964, 1057
万種 …………………………34, 39, 50
慢心…………………………889, 945
万善……206, 488, 866, 951, 1034, 1406
万善円修……………………………479
万善円備……………………………399
万善諸行………244, 579, 631, 635, 685
万善万行 ……………1121, 1122, 1179
満足……15, 24, 45, 142, 154, 190, 197, 199, 238, 328, 329, 332, 361, 479, 485, 490, 546, 563, 580, 651, 653, 691, 881, 1054, 1071, 1080, 1389
満足願 ……………………34, 176, 377
満足大悲……………………………218
満足大悲円融無礙…………………234
曼陀羅華……………………122, 290
曼陀羅樹……………………………291
万端 ……………………………55

本仏 ……………………1046, 1113, 1120
凡夫道……………………………………147
凡夫人 ………150, 204, 207, 311, 358, 487, 489, 497, 516, 549, 550, 629, 1028, 1037
凡夫不堪…………………………………941
凡夫不成 ………………………944, 1421
凡夫発起…………………………………943
梵摩達 ……………………………1016
本末…………………………………251, 293
梵摩尼宝 …………………………………98
本望…………………………1107, 1188
『梵網』……………………………………706
本文…………………………………………405
凡慮 ……………………………909, 1077
本論…………………………………………975
凡惑 ………………………………………1052
煩惑…………………………………………875

ま

毎月……………1102, 1150, 1183, 1184
毎月両度 …………………………………1183
毎月両度講衆中 ……………………1184
毎事………………………904, 1284, 1319
毎日 ……1213, 1214, 1216, 1326, 1344
毎日毎夜 …………………………………1171
毎年……1072, 1155, 1170, 1171, 1180, 1221, 1222
毎夜 ……………………………………1171
まゐらせ心……………………1274, 1291
魔王…………………………………………433
魔王波旬星宿品…………………………429
魔界 ………………………5, 836, 1355
魔界有縁…………………………………923
摩訶衍………………………………………240
『摩訶衍』…………………………………162
『摩訶衍論』………………………………178
摩訶迦葉……………………………3, 121
摩訶迦旃延…………………………………121
摩訶倶絺羅…………………………………121
摩訶劫賓那…………………………………121
摩訶薩………………………………………363
『摩訶止観』 ……………………………1016
摩訶周那……………………………………3
摩伽陀国………………………287, 290
摩訶目犍連…………………………………121
摩伽羅………………………………………439
末伽梨拘賒梨子…………………270, 277
まきたて …………………………………1265
魔郷 ……………………312, 369, 1400
魔境…………………………………………180
魔行…………………………………………425
魔軍…………………………………200, 432
摸呼羅………………………………………430
摩睺羅伽……………………………………432
摩睺羅伽王…………………………………444
魔事…………………………173, 178, 179
魔事境………………………………………470
魔種…………………………………………179
魔障…………………179, 180, 841, 917
益方…………………………813, 814, 818
益方殿………………………………………815
魔説…………………………………195, 425
真楯 ………………………………………1043
末学 …………890, 920, 924, 965, 1421
末語 ………………………………………1218
末世……427, 428, 607, 883, 901, 1007, 1029, 1355
末世苦海 …………………………………1071
末世造悪……………………………………901
末世相応 ………………………921, 1067
末世不相応…………………………………923
末世凡夫 …………………………………1079
末俗…………………………………………426

索引　ほ

本師本仏……1113, 1120
本主……996
凡衆……582, 905
凡数……216, 550
本宗……1105, 1132
本処……319
本所……945, 1080
稟承……1078
凡小……131, 135, 176, 235, 477
凡聖……200, 201, 203, 219, 221, 241, 385, 387, 399, 518, 521, 670, 672, 962, 1027
梵声……45, 309, 628
凡情……944, 1058
焚焼……64, 66, 67, 68, 71, 205, 304, 487, 1032
凡聖所修……197
凡聖自力……186
凡聖不二……931
本心……284, 903
凡心……969, 1123, 1124
凡身……962, 1133
本誓……204, 264, 485, 486, 487, 1029, 1066, 1070
本誓重願……167, 472, 1047
本誓悲願……722
本則……586
本尊……880, 881, 894, 919, 920, 923, 924, 927, 931, 942, 1077, 1233, 1265, 1303, 1345
本尊所居……931
本体……899, 942
翻対……1079
凡体……928
本朝……895, 1012, 1067
梵天王……52, 444, 448, 449, 450
本土……593
本堂……1283
本如……1415, 1422
凡人……181
梵王……27, 441, 449, 574
煩悩悪業……652, 690, 694, 728, 863, 1035, 1201
煩悩悪障……845, 847
煩悩悪心……287
煩悩海……241
梵王宮……95
煩悩具足……591, 643, 739, 740, 747, 776, 787, 788, 834, 837, 846, 853, 1007, 1364, 1367
煩悩虚妄……300
煩悩熾盛……831
煩悩成就……307, 311, 358, 482, 487, 549, 580, 584, 629, 765, 905, 943, 976
煩悩濁……128, 443
煩悩断……367
煩悩溺……442
梵音声……115
梵音仏……127
本廟……945
凡夫引入……941
凡夫有漏……1078
凡夫回向……479
凡夫往生……882, 913, 934, 935, 938, 1001, 1258, 1286, 1404
凡夫我執……969
本復……1188
凡夫直入……871, 1044, 1221
凡夫出要……200, 908, 938
凡夫所行……147
凡夫自力……494, 643, 880, 913, 936, 943, 968
凡夫善悪……607

本願寺住持……………………………995
本願寺上人……………………………995
本願寺聖人…………………859, 946
本願寺の上人…………………………875
本願寺の聖人………864, 907, 918, 940
本願招喚………………………………170
本願成就……………………382, 747
本願成就の文……………212, 492, 493
本願真実…………502, 566, 714, 1150,
1151, 1414
本願信心の願成就の文………………235
本願相応………………592, 1066, 1069
本願他力 ……582, 588, 699, 785, 833,
1150, 1156, 1367, 1389
本願他力真宗…………………………848
本願念仏 …………204, 748, 898, 1028
本願ぼこり…………………842, 845
本願名号…………595, 670, 671, 1026,
1085, 1086
『本願薬師経』 ………………………454
本願力 …………34, 46, 142, 153, 154,
176, 190, 192, 197, 205, 243,
244, 247, 313, 326, 334, 335,
361, 371, 377, 399, 478, 479,
487, 546, 548, 580, 581, 591,
629, 645, 647, 651, 653, 691,
692, 721, 974, 1030, 1132,
1366
本願力回向 ……………251, 723, 1030
凡機……………………………………901
反逆 ……………………………………69
本行 …………………………………1174
本形……………………………………929
本経……………………………………985
稟教 ………………………954, 1060
凡形…………………………941, 942
梵行 ………22, 25, 155, 268, 406, 426,
439, 995
凡愚 ……201, 202, 211, 248, 249, 393,
412, 484, 485, 491, 546, 572,
603, 707, 1045
本空 ……………………………………47
凡愚横入………………………………923
本弘誓…………………485, 487, 549
本弘誓願 ……166, 188, 228, 549, 590,
693, 699, 735, 979, 1374
凡愚底下………………………………570
本家 …………………………411, 1400
本源 ………901, 944, 1068, 1170, 1228
梵語…………………………263, 470, 766
本業………………………………1343, 1344
本業縁狂………………………………283
本国………49, 109, 122, 168, 368, 411,
880, 890
本国恋慕………………………………889
梵言……………………………………465
本山……………………………………619
本師 ……172, 205, 207, 260, 363, 411,
548, 578, 579, 582, 587, 588,
593, 594, 595, 596, 597, 598,
895, 896, 899, 952, 1000,
1005, 1031, 1037, 1066, 1068,
1071, 1153, 1356
本地…………577, 596, 893, 895, 1045,
1058, 1153, 1221
本寺 ……1156, 1158, 1248, 1254, 1303
凡地……………………………………573
梵士……………………………………618
梵志…………………………454, 455
飯食…………………42, 122, 632, 1056
本師師匠 ……………………………1122
本師聖人 …………473, 673, 937, 1047
本師知識……260, 411, 960, 1017, 1069
本寺本山………………………………619

汶水県……653
法式……77
法性……51, 158, 159, 191, 205, 206, 307, 312, 330, 358, 369, 391, 482, 488, 550, 690, 702, 705, 709, 847, 850, 951, 952, 976, 987, 1031, 1036, 1255, 1399, 1401
法照……171, 172, 174, 589, 704, 960
法性寂滅……322
法性生身……314
法匠上足……1079
法性常楽……591, 1165
法性身……174, 322
法性法身……321, 506
法性無生……987
法身……171, 190, 191, 195, 259, 307, 314, 319, 320, 321, 322, 323, 324, 325, 334, 354, 359, 361, 465, 482, 505, 506, 529, 556, 557, 572, 691, 702, 709, 710, 756, 779, 900, 951, 976, 988, 1022, 1401
発心……77, 150, 252, 260, 359, 516, 1067, 1085
発心作仏……260
法相……183, 191, 502, 667, 668
発相……470, 471
法相宗……668, 736
法体……1406
発応……27
発動……178, 179
発得……860, 866, 930, 1003, 1090, 1125, 1168, 1228
法譬……876
北方……126, 431, 451
法報応……900
法報身……899
発菩提心……259, 531, 603, 982
発露……275
暮冬……1169
ほとほりけ……620
ほねをり……939
本意……497, 565, 566, 589, 590, 646, 689, 742, 834, 839, 840, 841, 846, 847, 851, 852, 900, 901, 909, 910, 959, 973, 981, 1001, 1010, 1013, 1058, 1112, 1119, 1128, 1153, 1154, 1177, 1183, 1188, 1189, 1213, 1217, 1331, 1337, 1366, 1367, 1383, 1415
品位階次……254
梵筵……1080
本懐……671, 686, 689, 871, 881, 901, 1013, 1029, 1054, 1066, 1113, 1153, 1171, 1180, 1188, 1422
本学……6
梵漢……766
本願一実……244, 587, 1151
本願一乗……507
本願一乗円融無礙真実功徳大宝海……690
本願一乗海……199, 394, 508
本願円頓一乗……584
本願円満清浄真実……492
本願海……203, 670, 671, 1027
本願毀滅……593
本願疑惑……612
本願弘誓……559
本願功徳聚……556, 563
本願業力……684
本願三心の願……211
本願寺……871, 890, 913, 918, 922, 945, 946, 1173, 1227

穆后……463
僕使……425, 619
僕従もの……619
牧女……457
木石……1068, 1155, 1222, 1236
卜占祭祀……618
卜問……454
北陸……1079, 1155
北嶺……619, 832
『法華経』……263, 334
『菩薩戒経』……454
菩薩功徳……243, 321, 323
菩薩十地……371
菩薩乗……757
『菩薩処胎経』……375, 380, 634, 952
菩薩像……455
菩薩蔵……198, 384, 507, 757
菩薩大士……7
菩薩摩訶薩……121, 228, 236, 279, 300, 331, 356, 366, 367, 434, 441, 443, 444, 448
『菩薩瓔珞経』……415
晡時……1061
細呂宜郷……1095
菩提……42, 43, 116, 142, 180, 183, 191, 212, 213, 229, 237, 238, 242, 247, 253, 257, 260, 289, 308, 310, 326, 328, 329, 330, 344, 345, 354, 365, 400, 406, 433, 436, 447, 453, 464, 465, 468, 471, 485, 515, 584, 585, 596, 602, 604, 608, 609, 626, 627, 632, 633, 636, 667, 669, 679, 722, 729, 970, 999, 1012, 1070, 1080, 1096, 1187, 1292, 1349, 1354, 1360
菩提華……10
菩提樹……443
菩提心……18, 21, 41, 92, 161, 162, 228, 229, 239, 246, 247, 253, 259, 271, 289, 326, 330, 363, 376, 433, 531, 581, 603, 631, 632, 713, 982, 1339
菩提蔵……198, 507, 550
菩提涅槃……1165
菩提分……410, 995
菩提門……327, 328, 329
菩提流支……582, 1032
菩提流志……212, 514
発願……18, 108, 124, 125, 127, 128, 170, 221, 243, 374, 376, 392, 503, 505, 531, 532, 567, 630, 631, 632, 866, 874, 982
発願回向……169, 170, 655, 656, 1145, 1149, 1179, 1186, 1192, 1198, 1200, 1201, 1233, 1234, 1386
発願護念……504
発起……15, 209, 227, 239, 255, 399, 496, 537, 550, 591, 603, 782, 793, 797, 845, 881, 935, 943, 1058, 1069, 1085, 1088, 1089, 1109, 1124, 1161, 1172, 1185, 1197, 1207, 1242, 1243, 1245, 1385, 1414
法橋……1051
『法鼓経』……1407, 1409
法華……501, 668, 847, 1166, 1337
『法華』……264, 901, 1344, 1350, 1361
法華一乗……847
法華三昧……994
法華宗……716, 736
発現……181, 901
北国……1112, 1327

方便仮門……………508, 531, 538, 737
方便権仮……………392
方便権門……………394
方便荘厳真実清浄無量功徳………300
方便心……………331, 548
方便真門……………397
方便蔵……………202
方便智業……………331, 332
方便報身……………850
方便法身 ……321, 506, 691, 710, 1022
方便門……………328
方便力 ……………242, 313, 1072
方法……………909
法宝……………756
謗法 ……221, 296, 302, 303, 486, 512, 533, 672, 706, 740, 745, 755, 840, 862, 906, 908, 910, 939, 962, 965, 1008, 1027, 1068, 1086, 1134, 1171, 1365, 1385
報法高妙……………368
謗法罪……………909
法本……………358, 855
泡沫 ……………1343
宝幔 ……………99, 100
法味……………334, 547
法名 …………114, 473, 928, 929, 1047
芳命 ……………1048
法滅……206, 413, 488, 757, 1034, 1385
法滅不滅対……………509
法滅利不利対……………199
方面 ……………94, 430
宝網……………33, 39, 634
法文 ……738, 750, 751, 752, 754, 767, 795, 805, 832, 854, 880, 889, 1258
法門……5, 44, 173, 177, 192, 247, 248, 331, 332, 355, 375, 390, 404, 690, 710, 755, 773, 774, 782, 932, 942, 992, 1006, 1016, 1018, 1093, 1127, 1130, 1132, 1155, 1156, 1157, 1160, 1168, 1169, 1170, 1172, 1173, 1177, 1193, 1286, 1289, 1308, 1311, 1333, 1361, 1387, 1390, 1399
法門海……………177
法文諍論……………896, 897
法薬……………5, 228, 275
法用……………431
忘憂……………907
褒誉 ……………1080
包容……………188
法要……………276
宝英菩薩……………4
法螺……………5
法雷……………5
法楽……………256
宝羅網……………123
蓬乱……………270
法力 ……………1049
法流………917, 949, 1155, 1159, 1160, 1176
宝鈴 ……………39
宝林……………109, 563
法琳……………457
法輪……………319, 410
法蓮 ……………1049
宝蓮華……………107, 114
宝楼……………530
宝楼閣 ……………97
法論……………840
暴河……………255
母儀……………893
北鬱単越……………437, 438
穆王……………417, 420, 459, 464

850, 854, 861, 862, 863, 864, 875, 878, 880, 882, 891, 892, 905, 908, 938, 939, 940, 941, 951, 952, 953, 986, 989, 990, 991, 992, 1007, 1014, 1015, 1022, 1032, 1035, 1038, 1078, 1085, 1091, 1105, 1106, 1120, 1121, 1123, 1124, 1128, 1141, 1145, 1147, 1155, 1164, 1190, 1193, 1195, 1197, 1379, 1400, 1401, 1402
朋党……449
法灯……926, 933
宝幢……97, 99, 288
法道……704
法幢……5, 52
宝幢院……664
方等経……344
方等経典……108, 109, 113
法幢仏……126
報土往生……875, 878, 934, 935, 936, 1112, 1117, 1134, 1148, 1150, 1163, 1182, 1221, 1419
報徳……202, 251, 1060, 1072, 1155, 1168
報土化生……393
報土極楽国……1036
報土真実……201
報土得生……875, 939, 946, 1049
謗難……919, 1162
法爾……235, 415, 428, 621, 768
法爾往生……981
法如……1218, 1227
法忍……34, 342, 390, 634
法潤……369
法然……385, 738, 743, 771, 811, 812, 832, 833, 851, 852, 855, 1037, 1132, 1185, 1271, 1295, 1361
髣髴……942
褒美……1054, 1331
宝瓶……105
亡父……914
暴風……464
暴風駛雨……549, 588
暴風疾雨……466
法服……4, 426
報復……56, 63
報仏……202, 364, 526, 862, 878, 882, 952, 986, 1379, 1390, 1391, 1399, 1402
報仏土……337, 372
報仏弥陀……1393
方便……6, 51, 53, 78, 93, 146, 152, 171, 184, 195, 202, 227, 265, 301, 302, 319, 327, 329, 330, 381, 382, 383, 385, 390, 391, 392, 397, 399, 404, 413, 416, 431, 432, 447, 496, 503, 562, 563, 567, 569, 570, 584, 585, 589, 595, 597, 616, 648, 649, 682, 690, 691, 702, 713, 714, 739, 748, 761, 776, 777, 787, 790, 792, 835, 881, 899, 900, 909, 923, 924, 929, 943, 953, 964, 969, 977, 982, 983, 987, 988, 989, 992, 1022, 1037, 1108, 1113, 1125, 1153, 1166, 1195, 1263, 1267, 1286, 1311, 1385, 1386
方便安慰……299
方便引入……570
方便応化……354
方便化身……372, 562
方便化土……613, 631

宝樹想……530
方所……431, 459
法処……232
宝生……1008
法声……36
報償……69
法上……420
法城……5
乏少……78, 447, 452
傍正……511
報生三昧……314
法性寺殿……1043
謗聖者……242
謗正法……215, 298
法臣……259, 579
法信……791
報尽……913, 917, 1069, 1085, 1090, 1114, 1121, 1136, 1138, 1142, 1146, 1157, 1164, 1168, 1185, 1197, 1214
報身……365, 452, 505, 506, 529, 710, 756, 850, 891, 899, 900, 952, 988
報身常住……365
報身如来……690, 710, 756, 898, 899, 1022
坊主……1083, 1084, 1091, 1098, 1100, 1101, 1111, 1175, 1178, 1242, 1268, 1300, 1323, 1325
法水……1080, 1107
坊主分……1104, 1173, 1175, 1178, 1179
法施……5, 52
昴星……185
宝刹……1008
宝像……100
宝蔵……27, 79, 142
法蔵……7, 11, 25, 135, 238, 477, 545, 559, 1190, 1390
法蔵因位……1066
法蔵願力……561, 606, 1211, 1214
法蔵薩埵……1388
法蔵正覚……545, 900
宝蔵如来……174
法蔵比丘……13, 14, 15, 24, 26, 99, 113, 364, 704, 710, 969, 1001, 1023, 1179, 1212, 1339, 1384, 1388
宝相仏……126
法蔵菩薩……27, 28, 198, 203, 358, 359, 360, 361, 485, 503, 656, 657, 680, 690, 703, 704, 716, 722, 723, 728, 779, 1022, 1212, 1387, 1397
法則……330, 685
飽足……37
胞胎……106
宝台……105
謗大乗……266
法談……1232, 1239, 1241, 1248, 1270, 1303, 1314
宝池……35, 97, 100, 112, 114, 530, 564
法敵……840
宝典……473, 1047
法電……5
宝土……99
法度……64
報土……170, 187, 201, 202, 206, 235, 251, 254, 342, 364, 371, 381, 382, 393, 413, 502, 507, 539, 541, 566, 581, 591, 592, 595, 604, 607, 608, 625, 647, 678, 680, 686, 688, 702, 706, 710, 714, 747, 748, 749, 756, 761, 762, 785, 834, 838, 839, 847,

傍伽摩伽陀国……………………………440
宝冠 …………………………4, 1066
方軌……………………………258, 900
法喜……………………………362, 558
法義 ……949, 1148, 1161, 1162, 1169, 1170, 1172, 1188, 1259, 1262, 1268, 1273, 1281, 1291, 1293, 1300, 1305
傍機……………………………511, 908
法義相続……………………1414, 1422
宝吉祥菩薩…………………………701
伯耆国………………………………855
忘却…………………………………885
法敬……1246, 1248, 1249, 1250, 1251, 1254, 1256, 1265, 1280, 1288, 1289, 1301, 1302, 1312, 1313, 1318, 1319, 1324, 1325
『法行経』……………………………428
法鼓 …………………………5, 52
宝華 ……………………40, 105, 106
報化 ………………………………1078
芳契 ……………………905, 1073
報化対………………………………199
蓬闕勅免 …………………………1080
宝華徳仏……………………………127
報化二土 …………207, 488, 594, 1036
報化二土対…………………………509
報化二仏……………………………526
法剣……………………………………5
法眼…………7, 51, 82, 394, 1061, 1263
蓬戸 ………………………………1054
法語…………………………………181
芳好…………………………………922
奉公……………………1086, 1317
宝香 …………………………………44
房号…………………………………881
『宝号経』……………………………807
宝行樹………………………………123
宝国 …………225, 260, 391, 411, 1068
報国…………………………………938
放言…………………………………922
法財………………226, 235, 491, 880
奉讃……………………………311, 616
奉讃不退……………………………616
法子……………………………109, 110
法師 ……168, 177, 178, 181, 311, 411, 470, 471, 618, 619, 620, 653, 818, 820, 822, 826, 881, 889, 890, 895, 924, 946, 1053, 1078, 1276
宝地 ……………………………97, 100
報地…………………………………263
宝色 ……………………………………95
『法事讃』……505, 978, 988, 1015, 1400
方四十由旬…………………………160
宝沙 ……………………………………36
放捨……………………272, 279, 294
報謝 ……413, 762, 902, 904, 910, 911, 930, 1017, 1039, 1060, 1080, 1087, 1090, 1091, 1094, 1116, 1123, 1130, 1136, 1144, 1148, 1150, 1155, 1157, 1160, 1167, 1171, 1177, 1180, 1181, 1182, 1192, 1200, 1203, 1211, 1213, 1214, 1222, 1223, 1227, 1237, 1242, 1261, 1274, 1285, 1287, 1298, 1300, 1305, 1414, 1422
坊舎……………………1093, 1187
傍若無人……………………………896
宝手…………………………………104
宝珠……94, 99, 228, 229, 484, 586, 864
宝聚…………………………………353
宝樹 ……22, 32, 33, 39, 49, 95, 96, 97, 100, 101, 563, 1391

999, 1038
辺州 ……472, 1054
偏執 ……871, 1067, 1096, 1158, 1162, 1169, 1188, 1374
遍照……179, 180, 875, 970, 973, 1110, 1115, 1121, 1124, 1129, 1145, 1199, 1232, 1378, 1413
弁定……216, 516, 517
変成男子の願……567
『弁正論』 ……457
遍身……389
便旋 ……58
遍体……267
鞭打……470
返答 ……851, 1270
便同……264
便同弥勒……681
編入……228
偏頗……796
免縛……460
免縛形……460
辺畔……224
辺鄙 ……965, 1045
遍布 ……1060
遍満 ……40, 101, 114, 348, 443, 601
篇目 ……925, 927, 1112, 1152, 1213
変易……273, 295, 346, 348, 354, 462
弁立 ……207, 365, 488, 1036

ほ

暴悪……233
法位……149, 183
放逸……240, 279, 606, 607, 1068, 1347, 1349
放逸無慚 ……800, 1347
法印……667, 856, 871, 872, 873, 1049, 1254, 1356
法雨……5, 1052, 1071
朋友 ……67, 767
法衣……425, 618
法慧 ……10
傍依……899
方円……850
宝焰 ……10
法縁……359
法王……60, 171, 196, 259, 275, 309, 360, 418, 545, 575
法皇……579, 597
報応 ……70, 365
報応化……307
法王子 ……87, 121, 647, 648
宝応声菩薩……701
宝王如来……358
法音……5, 34, 39, 123
報恩……259, 784, 954, 1080, 1177
報恩講 ……1107, 1156, 1157, 1170, 1171, 1172, 1173, 1174, 1176, 1178, 1180, 1188, 1222, 1223, 1235, 1241, 1246
報恩謝徳 ……913, 936, 1150, 1151, 1157, 1170, 1171, 1174, 1176, 1177, 1184, 1197, 1222, 1223
放呵……921
宝海……141, 176, 580, 690
法海 ……12, 473, 484
法界 ……191, 260, 265, 312, 361, 369, 428, 486, 556, 986, 987, 1074, 1356, 1384, 1394
宝蓋 ……96
『法界次第』……469
法界衆生……806, 1234, 1394
法界身……100, 1391, 1394
法楽楽……331
『宝月童子所問経』……152

閉眼……852, 937
幷州……583, 653, 1033
平信……1392
平生……865, 866, 898, 904, 911, 918, 961, 963, 966, 967, 977, 980, 989, 1072, 1088, 1114, 1409
平生往生……976
平生業成……918, 961, 996, 1026, 1078, 1085, 1087, 1088, 1089, 1124, 1149, 1162, 1167, 1185, 1207, 1414
平泉寺……1104
閉塞……25, 58, 70, 255
平太郎……1057, 1058
閉置……89
蔽日月光……10
平復……893
閉目……93, 94, 100
僻案……1178
僻韻……942
辟茘……341
別異……165, 1389, 1402
別因……1340
別願……381, 861
別願所成……878, 939
別願真実……940
別義……1258, 1429
別行……221, 226, 243, 386, 525, 533, 536, 683
別解……221, 226, 243, 386, 525, 533, 536, 683, 688, 1373
別号……155
別紙……1421
蔑如……885, 945
別途……882, 939
別説……381, 635
別選……382
別相……301
別意……383
別伝……472
別徳……655
別報……323
別発……913
別離……56, 59, 904, 907, 926
変異……456
片域……1072
攀縁……434
便往生……393, 541
辺界……380, 638
変化……56, 99, 123, 149, 366, 367, 467, 756, 899, 1153
変化説……414
変現……99, 312
変現自在……104, 107
片国……933
遍虚空……214, 514
辺際……47, 54, 152, 357, 372, 545, 580, 1024
弁才……7, 9, 20, 51, 53, 136, 137, 240
弁才智慧……20
弁才無礙……456
片時……1185, 1391
辺地……61, 380, 393, 396, 502, 507, 541, 568, 610, 611, 612, 613, 638, 714, 736, 747, 749, 785, 839, 849, 850, 854, 898, 903, 986, 989, 990, 991
返事……750, 753, 756, 770, 777, 786, 790, 793, 794, 795, 799, 805, 807, 1265
辺地往生……849
遍数……187, 480, 644, 685, 686, 689, 981, 1354, 1355
片州……207, 477, 489, 596, 598, 958,

不了教……………………………219, 525
不了仏智……………………………610
無累……………………………………465
不羸劣………………………………343
ふるごと……………………………783
ふるさと ……………………………1038
富楼那 ……………………88, 565, 570
振舞…………………………………884
不例 …………………………………1059
風呂 …………………………………1303
不牢…………………………………380
不老不死……………………………342
不論……………………658, 659, 682, 683
不汚…………………………………278
分衛……………………………………5
文永 ………………………………820, 1060
文応………………………………732, 772
文化………………………………1415, 1422
文亀 …………………………………1313
忿結…………………………………924
分限 ……………………953, 967, 1005
忿恨 ……………………………………50
分斉……………………94, 456, 967, 1157
分散 ……………………………………93
文史…………………………………463
汾州…………………………………583
分身…………106, 312, 369, 1113, 1125
分身遣化……………………………899
汾西…………………………………583
文勢 …………………………………1218
文宣…………………………………464
文体…………………………………996
分陀利………………………………262
分陀利華………35, 117, 204, 258, 550, 682, 712, 1005, 1028
文帝…………………………………182
文王………………………………458, 459
分部…………………………………430
文武…………………………………461
分布…………………………441, 443, 450
分布安置…………………………440, 444
分別……7, 97, 320, 350, 368, 414, 424, 876, 897, 941, 950, 1079, 1083, 1085, 1088, 1104, 1115, 1127, 1143, 1147, 1159, 1161, 1163, 1197, 1302, 1362, 1384, 1421
墳墓 …………………………………1060
分明 ………60, 70, 94, 96, 98, 99, 100, 101, 103, 171, 699, 700, 838, 873, 883, 891, 918, 1089, 1104, 1105, 1341
文明 ……954, 1085, 1086, 1087, 1090, 1091, 1092, 1093, 1095, 1096, 1097, 1100, 1101, 1102, 1103, 1104, 1107, 1109, 1111, 1112, 1114, 1116, 1117, 1118, 1120, 1121, 1123, 1125, 1127, 1128, 1130, 1131, 1133, 1136, 1138, 1140, 1142, 1144, 1146, 1148, 1150, 1152, 1155, 1157, 1159, 1161, 1163, 1165, 1166, 1169, 1171, 1174, 1176, 1180, 1223
分了 ……………………………………50
分量…………………………………850
芬烈 ……………………………………40

へ

弊 ……………………………………46, 945
蔽…………………………………145, 401
弊悪 ……………………63, 267, 446, 448
炳焉……………………………1052, 1056
陛下 …………………………………1054
平懐 …………………………………1316

仏法無礙解脱……149
仏法力……590
仏法力不可思議……360
仏法領……1332
『仏本行経』……172
『仏本行集経』……454
仏名……113, 114, 116, 117, 177, 182, 183, 185, 263, 395, 528, 546, 665, 666, 716, 807, 958, 1350, 1407
仏滅後……93, 382, 599, 1030
仏滅度……416
仏滅不滅対……199
仏物……1332, 1333
仏理……463
仏力……92, 93, 98, 155, 179, 192, 264, 382, 399, 548, 940, 974, 975, 1308, 1349, 1363
不顚倒……1406
不同……16, 169, 221, 265, 390, 405, 471, 496, 897, 931, 941, 1009, 1014, 1111, 1126, 1132, 1180, 1360, 1384, 1395
不動……198, 319, 320, 581, 988
不道……66
蒲桃……87
普等三昧……23, 138
不動地……10
不徳……1420
舟路……1326
不二……192, 199, 325, 507, 931, 988, 1386, 1392, 1403, 1404
不入……365
不如実修行……215, 586
不如是……219, 523
夫人……262, 287, 293, 368, 369, 457, 504, 565, 569, 994, 1036, 1166
不念……1403, 1404
不縛……273
不破不壊……273, 342
不便……739, 745, 773, 774, 787, 789, 791, 795, 796, 834, 840, 1252, 1269
扶風馮翊……1056
付仏法……918
覆蔽……132, 484
不変……1401
普遍智……379, 637
不法……1320
不放逸……279
不法懈怠……1127
不法不信……1177
不犯威儀……531
文沙汰……771
不滅……7, 53, 240, 309, 342, 355, 367, 368, 987
父母……7, 69, 74, 92, 113, 187, 202, 227, 269, 275, 279, 288, 330, 347, 348, 410, 454, 462, 484, 496, 531, 550, 591, 792, 822, 834, 835, 863, 864, 904, 995, 1338, 1340, 1385
父母所生……951
父母所生身……936
普門示現……334
無用心……1265
馮翊……1056, 1059
不与取……305
不来迎……961, 996, 1085, 1087, 1088, 1089
富楽……163
不乱……495, 935
富蘭那……268, 277, 407
不了義……414

615, 616, 776, 782, 1349
仏智無生 ……968, 1233
仏智無上……945, 946
仏慧 ……47
仏恵功徳……363
仏慧功徳……565
仏弟子 ……218, 256, 257, 468, 523, 538, 748, 928, 1009
仏天……772, 773
仏土 ……4, 5, 6, 14, 15, 19, 22, 39, 40, 45, 79, 91, 121, 175, 193, 202, 232, 263, 297, 316, 331, 334, 372, 436, 443, 444, 505, 561, 630, 723, 1008
仏道……22, 24, 30, 33, 34, 47, 51, 141, 151, 184, 242, 247, 252, 255, 260, 313, 315, 326, 334, 338, 359, 564, 634, 668, 945, 994, 999, 1004, 1010, 1023, 1337, 1342, 1346, 1356
仏道修行 ……1005
仏道人身……412
仏徳 ……49
仏土功徳……243, 321, 323
仏土不可思議……360
仏土不思議……545
仏恩 ……202, 209, 261, 411, 412, 413, 473, 477, 485, 555, 565, 590, 593, 605, 606, 610, 615, 749, 762, 788, 789, 816, 835, 902, 917, 946, 961, 1002, 1018, 1059, 1066, 1069, 1070, 1116, 1131, 1133, 1151, 1160, 1161, 1208, 1211, 1235, 1243, 1261, 1286, 1287, 1304, 1312, 1316, 1329, 1399, 1422
仏恩報謝 ……904, 910, 911, 930, 1090, 1091, 1094, 1130, 1144, 1155, 1167, 1181, 1182, 1192, 1200, 1203, 1211, 1213, 1237, 1242, 1285, 1414
仏恩報尽……913, 1069, 1085, 1090, 1114, 1136, 1138, 1146, 1157, 1164, 1168, 1185, 1214
仏日 ……90
仏涅槃……418, 419, 421
仏不思議……614
仏仏……899
仏辺……138
仏宝……422, 756
仏法方 ……1173, 1175, 1177
仏法がた ……1311
仏法弘通……1046, 1054
仏法功徳宝……320
仏法讃嘆 ……1293
仏法示誨……919
仏法者 ……619, 668, 791, 921, 1111, 1156, 1157, 1158, 1163, 1173, 1252, 1271, 1278, 1304, 1308, 1329
仏法者気色 ……1175
仏法衆僧……278
仏法衆徳海……185
仏法知り顔 ……1156
仏法僧……314, 407, 433
仏法蔵……4, 485
仏法僧宝……407
仏法僧宝功徳大海……320
仏法疎遠……930
仏法談合 ……1296
仏法聴聞 ……1169
仏法伝持……917
仏法繁昌 ……1175
仏法不思議……222, 545, 584

77, 79, 81, 96, 143, 144, 212, 236, 250, 308, 326, 327, 333, 340, 371, 481, 562, 582, 585, 586, 627, 679, 680, 1339
仏国土…………15, 28, 36, 37, 73, 122, 123, 124, 308, 329, 331, 334, 360, 449
仏言……………………………………172
仏子 …………………………168, 1065
仏地…………………159, 319, 473, 484
仏事 ………96, 99, 105, 159, 309, 314, 318, 444, 628, 681, 933, 934, 1155, 1223
仏種……………………………148, 180
仏樹………………………………………5
仏種性……………………………………7
仏所……………………………281, 434
仏声 ……………………………………36
仏性 ……196, 234, 236, 237, 278, 289, 343, 344, 348, 349, 352, 355, 356, 371, 573, 709, 712, 760, 761
仏証 …………………………219, 1035
仏聖……………………………………713
仏乗………………195, 757, 1043, 1169
仏荘厳功徳…………………………317
仏照寺 ……………………………1169
仏性不空……………………………138
仏性未来……………………………349
仏心 ……102, 261, 347, 396, 501, 659, 664, 668, 683, 969, 1123, 1124, 1234, 1282, 1364, 1397, 1398, 1410
仏身 ……101, 102, 111, 116, 276, 304, 354, 355, 427, 563, 942, 1133, 1398
仏心光………………658, 659, 682, 683
仏心宗…………………………………736
仏神力 …………………………………28
仏世 …………………………47, 260
仏世尊 ……………………90, 259, 276
仏刹 ………………………29, 339, 626
仏説 ……195, 288, 413, 425, 756, 833, 841, 883, 1104, 1279
『仏説諸仏阿弥陀三耶三仏薩楼仏檀過度人道経』…………143, 340
『仏説無量寿経』 …………………513
仏前 ……160, 258, 289, 435, 851, 1278
仏祖……………………………926, 945
仏像……………………………………107
仏足 ………11, 445, 449, 576, 647, 648
仏祖前 ……………………………1228
仏陀 ……………………265, 465, 1067
仏体 ……941, 1164, 1212, 1384, 1385, 1388, 1390, 1392, 1393, 1394, 1395, 1401, 1402, 1403, 1404, 1405, 1420
仏智 ……47, 76, 77, 78, 378, 379, 380, 412, 428, 567, 573, 606, 608, 610, 611, 612, 614, 622, 635, 636, 637, 638, 769, 779, 860, 862, 866, 877, 878, 880, 912, 913, 918, 928, 935, 939, 942, 943, 944, 945, 950, 952, 953, 989, 990, 991, 992, 1036, 1108, 1114, 1123, 1164, 1252, 1274, 1279, 1287, 1298, 1299, 1300, 1304, 1308, 1349, 1386, 1398, 1399, 1406, 1407
仏智疑惑………………………611, 613
仏智証得………………………………943
仏智信疑 …………………………1078
仏智他力 …………………922, 1088
仏智不思議 ………568, 608, 612, 613,

1192, 1243, 1280, 1297, 1342, 1360, 1401, 1402
不逮 ……………………………………63
傅大士 ………………………………1398
不体失……………………………………896
不体失往生……………………………898
不退退対………………………………199
不退転………24, 33, 34, 41, 42, 46, 80, 82, 110, 142, 145, 152, 177, 212, 213, 239, 242, 250, 263, 264, 478, 493, 626, 627, 634, 645, 678, 680, 703, 898, 911, 918, 944, 967, 968, 970, 971, 972, 973, 1078, 1085, 1088, 1162, 1201, 1372
不退転地…………………152, 479, 497
ふたごころ ………643, 651, 658, 666, 687, 692, 708, 711, 731, 780, 1057, 1086, 1087, 1093, 1094, 1106, 1110, 1135, 1137, 1139, 1141, 1147, 1194, 1235, 1348, 1413
ふたば……………………………………820
二俣 …………………………………1254
二見の浦 ……………………………1340
二様……………………………………839
補陀落 ………………………………1337
不断………30, 195, 203, 486, 558, 670, 672, 876, 944, 962, 1027, 1092, 1273, 1284, 1300, 1325
不断光………………………362, 556, 730
不断光仏…29, 338, 370, 558, 683, 1025
富単那…………………………440, 452
富単那王………………………………444
不断念仏………………………………826
不断不滅………………………………355
不断無辺 ……………………………1069
不知 …………………1190, 1308, 1429
布置……………………………………430
不忠 ……………………………………64
仏意………138, 218, 219, 231, 523, 965
仏意相応 ……………………………1070
仏因……………………………496, 939
仏印可…………………………………524
不通…………………………838, 840, 892
仏会……………………………………320
仏果 ……223, 260, 388, 411, 515, 535, 712, 747, 939, 971, 999, 1000, 1401, 1402, 1403
仏閣…………………………1060, 1080
仏願 ……218, 221, 251, 368, 387, 403, 523, 688, 1373, 1387
仏願難思………………………………196
仏願力 ………155, 165, 193, 194, 303, 412, 550, 928, 974
物忌 …………………………………1096
仏教 ……154, 158, 159, 207, 218, 265, 405, 479, 513, 523, 540, 594, 618, 651, 652, 660, 661, 668, 999, 1018, 1037, 1045, 1055, 1066
仏経………163, 366, 462, 465, 466, 899
仏行 ……………………………………21
仏功徳…………………………243, 321, 323
仏華厳三昧………………………………7
仏眼…………………………51, 101, 1065
仏語 ……59, 72, 92, 94, 165, 218, 219, 263, 389, 522, 592, 865, 883, 944, 1002, 1014, 1355
仏光 ………29, 75, 362, 558, 663, 664, 1025
仏号 ………177, 590, 746, 1068, 1073, 1350
仏国 ……14, 15, 26, 41, 43, 48, 50, 73,

不生……157, 278
不祥……1012
不摂……260, 411
不請……7, 1150
扶接……68
浮生……1049, 1077, 1118, 1203
不成……944, 1069, 1421
不定……283, 784, 839, 865, 866, 877, 883, 912, 989, 992, 1108, 1118, 1151, 1164, 1165, 1185, 1197, 1204, 1393, 1419
不浄……61, 324, 347, 359, 687, 729, 762, 845, 1058, 1059
不浄観……419
不定聚……41, 308, 309, 374, 415, 481, 560, 627, 628, 679, 680, 685, 686
不浄処……470
不清浄……347, 969
不浄説法……114, 716, 874
不浄造悪……758
不請の友……7
不生不滅……53, 342, 367, 368, 987
不生滅……345
藤原……1043
不信……288, 456, 797, 1174, 1177, 1183, 1197, 1222, 1253, 1255, 1259, 1292, 1293, 1297, 1302, 1332, 1355
不審……766, 781, 782, 785, 797, 831, 836, 852, 871, 885, 889, 902, 920, 983, 1083, 1087, 1090, 1091, 1092, 1098, 1105, 1109, 1174, 1178, 1183, 1215, 1216, 1234, 1245, 1246, 1251, 1255, 1281, 1285, 1302, 1359
普請……1325
不真実……539, 988, 1346
不信心……1180, 1197
不審千万……1083
不瞋不喜……273
襖障子……1314
布施……12, 405, 407, 455, 1001, 1338, 1340
風情……881, 900, 924, 1116, 1158, 1163, 1165, 1174, 1177, 1185, 1251
不殺……531
不善……18, 66, 90, 93, 115, 217, 233, 269, 290, 296, 298, 474, 518, 1114, 1120, 1136, 1154, 1346, 1350
豊膳……5
不善業……115
不善心……304
府蔵……1007
不相応……215, 219, 906, 923
不足……816, 877, 929, 1092, 1122, 1155, 1160, 1164, 1177, 1178, 1323
付属……503, 504, 911, 959, 1000, 1001, 1057, 1058
付嘱……189, 291, 403, 424, 442, 443, 444, 446, 448
附属……1070
不足言……839
付嘱不嘱対……199
附属流通……901
不退……79, 155, 170, 173, 181, 198, 222, 263, 299, 303, 397, 415, 487, 507, 561, 567, 579, 616, 645, 681, 760, 777, 778, 793, 930, 963, 971, 972, 973, 974, 975, 976, 1026, 1049, 1050,

397, 401, 405, 432, 470, 901, 1005
福徳蔵……375
不共の法……36
不苦不楽……346
不苦不楽受……346
福報……431, 451, 1013
不共法……36
福祐……454
服膺……155
福楽……38
腹立……1175, 1178, 1266, 1272, 1310
福禄……60
不闕……1155
不繋不縛……273
不閑……7
普賢……19, 189, 193, 194, 213, 316, 483, 559, 584, 630, 702
不還向……502
普賢之徳……723
不現前……1065
不簡善悪……847
普賢大士……4
普賢菩薩……3
符合……1054, 1151, 1264, 1295
無興隆……1217
不虚作……334
不虚作住持……198, 318, 361
不虚作住持功徳……197, 361
附近……267
覆載……51
房前……1043
不沙汰……1301
無沙汰……1175, 1327
布散……104
奉散……49
不散不失……159, 309, 398, 495
不死……211, 342, 481, 1032
不思……757
扶持……937
父子……55, 57, 64, 462, 754
奉事……26, 46, 92, 232, 379, 491, 638, 1338
奉侍……4
奉持……42, 72, 202, 335, 373, 477, 632
藤井元彦……855, 1054
藤井善信……855, 1054
藤氏……1221
不思議智……76, 378, 379, 636, 637
不思議力……545, 865, 1348
奉事師長……531
不実……159, 391, 617
不実虚仮……905
節はかせ……934, 1259
不捨……132, 393, 484, 509, 539, 600, 604, 644, 658, 659, 662, 663, 664, 682, 683, 702, 721, 735, 758, 761, 777, 778, 792, 797, 798, 831, 846, 848, 859, 860, 864, 875, 929, 935, 936, 964, 970, 986, 1022, 1088, 1094, 1115, 1129, 1141, 1144, 1193, 1199, 1297, 1373, 1404, 1410
普授……264
部数……893
不住……757
不宿善……1174
諷誦持説……20
不出世……354
不淳……587
補処……19, 48, 124, 193, 313, 316, 483, 559, 605, 615, 628, 629, 630, 722, 723, 758, 778, 779, 798, 860

不可計 ……………………37, 39, 48, 561
不可思議………7, 9, 20, 21, 22, 23, 26, 29, 41, 43, 125, 126, 127, 128, 142, 143, 161, 200, 202, 231, 232, 234, 246, 257, 264, 278, 279, 309, 316, 346, 360, 398, 413, 478, 487, 497, 541, 546, 566, 599, 605, 625, 635, 681, 685, 700, 707, 710, 728, 730, 732, 743, 747, 749, 752, 757, 779, 796, 800, 837, 862, 1015, 1033, 1068, 1154, 1156, 1165, 1192, 1193, 1197
不可思議功徳…………………179, 264
不可思議光 ………203, 249, 339, 364, 1025, 1033
不可思議光如来…………337, 545, 952
不可思議光仏 ……539, 652, 691, 701, 731, 732, 931, 1022, 1240
不可思議尊………………485, 556, 562
不可思議力……………………360, 549
不可称 ………200, 231, 234, 246, 599, 605, 635, 681, 700, 732, 837, 1192, 1193
不可称計 ………………………80, 344
不可称智 …………………76, 378, 636
不可称量…………………………346
不可称量光 …………………339, 1025
不果遂者……………………567, 635
不果遂者の願………………………400
不可説 ………200, 231, 234, 246, 599, 605, 635, 681, 700, 732, 835, 837, 850, 1192, 1193
不可得……………………………903
不可得思議………………………360
不堪……………………………539, 941
普観……………………………530
普観想……………………………107
不起………………………………7
不喜……………………………273
不匱……………………………462
富貴……72, 173, 704, 705, 1119, 1341, 1409
不起滅 ……………………………36
不逆……………………………196
不逆違…………………176, 645, 647
不急 ……………………………54
不朽薬……………………………309
不孝 …………………………1340
不行……………………………318
父兄……………………………270
奉行……………………46, 62, 219
歩行…………………………151, 155
部行独覚…………………………502
怖懼……………………………276
不共 …………………………1008
不空……………………………138
『不空羂索神変真言経』……………342
福慧……………………………390
伏羲……………………………463
服御 ……………………………38
福業……………………………405
伏承……………………………363
服乗………………………………4
副将軍……………………………884
伏蔵…………………142, 201, 426
不具足 …237, 246, 250, 251, 407, 408, 409
不具足信…………………………407
福智……………………………175
福智蔵……………………………202
福田 …………5, 52, 304, 421, 422, 426
福田寺 ………………………1234
福徳……62, 64, 66, 67, 68, 71, 73, 124,

平等力……………………311, 556, 560
平等利益 ………………………1074
病悩苦痛…………………………846
表白 ……………………………1065
表補絵 …………………………1325
漂没………………………………241
病疫………………………………450
屏営 ………………………………54
表裏 ………………8, 61, 135, 468
ひらつかの入道…………………738
非理………………………………292
毘利支迦…………………………439
毘離支迦…………………………439
毘利沙……………………………438
比量………………………………882
毘楞伽摩尼宝……………………103
鄙陋 ………………………………38
比類…………………262, 1005, 1176
譬類 ………………………………31
毘楼真王…………………………272
毘留荼倶…………………………431
毘留博叉…………………………431
毘楼博叉天王…………437, 440, 451
毘瑠璃王……………………272, 281
毘楼勒叉天王………………440, 451
毘楼勒天王………………………437
比例…………………………418, 428
卑劣………883, 932, 936, 1155, 1169
悲憐……………………164, 235, 487
披露…………………………755, 825
東向き……………………………812
便宜 ……………………931, 932, 1400
貧苦 ………………………………24
貧窮 ……37, 55, 63, 66, 142, 173, 704, 705, 1119, 1341
貧窮困乏 …………………………69
備後国……………………………855
賓頭盧頗羅堕……………………121
敏達天皇…………………………599
頻婆沙羅…………277, 282, 283, 290
頻婆娑羅………………87, 91, 570
頻婆娑羅王…………………565, 569
擯罰………………………………452
鬢髪 ……………………………1043
貧富 …………………………58, 280

ふ

怖畏…………181, 343, 422, 433
不異不滅…………………………309
不印………………………………524
無音 ……………………………1049
富有…………………………37, 65
風雨 ………………73, 446, 466
諷諫 ……………………927, 1068
風気…………………………892, 893
風儀………………………………934
風航………………………………155
夫子…………………………459, 465
風波 ……………………………1112
風病………………………………409
夫婦……………………55, 57, 58, 64
風聞…………855, 920, 935, 941
不壊 ……177, 211, 273, 296, 342, 346, 538
不回回向対………………………508
不回向…186, 241, 479, 607, 1149, 1244
敷演 ………………………14, 213
不可 ……217, 233, 235, 492, 517, 901, 913, 918, 1117, 1163
不改………………………………358
覆蓋 ………………………34, 377
不可壊……………………………228
不覚 ……………………343, 1414
不覚鈍機…………………………945

百千億倍 ……………………………39
百千億万倍…………………………341
百千倶胝……………………………572
百千劫 ………………17, 229, 232
百千劫数……………………………342
百千万億那由他劫 ………………31
百千万億不可計倍………………37, 39
百千万劫 …30, 53, 339, 515, 589, 1016
百千万色 ………………………33, 633
百千由旬……………35, 76, 103, 377
百即百生 …………………165, 1184
百大劫………………………………668
百端…………………………217, 517
白道 ……211, 223, 224, 225, 226, 244, 493, 537, 539, 693, 968, 969, 1366
白道四五寸…………………244, 537
百二十五由旬………………………105
白衲 ………………………………1044
百万端 ……………………………1080
百歩…………………………223, 536
百仏世界 ……………………………29
百分 ………………………31, 147, 854
白法 ……233, 275, 416, 420, 442, 443, 449, 601
百万億那由他恒河沙………………102
百味 …………………………………37
白馬……………………………………4
百由旬 ………48, 76, 95, 377, 636, 925
白蓮華 ……………………………1044
白鑞…………………………………422
『百論』……………………………1031
百界千如 …………………………1077
百か日………………………………811
百苦 ………………………………1351
百劫 …………………………………61
百非…………………………………323
百遍 ………………………………1260
百宝 ………………90, 94, 98, 171
百宝合成 ……………………………94
百宝色 ………………………………97
百法明門 ………………111, 114, 1343
譬喩………31, 223, 244, 535, 590, 767, 796, 968
日向屋 ……………………………1254
謬説…………………………………919
謬談…………………………………458
病悪…………………………………471
苗裔 ………………………………1043
兵戈 ……………………………73, 466
病気 ………………………………1184
病苦 ……………………………275, 1100
病患……………………447, 1163, 1185
病根…………………………………409
表紙 ………………………………1303
表示 ………………………………1045
病子…………………………………279
表章……………………………………4
評定…………………………………936
平章…………………………………219
氷想 …………………………………93
病相…………………………………409
病中……1272, 1276, 1282, 1298, 1299, 1309, 1311, 1321, 1330, 1332
平等 ………7, 165, 184, 252, 279, 314, 316, 359, 367, 436, 456, 463, 586, 1120, 1196, 1241
廟堂……………………………1060, 1072
平等覚…………………249, 362, 556, 557
『平等覚経』 ………………137, 401, 1390
平等心…………………………237, 494, 573
平等身…………………………482, 487
平等法身……………………………314
平等無二……………………………435

逼悩……216
匹婦……462
畢命 ……165, 256, 312, 391, 980, 1001, 1167
畢命為期 ……1164
秘伝 ……1324
ひとあゆみ ……1378
ひといち……766
一かど ……1215
一口……1282, 1319
ひとこゑ……749, 750
一子細 ……1291
ひとすがた……921
ひとつ味はひ……672
ひとつ潮……962
ひとつこころ……717, 758
人なみ ……1293
ひとなみ ……1177
人まね……1117, 1157, 1172, 1174
人目……1128, 1213, 1216, 1223
一夜 ……1331
ひとりごと ……1290
非内非外……349
毘尼……419
非人……432, 448, 452, 683
毘婆尸仏……289
毘婆舎那 ……242, 313, 325, 333, 334, 447, 547
非非一……196
非白非黒……354
紕繆……873
訛謬 ……1061
悲憫……231
披諷……421
被服……427, 451
毘富羅山……282
非法……65, 66, 451
誹謗 ……113, 146, 212, 213, 259, 297, 302, 607, 626, 627, 644, 914, 954, 1104, 1112, 1113, 1132, 1152, 1154, 1158
誹謗正法 ……18, 41, 193, 212, 242, 296, 297, 298, 302, 643, 644, 722, 1104
非本願……898, 912
非本願諸行往生……898
非梵行……427
秘密……288
非無……286
非無色生……666
非無相生……666
姫君……827
悲母 ……187, 201, 702, 713, 864, 1356
百王……461
百官……468
僻見……923
白光 ……40, 122
白鵠……123
白毫……101, 102
白業……244, 268
白毫相 ……1391
白玉 ……35
白銀 ……32, 33, 35
辟支……148, 511
甓地……277
白色 ……40, 122, 921
辟支仏……149, 341, 354, 366, 367, 526
辟支仏道……367
百重……167, 576
百姓……791
百丈……316, 765
百千億劫 ……80, 148
百千億那由他……16, 17, 337
百千億那由他劫 ……17

秘事法門 ……………………………1130
毘舎……………………………………446
毘舎佉王………………………………272
飛錫……………………………………183
被着…………………………426, 428
毘舎遮…………………………………440
毘舎遮王………………………………444
毘沙門…………………………………431
毘沙門天王………………437, 440, 451
毘舎離国 ……………………………1011
卑湿…………………………319, 549
非性……………………………………512
非常 …………………………4, 54, 317
悲心……………………226, 368, 539
非制……………………………………428
鄙賤……………………………………597
非善…………………………343, 836
非想非非想処………………407, 444
費損 ……………………………………66
飛驒……………………………………867
毘提夫人………………………………293
常陸 ……750, 751, 754, 755, 799, 800,
812, 817
常陸国 ……………742, 806, 880, 884,
1054, 1055, 1057
毘陀論経 ………………………………88
悲嘆……………………………………906
悲歎 …………………412, 907, 1228
悲歎嗚咽………………………………906
悲智……………………303, 368, 899
悲智果円………………………………164
非長非短………………………………354
費長房…………………………………420
悲智六度………………………………180
畢竟 ……157, 196, 198, 268, 295, 299,
310, 311, 314, 315, 324, 334,
358, 359, 361, 367, 481, 526,
629, 968, 987, 1233
畢竟依………………249, 362, 556, 557
畢竟呵責………………………………409
畢竟空寂………………………………456
畢竟寂滅……………………307, 976
畢竟住持不虚作味……………………334
畢竟浄…………………………………159
畢竟成仏……………………327, 585
畢竟逍遥……………………312, 369
畢竟常楽………………………………329
畢竟軟語………………………………409
畢竟涅槃……………………295, 348
畢竟平等 ……………316, 586, 1241
畢竟平等心……………………………494
畢竟平等身……………………………482
必至補処の願………………313, 483
必至滅度 …………679, 722, 798, 1168
必至滅度願 ………………670, 1026
必至滅度証大涅槃の願成就の文…627
必至滅度の願 ……306, 307, 481, 951,
986, 1026
必至滅度の願果………………………625
必至滅度の願成就……………203, 671
必至滅度の願文………………………307
必至滅度の誓願………………………679
必至滅度の大願………………………722
必至滅度の悲願………………626, 722
必定………99, 146, 148, 149, 150, 153,
170, 187, 205, 271, 280, 304,
365, 509, 538, 648, 649, 650,
671, 680, 746, 771, 883, 904,
973, 974, 976, 1030, 1150
必衰 …………………………………1118
筆点……………………………………301
必得往生 …………170, 472, 655, 713,
1047, 1186, 1346, 1374
必然 ………………249, 358, 899, 1154

微音 ……………………………1333
秘懐……………………………923
悲懐 ……………………………1070
ひがおもひ…………………1110, 1399
非学非無学………………………354
日陰 ……………………………1331
ひがごと ……677, 686, 743, 751, 763, 773, 781, 783, 787, 788, 789, 790, 791, 794, 805, 806, 851, 1347, 1373, 1377, 1380
ひがざま …………738, 762, 788, 1315
東成郡 ……………………………1187
東山………472, 1059, 1060, 1295, 1359
ひが法門 …………………………1170
彼岸………4, 7, 51, 213, 352, 446, 929, 930, 1070
悲願 ……200, 375, 400, 497, 569, 584, 602, 603, 616, 625, 626, 629, 630, 670, 687, 704, 705, 721, 722, 723, 798, 837, 841, 845, 882, 1000, 1008, 1087, 1108, 1120, 1134, 1142, 1153, 1165, 1191
悲願成就……………………………571
悲喜………………411, 473, 1048, 1167
非義 ……………………………925, 1152
引き言 ……………………………1297
引きごと …………………………1278
悲泣…………………………………600
悲泣雨涙 ……………………………89
比校……………………401, 1005, 1079
比興…………………………………850
非行…………………………………836
飛行…………………………110, 149
比校対論……………………………199
比丘 ……13, 14, 15, 22, 24, 26, 40, 80, 81, 82, 99, 108, 111, 113, 128, 228, 232, 281, 303, 324, 351, 364, 414, 419, 420, 421, 422, 423, 424, 425, 426, 427, 428, 464, 578, 619, 704, 710, 928, 969, 1001, 1017, 1023, 1029, 1179, 1212, 1339, 1384, 1388
比丘僧……97, 144, 343, 415, 429, 1097
比丘像………………………………425
比丘僧大衆…………………………143
比丘尼 ………271, 276, 424, 427, 464, 619, 663, 928
比丘尼像……………………………425
ひぐらし …………………………1345
飛化 …………………………………46
悲化…………………………………368
卑下 ………………862, 865, 882, 1349
秘扃 ……………………………1078
『悲華経』……………145, 174, 376, 631
披見…………………………………914
卑謙 ……………………………1079
疲倦 …………………………………52
彼国 ……216, 382, 385, 516, 645, 678, 679, 703, 713, 901, 911, 967, 1346, 1372
秘極 ……………………………1315
非権非実 ……………………716, 1350
非作…………………………322, 342
彼此……………27, 156, 195, 465, 1079
婢使…………………………………280
非時…………………………446, 466
秘事 …………………1130, 1139, 1324
非色…………………………………322
毘時国………………………………440
彼此三業 ………………………1147
彼此対………………………………539
非実 ……………………………716, 1350
非此非彼……………………………354

八法……………………………………278
八方上下………59, 143, 340, 341, 1025
撥無…………………………172, 937, 940
末流………………………896, 1060, 1221
鉢曇摩華 …………………………35
波若…………………………………259
陂泊…………………………………440
破法…………………………………954
破謗…………………………………840
破滅…………………………………602
波羅蜜 ………36, 53, 82, 97, 146, 181, 236, 240, 344, 358, 406, 446, 447, 513, 850, 993, 994
婆羅門…………………232, 353, 446
婆羅留枝……………………………293
波利…………………………………443
玻瓈 ………………………………32, 122
玻瓈鏡 ………………………………91
玻瓈色 ………………………………95
波利質多樹…………………………185
玻瓈樹 ………………………………32
はりの木原 ………………………1169
はりぶみ……………………………844
腫物…………………………822, 826
波浪…………………………………223
班……………………………………420
晩陰 ………………………………1056
範衛…………………………………418
万古…………………………………461
半劫…………………………………112
万国…………………………………462
万山…………………………………464
万事 ………………1260, 1317, 1328
槃遮羅国……………………………440
『般舟経』……………899, 1005, 1097
『般舟讃』 ……………759, 960, 1384
般舟三昧……………………………146
『般舟三昧経』 …………173, 429, 1010
『般舟三昧行道往生讃』……………792
繁昌 ……881, 1045, 1068, 1072, 1171, 1173, 1175, 1179, 1185, 1188, 1271, 1276, 1295
番匠 ………………………………1256
半銭…………………………………851
班宣 …………………………………49
万川…………………………………585
万川長流……………………………163
泛漲…………………………………464
坂東声………………………………934
盤特 ………………………………1341
般若 …………………329, 330, 1017
『般若会の釈』……………………420
般若波羅蜜…………146, 236, 344, 447
範宴…………………………1043, 1221
販売…………………………………425
半腹…………………………………876
半満…………………………………375
万民…………………………………457
万里…………………………1174, 1177
伴侶…………………………………435
范蠡…………………………………467

ひ

悲哀…………………………………417
非悪 …………………………………58
非一…………………………………196
悲引 ……206, 400, 413, 483, 488, 1034
非有…………………………………286
非有色生……………………………666
非有相生……………………………666
比叡…………………………………814
比叡山………………………………664
披閲…………………209, 418, 484, 913
疲厭…………………………………240

箱根 ……………………………………1056
羽衣 ……………………………………1023
縛曰羅冒地 ……………………………1391
端書………………………………………781
波師迦華…………………………………185
破持僧……………………………………418
婆蹉国……………………………………440
波旬………………425, 432, 433, 659, 683
芭蕉樹……………………………………276
芭蕉泡沫 ………………………………1343
鉢頭摩華…………………………………105
破僧罪……………………………………755
婆蘇仙人…………………………………273
婆藪般豆…………………………………651
婆藪槃頭…………………155, 315, 548
幡多 ……………………………855, 1054
八箇条 …………………………………1180
八解脱……………………………………112
八地………………………………314, 319
八重………………………………422, 423
八十億劫………95, 115, 116, 166, 416, 716, 845, 1350
八十億衆…………………………………434
八十随形好……………………100, 847
八十万億那由他由旬……………………103
八旬 ……………………………………1185
八大星……………………………………430
八道………………………………………153
八難 ……………………251, 862, 1108
八部 ……………………………26, 752
八不浄物…………………………………425
八菩薩…………………………1344, 1345
八万劫……………………………………607
八万四……………………169, 265, 405
八万四千 ………98, 99, 102, 104, 177, 189, 393, 394, 690, 710, 727, 757, 1094, 1129, 1172, 1199, 1360
八万四千色 …………………………94, 104
八万四千種………………………………103
八万十二顕密聖教 ……………………1065
八楞 ………………………………………94
八戒…………………88, 114, 706, 1338
八戒斎……………………………111, 112
鉢器 ………………………………………36
八敬………………………………………418
八句……………………………317, 318, 321
八苦………………………………………907
抜苦………………………………………258
八功徳水 ……………35, 122, 377, 564
八功徳水想 ………………………………97
発遣……………131, 226, 312, 493, 539
発言………………………………………873
白骨……………………………1203, 1204
八尺………………………………………107
八宗………………940, 999, 1029, 1104
八宗兼学…………………………887, 892
抜出………………………………………300
八聖道……………………………………447
八聖道分…………………………123, 366
八千遍…………………………1385, 1399
八千由旬 …………………………………95
八相………………………………………365
八相成道………………………1010, 1153
末孫……………………………1066, 1221
跋提大王…………………………………272
抜断 ………………………………………72
八智………………………………………353
八音 ………………………………………45
般泥洹……………………………………514
跋難………………………………………575
般涅槃……………………………………417
八輩………………………………………503
八方 ………………………………………94

能化 ………393, 943, 1065, 1073, 1399
悩患 …………………………34, 634
能業 …………………………1402
納受 …………………………1066
能所…………………………187, 926
能生……………………187, 807, 864
能声…………………………933
能信…………………………516
能神…………………………361
能説…………………………371
能入 ……207, 241, 398, 489, 496, 665, 667, 1014, 1038
能人…………………………383
能念 ……………262, 371, 663, 1396
悩乱……………………449, 451, 452
のうれん ……………………1288
のづみ………………………826
能登……………………1090, 1093
野村殿…………………1294, 1314
野村殿御坊 …………………1294
野山…………………………844
範綱 …………………………1043
範光 …………………………1054
乗物 …………………………1402

は

廃悪修善……………………393
敗壊 …………………………67, 346
廃壊…………………………146
拝見 ………577, 596, 943, 1241, 1260, 1294
廃失…………………………219
盃酌…………………………884
配所…………………………1045, 1054
背正帰邪……………………602
倍増…………………………439
廃退 …………………………1053
梅怛利耶 ……………………1080
配当…………………………428
買得 …………………………1333
廃忘…………………………885
廃立 ……………891, 931, 936, 937, 940, 941, 1286
破壊 ……161, 221, 243, 244, 276, 287, 289, 304, 404, 787, 790
破壊瞋毒……………………602
破戒 ……173, 221, 304, 421, 422, 423, 424, 425, 426, 427, 512, 533, 667, 669, 704, 706, 715, 1340, 1341, 1349, 1406
破戒濁世……………………426
破戒比丘……………………423
破戒名字……………………423
破戒無智 ……………………1360
婆伽婆 …437, 438, 439, 440, 445, 448, 451, 556, 562
博愛 …………………………72
帛延……………………339, 514
白虹…………………………464
百済国…………………659, 660
薄地……………………480, 515
薄地底下……………………971
薄少 ……………………188, 228, 1364
迫促 …………………………68
薄俗 …………………………54
莫大…………………1316, 1425
莫太…………………1174, 1177
伯父 …………………………1077
伯陽…………………………458
薄拘羅………………………121
白楽天………………………265
博覧……………………965, 1050, 1077
博陸 ……………………473, 596, 1047
破見…………………221, 512, 533

年歳時節……538
年時……430
念持……874
念持方便……447
年寿……58
念珠……1345
念声是一……1232
念相続……215, 587
念即生……692, 693, 1373
年代……420, 425, 428
燃灯……149
念道……539
蠕動……59, 62, 143, 341
念必定……149
念仏一門……594, 667
念仏為本……472, 664, 665, 1047
念仏往生……603, 694, 785, 881, 896, 897, 898, 930, 966, 967, 983, 986, 992, 1000, 1162, 1338, 1339, 1342, 1360
念仏往生の御ちかひ……806
念仏往生の願……211, 480, 489, 605, 776, 780, 861, 980, 989, 1341
念仏往生の願因……625, 863, 1035
念仏往生の願成就……917
念仏往生の誓願……1189, 1289
念仏往生の悲願……626, 721
念仏往生の本願……746, 805, 1138
念仏行者……1097, 1125, 1139, 1149, 1160, 1161, 1172, 1203, 1227
念仏弘興……1045
念仏強盛……902
念仏勤行……1170, 1171
念仏沙汰……806
念仏三昧……101, 102, 159, 160, 161, 162, 171, 172, 179, 181, 183, 258, 259, 262, 382, 383, 402, 577, 580, 648, 649, 900, 1005, 1017, 1390, 1392, 1393, 1394, 1400, 1401, 1402, 1403, 1404, 1405, 1409
念仏三昧品……432
念仏者……262, 682, 722, 746, 751, 752, 753, 755, 783, 788, 790, 791, 806, 836, 1097, 1100, 1102, 1104, 1114, 1116, 1128, 1152, 1154, 1173, 1175, 1177, 1204, 1359, 1362, 1379
念仏宗……598
念仏修行……918, 920, 929, 931, 932, 1068, 1069, 1102
念仏衆生……663, 681, 728, 875, 970, 1115, 1129, 1199, 1203, 1394
念仏証拠門……381
念仏正信偈……485
念仏成仏…172, 186, 187, 550, 569, 592
念仏諸善……199
念仏信心……681
念仏相続……260
念仏伝来……1065
念仏得堅固……1171
念仏誹謗……607
念仏法門……247, 1093
念仏門……184, 605
念報……412, 1002
年満……431
年来……872, 902, 1095, 1101
念力……406, 582, 1068, 1271, 1276
年齢……1180, 1184
年老……1167

の

悩害……446, 448
能帰……866

391, 435, 463, 481, 560, 626, 679, 722, 798, 938, 1022, 1339, 1407
人道……272
忍辱……53, 72, 73, 185, 455, 848, 849, 1001, 1338, 1340
忍辱品……451
人王……80
仁王……418
『仁王』……419
『仁王経』……417, 428
人雄獅子……12
人法……370, 384, 428, 1024
人民……9, 22, 41, 42, 55, 59, 61, 62, 64, 65, 66, 67, 68, 72, 74, 76, 82, 124, 137, 143, 144, 287, 290, 341, 377, 449, 466, 574, 632, 633, 636
人物……223
任用……64
人理……37
忍力……26, 232, 491
人類……38

ぬ

ぬきがき……1214
ぬすみごころ……800
奴婢……54, 55, 425, 619

ね

寧処……418
寝死……865, 903
熱病……409
涅槃……147, 192, 203, 206, 229, 244, 255, 256, 268, 277, 278, 286, 294, 295, 307, 308, 312, 342, 343, 344, 345, 346, 347, 348, 352, 354, 365, 367, 368, 369, 370, 404, 408, 414, 415, 418, 419, 421, 425, 427, 428, 433, 451, 456, 464, 465, 481, 488, 512, 549, 573, 581, 582, 584, 587, 588, 597, 598, 606, 608, 622, 625, 627, 629, 646, 666, 667, 670, 672, 682, 685, 690, 693, 709, 712, 713, 735, 769, 875, 930, 944, 951, 962, 976, 1014, 1026, 1027, 1033, 1034, 1038, 1080, 1165, 1192, 1214, 1344, 1400
『涅槃』……417, 419, 423, 424, 425
涅槃界……195, 709
『涅槃経』……195, 234, 236, 250, 255, 258, 265, 266, 296, 342, 406, 418, 429, 993, 995, 1097
涅槃之城……665, 666
涅槃寂照……465
涅槃宗……1033
涅槃城……907
涅槃常楽……1070
涅槃道……280, 408, 433
涅槃非化品……366
涅槃畢竟……968, 1233
涅槃分……311, 358, 1297
涅槃無上道……238
眠気……1327
念願……1092
年忌……1080, 1222
年貢所当……1154, 1160
年月……895, 1112, 1140, 1167
年月日時……1414
稔穀……466
念言……8, 136, 224, 267
年歳劫数……611

901, 938, 1008, 1023, 1086, 1093, 1094, 1098, 1099, 1107, 1108, 1119, 1120, 1124, 1134, 1142, 1146, 1166, 1181, 1190, 1191, 1193, 1194, 1195, 1201, 1202, 1204, 1205, 1206, 1361, 1409, 1410
女人成仏 ……………………567, 1206
如法 ………………………………1422
女犯 ………………………………1044
『如来会』………………………378, 627
如来回向…………………………537
如来願力回向……………………539
如来具足十力……………………351
如来興世……………138, 477, 566, 993
如来地……………………………238
如来浄華………………………545, 580
如来浄華衆 ………310, 372, 628, 1397
如来清浄本願…………………586, 968
如来浄土…………………………174
如来成道…………………………693
如来甚深…………………………950
如来誓願…………………………246
如来世尊 …89, 279, 287, 295, 352, 354
如来選択………………………209, 625
如来像……………………………455
如来大願…………………………538
如来大慈悲………………………410
如来大悲 ……155, 610, 611, 845, 1115
如来知諸根力……………………351
如来入大涅槃……………………342
如来涅槃………………………415, 598
如来唄 ……………………………1065
如来般涅槃………………………417
如来利他 ………………570, 943, 1078
二了……………………………523, 525
二類………………………………978
二六時中 …………………………1176
二惑………………………………249
仁愛 ………………………………38
任運………………………………389
人屋 …………………………927, 1056
人我………………………27, 412, 1002
人界 ……………905, 1095, 1118, 1353
人形………………………………920
人間 ……907, 1099, 1100, 1117, 1122, 1127, 1140, 1163, 1164, 1165, 1185, 1197, 1203, 1204, 1338, 1425
仁賢………………………………3
人間界 ………………1108, 1118, 1185
人師 ………622, 859, 873, 1003, 1006, 1038
仁治 ………………………………1052
仁慈……………………………113, 483
忍地………………………………422
仁惻………………………………270
仁慈博愛 …………………………72
仁者………………………………435
人主………………………………285
人趣………………………………214
人寿………………………441, 442, 443, 536
人数 ………855, 917, 918, 1096, 1102, 1169, 1170, 1216
仁性………………………………3
人心 ………………………………58
人身 ………30, 64, 66, 67, 68, 71, 173, 177, 339, 358, 412, 885, 999, 1066, 1140, 1203
人中………38, 117, 258, 262, 550, 682, 922, 938, 1005, 1015
人天……16, 17, 18, 20, 21, 22, 34, 158, 159, 193, 197, 203, 257, 273, 303, 308, 317, 324, 330, 377,

若存若亡……586,1034
若男若女……1341
若不生者……184,472,561,589,643,644,656,657,702,715,717,722,966,984,985,992,1047,1350,1351,1383
入一法句……321
入間……28
入西……808,1051
入出……66,332,333,546
入出二門……549
入出門……548
柔順忍……34,377
入定……101
入定聚不入対……199,509
入正定之聚……974,1085,1197
入正定聚……187,538,681,944,1168
入信……773,791,796
入真……246
柔善……435
入相……332
入第一門……333,546
入第三門……333,547
入第四門……333,334,547
入第二門……333,546
入大涅槃……342
入道……179,738,770,791,796,821,822,825,874,884,885,902,1049
入道行位……415
柔軟……21,29,37,39,96,104,257,338,370,1261,1327,1364
柔軟光沢……40
柔軟調伏……50
柔軟心……325
入涅槃……365
入の功徳……332,547
入不二……192
入法界品……228
入滅……420,472,895,1072,1116,1151
乳母……201,410,995
入流……468
柔和……848,849
二余……51
如意……107,216,496
如意珠王……96,97
饒王仏……566
寧息……73
佞諂不忠……64
儜弱下劣……1080
女房……754,814,1190
饒益……9,50,137
女形……458,929
二欲学……533,534
女質……1166
如実……203,214,320,486,514,549,670,672,1027
如実修行……318
如実修行相応……214,215,241,245,253,494,548,587
如実相応……1228
如実知……325
如須弥山仏……127
女性……1093
女身……21,589
如信……871,907,913,946
如是……137,219,241,384,385,398,496,523,993
如是之義……565
如説……1113,1136
女像……21
如如……51
女人……21,175,294,391,545,900,

索引　に

二親 ……………………………………67
二世 ……………………………………1080
二世尊 …………………………………1014
二専……………………………………526
二善 ……218, 381, 386, 508, 714, 737, 953
二禅……………………………………331
二蔵……………………………384, 757
二足……………………………………184
二尊 ……185, 226, 496, 539, 607, 656, 680, 761, 780, 793, 881, 923, 1001, 1070, 1429
二尊興説………………………………946
二諦……………………………………159
二代 ……………………………………1326
二大士…………………………98, 117, 1046
二智円満……………………………364, 564
日月 ………25, 40, 51, 67, 73, 95, 285, 341, 363, 430, 435, 443, 464, 486, 673, 728, 730, 1025
日月星宿……………………………280, 485
日月灯仏………………………………125
日月瑠璃光 ……………………………10
『日蔵経』……………………………432, 434
日没 ……………………………………93
日夜 …………………30, 338, 431, 432
日夜十二時…………217, 390, 492, 517
二超 ………………501, 502, 757, 1079
日羅……………………………660, 661
日輪……116, 201, 864, 875, 876, 1405, 1406, 1408
日光 ……10, 204, 670, 876, 963, 1027, 1274, 1408
日光明王………………………………272
入聖証果………………………………394
入聖得果……………………………394, 941
日生仏…………………………………126
日想 ……………………………93, 530
日中……………………………………228
日天 ……………………………………1408
日天子…………………………450, 701
日音 ……………………………………10
日本………663, 888, 1029, 1037, 1132, 1361
日本一州………………………………595
日本国…………………………………660
二同……………………………526, 527
二道……………………………………757
二難……………………………………248
二忍 ……………………………………48
二念 ……………………805, 806, 1372
二倍……………………………………276
二番……………………………………855
二必……………………………533, 535
二百五十由旬 …………………98, 105
二百万仏国……………………………340
二百文…………………………………804
二幅 ……………………………………1303
二鋪……………………………………894
二仏 ……………………311, 526, 1122
二分……………………225, 226, 538, 693
二別……………………………525, 532
二宝 ……………………32, 35, 39, 434
二法 ……………………146, 932, 1391
二報 ……218, 385, 386, 518, 519, 521, 602, 905, 1391
二報荘厳……………………………183, 386
二菩薩…………98, 101, 107, 116, 1045
二菩薩名………………………………117
耳目……………………………59, 1184
二文……………………………………977
二門 ……383, 533, 549, 665, 873, 919, 941, 1000, 1078
二益 ……………………………………1089

二河 ……223, 224, 225, 227, 244, 494, 533, 535, 539, 590, 693, 767, 796, 968
二季……929, 930
二機 ……511, 714, 1079
日記……817
二機対……510
二逆罪……276
二教 ……384, 501, 502, 757, 1079
二経……296, 383, 396, 495, 901
二行 ……186, 189, 221, 383, 387, 393, 529, 589, 665, 666, 757, 958, 1001, 1003, 1158, 1342
二教対……507
二句……358
にくい気……840
肉髻……103, 104, 105
肉眼 ……50
肉身……937, 944
肉味……884, 885
尼拘類樹 ……52
尼乾志……618
尼乾陀若提子……274, 277
尼公 ……1302
二業……186, 302, 665, 666, 877, 958
耳根 ……33
二厳……175
二座……873
二三渧……148
二子……994
二字 ……888, 889, 912, 1106, 1119, 1133, 1137, 1144, 1145, 1147, 1149, 1186, 1187, 1195, 1196, 1198, 1385
二事……151, 408
二時 ……420, 600, 762, 1372
二十貫文……802
西洞院 ……1057
二修 ……1037
二住……757
二重 ……294, 1404
二十一世 ……1043
二十願……397, 400
二十九有……147, 186
二十九句……325
二十五有……201, 236, 347, 537, 666
二十五菩薩……166, 167
二十五由旬 ……96, 103
二十四願……144
『二十四願経』……143
二十二行 ……1021
二十八宿……430, 441, 443
二十万里 ……33, 377, 633
二十余輩……918
二十里 ……1379
二宿……438, 439
二種勝法……665, 958
二出 ……502, 1078
二種の回向 ……135, 604, 608, 615, 616, 630, 780, 1033, 1172
二処……984
二所愛……533, 534
二性……511
二聖……424
二障 ……218, 1024
二乗……47, 195, 197, 213, 244, 254, 260, 315, 370, 394, 545
二乗雑善……197, 198
二乗門……984
二所求……533, 534
二所化……526, 527
二心 ……189, 249, 251, 396, 495, 590, 1344, 1379, 1420
二身……365

南無仏……………………………………184
南無無礙光如来……………………767
南無無量寿仏 …………299, 716, 1350
那由他 ………16, 17, 19, 82, 101, 102, 103, 232, 263, 337, 380, 441, 634
那由他劫…………………………17, 31
那羅延 ……………………………………20
捺落 ………………………………1095
なるこ ……………………………1286
難易……………………504, 505, 667, 668
難易対………………………199, 508, 539
南閻浮提…………………437, 438, 439
南岳 ………………………………1043
難行 ……205, 487, 579, 667, 668, 840, 900, 923, 940, 992, 1029, 1034, 1044, 1067, 1386
難行苦行 ……………………969, 1385
難行上根………………………………847
難行聖道………………………………501
難行道 ………154, 394, 415, 502, 503, 519, 520, 521, 680, 757, 940, 1029, 1048, 1342, 1363
難化……………………………295, 296
難化能化 ………………………1399
難見……………………………566, 993
軟語……………………………288, 409
軟語呵責………………………………409
南西北 ………………………………44
南西北方…………………29, 43, 168
男子 ………567, 814, 826, 1086, 1119, 1191
難事…………………………………128
難思 ……131, 197, 203, 250, 264, 397, 473, 477, 483, 484, 485, 486, 876, 981, 1070
難思往生 ……374, 397, 399, 413, 505, 541, 635, 638
難思議………………249, 362, 556, 557
難思議往生 ………202, 306, 372, 413, 488, 505, 541, 625, 629, 630, 635
難思光………………………363, 556
難思光仏…29, 338, 370, 558, 731, 1025
南州……………………………864, 876
難沮仏………………………………126
難信 ……128, 211, 248, 249, 398, 497, 571, 712, 713
難信金剛……………………………131
難陀…………………………121, 350, 575
難治…………………………266, 295, 296
難値難見……………………566, 993
難治不可得…………………………903
難中之難 …568, 712, 1028, 1159, 1279
南天竺 …………204, 486, 578, 1029
南天竺国 ……………………………1029
難度海…………………………131, 153
南都北嶺………………………619, 832
男女………54, 245, 284, 288, 455, 594, 598, 771, 893, 920, 929, 932, 937, 1085, 1090, 1093, 1095, 1129, 1189, 1190, 1214
難風 ……………………………………1326
南浮人身 ……………………………1066
南平……………………………………464
南方……………………………125, 431
南北 ……………………223, 224, 1053

に

二位……………………………………856
二異……………………………526, 532
新堤……………………………………880
二回向…………………………532, 535
二縁……………………………………757

1354, 1372, 1374, 1413, 1419
乃至一念発起……935
乃至十念……18, 43, 184, 193, 212, 626, 633, 643, 644, 686, 715, 716, 722, 957, 966, 1350, 1373
内証……1009, 1018
内障……1024
内証外用……1080
内心……618, 920, 1096, 1118, 1152, 1156, 1159, 1160, 1161, 1176, 1276, 1346, 1362
内題……472, 1047
内大臣……1043
内典……965
内道……344
内の一喩……457
内の七喩……459
内の四喩……458
内の十喩……460
内の六喩……459
内篇……459
内方……1098, 1100, 1107, 1109
内喩……462
内楽……331
泥梨……341, 1250
長居……773
那荷西郡……1057
中半……1093
半ば……864
なかば……1216, 1280
なげし……1251
那睺沙王……272
那提迦葉……3
なでし……822
七つ子……820
なにごころ……841
なにはのうら……620
なみま……1342
行方……738, 741, 775, 801
南无……1240
南無……169, 170, 203, 364, 651, 655, 656, 763, 866, 1021, 1022, 1074, 1106, 1133, 1137, 1143, 1144, 1145, 1147, 1149, 1172, 1179, 1186, 1187, 1192, 1195, 1196, 1198, 1200, 1233, 1234, 1251, 1386, 1391, 1392, 1406
南无阿弥陀仏……1240
南無阿弥陀仏……113, 116, 146, 185, 189, 361, 472, 478, 556, 557, 574, 575, 576, 599, 609, 621, 639, 655, 664, 665, 694, 700, 701, 716, 717, 737, 743, 763, 766, 767, 769, 951, 958, 968, 1012, 1013, 1014, 1022, 1047, 1094, 1106, 1118, 1122, 1125, 1131, 1133, 1135, 1137, 1141, 1142, 1143, 1144, 1145, 1146, 1147, 1148, 1149, 1155, 1168, 1172, 1179, 1180, 1181, 1182, 1183, 1186, 1187, 1191, 1192, 1195, 1196, 1198, 1200, 1201, 1204, 1205, 1208, 1212, 1231, 1232, 1233, 1240, 1242, 1243, 1258, 1263, 1264, 1285, 1288, 1307, 1309, 1368, 1371, 1374, 1378, 1383, 1387, 1388, 1390, 1391, 1392, 1393, 1394, 1395, 1398, 1403, 1404, 1405, 1410, 1422, 1429
南無帰命頂礼……1069, 1071, 1073, 1074
南無不可思議光……556, 1021, 1022
南無不可思議光如来……767
南無不可思議光仏……564, 566, 691, 732

貪狂……283
頓教……198, 384, 501, 507, 550, 667, 668, 757
頓教毀滅……602
貪求……38, 421
貪計……17
頓極……507, 508
鈍根……48
鈍根懈怠……669
貪惜……55
貪着……71, 267, 327, 330, 456, 457
貪濁……370
貪瞋……217, 225, 233, 389, 391, 493, 517, 617, 876, 968, 969, 1002, 1274
貪瞋痴……883, 905, 962, 1024, 1274, 1363
貪瞋二河……590
貪酔……284
遁世……920
呑噬……62
遁世者……921
頓漸対……199, 508
頓速……507, 508
富田殿……1237, 1238, 1243, 1247
貪畜……425
遁天の形……459, 460
貪愛……204, 225, 235, 485, 670, 673, 963, 1027
曇無讖……145
貪欲……64, 410, 728, 729, 739, 744, 883, 963, 1025, 1027
曇鸞……187, 205, 215, 311, 361, 484, 487, 538, 548, 556, 582, 584, 587, 599, 653, 654, 671, 709, 731, 765, 974, 987, 1031, 1032, 1033, 1072, 1221, 1361, 1392, 1397
貪狼……57

な

内因……187, 509, 864
内懐虚仮……715, 1058, 1347
乃往過去久遠無量不可思議無央数劫……9
泥洹……13, 37, 60, 61, 62, 64, 66, 67, 68, 71, 72, 308
内官……89
乃下……188
内外……64, 94, 180, 187, 217, 233, 234, 349, 421, 518, 864, 1024, 1077
内外左右……34, 377
内外相応……1362
内外対……539, 540
乃至……18, 20, 27, 29, 31, 32, 34, 35, 36, 39, 48, 61, 77, 78, 106, 108, 153, 167, 168, 188, 213, 217, 223, 231, 233, 235, 236, 241, 242, 251, 256, 270, 351, 355, 356, 366, 367, 377, 379, 390, 425, 426, 427, 428, 429, 430, 431, 434, 435, 440, 442, 443, 444, 445, 446, 448, 452, 454, 456, 479, 490, 492, 517, 535, 627, 633, 638, 644, 669, 678, 685, 686, 716, 865, 899, 901, 903, 911, 979, 989, 1004, 1100, 1322, 1338, 1365, 1373, 1374, 1402
乃至一念……41, 43, 81, 188, 212, 236, 250, 263, 478, 479, 480, 626, 633, 678, 684, 865, 911, 917, 930, 935, 967, 979, 1078,

982, 983, 984, 990, 992, 1008, 1049, 1373, 1387
得証……187, 314, 864
得定……422
得善知識……994
独尊……38
特尊……458
徳大寺……1297
得脱……901
毒虫……224
得度……82, 390, 404, 513, 889, 1221
得道……237, 281, 407, 931, 952, 1136
得道菩提涅槃……345
得入……371
毒熱……277
禿筆……866
得否……866, 879, 934, 935
徳風……39
得分……878, 932, 1300
徳分……1257
徳本……5, 18, 19, 23, 25, 37, 73, 141, 193, 316, 397, 399, 400, 413, 432, 562, 568, 612, 630, 635, 723, 951
得名……317
独妙……26
独無等侶……353
得益……1036, 1072, 1386
毒薬……274, 454
毒薬対……539, 540
徳用……761, 886
髑髏……443
とけ腹……821
覩見……15, 203, 240, 1022, 1023
屠沽……248, 249, 707
とこゑ……717
土佐国……855, 1054
都薩羅国……440
徒衆……209, 453, 1067
度衆生……581, 988
度衆生心……247, 252, 326, 494, 603, 604, 712
杜順……265
度世……7, 56, 62, 64, 66, 67, 68, 69, 71, 72
斗藪……923, 1067
兜率……441
兜率陀天子……437
兜率陀天王……437, 441, 442, 444
兜率天……4
度脱……9, 13, 19, 48, 59, 64, 66, 67, 68, 71, 74, 171, 193, 314, 316, 341, 433, 483, 580, 630, 723
突鼻……880
徒然……198, 361, 908, 1293, 1294
殿人……820
十八十億劫……716, 717, 845
都鄙……921, 1080
とびたのまき……823
土木……874, 927
宿衆……1247
度無所度……334
兎馬……463
とも同行……1084
とも同朋……742
豊原寺……1104
兜羅……439
寅時……600, 895, 1044, 1046
鳥居……812, 894
度律師……470
とりどころ……900
鳥部野……472, 1059, 1060, 1240
貪意守惜……66
鈍機……945

道理 ……172, 611, 622, 769, 791, 882, 883, 892, 898, 899, 911, 938, 939, 981, 987, 1015, 1022, 1089, 1096, 1106, 1114, 1115, 1122, 1128, 1145, 1147, 1151, 1157, 1159, 1161, 1170, 1179, 1181, 1187, 1196, 1201, 1261, 1262, 1273, 1291, 1305, 1311, 1402, 1407
忉利天 ……28
忉利天上 ……76, 377, 636
忉利天王 ……39
道理必然 ……1154
当流 ……936, 937, 940, 953, 981, 983, 988, 995, 996, 1083, 1085, 1086, 1087, 1090, 1091, 1096, 1098, 1101, 1102, 1103, 1104, 1105, 1106, 1109, 1110, 1111, 1112, 1113, 1117, 1118, 1121, 1123, 1124, 1126, 1128, 1130, 1132, 1134, 1139, 1148, 1152, 1154, 1156, 1157, 1158, 1159, 1162, 1163, 1169, 1170, 1173, 1175, 1177, 1179, 1184, 1190, 1196, 1197, 1198, 1203, 1206, 1207, 1217, 1222, 1253, 1262, 1289, 1308, 1309, 1313, 1315, 1413, 1414, 1421
逗留 ……867, 934, 1067
当流安心……1148, 1156, 1159, 1419
当流一義 ……1138
当流一途 ……1192
当流聖人 …945, 949, 1162, 1173, 1205
当流大事……856
当流念仏者……1104, 1114, 1128, 1152
当流法義……1162, 1188
当流門徒中……1152, 1159
当流門人 ……1172
同侶 ……848, 1274
棟梁……886, 1173, 1178
等倫 ……44, 143
同類……304
道路……56, 201, 327, 394, 471, 585, 1053
遠江の尼御前……789
度蓋行 ……10
時氏……884
時日……815, 822, 823, 824, 826
とき世……934
土境……438, 439
頭巾 ……1055
徳音……1072, 1151
得果……394, 941
徳海……131, 413
独覚 ……304, 502, 1261
独覚心 ……1260
独覚無上……449
徳行 ……26
得解脱……353
徳香 ……39
徳号 ……162, 187, 206, 215, 399, 488, 635, 864, 1034, 1240
得失……488, 594, 1001, 1003, 1078, 1355
得者……237, 407
毒蛇……537, 601
徳首 ……80
読誦 ……81, 92, 108, 109, 250, 386, 407, 408, 416, 447, 528, 530
読誦大乗 ……531, 878, 1340
得処……262
得生 ……221, 243, 297, 516, 532, 665, 666, 861, 875, 878, 901, 908, 911, 939, 946, 952, 958, 979,

道場樹………20, 33, 376, 556, 562, 633
道場樹の願成就の文………………633
刀杖打縛………………………………451
とう四郎…………………818, 820, 822
盗心 …………………………………65
等心 …………………………………50
同心…………207, 451, 489, 872, 1038,
1161, 1279, 1311
道心 ……110, 114, 115, 116, 150, 360,
1390, 1393, 1394, 1403
同心行者……………………………831
同心同時…………………………220, 403
道心二法 …………………………1391
当世 ……………………881, 921, 1096
盗窃 …………………………………66
闘戦…………………………………300
擣染 …………………………………22
同前…………………………………927
塔像 ……………………………42, 632
堂僧…………………………………814
幢相…………………………………886
盗賊 …………………………………54
道俗 ……209, 246, 381, 399, 405, 415,
417, 421, 474, 484, 582, 583,
592, 598, 602, 618, 663, 706,
787, 790, 920, 928, 932, 934,
937, 1038, 1054, 1067, 1069,
1070, 1090, 1093, 1095, 1188,
1214, 1218, 1228, 1420
道俗時衆 …………207, 244, 489, 512,
928, 1038
当体…………………………………940
同体…………………………220, 402, 527
灯台もとくらし …………………1273
洞達 ………………31, 37, 54, 308, 311
唐朝 ……………516, 655, 704, 1398
銅鉄釜鑊……………………………425
東土 ………………………………1045
唐土………………888, 957, 1021, 1029
同等…………………………………340
道徳………54, 57, 58, 61, 65, 462, 1231
頭人 ………………………………1247
当年……1090, 1091, 1095, 1180, 1184,
1187, 1188, 1238, 1246, 1247
同年 ……………………………914, 1314
同然 …………………………………54
洞燃…………………………………939
当場 ………………………………1178
幢幡…………………………27, 39, 49, 96
到彼岸……………………………353, 930
道平等……………………………364, 564
同篇 ………………………………1180
当坊 ………………………………1169
東方 ………29, 43, 125, 168, 431, 562,
660, 661, 1045
道法 …………………………………72
同朋 ……742, 745, 848, 851, 872, 897,
1084, 1117, 1178, 1328
東方朔………………………………467
僮僕…………………………………280
東弗婆提…………………………437, 438
同本異訳…………626, 627, 636, 722
同味…………………………………901
灯明 ………………………………52, 352
同聞衆………………………………938
湯薬…………………………………294, 447
盗用…………………………………304
動揺…………………………………106, 318
当来………82, 431, 433, 486, 513, 577,
648, 649, 838, 938, 946, 1049
到来…………………………756, 1172, 1265
闘乱 …………………………67, 69, 1061
動乱破壊…………………………221, 243
桃李 ………………………………1203

道教…………6, 9, 49, 60, 135, 136, 477
同行 ……173, 412, 740, 741, 760, 766, 803, 880, 881, 922, 923, 925, 926, 927, 928, 932, 966, 1002, 1018, 1073, 1084, 1179, 1266, 1275, 1278, 1280, 1297, 1307, 1316, 1327, 1328
同行等侶……………………922, 926
同行同侶 …………………………1274
道禁 ………………………………73
東宮……………………………692, 693
堂供養…………………………812, 894
道君……………………………………467
当家 …………………………………1088
道化 ……………………………………43
導化………………………………………6
刀剣……………………………903, 911
倒見……………………304, 305, 454
灯炬……………………606, 667, 669
導御……………………………6, 9, 137
道光……………………………362, 558
当国 ……1067, 1095, 1148, 1156, 1187
東国……………………………892, 934
当今 …………391, 415, 417, 549, 1034
当今相応………………………………923
当座…………………………1270, 1303
同座 …………………………745, 1245
東西 …………………………………1246
道西 …………………………………1039
当山 …………1093, 1098, 1109, 1111, 1112, 1116
同讃……………………………………527
塔師……………………………………818
当寺…………………………1171, 1180
当時 ……741, 766, 773, 822, 824, 840, 844, 852, 932, 1061, 1072, 1116, 1162, 1163, 1164, 1165, 1169, 1176, 1181, 1222, 1277, 1278, 1288
塔寺……………………………416, 440
湯治 …………………………………1107
同師……………………………………348
道士……………………457, 458, 466, 467
導師……8, 52, 136, 138, 200, 279, 353, 434, 441, 449
同時 ……123, 220, 403, 449, 451, 527, 838, 1004, 1166, 1384, 1395
童子 ……………………………95, 463
同室 …………………………………1048
堂舎……………………………………927
道綽 ……206, 488, 549, 587, 588, 589, 599, 1033, 1034, 1067, 1361
陶朱……………………………………467
当宗 ………………1096, 1105, 1175
道宗…………1247, 1273, 1292, 1323
同宿……………………………………934
道術………………………………………4
当所 …………………………………1169
蕩除 ……………………………………35
同処……………………………………452
当生……………………………………342
刀杖 …………………………………1055
闘諍……………………………445, 450
同証……………………………………527
動静……………………………202, 484
道場……4, 13, 117, 173, 263, 434, 562, 844, 927, 931, 1102
幢上 ……………………………………99
闘諍悪世………………………………443
等正覚………5, 11, 308, 604, 605, 627, 628, 679, 680, 722, 758, 759, 776, 778, 899, 1026, 1109, 1193
闘諍堅固………………………420, 601

天像……455
転増……151
天尊……8, 136, 138
天帝……39
天台……469, 1043, 1364
天台宗……1221
天台大師……1006
天地……58, 63, 66, 67, 70, 575, 618, 786, 1344
天中……272, 279
展転……34, 58, 61, 63, 65, 67, 68, 71, 215, 260, 297, 322, 587, 918
天道……68, 72
顚倒……125, 155, 159, 167, 181, 211, 299, 330, 331, 353, 391, 480, 619, 963, 1409
伝灯……660, 661, 1074
顚倒上下……57
顚倒墜堕……392
天耳……16
転入……169, 413, 568
転入句……323
天耳遥聞力……179
天人……25, 26, 27, 290, 430, 431, 442, 452, 1023, 1065
天人師……11, 353
天人不動衆……198
天然……1401
天王……431, 442, 445, 449
天皇……471, 599, 1012, 1045, 1053
天王寺……660, 1269
纏縛……6, 480, 515
田畠……844
田夫野叟……1079
転変……1401
天法……384
天保……466
転法輪……5, 1169
天魔……179, 659, 683, 788, 789
天明……1228
天網……418
伝来……919, 1065
典攬……60
転輪聖王……34, 38, 78, 378, 637
転輪聖子……150
転輪聖帝……27
転輪王……78, 150, 174, 194, 324
転輪皇……611

と

道意……5, 145
等一……51, 175
蕩逸……69
同一……186, 310, 407, 546, 629, 780, 797, 1397
同一念仏……372, 932, 1320, 1398
陶隠居……1032
同縁……174, 1018
灯下……867, 914
東夏……132
同科……1079
道果……419
道家……457
等覚……4, 46, 203, 264, 670, 671, 765, 1026
同学……348
導和尚……396
当月……1157, 1171
等活地獄……1127
東漢……1016
東関……924, 1055, 1067
同勧……527
当機……1254
当教……917, 930, 936, 946, 1079

1170, 1215, 1216, 1217
泥中……1409, 1410
丁寧……1056
敵奏……855
弟子……124, 143, 144, 160, 166, 182, 256, 268, 269, 283, 287, 295, 354, 355, 416, 419, 424, 427, 450, 452, 455, 459, 468, 472, 607, 654, 738, 745, 835, 851, 855, 880, 881, 888, 889, 902, 904, 922, 1033, 1034, 1049, 1051, 1054, 1061, 1065, 1067, 1083, 1084, 1100, 1101, 1122, 1221
手すさみ……900
出立……1110
手づかみ……1116
手次……1083
徹窮……988
徹照……60, 728
鉄囲……28
鉄囲山……443, 728
徹到……244, 264, 390, 591
徹入……151
手びろ……1159
出羽……1093
転悪成善……251
諂誑……470
天楽異香……178
天冠……103, 105
諂偽……74, 231, 235
典拠……457
転経……1004
伝教大師……574, 921, 1012
天宮……4
転化……48
天下……60, 73, 137, 341, 418, 451, 461, 462, 561, 1012
天華……90, 115
天下第一……39
天眼……16, 20, 50, 93
天眼遠見力……179
電光……6
電光朝露……1100, 1164, 1343
諂曲……26, 232, 460, 491
殿最懸隔……898
天子……205, 583, 587, 653, 654, 1031
天祠……440
伝持……913, 917, 944, 946
天竺……253, 254, 469, 599, 651, 652, 746, 1011, 1029, 1038
天竺寺……181
天師梵……441
田舎……934, 965, 1143, 1175, 1315, 1330
天衆……429
沾取……31
伝授相承……929
典証……459
天上……38, 50, 938, 1015, 1338
天上天下……461, 561
天属……462
天心……64
天身……287
天神……65, 68, 429, 435, 436, 441, 575, 618, 836, 1009
天親……155, 156, 157, 205, 206, 479, 487, 580, 581, 582, 583, 599, 651, 652, 747, 920, 931, 1024, 1030, 1032, 1407
伝説……415
天仙……440, 443, 449, 450, 756
天仙七宿……437, 438, 439
天仙説……414

治療……277
池流……21
『智論』……1031, 1104
痴惑……57, 882
珍異……39
鎮和尚……1077
鎮護国家……1011
鎮星……430, 438, 439
陳状……784
鎮頭迦樹……426
鎮西……887, 888, 889, 1132
珍膳……38
鴆鳥……360
沈溺……178
珍物……884, 1307
珍宝……1017
珍味……1056
珍妙……4, 26, 27, 33, 634
珍妙殊特……49
沈迷……235
沈没……75, 229, 266, 875, 914, 924, 975, 1246
沈淪……174, 608

つ

対句……1233, 1333
追従……1108, 1393
墜堕……392
ついたち障子……1314
通慧……36
痛苦……61, 68
痛苦極刑……63
通故……847
通釈……365
痛着……58
通摂……227
痛焼……417
通途……898, 928, 939, 1159, 1162
通総……900
通達……25, 45, 50, 1031
通入……206, 382, 391, 417, 488, 541, 549, 570, 588, 943, 1033, 1034, 1057
通別対……199, 508
通法門……1399
通明……53
通明慧……50
通路……1165
月かげ……1232
次上……972
次下……168, 220, 402, 963
月輪殿……473, 1043, 1047
月日……559, 1127, 1314
筑波山……1067
作物……813
土塔会……1269
土御門院……471, 871, 1053
津国……1252
つぶて……708
つま硯……888
つみびと……570, 644
露ちり……1108, 1181, 1194

て

涕泣……906, 1060
底下……480, 570, 603, 971
貞元……227
『貞元の新定釈教の目録』……227
定志……466
貞女……1122
泥濁……1397
提撕……902
停滞……888
体たらく……1117, 1156, 1164, 1165,

超渉対……199, 508
超勝独妙……26
超世……24, 254, 479, 704, 861, 882, 929, 938, 1008, 1015, 1114, 1120, 1129, 1142, 1160, 1199
長生不死……211, 481, 1032
朝夕……1087, 1127, 1188, 1242, 1256, 1302
超世希有…37, 132, 190, 481, 923, 1023
張設……78, 378, 637
超絶……8, 13, 54, 136, 254, 255, 262, 362, 482, 558, 645, 1005
超截……204, 671, 673, 939, 1028
超捷易往……484
超世不思議……878
超世無上……603, 704
頂戴……202, 335, 413, 1017
長短……31, 850, 979, 1079
超断……244, 512
長短黒白……354
頂中……340
朝廷……1043
超日月光……203, 363, 556, 559, 576, 577, 648, 649, 730, 1024
超日月光仏……29, 338, 370, 649, 1025
長年……1032
輒然……245
停廃……919, 921
朝暮……342, 1115, 1119, 1124, 1414
重宝……1307, 1324
調法……1311
聴法……258
眺望……1325
超発……15, 135, 203, 254, 392, 477, 485, 1023
暢発……44
打罵……304, 427
聴聞……145, 214, 291, 303, 401, 873, 1018, 1084, 1087, 1089, 1091, 1117, 1123, 1132, 1167, 1169, 1175, 1176, 1211, 1212, 1213, 1215, 1216, 1222, 1227, 1237, 1240, 1248, 1249, 1258, 1262, 1265, 1271, 1273, 1275, 1292, 1298, 1314, 1316, 1325, 1326, 1332
超逾……485
超踰……28, 51
長幼……318
長養……238, 259
頂礼……215, 311, 361, 362, 363, 434, 435, 445, 449, 556, 576, 647, 648, 1069, 1071, 1073, 1074
長楽寺……1132
長流……163
張陵……461
張掄……177
長老……83, 121
長禄……1039
痴欲……71
勅喚……871
勅語……89
勅使……660
勅請……871
勅定……873
勅宣……583, 921
勅命……170, 241, 651, 656, 895, 1420
勅免……472, 1054, 1080
勅問……1012
勅令……72
儲君……1045
塚間……440
智力……5, 30, 339
遅慮……132, 484

中太郎……………………………796
仲冬 ……………………913, 1059
中道府蔵 ……………………1007
中納言 ………………………1054
中輩……………………42, 43, 632, 633
中輩生想………………………113
中悲……………………………359
冲微 …………………………1078
中品…………………………389, 938
中品下生………………………113
中品上生………………………111, 112
中品中生………………………112
昼夜 …………………256, 762, 1011
昼夜一劫……………………30, 81, 338
昼夜時節………………………227
昼夜朝暮………1115, 1119, 1124, 1414
昼夜不断 ……………………1092
昼夜六時……………………122, 123
中夭…………………………574, 602
中陽院…………………………930
忠良 ……………………………64
籌量…………………………151, 414
稠林……………………242, 313, 483
中路……………………………223
『中論』 ………………………1031
『註論』 ………313, 357, 484, 654, 974, 975, 987
智栄……………………………655
長安 …………………………1056
朝晏……………………………467
長安馮翊 ……………………1059
超異…………………………11, 1389
超往……………………………249
超越……………………6, 248, 249, 316
朝家……………………………784
超過 …………7, 17, 21, 257, 412, 922, 1008, 1072
張儀相…………………………460
長兄 …………………………1043
冢卿……………………………460
澄潔 ……………………………35
聴許 …………………………1356
聴護……………………………424
彫刻……………………………919
兆載 …………………883, 1387
長斎……………………………434
澄西……………………………855
兆載劫…………………………546
兆載永劫…………26, 231, 1145, 1195, 1385, 1402
聴察 ……………………………15
重事……………………………872
停止 ……873, 920, 922, 924, 925, 932, 933, 937, 940, 1112, 1175, 1178, 1179, 1274
聴者……………………………258
長者……27, 66, 1011, 1012, 1407, 1409
長者子…………………………144
超殊……………………………171
長寿 …………………………62, 450
頂受……………………………445
聴受 ……………………43, 49, 61
聴衆……………………………594
長宿……………………………351
超出 ………19, 26, 172, 193, 194, 238, 316, 630
超出常倫………………………723
召請 …………………………1051
超昇……………………………178
超証…………………254, 257, 264
澄清 ……………………………93
招請……………………………888
頂上…………103, 104, 105, 1066, 1311
超勝寺 ………………………1101

知識 ………64, 65, 121, 227, 260, 262, 411, 462, 496, 537, 597, 610, 761, 831, 923, 924, 925, 926, 927, 940, 941, 942, 943, 960, 993, 1017, 1067, 1068, 1069, 1070, 1073, 1078, 1356, 1409
知識釈迦…………………………170
知識所居…………………………940
知識伝持…………………………944
智者 ……102, 113, 264, 268, 271, 275, 284, 285, 436, 654, 743, 884, 919, 925, 933, 943, 1190, 1311, 1429
智者遠離…………………………840
智昇………168, 188, 227, 228, 405, 411
智城………………………………201
知諸根力……………………350, 351
智心…………………………968, 969
智身………………………………259
智信………………………………447
池水 ……………………………96, 107
智相……………157, 214, 333, 546, 586
知足 ……………26, 232, 426, 436, 491
遅速 ……………………………1332
千たび……………………………390
智断 ……………………………1080
ちちはは…………………………713
『智度』……………………………578
智幢菩薩……………………………3
『智度論』…………………………579
痴貪………………………………162
痴鈍………………………………914
智人…………………………269, 605
痴人………………………………291
智分………………………………875
智品………………………………988
智明………………………………234
痴盲………………………………269
智目 ……………………………1390
知聞…………………653, 654, 880
択瑛 ……………………………1078
適悦………………………………456
着服 ……………………885, 1044
適莫 ………………………………50
着用……………………………884, 886
中陰 ……………………………1310
中夏 …………204, 462, 465, 486, 1029
中華………………………………460
仲夏…………………………1112, 1356
中害………………………………454
註記………………………………914
中悔 ………………………………61
中下…………………………6, 197, 198
中外 ………………………55, 64, 66
註解 …………206, 487, 653, 654, 1032
『註解』 …………………………1033
中間 ……106, 213, 223, 224, 225, 289, 493, 968, 969
中古…………………927, 1169, 1170
中興 ……………………………1079
中興上人 ………………………1419
柱史………………………………467
鍮石………………………………422
仲秋 ……………………………1356
中住菩薩……………………………4
仲春 …………………………471, 1053
中旬 ……472, 1047, 1054, 1061, 1101, 1121, 1356
仲旬 ………………1169, 1184, 1186
忠臣 ………………202, 484, 1122
忠信 ……………………………61, 462
忠節……………………1056, 1344
中千界……………………………728
『中台』……………………………457

檀波羅蜜……………………236, 446, 850
断不断対……………………199, 509
嘆仏……………………………655
短命…………………………910, 978
断命……………………………304
断滅…………………………161, 229
嘆誉…………………338, 362, 558
歎誉 ……………………………30
短慮…………………………942, 954
檀林宝座 ……………………1080
断惑証理 ……………………1067
断惑証理門 …………………1364

ち

ちあるもの……………………821
痴闇…………………52, 201, 1354
智慧……7, 8, 11, 12, 13, 20, 25, 26, 37, 42, 43, 48, 50, 51, 53, 59, 60, 70, 73, 77, 79, 80, 105, 136, 152, 197, 200, 214, 222, 232, 257, 259, 308, 311, 322, 323, 326, 329, 330, 343, 348, 361, 368, 378, 431, 436, 456, 480, 485, 491, 534, 547, 557, 560, 582, 585, 605, 606, 608, 612, 633, 637, 652, 654, 669, 670, 691, 700, 701, 703, 706, 707, 710, 713, 729, 730, 763, 813, 848, 851, 888, 894, 965, 991, 994, 1000, 1007, 1022, 1051, 1119, 1129, 1153, 1198, 1211, 1214, 1360, 1361, 1390
智慧海 ……………47, 177, 197, 950
智慧光 …203, 362, 556, 566, 595, 710, 729
智慧光仏………29, 338, 370, 558, 683, 729, 1025
智慧清浄………………………159
智慧所生………………………331
智慧心…………………331, 548
智慧第一………………887, 888
智慧弁才 ………………………20
智慧門…………………………327
智慧力…………………………179
知恩報徳 ………202, 251, 1060, 1072, 1155, 1168
智火 …………………………1025
智海…………………………198, 581
智覚…………………………264, 265
ちかごと ……………………1136
近松殿…………………1237, 1251
智願…………………………604, 607
智願海………………………165, 700
智願海水………………………604
遅疑……………………………405
智行…………………………218, 596
智愚……………………………246
値遇……………173, 184, 235, 946
畜生……15, 28, 90, 272, 275, 354, 446, 1015, 1028, 1425
畜生道…………………………938
ちくぜん………………………823
智功徳…………………………238
ちくまく………………………765
智解 …………………………1331
知見 ………20, 268, 270, 580, 633, 945
智眼…………………606, 667, 669
智炬……………………………895
智光……………………………485
痴膠 …………………………1067
智業…………………………331, 332
治国……………………………270
知根力…………………………351
遅参 …………………………1049

為仁 ……………………………471, 1053
他門 ……935, 1096, 1097, 1114, 1162, 1309
多門……………………………265, 405
多聞………53, 173, 390, 408, 416, 704, 706, 1341
多聞堅固……………………………420
多聞広学……………………………667
多屋……………………………1098, 1100
多屋内方……………………………1107, 1109
多屋坊主 ……………………………1111
陀羅尼……………………………455
陀羅尼門……………………………109
他利……………………………192, 548
他力安心……………………………1164, 1419
他力易往 ……………………………1069
他力横出……………………………521
他力往生 …………905, 906, 918, 1048
他力横超……………………………680
他力弘願 ……………………………1406
他力広大威徳……………………………583
他力金剛心……………………………510
他力催促……………………………904
他力至極……………………………521
他力執持……………………………923
他力浄土……………………………847
他力信楽……………………………681
他力真実……706, 839, 986, 1132, 1151
他力真実信心 ……………………1114
他力真宗 ……202, 646, 848, 906, 913, 1068
他力信心 ……1050, 1117, 1121, 1124, 1133, 1137, 1145, 1146, 1147, 1149, 1150, 1151, 1152, 1158, 1199, 1215, 1235, 1260, 1414
他力摂生 ……………………………1044
他力即得……………………………923
他力大行 ……………………………1238
他力白道……………………………539
他力不思議 …………………609, 1409
他力仏恩 ……………………………1161
他力本願 ………707, 785, 1136, 1139, 1164, 1165, 1168, 1190, 1223, 1363
他力本願念仏宗……………………855
他流……………………981, 1192, 1253
他利利他……………………………335, 484
太郎入道……………………………902
断悪修善……………………………848, 930
断壊……………………………161
団円 ……………………………96
檀越……………………427, 874, 890
談話……………………………892, 913
嘆帰……………………………311
談議……………………………923
談合 ……937, 1248, 1270, 1275, 1293, 1296, 1311
丹後法眼 ……………………………1263
端厳 ……………………………1044
端厳光……………………………339
端坐 ……………………4, 172, 1044
弾指……………………………108
断除……………………………238
端正 ……27, 37, 38, 58, 308, 311, 455, 481, 560
誕生……………………………598, 599
耽酔……………………………283
断絶…………255, 342, 442, 445, 514
単独……………………………223
『嘆徳の文』 ……………………1322
檀嵬婆……………………………439
檀那院……………………………898
歎異抄……………………………854
湛然 ……………………………35, 377

多劫………115, 213, 298, 302, 303, 573
多幸 ……………………………1067
他国…………………………1148, 1156
多罪……………………………………183
堕在 …………607, 937, 938, 939, 1110
他事…………189, 301, 980, 1000, 1343
多事 ……………………………1285
多衆 ……………………………………92
他州…………………………864, 876
他宗 ………937, 965, 988, 1006, 1096, 1097, 1104, 1109, 1111, 1117, 1128, 1152, 1154, 1159, 1162, 1235, 1242, 1287, 1308, 1309, 1317, 1318
多重……………………………………942
他所 ……………………………………56
多少 ………31, 42, 220, 245, 251, 299, 301, 360, 403, 516, 632, 850
多生……………132, 484, 492, 596, 786
多生曠劫 ………………616, 714, 1337
多少対…………………………199, 508
太上天皇 ……………………471, 1053
他心 ……………………………………16
他心智…………………………357, 456
他心徹鑑力……………………………179
多途……………………………………940
他世 …………………………95, 102
多説……………………………………420
多善根…………………………397, 405
多善根福徳 ……………………1005
他想……………………………………301
他想間雑………………………………156
多足……………………………………184
他属……………………………………407
多多……………………………………615
多陀阿伽度……………………………100
ただごと ……………………………1093
たたさま………………………646, 680
ただ人 ……………………………1056
直也人 ……………………………1072
多智 ……………………………………88
たちど…………………………………900
脱苦……………………………………263
達多 ……………382, 483, 570, 1361
辰剋 ……………………………1165
達摩仏…………………………………126
奪命……………………………………435
たてあかし……………………………812
立山 ……………………………1104
他土……………………931, 941, 952
譬へ ……………………………………91
多日 ……………………………………88
他人…………953, 954, 965, 996, 1079, 1096, 1104, 1109, 1111, 1114, 1117, 1175
他念……………………………………903
多念 ……246, 686, 688, 694, 716, 775, 805, 806, 910, 911, 912, 913, 933, 934, 1114, 1371, 1372, 1373, 1374
多念往生………………………………694
多念声明………………………………933
たはごと………………………816, 854
懦夫……………………………………463
多福徳…………………………397, 405
他仏 ……………………………687, 1345
多分……………………………904, 921
他方……48, 73, 79, 122, 194, 212, 297, 311, 316, 560, 988
多方……………………………………515
他方国土………………………………23, 24
多宝証明………………………………873
他方仏国 ………77, 144, 236, 250, 627
他方仏土 ………19, 193, 316, 630, 723

607, 712, 735, 761, 1004, 1240
剃髪染衣……886
『大本』……188, 197, 248, 254, 255, 257, 381, 392, 397, 406
大梵……441, 442, 443
『大品経』……366
大梵天……449
大梵天王……437, 441, 442, 444, 445, 446, 448
大梵王……448, 449
大煩悩……443
大魔王……575
大名……884
大命……70
大明……341
大明仏……126
大夢……465
大無畏……353
『大無量寿経』……134, 135, 202, 375, 477, 502, 625, 630, 643, 721, 758, 760, 861, 900, 938, 950
対面……260, 411, 872, 1328
題目……928, 996, 1152, 1188
大目犍連……3, 31, 87, 89, 565
大目連……427
逮夜……1235
大夜……485, 572
大益……219, 221, 243, 259, 871, 879, 902, 909, 936, 960, 1013
体用……323
大勇猛……449
対様……1323
大羅……466
大楽……345, 346
大利……79, 81, 144, 162, 188, 196, 378, 479, 637, 685, 901, 911, 979, 1070, 1078, 1182, 1192, 1200, 1372
大力……78
大力士……353
大利小利対……508
大利無上……188, 561, 1005
大略……1107, 1258
大竜……575
大竜王……353
大良医……276
台嶺……1066
頽齢……1059, 1163
大蓮華……100
第六天……28, 36, 728
第六天上……34
第六天王……39
対論……199
『大論』……414, 514
他縁……301, 331, 434
高田……902, 1326
高田の入道……770
尊成……471, 1053
田上……1285
宝物……851
他観……95, 97, 99, 103, 105, 106
多歓喜……148
他経……1345
他郷……411
卓爾……461
託生……467
多功徳……180, 397, 405
宅門……332, 547
他化……448
他家……1159
他化自在天子……437
他化自在天王……437, 441, 442, 444
他化天……441, 575
他語……352

627, 647, 670, 671, 672, 673, 679, 680, 681, 690, 693, 700, 702, 707, 708, 709, 722, 749, 779, 951, 964, 1026
『大涅槃経』……279
大涅槃道……646
大念……434, 850
提婆……565, 618, 1140, 1166
太白……430, 438, 439
太白星……438
提婆達……292, 293
提婆達多……90, 269, 276, 290, 291, 292, 293, 350
大般涅槃……189, 244, 264, 278, 347, 604, 605, 671, 681, 693, 700
対判……943
大悲……7, 9, 51, 116, 136, 137, 141, 146, 151, 155, 189, 197, 207, 218, 220, 227, 229, 234, 236, 251, 260, 261, 279, 296, 302, 312, 337, 359, 369, 372, 382, 402, 411, 425, 483, 484, 485, 493, 496, 497, 535, 567, 581, 595, 603, 609, 610, 611, 612, 630, 635, 662, 684, 686, 700, 702, 723, 761, 807, 845, 862, 865, 910, 912, 961, 1014, 1026, 1066, 1073, 1115, 1121, 1124, 1234, 1317, 1365, 1389, 1391, 1393, 1405, 1420
大悲回向……230, 312, 479, 494
大悲回向心……493
大悲往還……335
大悲観世音菩薩……114, 894
大悲願力……974
『大悲経』……260, 427
大比丘……3, 87, 121
大悲弘誓……205, 904, 973, 1030, 1120, 1123, 1146, 1150
大悲救世観世音……616
大悲広慧……211, 480
大悲心……149, 159, 235, 240, 241, 242, 313, 491, 492, 494, 547, 606, 607, 630, 712, 721, 834
大悲誓願力……712
大悲大願……585, 837, 838, 1340
大悲伝普化……961, 1069, 1151, 1261
大悲無倦……662, 684, 1037
大悲無生……146
たいふ……811
大風……51, 201
大福田……353
退不退対……509
大仏……850
大夫人……87, 88
大分陀利……353
大宝……692
大法……52, 148, 149, 150
大法王……185
大宝海……154, 186, 197, 205, 361, 479, 487, 546, 651, 653, 690, 691, 692, 1031
大宝海水……197
大宝華……109
大法師……1061
大坊主分……1084, 1116
『大方等大集経』……437
『大方等大集月蔵経』……435
大暴風……292
大菩薩……77, 80, 121, 152, 190, 319, 334, 419, 559, 615, 660, 661
大菩提……329
大菩提心……246, 252, 494, 575, 603,

大信海……245, 412
大信心……211, 236, 237, 398, 573, 760, 761, 1018, 1098, 1101, 1130, 1134, 1199, 1201, 1202, 1397
大信心海……244, 398, 399
大心力……556, 561
大水……75, 201
題頭隷吒……431
提頭頼吒天王……437, 440, 451
提頭頼吒天王護持品……450
大誓願……205, 710, 722, 1023, 1030
大誓願海……507
大誓願力……179, 1142
大勢至……48, 98, 105, 106, 107, 108, 109, 110, 113, 114, 115, 116, 609, 701, 1331, 1356
大勢至法王子……647, 648
大勢至菩薩……100, 105, 106, 108, 117, 565, 577, 605, 647, 894, 900
大勢至菩薩和讃……576
大施主……24
大切……853, 1273, 1316, 1414
大雪……430
大施品……145, 376, 631
太山……266, 975, 1246
大千……12, 25, 166, 183
大仙……430
大船……131
大善……60, 64, 66, 67, 68, 71, 1201, 1233, 1242
大千界……184, 728
大船師……410, 993
大千世界……17, 48, 49, 81, 83, 96, 102, 125, 126, 127, 162, 168, 561, 728, 1280, 1385
大祖……202, 471, 1053
体相……321, 359
大象王……353
大僧正……855, 1043
大祖聖人……1044
待対……222
大段……912
大智……182, 291, 470, 514
大智慧力……179
大智海……206, 353, 703, 1027, 1035
大智願海……234
『大智度論』……259
大弟子……121
大鉄囲山……443
退転……81, 127, 172, 239, 342, 846, 1092, 1168, 1174, 1176, 1222, 1286, 1373
大都……901
大唐……227
大道……59, 244, 359, 465, 487, 587, 1044, 1117, 1173, 1175, 1177
大道天尊……466
大道理……164
逮得……20, 23
大徳……137, 431, 437, 438, 439, 440, 445, 448, 451, 457
抵突……57
大納言……1043
第二果……502
第二禅……728
第二門……333, 546
退弱……52
大饒益……908
大人法……149
大涅槃……203, 211, 257, 288, 307, 308, 335, 342, 344, 345, 346, 347, 481, 482, 497, 550, 592,

太上……457
怠状……928
大小……39, 75, 105, 181, 186, 194, 202, 241, 246, 288, 340, 364, 384, 394, 399, 503, 511, 700, 707, 737, 743, 850, 909, 1067, 1421
大聖……3, 6, 8, 12, 136, 164, 202, 204, 209, 234, 295, 335, 414, 423, 469, 570, 572, 1029, 1338
大乗……3, 52, 92, 109, 110, 158, 161, 175, 178, 195, 258, 266, 296, 304, 334, 501, 516, 531, 652, 706, 737, 878, 938, 975, 999, 1071, 1340, 1355, 1398, 1401
大浄……347
大聖一代……131
大乗一心金剛法戒……706
『大霄隠書』……466
大乗基……418
大乗教……501
大乗経……1030
大小経典……1343
大乗経論……157
大乗広智……76, 378, 636
大荘厳……26, 232, 491
大乗根……198
大聖権化……922
大乗権方便……254
大浄志……3
大乗至極……736
大聖慈尊……1066
大乗十二部経……113
大星宿……430
大乗修多羅……158, 398, 545, 652
大小星……431
大小乗……706, 917, 921, 941, 1385
大小星宿……430, 431
大乗正定聚……307, 332, 976
大乗正定の聚……155, 299, 324, 482, 940, 975
大小聖人……412, 591
大乗所談……941
大乗真実……254
大乗甚深……115, 988
大聖世雄……486
大聖世尊……497, 1116, 1140
大小対……199, 508
太政大臣……1043
太上大道……466
『大乗大方等日蔵経』……429
『大乗同性経』……364, 891
大小銅盤……425
大丈夫……353
大小仏……850
太上法皇……597
大乗方等経典……108
大乗無上……205, 487, 578, 1029
大乗無上法……1029
大声聞……83, 448
大乗門……329
太上老君……457
剃除鬚髪……422, 426, 427
大織冠……1043
退心……295
戴詵……457
大心……246, 287
大身……107
大信……141, 211
大進……1043, 1066, 1221
大臣……89, 259, 267, 269, 271, 272, 273, 277, 293, 294, 423, 424, 565, 570, 1043
大心海……556, 559, 589

大地獄……287, 297
大師子王……353
第四重……321
大師聖人 ……290, 667, 669, 670, 723, 776, 779, 798, 873, 897, 921, 925, 929, 938, 1045, 1049, 1050, 1051
大慈大悲 ……236, 483, 612, 662, 686, 700, 702, 723, 862, 912, 1073, 1115, 1317
大慈大悲心……712, 834
大慈大悲の願……630
体失……896, 897, 898
退失……226, 282
体失往生……898
『大集経』 ……258, 391, 417, 420, 423, 601
退失傾動……386
大慈悲……36, 102, 114, 155, 160, 243, 252, 288, 313, 334, 358, 359, 410, 434, 545, 1366, 1392, 1398
大慈悲心……252, 834
大慈悲身……259
大慈悲饒益 ……50
大慈悲力……179
大地微塵 ……1004
大地微塵劫……593
第四門……333, 334, 547
大車……200
大捨……236
帝釈 ……96, 352, 445, 449, 450, 574
大寂……346
大寂定……566
大寂静……346
帝釈天王……444
大寂滅……315
大沙門……455
大衆 ……15, 18, 25, 26, 30, 42, 43, 49, 50, 75, 83, 95, 97, 108, 109, 117, 121, 142, 143, 155, 173, 280, 289, 291, 318, 320, 338, 376, 430, 432, 444, 445, 449, 631, 632, 982, 992
大住……3
大集……443, 444
『大集』……421, 422, 423, 426
第十一の願 ……976, 1026
大集会……450
第十九世 ……1422
第十九第二十の願……749
第十九の願……859, 898, 982, 988, 990
第十九の願文……912
第十九の誓願……736
第十七の願 ……703, 759, 777, 1026
第十二の願 ……863, 1035
『大集の月蔵経』……416
第十八の願 ……381, 753, 859, 930, 950, 957, 966, 980, 983, 984, 986, 990, 992, 1098, 1162, 1192, 1289, 1383, 1387, 1389
第十八の願成就の文……967
第十八の本願……755
第十八の本願成就……747
退出 ……1188
『大術経』 ……419
大須弥仏……125
剃除 ……4, 427, 451, 452, 455, 1043
大将 ……1043
対生 ……56
胎生 ……76, 77, 377, 378, 380, 393, 440, 612, 613, 614, 636, 637, 638, 666, 714, 736, 747, 898, 986, 989, 990, 991, 992

大慶喜 ……………………497, 1028
大慶喜心………211, 252, 412, 480, 494
『大経の讃』………………………162
大憍慢………………………………945
胎宮 ……375, 378, 396, 397, 502, 507, 541, 611, 612, 614, 635, 637, 749, 839, 952, 953
大弘誓 ……………………203, 232, 1023
大弘誓願……………………………175
退屈……………1250, 1254, 1268, 1337
大功徳……150, 1193, 1201, 1233, 1242
大功徳田……………………………184
大功徳力……………………………360
大苦悩…………………269, 272, 295, 607
大供養………………………………239
太玄…………………………………466
太玄都………………………………466
大炬…………………………………484
大悟…………………………………116
醍醐……………185, 258, 296, 344, 445
大功…………………………………874
大孝…………………………………462
大綱 ………………398, 496, 950, 1021
頽綱…………………………………363
大光……………………………25, 83
大劫…………………………116, 304, 668
大香 …………………………………10
大号……………………………………3
大光仏………………………………126
大降魔力……………………………179
大光明 …5, 75, 96, 108, 114, 279, 319, 1115, 1172
大国…………………………………440
太虚空………………………………200
底極廝下 ……………………………37
第五門 …154, 190, 243, 313, 332, 334, 547, 548, 629, 723
対座 ………………………………1059
大罪……………………………906, 909
大罪悪業……………………………453
大摧邪力……………………………179
大才諸徳 …………………………1077
大罪人…………………………1309, 1325
退散……………………………1183, 1247
第三果………………………………502
第三十五の願 ……………………1099
第三法忍 ……………………………24
大三昧力……………………………179
第三門…………………………333, 547
太子………87, 144, 290, 291, 292, 293, 294, 458, 599, 659, 660, 661, 811, 895, 1045, 1046
対治…………………………………179
大師 ………6, 187, 270, 274, 317, 410, 469, 487, 574, 584, 587, 588, 589, 590, 593, 595, 610, 704, 863, 878, 891, 899, 921, 922, 944, 945, 974, 1006, 1012, 1018, 1031, 1032, 1065, 1069, 1074, 1078, 1186, 1221
大士………4, 7, 80, 137, 185, 187, 204, 207, 264, 371, 398, 538, 579, 974, 1029, 1038, 1066, 1398
大地…………………51, 201, 291, 1024
大事 ……135, 497, 755, 762, 815, 818, 822, 856, 1197, 1204, 1248, 1265, 1324, 1364, 1371, 1405, 1421
大慈………52, 178, 609, 659, 660, 896, 1046
第四果………………………………503
大士観世音 …………………………45
大慈救世聖徳皇……………………616
太史公………………………………461

第一義天……138
第一行……158
第一希有……149, 507, 538
第一真実……409
第一諦……288
第一門……333, 546
大威徳……213, 258, 481
大因力……239
大雨……52
大会……320, 1031, 1073
大永……1295, 1314, 1315
大会衆……205, 314, 332, 333, 487, 546, 1031
大会衆門……332
大焔肩仏……125, 127
帝王……34, 37, 38, 179
大王……87, 88, 89, 91, 174, 175, 267, 268, 269, 270, 271, 272, 273, 274, 275, 276, 277, 279, 280, 281, 282, 283, 284, 285, 286, 287, 289, 293, 294, 424, 1017
大応供……249, 362, 556, 558
大雄猛士……448
大音……11, 76
大恩……571, 577
大恩教主……1065
大恩徳……184
大河……224, 1100
大火……64, 66, 67, 68, 71, 81, 201
提河……459
大海……14, 28, 31, 51, 148, 163, 288, 320, 361, 410, 602, 606, 653, 667, 670, 673, 680, 690, 712, 993, 1031
大海衆……1356
大覚……465, 1337
大覚位……936
大迦葉……419
大和尚位……1049
大鹹……443
代官……943, 1084
大願……15, 26, 182, 211, 358, 486, 538, 585, 609, 703, 722, 723, 837, 838, 938, 1023, 1120, 1122, 1134, 1142, 1166, 1191, 1194, 1206, 1340
大願円満……233
大願業力……168, 311, 360, 545, 647, 657, 666, 680, 861, 862, 878, 984, 1401, 1402
大厳寺……583
大願清浄……254
対機……900, 938
大偽……467
大儀……1273, 1323
大喜大捨……236
対機別……525
台教……177
『大経』…141, 168, 212, 232, 250, 259, 263, 296, 307, 311, 337, 372, 376, 379, 383, 393, 400, 468, 494, 503, 505, 510, 541, 565, 569, 625, 626, 627, 628, 630, 631, 632, 633, 635, 671, 679, 680, 687, 689, 703, 712, 714, 721, 722, 723, 758, 803, 816, 874, 878, 930, 938, 943, 950, 952, 957, 966, 979, 984, 989, 991, 993, 1003, 1005, 1014, 1021, 1024, 1057, 1103, 1119, 1159, 1192, 1390, 1395
大慶……671, 673, 759, 803
大行……141, 190, 478, 731, 904, 1238
大経往生……625

卒都波……………………………304
卒都婆……………………………818
疎那国……………………………440
そばさま ………………………1148
祖父 ………………………………57
楚穆………………………………463
蘇摩国……………………………440
酥蜜 ………………………………87
粗妙……………………………14, 1339
蘇油………………………………409
そらう………………………799, 818
そらうもの………………………820
そらごと ……751, 752, 753, 754, 755, 774, 786, 796, 833, 854, 1312, 1347
蘇羅吒国…………………………440
疎略 ……1118, 1125, 1152, 1160, 1162
存覚…………………996, 1281, 1331
尊貴…………23, 27, 38, 55, 63, 66, 150
尊貴自大 …………………………67
尊敬……………53, 574, 575, 597, 618, 1056, 1316
尊形………………………………894
尊顔……………………1051, 1055
損減……………………………229, 446
尊語………………………………363
尊号 ……171, 232, 605, 635, 652, 663, 699, 700, 703, 1341
存在 ………………………88, 596
尊師………………………………428
存知 …………766, 832, 834, 841, 853, 1083, 1087, 1088, 1101, 1103, 1112, 1120, 1123, 1130, 1152, 1154, 1156, 1158, 1159, 1163, 1169, 1170, 1173, 1175, 1176, 1207, 1221, 1235, 1248, 1258, 1383
尊者……………3, 8, 88, 89, 117, 565
尊重………59, 431, 432, 434, 579, 896, 1017, 1052, 1056, 1069, 1071, 1073
存生……………………1303, 1333
尊善………………………………175
尊像………………………………919
損他 ……………………………1084
尊長………………………………856
存如 ……………………995, 1277
尊音王如来………………………175
尊卑……………………58, 64, 66, 1078
尊法………………………………239
存命 ……914, 1156, 1185, 1188, 1248, 1309, 1319
尊容……………………895, 1045, 1052
村落………………………………440
尊霊………………………………914

た

他阿弥陀仏………………………921
大悪 ………63, 65, 67, 68, 71, 292, 442
大悪煩悩濁………………………443
『大阿弥陀経』…………………143, 255
大阿羅漢…………………………121
大安 ………………………………12
大安慰……………249, 362, 556, 558
大意……………135, 477, 1030, 1366
退位………………………………971
大医………………268, 274, 275, 409
提謂………………………………443
大医王……………………………353
大威神力…………………………179
第一義……………109, 288, 353, 878
第一義空…………………………160
第一義乗…………………………195
第一義諦…………………………110, 354

葬礼……………………………936, 937
雑蓮華色……………………………104
相論………835, 851, 854, 897, 925, 926
総猥憒擾 …………………………58
疎遠………………………………926, 930
鼠王…………………………………272
素懐 …………382, 483, 596, 686, 693,
1055, 1071
疎簡…………………………………873
即位…………………………692, 693
即印可……………………………524
即往生………………………393, 541
俗形…………………………………929
触光柔軟の願………………1260, 1327
息災延命 ……………………573, 1011
粟散…………………………………661
粟散王………………………660, 661
粟散片州……………………………598
即時…………………49, 56, 63, 75, 291
捉持…………………………281, 345
速疾……………………339, 514, 937
即日…………………………………317
速疾円融……………………………138
即時入必定 …187, 538, 650, 671, 680,
904, 973, 974, 1030, 1150
そくしやうばう……………………799
即生 …………497, 509, 692, 693, 1071
速証 …………………………………1338
俗姓 ……………895, 1043, 1066, 1221
速成覚位 ………………………1067
速証大覚位…………………………936
即身 ………………………………1337
俗人 ………………………884, 1059
俗塵…………………………………886
即身成仏…………………502, 519, 847
即身是仏……………………502, 519
即是其行 …………170, 655, 656, 866,
1179, 1186
俗諦…………………………………418
俗典………………………1077, 1278
速得…………………………191, 192
即得往生 ……502, 509, 678, 703, 910,
911, 944, 962, 967, 1372, 1406
即得往生住不退転 ……898, 918, 968,
971, 973, 1078, 1085, 1088,
1162
息男 ………………………………1066
触悩…………………………………446
即便往生……………………108, 383, 516
俗名…………………………………856
息慮凝心……………………………393
粗語…………………………………288
粗獷…………………………446, 448
粗言 …………………………………27
祖師 ……177, 178, 183, 654, 746, 890,
917, 918, 919, 920, 922, 923,
924, 928, 929, 930, 931, 932,
934, 936, 937, 942, 943, 945,
946, 959, 964, 988, 1015,
1021, 1029, 1035, 1037, 1038,
1057, 1067, 1068, 1069, 1070,
1071, 1073, 1104, 1105, 1172,
1413
祖師一流……………………917, 919, 945
祖師上人 …………………………1046
祖師聖人 ……883, 896, 913, 920, 924,
925, 927, 932, 933, 935, 937,
943, 1066, 1069, 1072, 1114,
1221, 1322, 1413
粗想…………………………101, 382
疎雑…………………………221, 387
そぞろごと ………………………1373
率化 …………………………………72
袖書…………………………………783

雑染堪忍……………………335, 483
喪葬……………………………937
総相……………………………301
像想……………………101, 530
造像……………………405, 927
相続 ……156, 158, 164, 165, 189, 215, 260, 262, 301, 389, 415, 586, 587, 831, 936, 980, 981, 1001, 1002, 1034, 1242, 1258, 1283, 1414, 1422
増足……………………………466
相続心…………………252, 494
相続不続対……………199, 509
曾祖師………………917, 929, 940
曾祖師聖人……………925, 933
曾祖聖人………………………946
相対 …………………………1024
総体………951, 994, 1122, 1262, 1282, 1316
僧達……………………………619
奏達 ………………471, 1053
雑談 …………………………1280
早朝 …………………………1117
崇重 …………………………1078
箱底……………………………914
相伝 ……………826, 892, 917, 928, 1060, 1078, 1114, 1143, 1155, 1156, 1157, 1160, 1413
『僧伝』 ………………………182
僧徒……………………………619
草堂……………………………945
像塔……………………………464
蔵徳……………………269, 277
雑毒 ……217, 233, 235, 490, 492, 517, 617
雑毒虚仮………………………536
雑毒雑修………………………235
雑毒雑心………………………197
僧尼……………………417, 419
壮年 ………………946, 1066
想念 ………………17, 93, 98
霜雹……………………………466
曾婆羅頻陀羅地獄………………573
繒幡 ……………78, 378, 637
僧宝……………………………756
像法 ……417, 418, 420, 424, 425, 605, 1000, 1034
『像法決疑経』…………………428
像法最末………………………421
像法時…………………………423
草本 ………………732, 1356
像末 ……206, 413, 423, 424, 488, 1034
像末五濁………………………603
相貌……………………………163
僧名……………………………114
聡明 ……………………………88
聡明善心………………………137
悤務…………………………58, 73
蒼溟三千 …………946, 1222
相望 …………………………1079
草木……………163, 326, 327
僧物……………………………114
奏聞 ………………856, 1054
桑門 ………………886, 1061
増益……………………………238
澡浴 ……………………………87
総礼 …………………………1065
雑乱 ……………………………40
蔵吏……………………………458
『造立天地の記』………………467
造立……………………416, 874
僧侶……………………………855
相輪……………………………464
叢林棘刺………………………602

1206, 1227, 1315, 1413, 1419, 1420
雑行雑心……395, 396
雑行散心念仏……530
雑行定心念仏……530
雑行専心……396
雑行雑善……1002, 1141, 1145, 1160
相現 ……1352
雑現……164
宋皇……464
蕭后……464
相好 ……27, 40, 42, 53, 75, 97, 102, 103, 111, 171, 180, 261, 312, 455, 563, 564, 962, 967, 988, 992, 1236
雑業 ……261, 310, 389, 390, 396, 456, 628, 658, 659, 682, 683, 684, 1002
相好荘厳……322
造作……289, 408, 426, 1119, 1325
造罪……178, 245, 588
贈左大臣 ……1043
雑散……403
相師……270, 271, 292
荘子……462
『荘子』……459
相似……456
総持 ……7, 154, 158, 159, 479, 513, 651, 652
像始……363
造寺……420, 927
造寺堅固……420
宗室……468
憎嫉……55, 56, 67, 69, 729
造次顚沛 ……932, 1058
造寺土木……927
蔵積 ……52
僧衆……427
荘周……465
双樹林下……393, 413
双樹林下往生…374, 505, 541, 631, 635
宗舜 ……1061
相順……325, 939
草書 ……1061
宗昭 ……867, 886, 914, 946, 1061
相称……159
僧声 ……36
相成……587
相状 ……1228
相承 ……895, 896, 900, 904, 907, 913, 917, 918, 920, 929, 937, 938, 942, 943, 946, 949, 960, 965, 1015, 1016, 1173, 1227, 1413, 1419, 1421
増上 ……151, 168, 239, 240, 318, 368, 707
増長 ……147, 238, 268, 271, 272, 274, 408, 410, 426, 430, 442, 445, 446, 447, 448, 449, 450, 451, 452, 995, 1274, 1279
贈正一位 ……1043
増上縁 ……169, 192, 194, 261, 311, 590, 656, 658, 659, 682, 684, 861, 862, 878, 984
相承弘通……935
相承血脈 ……1151
増長勝解……258
宋人……467
増進 ……91, 315, 331
僧都……594, 727
霜雪 ……1043
雑善 ……197, 198, 244, 262, 369, 404, 709, 710, 1002, 1005, 1006, 1141, 1145, 1160, 1344, 1400

善門……………………………………7
禅門……………………………………884
瞻養……………………………………271
禅容 ……………………………………1071
洗浴……………………………………434
専礼……………………………………395
善来……………………………………3
専礼仏…………………………………528
千里 ……………………………913, 1072
善力………………………29, 53, 309, 545
戦慄……………………………………276
善竜……………………………………466
山林……………………………………258
禅林……………………………………921
山林塚廟神……………………………470
宣流…………………………………5, 123
前路……………………………………281
染汚……………………………………226

そ

楚………………………………………460
祖意 ……………………………………1078
素意……………………………1217, 1223
宋………………………………………182
憎愛 ……………………………………53
造悪………73, 589, 607, 758, 901, 928, 976, 1034, 1110, 1143, 1160, 1172, 1193
造悪不善 ………………1114, 1136, 1154
草庵 ……………………1067, 1071, 1112
相違 ……215, 327, 328, 381, 389, 635, 896, 904, 977, 979, 985, 1002, 1100, 1101, 1148, 1174
像運……………………………………426
聡慧……………………………………439
雑縁…………165, 412, 592, 1001, 1002
雑縁乱動 ………………………389, 1002
憎悪 ……………………………………69
相応 ………61, 72, 154, 157, 158, 159, 165, 172, 206, 214, 215, 241, 244, 245, 253, 384, 389, 412, 439, 447, 450, 479, 494, 513, 546, 548, 549, 587, 592, 605, 651, 652, 838, 841, 866, 905, 921, 923, 1000, 1002, 1005, 1034, 1036, 1057, 1066, 1067, 1069, 1070, 1077, 1117, 1139, 1171, 1228, 1362, 1392
荘王……………………………458, 459
蕭王 …………487, 587, 653, 654, 1031
象王 ……………………………………52
相応一念………………………………512
葱河……………………………………464
繒蓋 ……………………………27, 39, 49
総管……………………………………177
像観……………………………………920
『双巻経』……………………………184
総観想 …………………………………97
僧儀……………………………471, 856
像季………………………424, 426, 601
僧祇物…………………………114, 271
増劇……………………………………277
崇敬……………………………………945
崇仰 ……………………………………1266
雑行 ……186, 221, 386, 387, 394, 395, 396, 472, 528, 531, 590, 665, 666, 684, 757, 935, 957, 958, 959, 992, 1047, 1084, 1099, 1103, 1105, 1108, 1114, 1119, 1121, 1122, 1184, 1187, 1190, 1195, 1196, 1197, 1198, 1204, 1211, 1213, 1290, 1404
雑行雑修 ……395, 590, 659, 685, 714, 761, 802, 1036, 1202, 1205,

1360, 1364, 1366, 1371, 1372, 1373, 1420
善導一師……983
善導家……882
先徳……907, 919, 920, 923, 936, 940, 1015, 1046
専読……395
専読誦……528
漸頓……393, 394, 667, 668, 765, 1079
善男子……112, 113, 114, 117, 124, 127, 195, 196, 236, 258, 266, 277, 278, 290, 294, 295, 341, 343, 344, 345, 346, 347, 348, 349, 350, 351, 353, 354, 355, 356, 405, 407, 409, 410, 454, 972, 993
善如……1303
善女人……113, 117, 124, 127, 128, 258, 341, 347, 405, 454, 972
仙人……273, 430, 431, 432, 458, 1032
先人……57
善人……67, 70, 112, 412, 613, 715, 833, 834, 861, 908, 921, 978, 1028, 1111, 1119, 1279, 1389
『仙人玉録』……458
仙人殺害……569
善友……115, 213, 225, 226, 280, 281, 536, 1356
先年……817, 867, 914, 1061, 1295
専念……184, 188, 189, 220, 221, 251, 252, 261, 262, 333, 387, 388, 401, 402, 403, 479, 495, 527, 528, 546, 658, 667, 669, 682, 687, 893, 957, 959, 964, 992, 1003, 1046, 1057, 1058, 1067, 1069, 1105, 1114, 1121, 1145, 1174, 1221, 1373, 1387
僉然……49
前念……158, 256
禅念……390
専念正業……473, 1048
専念専修……219, 402
前念命終……509, 1071
山王……51
船筏……606, 667, 670
千万千万……1217
千万迷惑……1165
瞻病……275
瞻病随意……266
千部……816, 817, 893, 1029, 1030
宣布……6, 43, 60, 76, 335, 483
瞻蔔華……185
千輻輪……104, 1391
選不選対……199, 509
千仏……163, 427
千仏世界……29
善法……52, 141, 142, 238, 298, 348, 351, 388, 399, 416, 426, 446, 665, 951
禅坊……1359
禅房……887, 1044, 1059, 1077
前本……182
善本……7, 46, 51, 61, 65, 71, 77, 78, 146, 378, 397, 399, 400, 610, 612, 613, 614, 636, 953, 989, 990, 1159
善本徳本……397, 413, 568, 612, 635
善凡夫……908
千万億劫……61
千万億数……149
千万仏国……340
鮮明……280
善無畏……988
千無一失……594

宣説………92, 205, 355, 393, 430, 487, 873, 1029, 1044
前前住……………………………1258, 1321
前前住上人 …1256, 1257, 1259, 1260, 1262, 1263, 1264, 1265, 1266, 1267, 1269, 1270, 1271, 1272, 1275, 1276, 1278, 1281, 1285, 1286, 1287, 1288, 1290, 1291, 1292, 1294, 1295, 1297, 1298, 1300, 1302, 1303, 1304, 1306, 1308, 1309, 1310, 1311, 1313, 1314, 1315, 1316, 1318, 1319, 1321, 1323, 1324, 1325, 1327, 1328, 1329, 1332, 1419
善山王 ……………………………………10
占相……………………………………452
先相 ……………………………932, 1184
専想 ……………………………………93
専雑 …………207, 405, 488, 594, 1036
占相祭祀………………………………688
専雑二修 ……………………………1037
先代 …………………………………1304
闡提 ……131, 197, 221, 303, 484, 486, 512, 533, 593, 672, 706, 910, 1008, 1068, 1086, 1134, 1171, 1385
全体 …………………………………1386
善題……………………………………855
先達……887, 904, 910, 995, 1077, 1114
旃陀羅…………………………………570
栴陀羅 …………………………………89
先段……………………………………927
栴檀……………………………………160
前段……………………………………925
栴檀香……………………………10, 27
栴檀樹 ……………………………35, 286
浅智……………………………365, 860
善知識…………82, 113, 114, 115, 166, 200, 225, 239, 259, 299, 406, 409, 410, 412, 426, 453, 513, 536, 537, 568, 658, 677, 735, 737, 740, 741, 745, 788, 789, 845, 860, 861, 866, 874, 898, 904, 918, 926, 942, 957, 960, 961, 977, 993, 994, 995, 1002, 1015, 1016, 1018, 1106, 1126, 1127, 1145, 1227, 1257, 1260, 1263, 1266, 1275, 1278, 1286, 1289, 1292, 1318, 1350, 1352, 1406, 1408
専注……………………………………386
船中 …………………1173, 1175, 1177
専注奉行………………………………219
千中無一………………………………590
宣暢………………………………………7
先哲 ……………………899, 909, 1218
先途……………………………………903
瞻覩……………………………………8, 136
前途……………………………………903
仙童……………………………………466
仙道……………………………………455
善道………38, 298, 426, 436, 441, 445, 448
善導 ……168, 206, 228, 380, 488, 538, 550, 589, 590, 593, 596, 599, 634, 655, 667, 669, 704, 713, 748, 767, 787, 790, 801, 833, 853, 861, 863, 888, 891, 899, 957, 959, 960, 972, 980, 983, 987, 1001, 1004, 1005, 1007, 1010, 1016, 1018, 1035, 1037, 1067, 1069, 1090, 1147, 1149, 1159, 1179, 1186, 1198, 1200, 1343, 1346, 1347, 1351, 1355,

687, 711, 760, 780, 848, 852, 913, 927, 935, 936, 957, 959, 1000, 1001, 1003, 1342, 1343, 1344, 1345, 1379
善趣……25
専修一向……1223
千重……167, 576
撰集……473
選集……1047
善宗……1251
禅宗……183, 264, 736
前住……1214, 1321
善従……1293, 1294, 1295, 1325
前住上人……1214, 1257, 1258, 1261, 1264, 1279, 1294, 1295, 1296, 1303, 1305, 1311, 1321, 1328, 1330, 1332, 1419
善宿……10
専修雑心……396
専修正行……1036, 1068, 1271
専修専心……396
専修専念……667, 669, 959, 992, 1067, 1069, 1114, 1121, 1145, 1174, 1221
宣述……170
撰述……1046
専修念仏……602, 835, 840, 1055, 1355
専修念仏停廃……921
洗除……51, 61
千生……515
千声……1403
先生……1164
先聖……69
専称……206, 395, 405, 488, 1003, 1034
専精……58, 62, 262, 588, 1395
善性……511, 540
善星……350, 351
善証……745, 800
禅定……50, 53, 179, 194, 259, 456, 1000
禅定堅固……420
善調御……409
善性人……537
禅定博陸……473, 596, 1047
善浄仏土……436
専称仏名……528
禅定力不可思議……360
洗濯……5
専心……81, 188, 189, 251, 252, 260, 395, 396, 399, 411, 433, 540, 913
専信……750, 797, 798, 802
浅信……393
浅深……184, 207, 248, 463, 488, 854, 1036, 1037
前心……158
善心……29, 137, 226, 235, 280, 338, 491, 706, 883, 1154, 1171, 1274, 1346, 1348, 1354, 1364, 1365
善信……600, 615, 745, 771, 772, 812, 815, 851, 852, 872, 873, 874, 884, 885, 894, 896, 897, 1044, 1045, 1048, 1049, 1050, 1051, 1059, 1374
ぜんしん……800
善神……574, 575, 752, 1008, 1010, 1011
川水……197
先世……767, 865, 1098, 1352
前世……37, 60, 65, 68, 144, 145, 340, 902
善逝……11, 393, 1065, 1073
善世界……152

善根 ……111, 124, 153, 180, 212, 213, 242, 264, 282, 325, 350, 351, 358, 359, 360, 370, 376, 379, 381, 387, 388, 389, 392, 397, 400, 401, 405, 412, 415, 426, 436, 479, 532, 626, 627, 631, 635, 636, 637, 638, 655, 688, 690, 701, 706, 710, 713, 729, 730, 746, 748, 877, 901, 909, 1005, 1025, 1141, 1165, 1350, 1353, 1354, 1388, 1406
善根功徳……692
善言策進……233
善根薄少 ……188, 228, 1364
善根力……455
浅才……667, 669, 996
千歳 ……73, 185, 299, 514
千載 ……1017, 1077, 1421
銭財……54, 55
穿鑿……1414, 1419
前三果……422
専讃嘆……396
専讃嘆供養……528
先師……831, 842, 894, 908, 946
専志 ……26
船師……353, 410, 993
瞻視 ……57
善事……407, 408
禅師 ……199, 380, 396, 587, 588, 594, 599, 634, 655, 704, 960, 1034
漸次……332, 442, 546
禅思一心 ……30
千色 ……96
善思議菩薩……3
先師上人……913
先師聖人……896
先日 ……1280
禅室 ……1055, 1078, 1221
善実……3
煎物……892
千差……372
選択 ……186, 209, 413, 503, 546, 603, 625, 686, 703, 959, 1001, 1097
『選択』 ……472, 1047
善綽……855, 872, 873
染着 ……50
選択阿難付属……504
選択易行……187, 981
選択回向……211, 951
選択功徳……504
選択護念……504
選択讃嘆……503, 504
『選択集』……917, 958, 980, 1007, 1038
選択証果……503
選択証成……503
選択浄土……503, 504
選択称名の願……141
選択摂取 ……190, 244, 479, 504, 538, 566, 746
選択摂生……503
選択悲願……723
選択不思議……702
選択本願 ……140, 170, 202, 207, 211, 372, 392, 489, 502, 503, 595, 599, 605, 629, 656, 671, 711, 715, 717, 722, 736, 737, 806, 1038, 1192
選択本願念仏……805
『選択本願念仏集』 ……185, 472, 473, 664, 665, 1047
選択弥勒付属……503
千差万別……222, 385, 999
専修 ……219, 392, 394, 395, 396, 402, 412, 527, 529, 589, 594, 669,

1309, 1329
是非対……199, 510
世法……278, 920, 921, 1165, 1327
是名……523
施与……65, 247, 326
世英……8, 136, 138
世流布……890
善悪……14, 55, 56, 57, 63, 65, 70, 168, 169, 181, 201, 202, 203, 204, 207, 247, 248, 272, 303, 311, 399, 408, 414, 468, 489, 607, 616, 622, 700, 707, 740, 771, 831, 839, 841, 842, 847, 853, 861, 862, 878, 879, 897, 908, 929, 930, 962, 984, 1022, 1023, 1028, 1037, 1051, 1278, 1339, 1340, 1341, 1354, 1397
ぜんあく……820
善悪雑心……540
善悪対……199, 510
善悪二業……877
善悪凡夫……861, 862, 1069
善因……351
染衣……886
善恵……855, 897
善慧……146
先王……270, 271, 282, 283
千億倍……34
千億万倍……34
善果……155, 283, 408, 1013
禅下……1052
旋火輪……96
専観……395
専観察……528
浅機……982
善機……511, 877, 878
漸機……399
善鬼神……68, 575
仙経……205, 487, 582, 1032
専行……395, 530
善巧……209, 288
善行……447
漸教……198, 265, 390, 395, 501, 502, 507, 519, 667, 668, 757
漸教回心……510
専行雑心……396
善巧摂化……325
善巧瞻病……275
善巧方便……546, 550, 591, 1268, 1286
禅襟……933
遷化……946, 954, 1171, 1221
鮮潔……434
先言……933
善見……290, 292, 293, 294
善見王……294
善見太子……290, 291, 292, 293, 294
善見薬王……200
先後……57
前後……49, 50, 64, 320, 325, 434
善語……27
千劫……113
先業……912
瞻仰……435, 565, 919
禅光……855
前業……1013, 1163
善業……172, 197, 199, 386, 518, 684, 690, 861
善光寺……620, 1012, 1052
染香人……577, 648, 649
善業白法……442
千行万行……902
山谷……284, 440
千斤……185
浅近……891, 892, 900, 937

説時……………………………900,901
殺者……………………………274,285
説者……………………………258
摂取……14,15,80,102,165,179,180,187,190,204,207,229,244,247,252,302,325,326,327,329,330,474,479,485,494,504,538,566,571,577,595,603,606,650,657,658,662,664,670,672,679,684,703,708,711,712,727,728,746,747,748,765,777,792,793,802,803,847,863,864,877,907,962,963,969,972,974,988,1027,1035,1037,1094,1103,1110,1115,1119,1131,1132,1135,1141,1145,1149,1155,1162,1172,1186,1203,1207,1297,1338,1348,1366,1398,1399,1405,1406,1407,1408,1409,1413
摂州……………………………1187
摂取決定………………………1366
摂取選択………………………546
摂取不捨……132,393,484,509,539,600,604,644,659,662,663,664,702,735,758,761,777,778,792,797,798,831,846,848,859,860,864,875,929,935,936,964,970,986,1022,1088,1094,1115,1129,1144,1193,1199,1297,1404,1410
摂取不摂対……………………509
絶殊無極………………………340
殺生………………273,304,446,905
摂生………………503,656,977,1044
殺生罪…………………………866,879
摂生増上縁…………169,656,658
捷真……………………………181
雪山……………………………51,185
舌相……125,126,127,168,183,220,403,469,527
接足……………………………434
接足作礼………………………98
接足頂礼………………………435
絶対不二…………………199,507
説聴……………………………258
刹土……………12,14,652,899,1065
説導……………………………873
殺毒……………………………58
刹那……248,249,301,431,602,902,977,1274,1348,1352,1384,1391,1392,1395
説人……………………………413
殺法……………………………285
説法……11,114,142,190,258,334,434,449,716,873,874,901,1070
説法利益………………………847
絶滅……………………………74
『説文』…………………………156
絶離……………………………906
刹利国君………………………27
刹利種…………………………89
刹利心…………………………446
雪嶺……………………………464
殺戮………………………62,66,267
施入物…………………………850
世饒王仏………14,303,364,503,505
世人…………22,56,59,70,74,347
是人…………658,659,682,683,1028
是非……219,419,622,852,859,897,925,944,959,1009,1102,1138,1143,1163,1232,1276,

925, 926, 1101, 1105, 1118, 1128, 1137, 1143, 1159, 1188, 1250, 1262, 1272, 1274, 1280, 1281, 1282, 1293, 1299, 1304, 1305, 1306, 1312, 1323, 1333, 1389, 1414
世眼……8, 136, 138
施眼……353
世間愛欲……56
世間機……1262
世間解……11
世間自在王如来……232
世間諸有……341
世間甚難信……248, 249
世間浅近……892, 937
世間通途……1159, 1162
世間道……147, 148
世間難信……128, 211
世間畢竟……196
世間法……921
世間品……891
世語……51
施業……349
施作……99, 314
世財……925
世事……54, 58, 456, 1059
世自在王如来……11
世自在王仏……14, 153, 203, 358, 1022, 1339
是此是彼……354
施主……353, 447, 448
世上……1061, 1165, 1295, 1305
是性……512
世親……545, 651, 652, 691, 710, 712, 731, 732, 763, 891, 1022
是心作仏……253
是心是仏……253
背摺布……1333
世世生生……786, 811, 834, 905
施草……5
世俗……347, 435, 582, 596, 692, 884, 886, 932, 1388
世尊……8, 11, 12, 13, 14, 15, 23, 28, 43, 46, 49, 75, 76, 79, 82, 87, 88, 89, 90, 91, 93, 98, 104, 110, 112, 116, 117, 135, 136, 137, 138, 145, 149, 153, 165, 213, 216, 255, 258, 259, 265, 275, 276, 279, 282, 284, 285, 286, 287, 288, 289, 295, 343, 348, 349, 350, 351, 352, 354, 356, 357, 366, 367, 377, 401, 409, 423, 424, 434, 435, 436, 437, 441, 444, 445, 448, 449, 450, 457, 479, 497, 513, 517, 565, 576, 578, 579, 588, 610, 613, 636, 651, 901, 1070, 1116, 1140, 1413
世体……1333
世諦……354
殺果……285
殺害……88, 273, 274, 304, 419, 443, 569, 879, 903
折檻……1327
説諫……1084
殺逆……89
説教……833, 900, 901, 939, 1113, 1136
説行……81
摂化……165, 180, 187, 325, 364, 564, 863, 875
捷径……131, 177, 211
殺業……285
切瑳……1077
殺罪……283, 879

838, 839, 848, 1032, 1033, 1044, 1058, 1115, 1120, 1123, 1139, 1189, 1263, 1289, 1348, 1349, 1364, 1385, 1390
誓願一仏乗……195
誓願海……177
誓願寺……1238
誓願真実……702
誓願他力……519
誓願不可思議……200
誓願不可思議一実真如海……202
誓願不思議……555, 761, 764, 831, 838, 839
誓願力……712, 1124
青宮……1048
声教……461
制行菩薩……4
勢競……463
制許……423
誓言……282, 874, 1258
製作……418, 473, 665, 917, 921, 945, 965, 1046, 1047
西山……1132
制止……423
勢至……171, 262, 530, 559, 575, 576, 597, 606, 647, 648, 649, 663, 699, 701, 1011, 1037, 1045, 1065, 1341, 1378
勢至章……514
聖日……946
勢至菩薩……167, 648, 649, 812, 813, 894, 895
制捨……385, 518
清書……954, 1120
清選……873
星霜……1080, 1187, 1222
清台……464
聖代……417, 472, 1054
斉朝……653
政徳……884
盛年……458
成敗……1095, 1104, 1112, 1156
西蕃……132, 477
正弁極談……463
聖母……457
聖明王……659, 660
制文……424, 428
誓文……928
誓約……1058
誓益……1141
勢利……1077
清流……946
聖暦……471, 1053
世路……1108
せうまう……804
施恵……71
世雄……8, 131, 136, 138, 486
是学無学……354
碩学……1221
碩才……1053
碩才道人……1079
石汁……185
石上……923
石碑……405
関屋……1175, 1177
世間……5, 7, 15, 26, 34, 37, 38, 44, 52, 55, 56, 58, 59, 62, 63, 64, 65, 66, 67, 68, 72, 74, 128, 137, 142, 151, 163, 172, 175, 200, 201, 222, 232, 233, 234, 268, 286, 298, 323, 366, 410, 422, 437, 441, 443, 444, 449, 453, 454, 456, 457, 468, 497, 752, 762, 791, 813, 814, 851, 924,

随自他意説……………………………355
垂迹 ………893, 895, 896, 1010, 1045, 1058
垂迹興法 ……………………………1045
随従……………………………………108
随順………4, 36, 50, 87, 112, 165, 218, 219, 280, 331, 332, 333, 358, 371, 425, 430, 523, 524, 546, 548, 1002, 1014
随順菩提門…………………………328, 329
水精 ……………………………32, 33, 35
水精樹 ………………………………32
水漿不通……………………………892
随身…………………………………867, 890
随信…………………………………803, 804
随心供仏 ……………………………1343
水想…………………………………93, 94, 530
瑞相…………………………………279, 280
瑞像……………………………………464
水滞……………………………………148
随他意説……………………………355
随智……………………………………169
随逐 …………………………………425, 1130
水中…………………………………228, 229
水道 ………………………151, 205, 1029
水波……………………………………226
水病……………………………………409
随分………873, 944, 1157, 1180, 1216, 1312
随煩悩 ………………………………1391
瑞夢 …………………………………1316
睡眠………………147, 186, 1091, 1407
睡眠増 ………………………………1345
水流……………………………………101
水路……………………………………155
図絵…………………………………919, 920
図画………………472, 473, 1047, 1060
すかい…………………………………824
数箇条………………………………927, 928
数奇 …………………………………1305
透間 …………………………………1304
数行 …………………………………1078
菅生 …………………………………1300
頭光……………………………………812
数献……………………………………884
すざう…………………………………816
厨子 …………………………………1236
数十周紀 ……………………………1071
頭数…………………………189, 301, 980
頭陀……………………………………598
すてがてら……………………………910
頭燃………………217, 235, 492, 517
数輩 …………………………………471, 1053
数百里 ………………………………1080
頭北面西右脇 ………………598, 1059
頭面 ……………………………91, 364, 564
巣守…………………………………1365, 1373

せ

斉………………………464, 467, 653, 654
聖王……………………………………462
聖牙……………………………………464
制戒……………………………………885
聖覚……667, 668, 669, 871, 872, 1049, 1356
斉桓……………………………………463
勢観 ……………………………………851, 1050
誓願 ……165, 168, 176, 202, 206, 246, 337, 375, 393, 396, 397, 431, 538, 566, 570, 603, 609, 615, 635, 643, 652, 656, 670, 679, 686, 687, 689, 700, 703, 709, 710, 723, 736, 776, 778, 779, 780, 781, 782, 798, 802, 803,

565, 578, 620, 621, 639, 670, 674, 695, 718, 732, 737, 749, 750, 752, 753, 754, 755, 758, 759, 760, 769, 770, 775, 776, 777, 779, 781, 782, 784, 786, 788, 790, 792, 793, 794, 795, 796, 797, 798, 802, 804, 807, 808, 831, 832, 833, 834, 835, 836, 843, 851, 852, 853, 854, 855, 856, 875, 877, 880, 881, 883, 895, 896, 902, 913, 917, 922, 924, 929, 937, 943, 945, 946, 949, 959, 960, 961, 965, 967, 986, 1003, 1009, 1014, 1016, 1046, 1049, 1050, 1072, 1077, 1083, 1084, 1085, 1087, 1111, 1114, 1120, 1121, 1123, 1126, 1146, 1215, 1322, 1356, 1380
しんらん……780
神鸞……583
真利……497
真理……131, 199, 484
深理……982
心力……107
信力……151, 239, 406, 667, 1087, 1233, 1244
神力……19, 25, 115, 155, 198, 202, 311, 314, 360, 361, 563
神力加勧……315
信力堅固……238
神力自在……560
信力増上……151
信力転増……151
神力無極……562
神慮……1010
身量……105, 107, 850, 953
津梁……172
秦陵……583
人倫……209, 473, 886, 925
信蓮……817
心蓮華……1397, 1398
身労……1149, 1195
辛労……1177, 1239, 1272, 1276, 1285, 1305, 1306, 1330
塵労……5, 51, 181
塵労垢習……39

す

随意……266, 1327
随意自在……7, 331
随一……938
随縁……369, 404, 564, 709, 710, 960, 1344, 1400
水火……54, 223, 224, 225, 226, 227, 493, 968
水月光……10
水火二河……494, 539, 693
随喜……386, 387, 431, 441, 518, 886, 902, 933, 1051, 1052, 1067, 1350
随機……1386
随喜感歎……1052
随機現……920
酔狂……1179
随形好……102, 727
推求……407
衰患……451
推験……892
水光……10
推参……888
推算……30, 339
睡時……94
随自意説……355

真如三昧……………………………371
真如実相…………………………160, 702
真如法性 ………205, 1031, 1399, 1401
信忍 …………………………261, 1036
真人 …………………………………69
瞋怒 ……………………57, 341, 569
親友 ………47, 87, 213, 257, 610, 759, 803, 1028, 1049
親友知識……………………………262
信慧 ………47, 145, 214, 260, 401, 411
真影…………472, 473, 663, 965, 1047, 1051, 1052, 1072, 1151
信慧菩薩………………………………3
心念 ……………………16, 216, 496
信の一念………………749, 750, 981
心王 ………………………………1409
神王…………………………………453
真の仏弟子…………218, 256, 257, 748
深遠………51, 203, 309, 485, 628, 1149
真筆 ……………472, 1046, 1047, 1356
神妙…………………………………902
信奉……………………………238, 239
心怖…………………………………269
神符…………………………………467
親附…………………………………284
人父…………………………………462
身不壊………………………………346
信伏…………………………………291
心腹 ………………………………1323
信不具足………………237, 246, 407
信不信…………797, 1222, 1253, 1259, 1293, 1332
心不退………………………………972
信不退……………………1049, 1050
心不断………………………………558
信仏……………………………155, 940
真仏………42, 372, 373, 632, 760, 796, 804
信仏因縁……………………………974
真仏弟子………………………523, 538
真仏土……134, 337, 372, 950, 952, 953
瞋忿…………………………………433
神変 ………………………………1285
信謗 ……………841, 1070, 1279, 1356
神方……………………………211, 263, 481
真宝……………………………421, 423
真法…………………………………171
深法 ……………………………43, 633
深法忍 ………………………………33
信方便………………………………152
深法門 ………………………………44
新発意…………………………367, 368
神魔…………………………………469
身命…………218, 390, 832, 960, 1004, 1016, 1072, 1385
信明 …………………………………13
真妙…………8, 136, 146, 190, 399, 479
神明 ……62, 67, 68, 69, 454, 469, 755, 1009, 1010, 1112, 1113, 1153
深妙 ………12, 151, 160, 171, 200, 213
真無量…………………………556, 563
『新無量寿観経』……………………174
神明君最……………………………466
尽滅……………………………442, 449
真文 ……………………472, 638, 1047
真門 ……392, 397, 399, 404, 405, 413, 529, 567, 635, 1072
新訳…………………………………651
信用……70, 219, 414, 918, 1112, 1262, 1293, 1298
人用…………………………………461
迅雷…………………………………463
新羅国…………………………660, 661
親鸞 ……132, 209, 515, 542, 551, 557,

真詮……………………………481
深浅 ……………………………35, 377
『神泉五岳図』…………………………466
深浅対…………………………………199
親疎…………………………1068, 1221
心相……………………………………356
心想…………………………100, 1393, 1394
身相………77, 101, 104, 105, 107, 434, 991
瞋想 ………………………26, 232, 491
真像…………………………653, 655, 664
瞋憎 ……204, 225, 235, 670, 673, 963, 1027
信想軽毛………………………………415
深総持 ……………………………21, 257
身相荘厳…………………………311, 560
心想羸劣 ……………………………93, 382
真俗 ………………………………1305
親族……………………………………348
親属…………………………55, 66, 233
迅速 ………………………172, 911, 1071
神足 …………………………………17
親属内外 ……………………………64
親疎対…………………………199, 508
侵損……………………………………305
身体 …………………………………1184
真諦……………………………………418
進退……………………………221, 243
仁体 ………………………………1172
心多歓喜…………………………149, 251
侵奪……………………………………880
晨旦……………………………651, 653
震旦…………599, 655, 709, 1038, 1361
信知 ……188, 203, 228, 485, 486, 584, 591, 609, 693, 694, 875, 877, 1086, 1149, 1364, 1365, 1373, 1390, 1394
真智……………………………………322
瞋痴……………………………………162
神智 …………………31, 470, 653, 654
深智博覧 ……………………965, 1050
心中………54, 70, 144, 895, 975, 1083, 1090, 1091, 1092, 1101, 1102, 1117, 1156, 1157, 1158, 1161, 1164, 1171, 1177, 1178, 1185, 1186, 1216, 1217, 1235, 1250, 1255, 1258, 1259, 1265, 1266, 1272, 1274, 1275, 1285, 1286, 1288, 1291, 1293, 1296, 1301, 1302, 1309, 1310, 1414
身中 ……………………………791, 1109
神勅 …………………………………1056
心底 ……922, 1112, 1117, 1171, 1177, 1259, 1329
塵点久遠劫……………………………566
塵点劫 ………………………180, 1385
身土……………………………515, 952
真土 ………………………372, 373, 1033
塵土……………………………………292
神道 …………………………………1067
進道……………………………880, 929
震動 …………4, 5, 12, 26, 83, 105, 291
瞋毒…………………………602, 787, 790
神徳 …………………………………12
甚難…………………………128, 247, 398
甚難希有………………………………128
瞋恚………64, 293, 410, 419, 433, 729, 739, 744, 883, 963, 1025, 1027, 1340, 1365, 1366
瞋恚悪心………………………………282
瞋恚盛心………………………………370
真如 ……169, 202, 307, 318, 482, 507, 568, 690, 709, 951, 976, 1399
真如一実…………………………141, 211

497, 507, 537, 541, 591, 1044, 1078, 1221
真身………187, 486, 864, 986, 987, 988
真信………………209, 831, 1049, 1069
人神……………………………………470
深心………50, 108, 188, 217, 221, 228, 252, 386, 387, 393, 494, 495, 521, 522, 525, 714, 943, 1347, 1365
深信 ……217, 218, 219, 221, 252, 386, 387, 402, 405, 494, 495, 521, 522, 523, 525, 532, 535
甚深 ………6, 7, 34, 51, 110, 111, 114, 115, 240, 444, 473, 634, 950, 976, 988, 992, 999, 1047, 1067, 1068, 1078, 1200
信心一致 …………………………1312
深信因果……………531, 937, 938, 939
心心回向……………………………626
信心回向 ……………………………77
身心悦楽……………………………339
信心海……………………234, 541, 672
信心開発……………488, 904, 914, 963
真身観 ……………375, 952, 953, 1394
信心歓喜………41, 212, 215, 236, 250, 263, 478, 492, 564, 626, 677, 678, 759, 760, 765, 911, 917, 930, 935, 967, 1036, 1106, 1143, 1145, 1198, 1372, 1413, 1419
信心獲得………1123, 1162, 1183, 1192
信心決定…………764, 771, 847, 1084, 1085, 1089, 1090, 1092, 1100, 1101, 1103, 1106, 1107, 1113, 1117, 1133, 1135, 1140, 1147, 1148, 1155, 1168, 1176, 1179, 1180, 1185, 1187, 1188, 1198, 1214, 1215, 1330, 1349, 1352, 1354, 1390, 1409, 1422
信心決得 …………………………1421
信心沙汰 …………………………1102
信心治定……………………1089, 1299
信心成就 …………………………1036
深信心………………………………532
心心相続……………………………156
信心存知……………………………766
身心智慧……………………………348
身心適悦……………………………456
身心柔軟…………………21, 37, 257
身心柔軟の願………………………370
甚深秘密……………………………288
信心不淳……………………………587
信心不足 …………………………1178
信心不退転…………………………239
信心発得 ………860, 1090, 1125, 1228
信心未決定 ………………………1112
信心未定 …………………………1178
心水…………………………………607
信水…………………………………604
心髄…………………………………390
神通……3, 37, 44, 46, 48, 53, 183, 190, 194, 205, 243, 282, 290, 291, 308, 312, 313, 334, 357, 487, 548, 1031, 1073
神通功徳 ……………………………36
神通解脱……………………………160
神通華菩薩……………………………3
神通自在 ………………42, 48, 1031
神通如意……………………………107
神通方便……………………………835
神通輪………………………………138
真蹟 ………………………………1228
真説 ……209, 295, 370, 477, 495, 1057
塵刹…………………………………203

尽十方無礙光如来 ……156, 157, 382, 479, 513, 539, 651, 691, 710, 747, 931, 1022, 1024
尽十方無礙光仏…………691, 710, 731
真実明………………249, 362, 556, 557
真実門……………………………488
信者…………………602, 608, 650, 732
信邪……………………………407
神社 ………………………894, 1152
塵沙……………………172, 222, 365
斟酌………715, 1039, 1096, 1168, 1347
信受………81, 127, 128, 151, 248, 263, 509, 595, 635, 672, 701, 748, 874, 877, 966, 1085, 1086, 1386
真珠 ……………34, 37, 39, 95, 98, 377
塵数 …………106, 571, 575, 601, 1388
真宗 ……132, 134, 135, 172, 187, 202, 207, 254, 312, 373, 395, 413, 471, 473, 477, 488, 489, 496, 550, 569, 590, 595, 596, 597, 617, 646, 694, 707, 716, 737, 746, 848, 871, 882, 891, 892, 902, 904, 905, 906, 909, 911, 913, 919, 920, 923, 931, 933, 936, 941, 945, 1038, 1046, 1047, 1053, 1068, 1077, 1105, 1114, 1150, 1163, 1177, 1222, 1228, 1309, 1383
深重 ……165, 166, 209, 211, 485, 595, 606, 670, 831, 849, 877, 906, 1015, 1093, 1122, 1189, 1202, 1289, 1349, 1352, 1364, 1420
真宗一流 ……………………1221
真宗稽古……………………………895
真宗興行 ……………………1066
真宗紹隆 ……………………1044
真宗所立……………………………898
真宗念仏 ………………398, 592, 1162
真宗念仏行者………………1161, 1227
『真宗の聞書』……………………753
真宗繁昌……………………1045, 1179
真宗別途……………………………882
進趣階級……………………………315
真珠網 ……………………………99
信順………82, 195, 196, 209, 226, 406, 473, 513, 539, 1055, 1420
心性……………………………435, 619
身小……………………………………601
辰星…………………………430, 438, 439
信正……………………………………407
真性……………………………………512
真証……………13, 209, 266, 975, 976, 1069, 1246
身上 ……………………1164, 1173, 1175
真浄……………………………775, 791
進上 ……………………………762, 1256
尋常 …………246, 644, 657, 658, 1351
信証院 ………………1165, 1227, 1413
心清浄…………………………………347
身清浄…………………………………347
信上人…………………………………908
深正念 ………………………………25
進上物 ………………………………1329
深定門……………………………………7
寝食 ………………………………1420
心心……………………………………212
身心 ………55, 68, 181, 216, 217, 225, 251, 257, 267, 268, 269, 270, 271, 279, 491, 496, 517, 1073, 1234, 1394
真心 ……209, 211, 231, 244, 245, 246, 251, 252, 253, 264, 296, 382, 390, 393, 398, 488, 490, 494,

1398, 1399, 1410
身光 ……………………………48, 988
信仰……………1032, 1236, 1283, 1314
親厚……………………………145, 290
心業……………………………317, 581
身業 ……317, 331, 332, 349, 356, 386, 388, 519, 521, 546
人口 ……………………………1222
神光…………363, 464, 559, 1024, 1025
深広……14, 31, 47, 165, 197, 198, 211, 432, 480, 946, 951
深厚 ……………………………1162
心光摂護……………………………211
心光常護……………………………251
身光智慧……………………………152
身業礼拝……………………………919
真金……………………………153, 422
真言 ……132, 202, 234, 335, 474, 484, 501, 667, 668, 760, 847, 988, 1337, 1364, 1400
親近…………174, 239, 387, 412, 1002, 1018, 1278
真金色 ……………………16, 107, 988
真言宗……………………………736
真言秘教……………………………847
深山 ……………………………1055
参差 …………………………938, 1055
『心地観経』……………………………184
身色…………………………40, 53, 261
信治定 ……………………………1288
真実行…………………………395, 981
真実功徳………158, 545, 546, 652, 690
真実功徳相 ………154, 158, 479, 513, 651, 652
真実決了……………………………526
真実色身……………………………104
真実慈悲……………………………550
真実証果…………………………626, 722
真実誠種……………………………230
真実浄信心……………………………509
真実誠満…………………………230, 490
真実之利…………………………671, 689
真実心 ………216, 217, 221, 233, 234, 243, 385, 386, 491, 492, 517, 518, 519, 521, 532, 1108, 1346, 1347, 1366
真実信…………187, 550, 647, 864, 981
真実信海……………………………521
真実信楽……………644, 680, 683, 722
真実信心 …………204, 231, 252, 494, 495, 560, 567, 576, 586, 592, 605, 607, 608, 610, 626, 644, 647, 667, 670, 671, 672, 673, 679, 683, 701, 703, 707, 712, 713, 721, 722, 735, 748, 758, 760, 761, 778, 794, 797, 803, 859, 963, 964, 1027, 1036, 1037, 1086, 1088, 1103, 1114, 1116, 1150, 1162, 1171, 1172, 1178, 1180, 1202, 1222, 1244
真実信心海……………………………672
真実相承……………………………949
真実難信……………………………398
真実念仏 ……………………………1010
真実の利………………9, 135, 136, 477
尽十方 …357, 581, 585, 651, 847, 1231
真実報身……………………………988
真実報土 ……201, 502, 566, 604, 607, 625, 680, 686, 702, 706, 714, 762, 834, 951, 986, 989, 992, 1022, 1038, 1105, 1106, 1123, 1128, 1147, 1164
尽十方不可思議光如来……………545
尽十方無礙光……………………………585

真応……177
臣下……64, 471, 1053
信海……211, 296, 507, 522
瞋覚……26, 232, 491
しんがく……812
信和尚……184, 396
心月……1077
心肝……949
真観……530
信願……789, 790
信疑……1078
真偽……429
新義……924, 925
仁義……1118, 1154, 1159, 1160, 1162, 1174, 1223, 1276, 1414, 1422
神祇……752, 786, 1010
深義……335, 484, 885, 953
信喜悟……488
信疑対……199, 510
真偽対……199, 510
賑給……69
信敬……474
真教……131, 138, 254, 296, 468
心行……13, 307, 465, 480, 482, 484, 583, 584, 591, 917, 918, 943, 976
信行……256, 584
信楽……18, 21, 22, 43, 81, 131, 193, 201, 202, 203, 205, 209, 210, 211, 212, 229, 230, 231, 234, 235, 238, 239, 241, 245, 246, 250, 393, 473, 480, 489, 490, 491, 492, 513, 537, 561, 566, 568, 592, 604, 605, 625, 626, 628, 630, 633, 643, 644, 647, 653, 657, 658, 670, 671, 680, 681, 683, 692, 703, 707, 708, 709, 712, 721, 722, 735, 746, 747, 874, 880, 897, 935, 943, 951, 962, 966, 981, 990, 1026, 1029, 1069, 1110, 1114, 1162
尽形……454, 1354
信楽開発……250, 981
心行寂滅……329
信楽受持……82, 204, 406, 497, 712, 1028, 1159
仁義礼智信……298, 920, 1156
心口……64, 71, 282
心垢……35, 61
唇口……269
塵垢……4
深宮……89
身口意……153, 586, 746, 1241, 1398, 1414
身口意業……216, 221, 275, 387, 517
信空……1049
心口各異……1228
人君……462
真仮……372, 373, 415, 471, 530, 531, 569, 959, 1053
信外……312
信解……114
神解……465
真仮対……199, 508
真解脱……342, 572
信決定……1292, 1307
信見……738
瞋嫌……226, 293, 485, 491
心眼……91, 100, 102
心源……1292
審験宣忠……230
心光……204, 591, 644, 658, 664, 670, 672, 683, 761, 765, 782, 797, 847, 963, 1010, 1027, 1162,

諸山寺 ……1104
所由……415
諸余 ……79, 162, 369, 445
所用 ……1160, 1169, 1211
所欲……13, 27, 39, 59, 340
諸来……445
諸楽……345
所立……6, 898
諸流……961, 964, 981
諸竜……429, 431, 432
庶類……7, 209, 296, 462
諸漏……5
所労……837
白髪 ……1167
四楽……345
自楽……327
白山 ……1104
至理……171
市里 ……65
自利……27, 154, 155, 190, 191, 388, 393, 397, 522, 541, 547, 548
事理 ……1361
自利各別……381, 392
しりがほ……622
自力往生……913
自力疑心……761
自力仮門……395
自力金剛心……510
自力作善……833
自力執心 ……1147
自力修行 ……764, 765, 1140
自力竪出……521
自力修善……618
自力小善……537
自力聖道……603, 646, 805, 905, 906
自力称名……611
自力諸善……611
『自力他力』……743, 775
自力他力対……199, 509
『自力他力の文』……752, 796
自力不真実……988
自力方便……503
尸利沙……185
自利真実…217, 233, 385, 518, 519, 520
持律……843
自利満足……190
自流 ……1096
侍立 ……98
思慮……816
思量……256, 296, 381, 383, 390, 417
資糧……880
思量巧方便……170
自利利他 ……154, 191, 192, 317, 322, 360, 389, 546, 562, 723, 899, 1071
四流……244, 254, 255, 512
示路 ……1345
次郎入道……874
白小袖……1276, 1278
四論 ……582, 1031
四論宗……1031, 1032
真……394
秦……460
親愛……292
心意……58, 70, 470
侵易 ……67
神威 ……1058
深位……938
秦佚……459
身意柔軟 ……29, 338
真因 ……170, 211, 229, 251, 381, 393, 625, 875, 934, 951, 967, 968, 1233
心悦清浄 ……13

諸忍……146
所念……49, 89, 1396
処年寿命……66
諸鉢……37
諸波羅蜜…82, 97, 181, 406, 513, 993, 994
所判……941, 1009, 1172
諸部……161, 258, 403
処不退……973
『諸仏阿弥陀三耶三仏薩楼仏檀過度人道経』……514
諸仏家……262
諸仏現前三昧……116
諸仏国中……16
諸仏国土……73
諸仏護念……251, 515, 880
諸仏讃嘆……505, 560
諸仏咨嗟の御ちかひ……686
諸仏咨嗟の願…141, 478, 731, 776, 951
諸仏称讃……251
諸仏定散……530
諸仏誠実……1070
諸仏証誠……923, 959, 1000, 1001
諸仏誠諦……939
諸仏正遍知海……100
諸仏称名の願…140, 141, 202, 478, 776
諸仏称名の誓願……687
諸仏称名の悲願……625, 705, 721
諸仏称揚の願……141
諸仏所讃……248
諸仏世界…20, 21, 22, 29, 257, 376, 631
諸仏世尊……23, 49, 149, 153, 258, 275, 279, 282, 284, 285, 356, 366
諸仏大会衆海……314
諸仏大衆……289
諸仏通総……900
諸仏如来……14, 19, 41, 43, 74, 93, 100, 142, 143, 147, 193, 209, 316, 320, 346, 347, 348, 356, 382, 478, 625, 630, 723, 1394
諸仏念仏……529
諸仏本願……1069
諸仏無上……79
処分……1409
序分……901
処別……525
諸篇……1215
諸方……405, 472, 1054, 1077, 1158
諸邦……1068
諸法……6, 45, 48, 146, 147, 157, 318, 323, 325, 330, 359, 366, 367, 433, 447, 1104, 1111, 1112, 1113, 1152, 1154, 1160, 1162
諸法実相……116
諸法無常……273
諸菩薩……19, 22, 23, 24, 35, 43, 723, 991, 1110
諸菩薩本授記品……174
『助菩提』……146
所犯……938
諸魔……432, 449, 453, 455
諸魔怨敵……228
諸魔得敬信品……449
庶民……597, 1057
所務……1057
除滅……51, 116, 166, 294, 453
所望……954, 996, 1039, 1049
初門……931
所聞……149, 447, 560, 564
諸門……667, 668, 840
所益……174
諸夜叉……437

1111, 1112, 1118, 1122, 1160
除尽……222
所出……106
処世……11
所施……305
所説……14, 59, 74, 83, 107, 116, 117, 118, 127, 128, 195, 214, 219, 220, 247, 250, 258, 273, 277, 293, 326, 331, 349, 355, 384, 403, 406, 408, 414, 418, 423, 424, 441, 466, 469, 514, 524, 525, 527, 528, 847, 898, 920, 938, 940, 943, 1003, 1348
諸説……418
所詮……1091, 1102, 1111, 1152, 1154, 1157, 1161, 1169, 1170, 1172, 1174, 1180, 1183, 1213, 1214, 1216, 1223, 1414
諸山……28, 75
諸仙……466
初禅……331, 351, 728
諸善……158, 199, 221, 280, 381, 382, 387, 391, 413, 531, 567, 569, 587, 601, 611, 631, 690, 757, 836, 880, 977, 989, 1004, 1078, 1122, 1409
諸善兼行……395
諸仙衆……450
諸善万行……567, 1110
初相……371
諸相……362, 452, 557
所造……891, 940
所送寒暑……1109
諸僧尼……419
所存……885, 886, 903, 925, 1177, 1429, 1430
所存不審……902
序題……919
『処胎経』……594
諸大士……185
諸大乗……178, 296
諸大声聞……448
諸大菩薩……77, 152
諸大名……884
序題門……984, 1401
所断……147
所談……936, 941, 942, 976, 981, 983, 1009, 1192
諸智……76, 378, 400, 610, 612, 636
諸智士……214, 372, 514
除痴瞋……10
諸天……8, 9, 22, 26, 41, 42, 50, 59, 61, 62, 72, 74, 82, 90, 95, 97, 100, 103, 108, 116, 117, 121, 136, 137, 143, 232, 341, 432, 466, 574, 632, 633, 752, 890, 1008, 1010, 1011, 1242
諸天衆……450
諸天仙……450
『諸天内音』……466
諸天人……25, 26
諸天王……441, 442, 450
諸天王護持品……437
所当……1154, 1160
諸堂……1152
諸道……51
所得……191, 263, 314, 358, 456
諸徳……1077
諸難……28, 238, 436
諸乳……161
諸女……433
諸人……920, 925, 937, 945, 972, 1095, 1096, 1150, 1156, 1165, 1170, 1171

所現……107
除遣……179
所居……39, 332, 931, 940
所期……903
諸劫……16
所業……1402
諸業……430
助業……186, 221, 387, 528, 530, 665, 666, 688, 892, 936, 957, 958, 1404
諸国……6, 945, 1072, 1126, 1157, 1172, 1174, 1177, 1330
諸国往来……1165
諸根……8, 9, 48, 135, 238
諸根闕陋……23
諸根浄明利……239
諸根智慧……7
所作……7, 281, 283, 319, 331, 342, 357, 367, 388, 428, 430, 446, 462, 532, 762, 1299
諸罪……405
所讃……22, 220, 248, 359, 403, 527, 898
所止……207, 489, 665, 666, 1014, 1038
所思……72
所資……69
諸子……467
諸師……980, 983
初地……114, 147, 148, 149, 150, 151, 314, 315, 526
所持……920, 1061, 1278, 1324
諸地……19, 193, 194, 316, 630, 723
諸寺……471, 1053
諸事……431, 779
書写……473, 639, 718, 723, 732, 756, 884, 886, 995, 1047, 1061, 1356, 1374
所着……15, 52, 238
書籍……1072
所修……26, 175, 179, 197, 216, 217, 227, 231, 233, 235, 241, 365, 387, 490, 492, 517, 944
所須……425, 450, 452
諸衆……173
諸趣……470
助修……474
所収……470
所集……247, 325, 326, 444
諸宗……596, 758, 871, 882, 891, 901, 904, 909, 917, 919, 921, 1000, 1006, 1067, 1104, 1112, 1113, 1136, 1152, 1154, 1160, 1162
所住……6, 8, 136, 138
諸宗通途……898
諸宿……430
初春……598
諸所……1095
初生……324, 371
所生……123, 187, 294, 331, 441, 807, 864, 936, 951
所証……165, 220, 314, 403, 528
所摂……174
書鈔……1421
諸障……161, 162, 200, 588
所成……94, 96, 99, 174, 360, 878, 937, 939, 944, 1390
助正……394, 590
助成……380, 634, 1069, 1079
助正兼行……396
助正間雑……399, 412
諸上善人……124
助成扶持……937
初心……996, 1215
諸神……1099, 1103, 1108, 1109, 1110,

諍論 …………840, 896, 897, 925, 1050
清和……………………………………563
調和………………………………35, 39
障惑…………………………222, 534
初会 ……………………………31, 559
所縁 ……………………………1405
諸縁 ………486, 594, 747, 1146, 1341, 1363
所応 ……………………………4, 36
諸王……………………………………424
初果……………………147, 186, 502
初夏 ……………472, 1047, 1095, 1186
所過……………………………………453
女媧……………………………………463
諸戒……………………………………111
所感 ……………………515, 912, 1163
所観……………………………………301
所願……14, 15, 30, 60, 61, 73, 82, 144, 155, 175, 202, 214, 338, 342, 513, 514, 1010
初歓喜地………………………………148
所願功徳………………………………340
所帰……………………………………866
庶幾……………………………………920
諸機 ……265, 381, 393, 541, 545, 567, 570, 589
所宜……………………………………393
除疑獲徳………………………………481
除却……………………………113, 416
諸教 ……413, 471, 503, 568, 605, 898, 901, 945, 951, 1005, 1006, 1053, 1360, 1361
諸経 ……113, 158, 178, 194, 228, 360, 401, 413, 417, 421, 428, 572, 573, 898, 995, 1009, 1010, 1097
所行……36, 50, 70, 147, 149, 160, 174, 430, 927
所楽……………222, 238, 384, 408, 534
諸行 ……192, 244, 396, 397, 520, 579, 631, 635, 686, 912, 957, 959, 981, 982, 983, 985, 986, 989, 990, 992, 1000, 1001, 1003, 1005, 1007, 1088, 1274, 1343
諸行往生 ……735, 736, 859, 890, 897, 898, 964, 1088, 1338, 1342
諸経書…………………………………415
諸行諸善 ……………………………1122
諸経随機 ……………………………1386
諸経律…………………………………421
諸経論…………………………………488
諸苦……………………………………200
所求……………………222, 368, 534
濁悪 ……………………90, 413, 713
濁悪邪見……………………571, 643
濁悪世…………………………………449
濁悪不善 ………………………………93
諸機各別………………………………541
濁水……………………………………580
濁世 ……171, 296, 375, 381, 398, 399, 417, 426, 477, 483, 488, 489, 496, 588, 589, 596, 606, 608, 619, 885, 1052, 1114, 1146, 1337, 1345
濁世能化………………………………393
濁世末代……………………594, 913
除苦悩法 ……………………………1397
食物……………………………………885
濁乱…………………874, 1071, 1165
所化………19, 193, 220, 316, 402, 515, 527, 630, 723, 926, 943, 1394
諸結……………………………………288
所見………………8, 136, 157, 886, 953
諸見 …………………5, 201, 389, 1002

853
承問 ……………………26, 232, 491
浄聞……………………855
声聞教……………………502
声聞乗……………………757
声聞僧……………………598
声聞蔵……………………757
声聞弟子……………………450, 452
小門徒 ……………………1083
長夜 ……304, 447, 586, 606, 667, 669, 670, 701, 864
勝益……………………167
照益 ……………………370, 1025
接誘……………………317
照用 ……………………1024
浄祐 ……………………1310
称誉……………………340, 341, 342
正要……………………246, 414
称揚 …………74, 141, 388, 1080, 1340
逍遥……………………312, 369
照曜 ………75, 338, 363, 558, 559, 875
照耀……………30, 33, 362, 485, 634
承用 ……………………73
襄陽……………………405
清揚哀亮 ……………………34
情欲 ……………………58
少欲知足 ……………26, 232, 426, 491
将来……………29, 82, 149, 427, 428
上来 ……………………1216
将来世……………………427
称礼念……………………1401, 1403
上洛 ………867, 888, 934, 1174, 1177, 1238, 1239, 1241, 1246, 1247, 1326, 1327, 1328, 1330
浄楽……………………177
常楽 ……206, 244, 307, 312, 329, 346, 482, 488, 550, 591, 702, 709, 951, 976, 987, 1036, 1070, 1165
常楽我浄……………………354, 408
照覧……………………886, 919, 926
小利……………………188
勝利 ……………………1005
証理 ……………………1067, 1069, 1364
整理……………………451
定離 ……………………1118
小利有上……………………189
勝力 ……………………80
定力 ……………………53
常力 ……………………53
勝利広大 ……………………1070
紹隆 ……………………258, 319, 1044
浄侶……………………847
升量 ……………………14
称量 ……………………20, 345
清涼……………………115, 279, 352
聖霊 ……………………1069, 1071, 1073
諸有輪……………………235
浄輪……………………410
常倫 ………19, 193, 194, 316, 630, 723
生類……………………886
常流転 ……………………1070
勝劣 …………460, 897, 898, 992, 1344
勝劣対……………………199, 508, 510
上れんばう……………………823
小路 ……………………244, 587, 1044
正路 ……………………1018
上臈 ……………………1201
生老死……………………145, 255
生老病死……………………163, 255, 354
省録 ……………………72
丈六……………………107
丈六八尺……………………920
正論 ……………………51

障菩提門……327
正発心……436
『小本』……392, 393, 397
正本……467, 1114, 1241
小凡……366
上品……265, 389, 938, 1305
浄飯……459
上品下生……110, 111
上品上生……108, 109, 516
上品中生……109, 110
浄飯王……276
成満……14, 19, 25, 48, 399, 485
成満足……25
小微……71
麨蜜……88
精微妙軀……311, 560
生命……885
声名……317
声明……933, 934
姓名……471, 1053
称名……140, 141, 146, 164, 186, 187, 202, 405, 445, 478, 480, 486, 487, 494, 568, 607, 611, 625, 628, 663, 665, 666, 667, 669, 685, 686, 687, 699, 701, 703, 705, 716, 721, 776, 902, 903, 904, 911, 912, 934, 936, 958, 967, 981, 1059, 1069, 1086, 1094, 1106, 1114, 1116, 1121, 1144, 1161, 1164, 1185, 1197, 1227, 1244, 1249, 1286, 1287, 1341, 1350, 1368, 1373, 1395, 1414
清明……73
勝妙……1078
証明……873, 1070, 1356
聖明……7
精明……61
定命……1163
長命……287, 978
『浄名』……464
浄妙……90, 105, 106
称名往生……183, 1015
称名憶念……214
称名信楽の悲願成就の文……625
清明澄潔……35
称名念仏……611, 631, 936, 1000, 1001, 1109, 1124, 1130, 1133, 1138, 1146, 1149, 1164, 1174, 1176, 1189, 1197, 1200
浄明利……238, 239
生滅……301, 365, 367, 368, 1391
消滅……5, 29, 114, 174, 270, 281, 290, 338, 405, 574, 1012, 1055, 1133, 1135, 1192, 1201, 1243
焼滅……51
焼滅一切……1024
生滅去来……987
正面……1045
生盲……93, 593, 1405
消亡……172
抄物……890
常没……211, 393, 497, 1058, 1070, 1234, 1389, 1391
常没濁乱……1071
常没流転……603
声聞……6, 17, 30, 31, 35, 36, 37, 39, 43, 47, 48, 49, 50, 53, 75, 77, 108, 124, 148, 149, 155, 197, 266, 308, 311, 330, 338, 339, 344, 348, 354, 359, 360, 366, 367, 378, 422, 424, 444, 511, 560, 637, 990
証文……686, 694, 751, 840, 841, 849,

昭然……465
称念……165, 166, 167, 168, 169, 182, 220, 399, 402, 413, 472, 607, 610, 635, 644, 652, 658, 663, 669, 746, 865, 1047, 1070, 1244, 1354, 1355, 1386, 1387
焼燃……285
燋燃……71
常念……416, 650, 974
常然……26, 461
正念往生……1406, 1409
正念結跏……434
常念仏……1398
昭然分明……60
床褥……78
上輩……41, 42, 365, 632
上輩生想……111
障破留難……304
証判……897
小悲……359, 617, 622, 859
乗彼願力……522
乗彼願力之道……968
青白……101
清白……5, 26, 51, 232, 491
生平……312, 369
慴怖……5
清風……33, 94, 563
調伏……50, 52, 53, 291
性不浄……358
証不証対……199, 509
摂不摂対……199
小仏……850
称仏……1037, 1386, 1395
成仏……23, 27, 28, 48, 124, 167, 169, 172, 186, 187, 248, 249, 256, 257, 308, 326, 327, 361, 363, 364, 400, 472, 502, 519, 550, 556, 557, 559, 566, 567, 569, 585, 592, 627, 636, 656, 657, 679, 717, 722, 834, 847, 890, 891, 892, 985, 1001, 1047, 1136, 1206, 1351, 1383, 1384
成仏道……184
成仏得道……1136
少分……355, 371
少分相似……456
成弁……161, 189, 301, 865, 898, 980
正遍知……100, 546
正遍道……191
小報……1338
勝報……368
正法……4, 18, 41, 46, 50, 132, 145, 146, 172, 175, 190, 193, 212, 213, 215, 242, 269, 275, 296, 297, 298, 302, 303, 400, 401, 413, 417, 418, 419, 420, 421, 423, 424, 425, 428, 436, 441, 442, 445, 446, 448, 449, 450, 451, 479, 603, 626, 627, 643, 644, 722, 923, 926, 1000, 1104, 1391
正報……950, 1391
勝法……82, 186, 406, 513, 568, 665, 958, 993, 994
上方……106, 127, 469
浄邦……209, 540
浄邦縁……131
聖法王……12
正法三宝……452
正法時……423
『正法念経』……416, 466
正法輪……441
小菩薩……80
障菩提心……330

聖道門 ………186, 394, 503, 519, 520, 609, 665, 668, 736, 805, 840, 882, 931, 936, 940, 941, 951, 958, 1048, 1053, 1057, 1132, 1337, 1342, 1360, 1363, 1364
浄土回向発願自力方便……………503
浄土往生……………………………906
浄土教………………………874, 900, 901
生得…………………862, 878, 933, 934
称得…………………………………174
勝徳……………………155, 1078, 1267
証得 ……212, 369, 626, 943, 962, 963, 978
聖徳……………………180, 250, 659
定得…………929, 935, 943, 979, 1069, 1308, 1373, 1374
聖徳皇……………………615, 616
証得往生……………………………973
摂得往生…………………656, 657, 658
聖徳太子 ……599, 660, 661, 811, 895, 1046
聖徳奉讃……………………………617
『浄土五会念仏略法事儀讃』………170
『浄土三昧経』 ……………………1010
浄土宗 ………654, 668, 673, 737, 745, 756, 757, 771, 787, 800, 806, 871, 883, 981, 1038, 1053, 1105, 1132, 1143, 1359, 1364, 1429
浄土宗師……………………………373
浄土真実…………………140, 759
浄土真宗 ……134, 135, 413, 496, 595, 617, 694, 707, 716, 737, 746, 848, 871, 882, 892, 904, 905, 1105, 1228, 1383
『浄土真要鈔』……………………996
浄土他力……………………………905
浄土中成仏…………………………891
浄土報化 …………………………1078
浄土方便……………………………690
浄土無為……………………………593
浄土門 ………172, 186, 394, 503, 519, 520, 665, 668, 669, 940, 952, 958, 965, 1035, 1048, 1071, 1337, 1338, 1342, 1360, 1363, 1373
『浄土文類』………………………903
浄土文類聚…………………………477
『浄土文類集』……………………995
『浄土文類聚鈔』…………949, 986, 996
『浄土論』 ……154, 197, 242, 309, 313, 357, 479, 513, 628, 629, 651, 652, 653, 654, 681, 691, 723, 731, 741, 1030, 1033
『浄土和讃』………………565, 760
庄内 ………………………………1187
少納言……………………1043, 1221
障難…………………………………903
小児…………………………………445
摂入…………………………………395
浄入願心…………………242, 321
証如 ……1107, 1133, 1161, 1189, 1208
生潤…………………………222, 533
商人…………………………………443
証人 ……………………748, 1258
上人…………………………………922
常人…………………………………317
小念…………………………434, 850
正念 ………10, 53, 146, 165, 181, 189, 224, 389, 403, 456, 480, 493, 494, 538, 547, 592, 735, 736, 748, 791, 846, 865, 989, 1001, 1002, 1177, 1351, 1408
生年 ……………………855, 1221

958, 1158
正像末 ………418, 421, 422, 601, 1000
正像末浄土和讃……………………600
正像末法………………………415, 421
正像末法和讃……………………610
消息 ……………………766, 843, 1413
照触……………………257, 864, 876
装束 ……………………………1056
上足……………………873, 1079, 1221
生即無生…………………………987
聖尊……………………………212, 213
勝他……………251, 407, 409, 889, 890
障他 ……………412, 593, 890, 1003
正体………………………………318
常啼 ……………………………1017
誠諦 ……………………………26, 939
小大月……………………………432
証大涅槃 ……211, 592, 627, 670, 671, 679, 722, 951, 1026
証大涅槃の願…………………307, 481
調達……………87, 131, 461, 483, 1166
称嘆………………………………142
称歎……………………………43, 53
清旦………………………………122
上壇 ……………………………1295
小智 ……………………………1354
正智……………131, 191, 219, 253, 524
勝地 ……………………583, 1057
勝智…………76, 77, 214, 378, 514, 636
証知 ……………206, 488, 515, 1033
聖智………………………………191
捷遅対…………………………199, 508
調適 ……………………………28
定中………………………………456
少長 ……………………………54
生長……………………160, 238, 317, 765
床帳 ……………………78, 378, 637
詔勅………………………………291
床枕………………………………469
聖弟子……………………………756
聖弟子説…………………………413
正轍………………………………363
清徹 ……………………33, 34, 50, 634
聖典……………………132, 422, 489
上天………64, 66, 67, 68, 71, 466, 1025
常転………………………………319
上都 ……………………………1079
浄土易行 ………………………1067
浄土一家……………………1098, 1138
正灯………………………………946
正等………96, 213, 242, 515, 627, 1006
正道……40, 53, 201, 358, 359, 410, 468
唱導……………………871, 873, 874
証道 ……………………471, 1053
聖道 ……206, 265, 413, 415, 435, 471, 488, 501, 502, 531, 540, 549, 569, 588, 603, 646, 665, 667, 668, 688, 736, 737, 805, 806, 834, 871, 873, 882, 901, 904, 905, 906, 919, 940, 942, 945, 965, 1033, 1034, 1053, 1386, 1399
成道 …………28, 693, 969, 1010, 1153
常道 ……………………………63
掉動………………………………276
正等覚……………………………137
聖道家……………………………716
聖道権教…………………………502
聖道諸宗……………596, 1104, 1113
聖道諸善…………………………757
聖道自力………………668, 680, 757
聖道難行 ………………900, 1067
聖道八万四千……………………757
聖道万行…………………………588

清心……944
清信……464, 468
勝心……50
聖心……47, 191, 197
生身……51, 281, 314, 354, 943, 1052
声塵……1067
相人……460
摂尽……237, 406
精神……56, 68
精進……11, 12, 13, 14, 26, 47, 52, 53, 54, 56, 59, 61, 73, 145, 151, 214, 217, 232, 401, 455, 456, 491, 517, 617, 667, 669, 714, 715, 844, 884, 1001, 1058, 1340, 1345, 1347, 1348, 1361
定心……50, 151, 393, 735, 736
承信……461, 794, 795
浄心……314
浄信……10, 132, 211, 213, 235, 236, 250, 436, 454, 478, 480, 481, 483, 484, 486, 627, 778, 782, 795, 874, 986
乗信……772
常身……287
上尽一形……688, 910, 978, 1090, 1373
正信偈……670, 962, 1021, 1146, 1274
『正信偈大意』……1039
正信偈和讃……1235, 1242
勝真心……330, 331, 548
浄信心……509
定心念仏……529, 530, 802
正信念仏偈……203
正信法門……178
清晨俛仰……177
精進勇猛……108
上手……1325
常途……178, 953, 976, 996
清水……161
憔悴……89, 269, 292, 434
定水……1077
浄水……51
常随……895, 902, 924
常水観……1391
常随昵近……1048
正説……138, 373, 458
称説……27, 30, 31, 53, 128, 338
証説……899
浄刹……196, 246, 371, 394, 545, 645, 647, 657, 667, 937, 941, 1165
誠説……958, 1003, 1078
小善……68, 537, 1353
少善……397, 405, 571, 635
相善……154
蕭然……465
乗船……151
上善……321, 516
成善……251
定善……227, 388, 631, 690, 737, 953, 977, 1394
定禅……1051, 1052
小千界……728
少善根……180, 379, 405
少善根福徳……124, 401, 901
定専修……396
定専心……396, 399
生蘇……344
性相……345, 407, 882, 891, 937, 938, 939
勝相……265
聖僧……1044, 1051, 1052
正像……600
正雑……246, 529, 531, 1085
定相……350, 1164
正雑二行……186, 529, 589, 665, 666,

483,494
小乗教……502
清浄句……322,323
清浄功徳……310,357,629
清浄薫……556,563
上上華……262,682
上上下下対……199,510
清浄解脱三昧……23
常常見……286
清浄光……362,556,728,729
正定業…670,671,865,936,1026,1404
長時永劫……256,303
清浄香潔……35,377
清浄広大……339,491
清浄光仏……29,338,370,558,1025
清浄光明……557
清浄業処……90,382
証誠護念……571,607,703,1240
常樅子……461
正定之業……665,666,688,958,1373
正定之数……671
正定之聚……679,974,975,1085,1197
清浄衆……423
正定聚……187,193,210,251,307,309,332,482,509,538,560,607,608,615,625,628,630,644,645,650,658,671,673,679,680,681,682,685,686,692,693,703,722,735,748,758,764,765,771,772,778,793,798,802,859,904,944,963,964,971,974,975,976,1026,1088,1089,1108,1133,1168,1193,1201,1207,1238
小星宿……430
正定聚不退……1192,1243
清浄真実…480,481,490,492,493,603
清浄信心……485
常精進菩薩……121
清浄世界……153
清浄僧……239
証生増上縁……169
清浄大海衆……1356
清浄大摂受……556,562
証誠殿……1058
清浄人……154,556
上上人……262,538,550,682,748,922,1028
上乗人……201
正定の業……186,203,221,387,495,528,666,688,958,1339
正定の聚……41,155,299,308,324,481,482,627,680,940,975
清浄平等無為法身……359
清浄仏国土……331
清浄仏土……331
清浄法眼……82
清浄報土……251,342
清浄法身……324
清浄梵行……268
清浄微妙無辺……485
清浄無礙……486,986
正助雑……392
正助二行……221,387
正助二業……186,665,666,958
生死流転……57,489,944
生死老病……61
小臣……458
小身……107
正信……180,405,435,1050,1067
正真……415
性信……749,753,759,783,785,791,792,796,808
星辰……450

845, 875, 918, 939, 975, 976, 1246
承受……57
諍訟……416
正宗……1011
正習……218
常州……1067
常住……240, 273, 295, 348, 349, 365, 405, 907, 1197, 1400, 1401, 1403
常住不変……1401
常住法身……900
正修行功徳成就……318
星宿……280, 430, 431, 432, 485
摂受衆生大乗味……334
聖種性……358
諸有衆生……677, 678, 967, 1033, 1372
誠種真実……490
勝出……201, 331
鈔出……484
成就の文……142, 212, 235, 241, 308, 337, 376, 478, 481, 483, 492, 493, 625, 627, 632, 633, 636, 759, 778, 911, 967, 977, 978, 979, 1145, 1162
聖衆来現……966
上旬……471, 886, 1053, 1095
調順……233
章疏……919, 932
詔書……458
生処……27, 905
生所……861
正助……392, 394, 395
消除……5, 25, 44, 74, 171
浄除……104, 117
小聖……368, 672
正性……511
照摂……390, 396, 658, 659, 682, 683, 684
小乗……501, 652, 706, 736, 999, 1071, 1390, 1401
正定……155, 186, 206, 235, 656, 665, 666, 958, 975, 1033, 1089
丞相……1066, 1221
昌盛……160
清浄……6, 8, 13, 14, 15, 20, 28, 36, 40, 46, 47, 50, 53, 73, 87, 91, 92, 110, 135, 145, 146, 147, 152, 153, 155, 159, 175, 181, 195, 198, 203, 231, 232, 234, 235, 238, 239, 241, 243, 254, 261, 275, 294, 300, 318, 321, 322, 323, 324, 328, 331, 334, 347, 348, 359, 362, 370, 371, 399, 400, 401, 435, 479, 484, 487, 490, 491, 492, 493, 526, 566, 581, 586, 599, 617, 643, 847, 876, 968, 969, 974, 975, 987, 1339
証成……503, 504, 505, 528
証誠……168, 220, 402, 403, 571, 608, 686, 713, 776, 792, 901, 908, 923, 939, 959, 1000, 1001, 1003, 1058, 1073
上生……38
長生……70, 201
上上……526
清浄安穏……37, 308
清浄安楽……309, 628, 681
清浄楽……556, 563
成正覚……1388
清浄願往生……225, 493, 968
清浄願往生心……537, 968, 1274
清浄願心……229, 244, 312, 481, 482,

1387
定散九品……………………………376
定散雑心……………………………399
『称讃浄土経』………………………171
称讃浄土三部妙典 ………………1065
定散諸機…………………567, 570, 589
定散諸行……………………………520
定散諸善………………………381, 382
定散自利……………………………393
定散自力…………241, 536, 568, 635
定散心………………………395, 412
定散二機……………………………714
定散二心……………………………590
定散二善…218, 386, 508, 714, 737, 953
定散二門……………………………383
定散両門………………………384, 403
定散六種兼行………………………530
正旨…………………………………946
勝事 ………………………………1117
聖旨……………………………………8
正士 ……………………………3, 45
壮士…………………………………113
承事…………………………………469
摂持…………………………249, 545, 906
障子…………1092, 1157, 1176, 1314
常子…………………………………461
上地…………………………314, 315
長時 ………263, 593, 863, 1035, 1068,
1373, 1403
畳字…………………………932, 933
生死海 ………229, 241, 242, 313, 408,
474, 702, 712, 914
生死界………………………………907
浄持戒………………………………422
青色 ……………………………40, 122
精識 …………………………………63
正直……………221, 231, 243, 328, 470
浄食…………………………………324
生死勤苦 ……………………………14
生死罪濁………………307, 482, 976
生死三界………………386, 462, 519
生死之家………………………665, 666
長時修 ……………………………1398
生死衆悪 ……………………………72
生死出過……………………………919
生死出離……………967, 1167, 1421
小慈小悲………………617, 622, 859
生死即涅槃 ………………………1033
生死大海…………606, 667, 670, 993
焼失 ………………………………1061
称実…………………………………317
誠実………67, 125, 126, 127, 168, 220,
403, 1070
成実宗………………………………736
『成実論』…………………………468
長時不退……………………………930
生死無常……………………………771
聖者 ……155, 186, 189, 213, 627, 980,
1046
精舎………………………34, 377, 1078
常寂 …………………………26, 232, 491
正邪対………………………199, 510
盛者必衰 …………………………1118
商主…………………………………353
正受………………………91, 382, 1035
摂受 ……166, 203, 213, 218, 447, 521,
610, 1023
聖衆………77, 125, 167, 303, 378, 545,
559, 580, 581, 637, 663, 701,
963, 989, 990, 1065, 1073,
1378
上首 ……………………3, 87, 318, 451
定聚………17, 193, 266, 308, 567, 605,
610, 626, 679, 722, 760, 798,

941, 944, 957, 1014, 1048
上皇 ……………………………597, 1043
常光……………………………………370
肇公……………………………………320
上業……………………………………268
定業 …………………………866, 1181
長行……………………………………156
長劫 …………170, 181, 260, 411, 1068
浄業 ……………91, 92, 181, 244, 382,
385, 583, 704
常恒 …………………………………1025
浄業機…………………………………131
定業中夭………………………………574
錠光如来…………………………………9
浄光仏…………………………………126
小国……………………………………661
井谷 ……………………………………28
浄国 ……………………………95, 364, 933
調御丈夫 ………………………………11
請乞……………………………………454
浄居天 …………………………………75
摂護不捨……………658, 659, 682, 683
荘厳 ……14, 15, 26, 27, 28, 33, 34, 36,
48, 53, 78, 82, 94, 100, 104,
106, 114, 122, 123, 124, 159,
175, 183, 220, 232, 243, 289,
300, 311, 312, 317, 320, 321,
322, 333, 371, 377, 378, 386,
434, 436, 483, 485, 560, 561,
562, 577, 580, 586, 633, 637,
648, 649, 655, 950, 962, 1044,
1073, 1080, 1241, 1339
聖言………479, 482, 483, 491, 492, 493
聖権……………………………………484
上根………………840, 847, 1007, 1345
誠懇……………………………………215
誠言…………………………………138, 495
荘厳校飾 ………………………………39
荘厳功徳……………………………155, 317
荘厳功徳成就………………………318, 360
荘厳眷属功徳成就…………………310, 628
荘厳光明 ………………………………10
荘厳国土………………………………317
荘厳四句………………………………321
荘厳十七句……………………………321
荘厳主功徳成就………………………309
荘厳性功徳成就………………………358
荘厳成就……………………………243, 321
荘厳清浄………………………………348
荘厳清浄功徳成就………310, 357, 629
荘厳八句………………………………321
荘厳畢竟………………………………196
荘厳不虚作住持………………………318
荘厳不虚作住持功徳成就……197, 361
荘厳仏功徳成就…………243, 321, 323
荘厳仏国 ………………………………15
荘厳仏道………………………………334
荘厳仏土功徳成就………243, 321, 323
荘厳菩薩功徳成就………243, 321, 323
荘厳妙声功徳成就…………………309, 628
傷嗟……………………………………412
正坐 ……………………………………93
小罪…………………………390, 908, 909
摂在 …………473, 495, 866, 995, 1047
拯済…………………5, 61, 207, 489, 1038
成作為興………………………………230
消散 ……………………………38, 54, 65
称讃 ……125, 126, 127, 128, 138, 143,
153, 154, 251, 478, 486, 556
証讃…………………………………218, 386
定散 ……206, 209, 246, 254, 265, 381,
391, 392, 395, 396, 399, 402,
488, 502, 529, 530, 531, 537,
736, 898, 938, 1035, 1069,

1172, 1190, 1196, 1211, 1212, 1213, 1214, 1215, 1216, 1217, 1233, 1235, 1236, 1244, 1249, 1260, 1262, 1271, 1277, 1281, 1294, 1300, 1301, 1313, 1315, 1324, 1407
浄教……205, 487, 1032, 1077
定行……385, 529, 977
常行……142
猖狂悪相……181
正行五種……936
正行散心念仏……529
正行定心念仏……529
常行大悲……251
聖教よまず……1261, 1262
聖教よみ……1158, 1261, 1262, 1308
長久……30, 339
長苦……38
性空……367
証空……897
上宮皇子……616
上宮太子……660, 661, 1045
上求下化……1080
少功徳……20, 79, 379, 633
性功徳……358
将軍家……1318
正化……5
消化……60, 62
聖化……380, 638
精気……442, 445, 446, 449, 451
正解……219, 253, 524
称計……7, 30, 31, 79, 80, 379, 380, 472
勝計……339, 1069
勝解……204, 257, 258, 481, 1028
障礙……51, 76, 123, 179, 194, 214, 249, 330, 348, 363, 376, 631, 836, 913, 945, 1024, 1025
浄華……186, 310, 372, 545, 580, 628, 1397
上下……29, 43, 44, 54, 57, 58, 59, 64, 72, 96, 143, 168, 176, 227, 340, 341, 479, 818, 1025, 1067, 1283
上華台……173
清潔……340
上下老若……1266
少見……355
正見……435, 452, 1079
照見……20, 22, 67, 1080
清閑……266
浄賢……1330
常見……286, 435
承元……471, 1053
清虚……463
証拠……764, 1180, 1258
正語……3
生後……975
証悟……222
証護……398
摂護……211, 261, 486, 591, 658, 782, 797, 847, 951, 1010
照護……204, 670, 672, 963, 1027, 1399, 1410
醒悟……283
上古……457
常護……251
調御……459
小劫……110, 111, 113, 114
少康……589
性光……1138
青光……40, 122
聖光……888, 889, 890
正業……146, 189, 219, 253, 473, 478, 480, 495, 524, 776, 918, 930,

勝因……368
勝友……117
勝慧……213
成壊……222, 533
浄慧……25, 47
浄穢……51, 616, 841, 941
正依経……899, 940
正依経論……1045
浄穢対……199, 510
勝縁……677, 1372
上衍……155
昭王……458, 459, 463, 464
城邑……431, 440
小王子……78, 378, 637
長遠……30, 260, 339, 1024
正嘉……674, 723, 759, 760, 769
勝果……368
証果……394, 424, 481, 502, 503, 626, 721, 722, 847, 1000
聖果……420
勝過……310, 357, 559, 629, 651, 653, 891, 892, 931
浄賀……1061
小海……28
諸有海……235, 241, 375
生涯……1080
浄戒……173, 704, 706, 1341
成覚……855
正覚華……310, 372, 628, 1397
正覚浄華……186, 310, 628
正月……430, 599, 718, 775, 814, 995, 1114, 1159, 1163, 1231, 1238, 1313, 1314, 1315, 1321, 1430
星月……94
正観……53, 95, 97, 99, 103, 105, 106, 245
招喚……170, 226, 241, 493, 539
証勧……218, 402
正願……3
性願……855
賞翫……1264
定観……382
上願……142, 485
定観成就……382
正忌……1155, 1156, 1157, 1171, 1177, 1197, 1214, 1221, 1222
正機……382, 511, 903, 905, 908, 1410
性起……358
正義……219, 253, 524, 900, 917, 928, 949, 1110, 1111, 1152, 1154, 1156, 1157, 1158, 1159, 1173, 1176, 1274, 1355, 1414, 1421
定機……392, 511, 714, 978
長跪……59
浄器……324
長跪合掌……8, 11, 111
生起本末……251
承久……597, 1356
『小経』……495, 504, 935, 1005, 1014, 1058
正教……219, 253, 478, 524, 839, 849
勝境……677, 1372
小行……79, 379
正行……186, 189, 219, 253, 386, 394, 396, 412, 436, 469, 524, 528, 665, 666, 757, 936, 957, 958, 1002, 1036, 1068, 1084, 1119, 1271, 1404
勝行……190, 368, 393, 456, 479
聖教……189, 304, 368, 706, 738, 761, 800, 839, 852, 856, 880, 881, 923, 924, 925, 927, 942, 964, 982, 995, 1013, 1057, 1065, 1111, 1127, 1156, 1158, 1169,

『首楞厳』……178
首楞厳院……380, 634, 662, 684
『首楞厳経』……300, 453, 576, 647
首楞厳三昧……300
寿量品……573, 1011
儒林……471, 597, 1053
樹林……106, 933, 1048
衆類……913
修練……1077
舜……457
純一……182
純一専心……540
淳一相続心……494
純一大乗……175
順逆対……199, 508
純孝……7
順後業……1353
順讃……1232
順次……744, 840, 883
順次往生……1016
遵式……181, 182
順次生……835, 847, 1338
春秋……301, 1095
『春秋』……420, 460
春秋冬夏……28
純熟……138
純浄……347
淳心……252, 549
順誓……1237, 1240, 1243, 1244, 1256, 1261, 1272, 1302, 1312
純雑対……199, 508
順孫……895
准知……397, 879
準知……425
准難……380, 634
順彼仏願故……688, 1373
淳風……463
順風……484, 1342
順菩提門……328
自余……181, 221, 387, 401, 562, 833, 840, 958, 1005, 1103, 1105, 1110, 1111, 1121, 1160, 1339
所愛……222, 534
諸悪……68, 160, 385, 443, 448, 449, 518
諸悪鬼神得敬信品……435, 436
所為……6, 58, 288, 334, 386, 518, 836, 837, 1053, 1345
諸有……206, 231, 236, 241, 251, 341, 400, 408, 409, 478, 483, 488, 490, 492, 493, 560, 566, 569, 584
至要……936
枝葉……33, 96, 377, 633
『長阿含経』……1017
『小阿弥陀経』……901
正意……202, 204, 206, 311, 335, 373, 382, 398, 486, 488, 539, 673, 707, 959, 1029, 1035, 1163, 1172, 1228
聖意……1331
上位……419
定意……23
調意……12
浄域……930
正一位……1043
正因……92, 216, 252, 359, 372, 517, 607, 608, 665, 669, 703, 776, 779, 834, 880, 910, 929, 936, 1000, 1395, 1421
生因……861, 862, 950, 989, 1069
承引……1110, 1261
招引……170
接引……104, 181

主償……429
修道……351, 415, 941, 1057
衆道……60
儒童……463
『朱韜玉札』……457
修得……1399
殊特……20, 40, 49
受得……1044
受読……20
周那……3
須那刹多……281
趣入……56
守人……293
衆人……6
執筆……1049
執筆上人……1050
首尾満足……1080
衆病……344
修福念仏……222
衆宝……28, 32, 33, 34, 39, 40, 95, 100, 377, 633
衆宝国土……97
守牧……464
須菩提……366, 367
鬚髪……4, 422, 426, 427, 451, 452, 455
衆魔……5, 52, 238, 433
衆魔雄健天……138
修満……26
須弥……318, 319, 361, 864, 876
須弥光仏……125
『須弥四域経』……463
須弥山……28, 90, 99, 101, 431, 443, 728
須弥山王……75
須弥相仏……125
須弥天冠……10
須弥灯仏……125
須弥等曜……10
殊妙……8, 27, 30, 39, 136, 171, 338
寿命……9, 15, 17, 30, 31, 47, 63, 68, 124, 152, 273, 337, 339, 350, 361, 556, 603, 952, 1021, 1163
寿命延長……485
衆妙華香……36
寿命長久……30, 339
寿命無量……342, 761
寿命無量の願……336
聚墨……11
樹木……464
守門……88
誦文……574
守門者……565
須夜摩……441
須夜摩天子……437
須夜摩天王……437, 442, 444
須臾……61, 77, 109, 183, 225, 226, 254, 391, 432, 991, 992, 1410
受用……324, 334, 547, 1303, 1318, 1326
取与……69
授与……73, 995
朱陽……301
寿夭……177
樹葉……96
修羅……466, 1028
入来……872
入洛……472
受楽……247, 326
聚落……258
修理亮……884
周利槃陀伽……121
衆流……358, 585
寿量……15
首楞厳……355

修善 ……393, 539, 617, 618, 848, 880, 930
衆善……………73, 567, 599, 730, 1005
数千億劫 ……………………………58
首相……………………………………107
衆相………………………………105, 109
衆僧 …………………69, 276, 278, 289
樹想 ……………………………………96
手足 ………………………………1184
衆多………………………………359, 424
首陀……………………………………446
首題名字……………………………113
須陀洹……………………112, 294, 366
須陀洹果………………………………367
須陀洹道………………………………147
衆多無数………………………………102
修多羅 ………101, 154, 158, 205, 344, 398, 429, 479, 487, 513, 545, 651, 652, 1030
修短自在 ………………………………18
受畜……………………………………425
衆中 ……………897, 1173, 1174, 1184
竪超………246, 254, 394, 502, 519, 757
述意 ………………………………1218
出過……………………………………919
述懐 ………619, 853, 1185, 1188, 1232
出過三界 ……………………938, 1015
述義……………………………………896
出行 ………………………………1169
出家 ……111, 269, 270, 304, 324, 350, 351, 426, 427, 451, 453, 454, 928, 1071, 1086, 1341
出家修道………………………………351
出家得度 ……………………889, 1221
出家発心 …………………………1085
出現 ……137, 171, 379, 390, 410, 432, 638, 942
出期……………………………………454
出興……9, 135, 136, 441, 442, 477, 497
出言 …………………1049, 1227, 1228
『出塞記』……………………………457
出仕…………………………1150, 1172
出生 ……………………………201, 1038
出定……………………………101, 106
述成……………………………………885
出世 ……135, 214, 234, 289, 354, 358, 359, 360, 387, 436, 439, 443, 497, 538, 565, 590, 603, 647, 648, 686, 689, 693, 752, 761, 782, 899, 900, 901, 908, 920, 926, 932, 960, 1027, 1029, 1030, 1227, 1337, 1389
出世間………………147, 184, 298, 366
出世間道……………………147, 148
出世上道………………………………147
出世畢竟………………………………196
出第五門 ……243, 313, 334, 547, 548, 629, 723
術通……………………………………394
出到……………………………………602
出入……………………286, 1095, 1112
出の功徳……………………333, 547
出没…………………202, 331, 408, 484
出門…………………………332, 889
出要 …………200, 908, 919, 938, 1077
出来 ……………932, 1179, 1188, 1306
出離 ……218, 412, 521, 596, 602, 853, 876, 877, 880, 905, 906, 909, 923, 967, 1015, 1067, 1077, 1167, 1348, 1364, 1390, 1409, 1421
出離解脱 …………………………1048
出離生死……………………1012, 1140
戎狄 ……………………………460, 1048

衆好……104
趣向……55, 62, 65, 68, 70, 442, 443, 446
取業……349
『守護国界経』……1407
衆根……352
衆罪……270, 281, 549
種作時……430
従三位……1043
種子……309, 310
衆事……56, 425
受持……7, 16, 82, 92, 109, 111, 112, 117, 194, 204, 250, 351, 406, 407, 408, 447, 497, 513, 712, 946, 1028, 1159
従四位上……1043
種植……425
受持三帰……531
受持読誦……81
取捨……209, 418, 1061
守惜……66
聚積……38
誦呪……1004
修習……19, 27, 77, 79, 178, 179, 193, 194, 232, 240, 268, 280, 316, 351, 378, 379, 400, 408, 447, 452, 469, 612, 613, 630, 636, 638, 723, 953, 989, 990, 1159
修集……239
寿終……376, 982
修十善業……531
修習念仏……1072
授手接引……181
竪出……246, 254, 394, 502, 519, 520, 521
呪術……88, 275
呪咀……454
手掌……104
修松……316
殊勝……11, 15, 53, 59, 151, 203, 254, 257, 439, 480, 485, 1008, 1023, 1094, 1129, 1131, 1136, 1166, 1168, 1199, 1201, 1206, 1208, 1215, 1232, 1257, 1272, 1279, 1283, 1284, 1300, 1301, 1307, 1326
衆聖……60, 181, 369, 930
種姓……279
主上……64, 72
樹上……95
衆生引接……589
衆生縁……359
衆生往生……174
衆生海……231
衆生界……1394
殊勝決定……239
衆生化度……598
荘厳功徳力……360
衆生済度……900
衆生生因……950
衆生濁……128, 443
主上臣下……471, 1053
衆生世間清浄……323
衆生多少不可思議……360
殊勝智……379, 637
衆生得脱……901
殊勝ぶり……1313
衆生利益……705, 741, 777, 881, 924, 1054
修諸功徳……392, 912, 982, 989, 990
修諸功徳の願……375, 630, 952
珠数……1116
衆水……203, 670, 672, 962, 1027
受施……259

酒狂……865
衆経……180, 421, 653, 654
修行……6, 14, 15, 42, 51, 81, 82, 108, 111, 142, 157, 163, 172, 178, 214, 215, 239, 241, 245, 253, 318, 320, 325, 332, 333, 345, 386, 406, 446, 447, 450, 474, 494, 502, 513, 519, 547, 548, 586, 587, 588, 632, 746, 764, 765, 786, 787, 790, 825, 883, 918, 920, 929, 931, 932, 960, 979, 1004, 1005, 1017, 1034, 1057, 1068, 1069, 1079, 1097, 1102, 1111, 1113, 1134, 1136, 1140, 1152, 1195, 1206, 1355, 1360
衆行……27, 232, 238, 401, 491, 951
樹茎……96
受行……46, 72, 477
修行安心……332
修行者……887, 888
修行成就……547
修行成仏……248
修行所居……332
修行所作……319
衆苦……26, 111, 232, 491, 573
趣求……217, 233, 518
宿悪……879
宿因……569, 879, 903, 960, 1073, 1162
宿因深厚……1162
宿因多幸……1067
宿鬱……1055
宿縁……132, 484, 926, 927, 928, 1094, 1098, 1138, 1156, 1163, 1168, 1187, 1308
宿王仏……127
宿願力……107
宿業……842, 844, 1354
宿習……110
宿所……1294
宿生……946
宿世……38, 46, 63, 77, 145, 401
宿善……842, 863, 874, 876, 878, 897, 926, 936, 1026, 1035, 1088, 1123, 1126, 1129, 1135, 1151, 1158, 1159, 1161, 1162, 1163, 1169, 1199, 1241, 1253, 1265, 1307, 1308, 1309, 1332, 1354, 1406
宿善開発……874, 913, 918, 1127, 1151, 1158, 1162, 1419
宿善まかせ……1188
熟蘇……344
宿念……872, 1054
主功徳……309
宿福……38, 874
宿報……1044
宿命……16, 48, 340
宿命過去……456
宿命通……1072
宿曜……450
衆苦輪……235
主君……1344
酒家……427
樹下……4, 101, 440
聚蛍映雪……1077
樹下石上……923
受決……45
修験……923
守護……201, 223, 432, 535, 590, 1010, 1011, 1113, 1118, 1125, 1152, 1154, 1160
殊好……341
珠光……214

十二部……414
十二部経……106, 113, 114, 158, 250, 344, 355, 408
『十二門論』……1031
十二由旬……96
十二類生……537, 666
十念……18, 43, 116, 184, 193, 212, 248, 249, 299, 300, 301, 364, 404, 626, 633, 643, 644, 667, 686, 689, 715, 716, 717, 722, 749, 806, 845, 912, 957, 966, 967, 976, 977, 978, 979, 980, 981, 984, 1341, 1345, 1348, 1349, 1350, 1351, 1352, 1353, 1354, 1373
十念往生の願……980
十念業成……301
十念相続……189, 301, 980
十念念仏……193
愁悩……272
重坏……1178, 1179
十八・十九の両願……983
十八対……511
十八の願……798, 890, 930, 966, 977, 982, 984, 985, 990
十八不共法……366
重病……902, 1007
十平等処……436
愁怖……54, 269, 272
十不善業……304
住不退転……678, 703, 898, 911, 918, 944, 967, 968, 971, 973, 1078, 1085, 1088, 1162, 1372
十仏……152
愁憒……293
周文……458
周遍……7, 50, 260, 282
周遍十方無量無辺不可思議無等界……257
酬報……337, 371, 372
周満……32, 40
充満……81, 122, 933, 1060, 1073, 1294
十万億西涅槃……1080
十万億刹……28
住滅……417
習滅……51
什物……54, 55
十有一月……430
十喩九箴篇……457
十由旬……34, 377
十余箇国……832
従来……70
十里……1091, 1379
十力……36, 351, 366
十力威徳……114
十力無等尊……142
住立……98
『十輪』……426
醜陋……452
住蓮……855
十六正士……3
守衛……293
衆音……97
衆火……114, 248
衆禍……189, 399
衆戒……92, 531
修学……62, 433, 455, 516, 1077
修学者……889
修伽陀……445
修起……358
衆機……329, 900, 1069
授記……103, 109, 110
入御……902
呪狂……283

579, 863, 923, 1035
十地……………149, 261, 316, 371, 526
住持 ……155, 197, 198, 247, 309, 310, 318, 319, 320, 325, 326, 334, 361, 406, 940, 974, 975, 995, 1283
『十地経』……………………………315
執持護念……………………………504
十四支 ……………………………96
十七句……………………………317, 321
十七・十八の悲願…………………798
十七種荘厳功徳力…………………360
十七の願……………………………798
終日 ……………465, 1344, 1345, 1355
十四仏国 …………………………81
執持名号……………………406, 495, 901
縦捨…………………………………54, 70
執受…………………………………406
収執 ………………………………87
十住…………………………355, 356, 371
『十住毘婆沙』……………………154, 578
『十住毘婆沙論』 ………146, 479, 487, 538, 556, 650, 940, 974, 975, 1029, 1342
『周書』……………………………458
洲渚…………………………255, 256, 431
衆書…………………………………461
住処…………………………………432
『周書異記』………………………464
重障……………………………390, 574
住定…………………………………304
十乗三諦 …………………………1077
住正定聚………………615, 1088, 1207
志勇精進 …………………………52
『集諸経礼懺儀』…………168, 188, 227
住持楽…………………………247, 326
住持力………………………………360
執心…………207, 488, 634, 816, 1036, 1130, 1147, 1148, 1188, 1234, 1399, 1403
終尽…………………………………515
住心…………………………394, 531
執心不牢……………………………380
執心牢固……………………380, 381, 634
愁悴…………………………………267
住水宝珠……………………228, 229
修静…………………………………467
重説…………………………………873
十善 ………………………938, 1353
十善戒………………………………706
十善業 ……………………………92, 531
周帀…………………33, 39, 122, 633
戢息…………………………………466
縦奪 ………………………………69
愁歎……………………312, 369, 907
重担…………………………………7
宗致 ……135, 202, 478, 497, 625, 630, 631
羞恥…………………………………275
終朝…………………………………317
宗体 ………………………………1105
十二因縁……………………………354
十二縁相……………………………410
十二億那由他………………380, 634
十二月一年始終……………………431
十二光 ………………648, 730, 1026
十二劫………………………………576
十二光仏 …………648, 649, 793, 1024
十二時………………………………687
十二辰………………………………441
十二大劫……………………………116
十日十夜 …………………………73
十二天童女…………………441, 443
十二如来……………………………648

衆悪 ……59, 60, 62, 64, 66, 67, 68, 71, 72, 74, 113, 585
殊異……………………………311, 545
四維 ……………………29, 43, 44, 431
思惟 ………15, 91, 203, 291, 382, 408, 603, 844, 853, 862, 877, 883, 908, 939, 1001, 1023, 1077, 1134, 1136, 1195, 1206, 1311, 1340, 1402
思惟摂取……………………………485
従一位 ……………………………1043
修因……………………………………982
修因感果 ………………………878, 1402
周………………417, 420, 459, 463, 466
子游……………………………………465
重愛……………………………212, 213
醜悪……………………………………37, 39
十悪 ……115, 174, 181, 221, 296, 297, 298, 299, 303, 330, 469, 470, 512, 533, 706, 716, 735, 845, 862, 905, 938, 1008, 1015, 1023, 1086, 1093, 1120, 1124, 1132, 1134, 1138, 1142, 1146, 1191, 1195, 1202, 1350, 1365, 1406
周囲 ………………………33, 377, 633
『周異』……………………………………420
十異九迷…………………………………457
十一・二・三の御誓………………761
縦逸……………………………………419
『集一切福徳三昧経』………………454
酬因……………………………………365
『十因』……………………………………921
愁憂 ……………………………………89
重雲 ……………………………………52
臭穢……………………………267, 277
集会 ………30, 49, 339, 443, 930, 931, 936, 1049
周円 ……………………………………49
終焉 ……………………………903, 1060
『十往生経』……………………166, 1010
習学 ……………………………………1066
十願 ……………………………………1386
重願……………167, 472, 1046, 1047
終帰……………………………………180
集記……………………………………228
宗義…………209, 872, 873, 942, 1003, 1060, 1178
重暉 ……………………………………25
衆議評定………………………………936
宗暁……………………………………199
重軽………………………178, 181, 186
十行 ……………………………………1386
重軽対…………………………199, 508
愁苦 ……………54, 268, 271, 272, 274
十九の願…………982, 984, 985, 990
宗家……………………………………928
重悔……………………………………275
重誨……………………………………62, 74
宗家大師 ……………………………1078
周公……………………………………468
縦広 ……………………35, 96, 98, 377
周弘政…………………………………457
重罪 ……160, 166, 180, 276, 287, 295, 296, 297, 298, 415, 845, 909
十三観……………………382, 690, 953
十三定善……………………920, 977
宗旨……831, 847, 922, 940, 1078, 1185
宗師 ……187, 202, 207, 209, 234, 252, 335, 370, 373, 393, 398, 412, 413, 458, 483, 495, 496, 521, 591, 863, 899, 1038
執持………60, 124, 152, 167, 296, 398, 401, 405, 479, 487, 495, 505,

遮止……446
叉手……109,113
邪聚……41,308,481,627,679,680,685
邪執……843
遮障……162,446,448,449
邪正……164,201,471,622,859,925,959,1053
邪性……512
邪定……560
邪定聚……309,374,628
邪正対……508
捨身……180
邪心……65,246,536
邪神……453
捨施……447
闍世……131,382,483,1166
捨施供養……427
邪扇……363
邪雑……221,246
奢促……667,668
奢促対……199,510
邪態……66
舎宅……39
邪智……231
邪道……163,265,375
邪幢……946
謝徳……913,936,943,1150,1151,1157,1170,1171,1174,1176,1177,1184,1197,1222,1223
闍那崛多……454
娑婆……172,225,244,245,256,260,383,390,411,469,593,837,866,930,988,1015,1031,1037,1073,1131,1207,1244,1331,1399
娑婆一耀……370
娑婆界……450,577,650,705
娑婆国土……128
娑婆長劫……170
娑婆生死……944
娑婆世界……437,441,442,444,445,448,646,668,728,765,779,1337,1378
舎婆提……281
娑婆仏国土……449
娑婆仏土……443,444
娑婆本師……260,411,1068
娑婆永劫……593
社廟……1056,1058
邪風……468
差別……150,351,389,413,441,581,927,937,942,1014
邪魔……172,454
奢摩他……242,313,325,447,547
奢摩他寂静三昧……333
沙弥……921,1049
沙弥戒……112
捨命……219,227,402
赦免……1310
邪網……5,456
沙門……11,41,42,88,227,232,293,353,426,428,432,462,632
娑羅樹王仏……127
舎利……123,1066
捨離……68,240,448,926,1147
舎利弗……3,121,122,123,124,125,126,127,128,167,291,427,619
射猟……282
車輪……122
闍黎多……470
竪……246,646,680,962
自由……918,919,935,943,945

邪義 ……917, 928, 941, 942, 943, 1430
邪疑……180
邪偽異執……415
邪行……305
市易……425
線訶……439
綽和尚……396, 415, 588, 596
釈義 ……234, 370, 899, 981, 1078
釈教……461, 463
綽空 ……472, 473, 1047
積功累徳……969
釈家……209, 381
赤光……122
寂根菩薩……3
赤子……270
釈氏……461, 886
赤色……122
積植 ……26
錯失……385
赤珠……122
積習……358
積集……379, 637
釈成……929
寂照……465
寂静……15, 36, 333, 352, 353
寂静止……333
寂静処……434
寂静無為 ……207, 312, 369, 489, 1038
斫截……451
積善 ……38
着想……906
釈尊 ……652, 654, 667, 669, 684, 686, 711, 731, 759, 792, 803, 833, 847, 899, 900, 908, 909, 910, 939, 958, 960, 1000, 1001, 1002, 1016, 1027, 1028, 1029, 1071, 1166, 1385, 1399
釈尊一代……939
釈尊四部……928
釈尊付属……959, 1000, 1001
釈提桓因……121
綽如 ……1303
昔年 ……1176
若年 ……1276
赤白銅……422
石蜜……409
錯謬……384
寂滅……26, 36, 51, 307, 322, 329, 482, 951, 976, 1072
寂滅平等……314
寂滅平等身……487
寂滅無為……987
釈文 ……181, 521, 578, 580, 582, 587, 589, 593, 595, 1151
釈門 ……461, 471, 597, 887, 1053
積累……19, 61, 193, 316, 630, 723
捨家棄欲 ……1085
邪見 ……181, 204, 404, 406, 408, 419, 435, 436, 446, 468, 538, 571, 578, 602, 620, 643, 808, 843, 994, 1028, 1029, 1067, 1079, 1154
邪見放逸……607
邪見無信……711
邪見六臣……277
硨磲……28, 32, 33, 35, 36, 95, 122
射御……4
遮護……447
邪語……407
写功……914
麝香……426
邪業……349
硨磲色 ……95
硨磲樹 ……32

思慕 ……………………………………58
四方 ……………………………………49
四宝………………………………………122
治方 ………………………………1351
時法………………………………………431
四方四維…………………………………431
持法仏……………………………………126
四方面所…………………………………431
四暴流……………………………………255
四品 ………………………………1011
四梵行……………………………………434
死魔………………………………………295
姉妹……………………………275, 433
紫磨金色…………………………………109
枝末諸方 …………………………1077
時魅………………………………………179
滋味………………………………………148
時媚鬼……………………………………471
自名 …………………………924, 1050
持名……………………………183, 405
慈愍 ………59, 173, 240, 446, 448, 708
四無礙智…………………………………366
四無所畏…………………………………366
しむの入道………………………………791
四明山……………………………………663
四面 ……………………………………39
自物 ………………………………1333
下野…………………750, 751, 754, 755
下野国……………………………………894
下妻………………………………………812
下部………………………………………887
邪悪 ……………………………66, 619
奢婬 ……………………………………64
舎衛国…………………………121, 155
捨厭意 …………………………………10
闍王……………………461, 483, 570
釈迦 ……131, 135, 165, 170, 171, 219, 220, 226, 256, 311, 312, 402, 403, 418, 458, 459, 461, 477, 483, 486, 493, 504, 506, 507, 539, 550, 559, 561, 567, 568, 570, 580, 589, 591, 593, 601, 603, 606, 609, 656, 657, 702, 713, 739, 740, 748, 751, 780, 792, 806, 881, 899, 923, 939, 959, 999, 1003, 1014, 1021, 1066, 1068, 1070, 1166, 1286, 1331, 1348, 1360, 1366
釈迦一代 ………901, 1036, 1113, 1136
釈迦讃嘆…………………………………505
釈迦善逝 …………………393, 1073
釈迦尊 ……………………404, 1356
邪活………………………………………421
蛇蝎……………………217, 517, 617
蛇蝎奸詐…………………………………618
釈迦如来 ……204, 227, 311, 316, 317, 486, 496, 503, 569, 600, 651, 669, 672, 679, 680, 686, 711, 731, 737, 747, 748, 756, 787, 790, 792, 793, 1011, 1015, 1029, 1065, 1139, 1379, 1385
釈迦毘楞伽宝 …………………………98
釈迦毘楞伽摩尼宝 ……………………95
釈迦仏 ………218, 363, 386, 411, 540, 681, 1016
釈迦微笑…………………………………382
釈迦牟尼…………………………………457
釈迦牟尼如来……………562, 565, 713
釈迦牟尼仏…………90, 103, 128, 155, 375, 399, 560, 572, 575
釈迦牟尼仏一代…………………………417
邪観 ……95, 97, 99, 103, 105, 106, 245
邪偽 ……197, 217, 231, 398, 429, 496, 517, 617

索引　し

しなわい……813
指南……917, 1421
死年……819
士女……464
侍女……116
四如意足……366
次如弥勒……510, 628, 680, 722, 758
死人……470
慈忍……233
思念……92, 97, 224, 231, 289
熾然……441, 442, 445, 448, 449, 450, 451
自然……22, 24, 26, 27, 28, 33, 34, 35, 36, 37, 38, 39, 42, 49, 50, 53, 54, 56, 58, 61, 62, 63, 65, 67, 68, 70, 71, 72, 73, 75, 76, 77, 83, 91, 95, 96, 99, 103, 104, 123, 147, 172, 176, 190, 205, 254, 255, 261, 276, 300, 315, 335, 369, 377, 411, 456, 482, 549, 550, 563, 568, 569, 588, 591, 592, 602, 621, 622, 633, 636, 645, 646, 647, 649, 656, 685, 701, 702, 731, 768, 769, 835, 848, 849, 904, 911, 952, 973, 987, 990, 991, 1028, 1030, 1114, 1149, 1157, 1239, 1368, 1414, 1420
持念……865, 1345
慈念……279, 280
熾然赫奕……727
自然快楽……36, 564
自然虚無……37, 308, 482
自然虚無之身……372
四念処……353, 366
自然清和……563
自然任運……389
自然閉……645, 646, 1115
自然法爾……768
しのぶの御房……793
四輩……1066, 1071
師範……871, 873, 1018, 1066
四番……855
慈悲……82, 87, 166, 184, 227, 325, 329, 330, 359, 410, 431, 435, 485, 496, 550, 591, 606, 614, 792, 834, 878, 1015, 1249, 1260, 1282, 1292, 1307, 1317, 1385, 1397
慈悲哀愍……513
慈悲海……177
慈悲光明……777
自筆……764, 766, 925
慈悲方便……171
慈悲方便不思議……563
慈悲門……327
四百億仏……144
四百万里……20, 33, 377, 633
四百里……49
慈悲力……179
四部……419, 424, 928, 1071
二夫……1122
慈父……187, 702, 713, 864
思不思議対……199, 509
慈父母……288
史文……459
時分……866, 904, 918, 930, 935, 944, 983, 1162, 1164, 1165, 1181, 1191, 1315, 1317, 1391
自蔽……249
四別……525
時別……525
四辺……122
慈弁……7

1386, 1387, 1388, 1395, 1397, 1402
七宝樹林……563
十方諸有……560, 566
七宝荘厳……34, 100
十方称讃……138, 478
十方浄土……566
十方濁世……399
十方諸仏……30, 81, 90, 105, 152, 172, 219, 258, 315, 338, 363, 485, 515, 589, 686, 713, 748, 776, 778, 1071, 1113
十方世界……18, 21, 30, 34, 41, 42, 43, 62, 81, 102, 104, 105, 141, 142, 171, 180, 214, 314, 319, 339, 625, 632, 633, 652, 687, 699, 700, 703, 721, 727, 759, 875, 970, 1024, 1115, 1129, 1199, 1232, 1341
実報土……647, 657, 667, 669, 672, 692, 694, 706, 707, 710, 715, 838
十方如来……505
十方仏……403, 1006
十方仏国浄土……582
十方仏土……561
十方仏等同心……527
十方微塵世界……571, 691, 700, 863, 1022, 1026, 1035
十方微塵刹土……652
十方無礙人……364
十方無量……22, 49, 90, 103, 105, 576, 607, 703, 777, 1240
十方無量不可思議……21, 22, 257
十方無量仏……364
十方面……99
十方六道……412
実名……884
実夢……813
疾疫……466
死出……1100
師弟……895, 1073, 1178
四天……449, 450
祀典……469
師伝……919, 946
師伝口業……919, 1260
四天下……194, 437, 439, 440, 441, 442, 443, 444, 446, 448, 450, 1025
四天大王……431, 574
四顛倒……330
四天王……28, 442, 443, 448
緇徒……1048
四土……756
此土……931, 941, 952
四同……526, 527
地頭……787, 791, 1118, 1125, 1152, 1154, 1160, 1170
示同……38, 1009
地動……10
四徳……465
至徳……62, 131, 189, 197, 200, 231, 232, 399, 413, 545, 560, 596
師徳……946, 961, 1070
自督……155
至徳円修満足真実……490
至徳具足……251
持読誦説……251, 409
至徳成満……399
師徳報謝……1157
支那……469
寺内……1309, 1310
しなじな……1353
信濃……1093

実義……………………………295, 885
実教……………………………501, 999
昵近………………884, 922, 1048, 1304
室家………………………………57, 64
習気…………………………………319
実解…………………………………526
室穴…………………………………214
実見…………………………………526
実語 ……218, 288, 901, 918, 942, 949, 1072, 1151
十劫………28, 124, 361, 485, 556, 557, 566, 908, 969, 1001, 1384
十劫正覚 ……1102, 1126, 1148, 1392, 1395, 1402
実虚対…………………………199, 510
実際…………………………315, 330, 359
悉地 ………………………………1012
十指…………………………………104
実事…………………………………366
実社 ………………………………1009
湿生……………………………440, 666
十声 ……165, 167, 168, 169, 188, 228, 472, 656, 657, 669, 694, 717, 978, 979, 985, 1047, 1351, 1373, 1374, 1383, 1386, 1406
十聖…………………………………312
実性…………………………………512
実証…………………………………526
実成……572, 898, 899, 900, 969, 1001, 1120
十小劫………………………………114
嫉心 …………………………………52
十信……………………………262, 371
実相 ……116, 160, 170, 182, 215, 299, 307, 322, 325, 348, 482, 702, 709, 951, 976
十即十生……………………………165
質多…………………………………254
実諦……………………………195, 234
悉達多………………………………276
実知…………………………………526
悉知義…………………………271, 277
実徳……………………………270, 277
室内 …………………………………87
実如………………………1250, 1334
失念………………………1387, 1395
疾風…………………………………200
十返 …………………………717, 1350
七宝 ……28, 32, 35, 36, 42, 49, 61, 76, 77, 78, 91, 94, 95, 96, 98, 103, 106, 108, 109, 110, 111, 112, 115, 122, 173, 324, 377, 378, 466, 562, 564, 611, 612, 635, 637, 991
十方一切………………20, 28, 320, 644
十方一切有情………………………730
十方一切衆生………………………700
十方一切諸仏………………………730
十方一切仏…………………………289
十方界………………………………109
十方群生海……………………186, 974
七宝華………………………………990
十方現在……………………………153
十方恒沙………41, 142, 218, 402, 478, 571, 625, 748, 778, 779, 792
十方国 …………………………44, 105
十方国土…………………………74, 83
十方三世……364, 399, 564, 1107, 1120
七宝樹 ………………………………34
十方衆生 ……214, 472, 490, 559, 567, 643, 656, 657, 717, 721, 776, 806, 866, 874, 898, 908, 928, 939, 966, 982, 984, 985, 1047, 1084, 1212, 1351, 1383, 1384,

自損損他 ……………………………1084
自他 ……385, 386, 518, 519, 521, 765, 852, 981, 1049, 1156
四諦………………………………………112
四大 ……225, 255, 267, 536, 537, 1390
次第 ………40, 96, 105, 109, 238, 317, 318, 332, 419, 427, 428, 442, 443, 889, 949, 1039, 1084, 1091, 1100, 1101, 1102, 1104, 1126, 1127, 1128, 1152, 1154, 1155, 1156, 1158, 1159, 1161, 1163, 1164, 1170, 1172, 1173, 1174, 1175, 1177, 1178, 1183, 1198, 1216, 1218, 1414, 1420
地体 ……………………………996, 1425
辞退 ………………290, 872, 887, 1334
時代 ……………………415, 417, 1033
次第安置…………………………………430
四大海……………………………………443
四大海水…………………………………101
四大五陰…………………………………244
支提国……………………………………440
次第相承…………942, 960, 1016, 1227
四大天下…………………441, 442, 444
四大天王…………………439, 442, 444
時代不審…………………………………871
次第方便…………………………………447
斯陀含……………………………………366
斯陀含果…………………………………367
自他宗……………………………………898
自他所作…………………………………532
自他所修…………………………………387
持多人王…………………………………272
自他法界 …………………………1074
自他凡聖…………………385, 518, 521
四智………………………………………138
七悪………………………………………533
日域 …………132, 204, 477, 486, 1029
七覚 …………………………………50
七覚分……………………………………366
七箇国 ………………………………1093
七箇条の御起請文……………925, 932
七箇日報恩講 ……………………1178
字ぢから …………………………1156
七賢聖僧…………………………………419
七高祖…………………………1021, 1235
七高僧和讃………………………………599
七子………………………………………279
七地……………………………314, 315
七七日……………………………………114
七聚 …………………………………1015
七重………………………87, 95, 122, 569
七宿…………………………437, 438, 439
七丈………………………………………340
七条 …………………………874, 1051
七深信…………………………521, 522
七声………………………………………933
七昼夜 ………………1170, 1171, 1177
七難消滅 …………………574, 1012
七日七夜…………………………………913
七日夜……………………………………434
七百五倶胝六百万………………………727
七歩…………………………………………4
七菩提分…………………………………123
思択……………………………490, 909
四柱 ………………………………………99
始中終 ………………………………1203
施張 …………………………………………72
師長……26, 67, 92, 232, 275, 452, 491, 531, 1017, 1066, 1338
七曜………………………………………443
慈鎮 ………………1043, 1066, 1221
疾雨………………………………………466
実機 ……………………………900, 1079

詩書礼楽……………………………463
四信……………………………525, 526
至心……14, 41, 59, 167, 212, 215, 229, 230, 231, 232, 234, 235, 245, 250, 257, 392, 397, 405, 478, 480, 489, 490, 491, 493, 566, 567, 643, 678, 935, 943, 966, 967, 1162, 1167
自心 ……106, 195, 209, 386, 522, 525, 945, 1058, 1069
自身 ……188, 218, 228, 327, 328, 330, 421, 521, 522, 853, 877, 1069, 1089, 1090, 1117, 1132, 1151, 1161, 1183, 1261, 1267, 1282, 1299, 1303, 1329, 1330, 1331, 1364
侍臣 ……………………………281, 1054
慈心………………70, 92, 108, 143, 151
慈信 ……750, 751, 752, 754, 755, 756, 773, 774, 790, 795, 796, 797
地神………………………………470
至心回向…18, 241, 626, 678, 967, 1372
至心回向の願…………………374, 400
慈心歓喜…………………………341
至心帰依…………………………434
自信教人信………816, 893, 961, 1151, 1171, 1239, 1261, 1262
至心者……………………………564
自身住持…………………247, 325, 326
至心信楽………18, 212, 393, 626, 643, 644, 647, 721, 897, 962, 966, 990, 1069
至心信楽願 ……………670, 671, 1026
至心信楽の願 …………202, 203, 210, 211, 480, 951
至心念仏…………………………434
慈心不殺…………………………531
至心不断 ……………………………30
至心発願 ……………18, 567, 631, 982
至心発願の願……………374, 376, 631
至心発願の願成就の文……………632
至心発願のちかひ…………………630
自身利益大功徳力成就……………360
地水火風 …………………………1390
四寸 …………………………………40
辞世 ………………………………1331
使節……………………………872, 873
施設………………………………942
師説………………………………918
自説……………398, 414, 686, 756, 941
持説 …………………………………20
時節………40, 220, 221, 227, 280, 297, 299, 301, 352, 387, 403, 480, 538, 644, 687, 917, 929, 930, 935, 966, 968, 1136, 1151, 1162, 1165, 1171, 1174, 1177, 1373, 1404
自説他説対…………………………199
時節到来………………………1171, 1265
自説不説対…………………………508
時節要略…………………………432
廝賤 …………………………………66
四禅 …………………………351, 1065
自専……………………881, 922, 924
地前………………………………526
自善………………………………631
緇素 ………178, 245, 1060, 1067, 1078
子桑………………………………462
思想 ………………55, 58, 71, 386, 519
地想…………………………94, 95, 530
『地蔵十輪経』……………………453
子息………………………………419
子孫…………………………1108, 1271
慈尊…………………245, 1066, 1337

721, 731, 759, 776, 951
侍者……102, 103, 104
師釈……132, 396, 413, 477, 484, 489, 493
磁石……201
四修……389, 1429
四衆……61, 75, 181, 265
四趣……391, 470, 861
旨趣……312, 1044
師主……596, 670, 761, 762
指授……404, 593
自修……1078
持誦……81
淄州……303
止住……82, 417, 513, 514, 757, 1113, 1139, 1143, 1165, 1189, 1221
四重……221, 512, 533, 728, 862, 939, 1365
始終……431, 459, 834
自宗……891, 899, 937, 940, 965, 1057, 1154
四重禁……352
四十四句……1021
四十二劫……15
四十二対……509, 1079
四十八願……113, 169, 171, 173, 184, 192, 198, 218, 243, 302, 303, 321, 361, 364, 368, 401, 521, 643, 656, 657, 863, 950, 957, 966, 1035, 1048, 1098, 1348, 1387
四十八大願……703
四十不共法……149
四十由旬……160, 161
四十里……1023
四種往生……1406
師主知識……610
時処……167
時所……762
支証……917, 1144, 1330
四生……255, 537, 646, 666, 835, 862, 1014, 1080
四摂……1015
死生……57
至聖……464
師匠……851, 1022, 1122
資生……451
四乗……756
至誠……495, 943
淄澠……310, 546, 629
熾盛……98, 267, 453, 602, 831
字声……934
自称……945
自証……945
自障……249
時正……930
時称……182
地上……98, 429
治定……898, 911, 917, 918, 966, 1088, 1089, 1099, 1114, 1121, 1138, 1144, 1151, 1161, 1167, 1176, 1197, 1227, 1238, 1288, 1299
四正勤……366
自障自蔽……249
自障障他……412, 593, 890, 1003
至誠心……43, 108, 216, 217, 233, 388, 495, 517, 518, 519, 539, 633, 714, 741, 801, 1346, 1362, 1366, 1367
至誠専心……433
師匠坊主……1091
自性唯心……209, 1069
時処諸縁……486, 594, 747, 1146, 1341, 1363

持国……………………………………421
時剋 ……170, 250, 910, 911, 918, 981, 1114, 1135
地獄……15, 28, 90, 114, 115, 248, 267, 268, 271, 272, 273, 275, 281, 283, 287, 289, 292, 299, 303, 304, 350, 354, 423, 452, 454, 573, 607, 788, 789, 832, 833, 849, 860, 861, 866, 1015, 1025, 1028, 1101, 1104, 1110, 1112, 1115, 1122, 1127, 1130, 1253, 1269, 1406, 1408, 1420, 1425
至極大罪……………………………906
至極短命……………………………978
地獄道………………………………938
至極畢竟無生………………………481
至極末弟……………………………945
至極無礙……………………………190
四五寸………………223, 225, 244, 537
自娯楽………………………………332
紫金…………………32, 33, 35, 40, 109
持言……………………………921, 937
自今以後………752, 1102, 1112, 1154, 1161, 1169, 1178, 1183
紫金色 ……………………90, 103, 105
自建立………………………………945
子細 ……172, 832, 835, 838, 852, 855, 872, 927, 942, 1092, 1105, 1112, 1116, 1174, 1176, 1281, 1302, 1318, 1322, 1429
旨際……………………415, 417, 418
死罪……………471, 855, 1053, 1054
自妻 …………………………………66
自在……7, 9, 18, 19, 27, 31, 42, 48, 50, 61, 64, 104, 107, 149, 163, 172, 193, 216, 268, 316, 331, 332, 334, 340, 351, 370, 433, 445, 446, 496, 560, 630, 635, 690, 723, 992, 1024, 1031, 1409
自在神力……………………198, 361
自在天宮 ……………………………91
自在人………………………153, 556
指讃………………220, 262, 369, 402
自讃 ………………………………1276
持散…………………………………433
『尸子』………………………………470
四子…………………………………462
死屍…………………………………283
師子 …………………………………80
師資…………………………889, 917
祠祀…………………………………429
獅子 ………………12, 161, 334, 791
四字………180, 182, 1137, 1186, 1187, 1195
四事……………27, 386, 408, 519, 1017
四時 …………………………………28
指示…………………………………449
師事…………………………………461
慈氏………………76, 77, 377, 613, 636
獅子王 ………………………………52
師子音 ………………………………10
姿色……………………………8, 9, 135
四食…………………………………353
四識住処……………………………353
獅子吼 ……………………25, 142, 143
師子吼菩薩摩訶薩…………………356
師資相承…………………917, 920, 946
自失誤他……………………………945
師子仏………………………………126
慈氏菩薩………3, 75, 76, 377, 613, 636
死者…………………………………274
咨嗟………18, 141, 478, 625, 686, 687,

植諸徳本の願文……635
植諸徳本の誓願……635
色身……36,103,104,106,109,434
識心……180
色塵……1067
識神……181
直心……211,951
色心正法……1391
直説……158,497,538,689,693,1052,1271
色相……103,109,942
色像……276,345
時機相応……605
側塞……106
識体……462
測度……370
測知……428
直弟……924,926
職当……69
直道……131,244,762,923,929
直入……871,1044,1073,1221
直入回心対……510
式部卿……1043
直弁因明対……199
色味……4
色貌……357
『式文』……1080
死去……1181,1294
四狂……283
師孝……873
師教……473,1014,1045,1058
四行……318
始行……189
示教……414
慈孝……63
慈敬……60
自行……839
四教円融……1044
自行化他……934,1067,1128,1213
測量……219,558,560
識浪……1077
紫禁……1048
斯琴王……1016
四句……321,1021
至愚……1079
志求……25,45,51
四衢道……284
四功徳処……146,148
二君……1122
字訓……230,231,489,490,1331
示誨……919,924
自解……1079
子月……472,1054
支謙……255,340,514
自見……831,919
示現……4,5,48,238,290,314,317,321,332,334,360,361,441,597,615,811,814,895,1044,1056
慈眼……184
死期……865,1091,1164
自己……7,920
恃怙……65
子貢……462
至孝……473
伺候……1263,1278,1298
紫毫……1060
二皇……463
慈光……181,362,363,558,559
事業……430
自業自得……611
至極……187,521,736,737,926,930,981,1429
自国……1156

三輪……216, 496
山林斗藪……923
三論……183, 667, 668, 1031
三論宗……736, 892

し

慈哀……514
慈愛……270, 456
四悪……267
四阿含……158
四阿修羅城……443
思案……1117, 1127, 1179, 1183, 1303, 1311, 1323
四安楽……847
枝異……470
地位……582
四威儀……1391
徙倚懈惰……68
至韻……320
師友……69
駛雨……549, 588
四有縁……533, 534
紫雲……598
時運……426
慈雲……181, 182, 469
四依……414, 415
慈恵……38
侍衛……466
四依弘経……398
慈円……1043
四王……441
四王天……1127
潮路……1342
師恩……1068
慈恩……59, 260, 411, 412, 593, 1006, 1018, 1068
四海……310, 418, 462, 629, 752, 886, 932, 1176, 1245, 1312, 1397, 1398
屍骸……197, 198, 585
持戒……172, 405, 421, 422, 424, 425, 426, 455, 843, 1001, 1004, 1340
自害……27
持海輪宝……33, 377, 633
試楽……894
慈覚……704
私訶提仏……1016
志賀郡……1095
止観……325, 667, 668
『止観』……253, 470, 471
指勧……219, 402
至願……46
志願……14, 24, 26, 146, 214, 232, 478, 491, 515, 586
『止観論』……179
『史記』……458, 459, 460
四気……466
四季……687
四儀……428
思議……44, 309, 310, 311, 358, 628, 629, 681, 757
時機……413, 602, 603
地祇……574, 575, 618, 836, 1009
自義……890, 917, 918, 919, 920, 946
時宜……1262
色界……728
色形……736
色究竟天……29
直語……946
食時……122
時機純熟……138
色声香味触法……26
植諸徳本の願……397, 400

三輩生……………………………247, 326
三番…………………………………855
三病…………………………………266, 296
三部 ………………………………652, 1016
三不…………………………………494
三部経…756, 816, 817, 893, 1011, 1154
三福………92, 381, 385, 395, 531, 938,
977, 978
三福九品…218, 386, 502, 508, 631, 690
三福業………………………………938
三不三信 ………………206, 488, 1034
讃不讃対……………………………199, 509
三不退………………………………972, 973
三部大乗……………………………652
讃仏乗 ……………………………1169
三仏菩提 …………………………1070
三部妙典 ………………………966, 1065
三分…………………………………420
三宝………26, 32, 35, 36, 78, 114, 166,
232, 289, 304, 319, 320, 396,
407, 435, 442, 445, 448, 449,
450, 451, 452, 491, 611, 612,
614, 635, 752, 755, 756, 1065,
1066, 1395
三法…………………………………420
三宝海 ……………………………1356
三宝同一……………………………407
三法忍 ……………………………34, 377
三宝仏法僧…………………………433
三宝滅尽 …………………………1395
三宝物………………………………305, 419
三菩提………………………………515
三品……………………………389, 418, 591
三昧……6, 7, 11, 12, 23, 26, 40, 51, 53,
94, 101, 102, 110, 116, 117,
138, 146, 159, 160, 161, 162,
163, 171, 172, 178, 179, 181,
183, 190, 232, 258, 259, 262,
279, 280, 300, 314, 319, 333,
334, 355, 371, 382, 383, 402,
429, 447, 456, 457, 491, 577,
580, 648, 649, 899, 900, 994,
1005, 1017, 1097, 1390, 1392,
1393, 1394, 1400, 1401, 1402,
1403, 1404, 1405, 1409
三昧王………………………………183
三昧海………………………………171
三昧神力……………………………314
三昧発得 …………………………1003
三昧門 ………………………………53
三昧力………………………………179, 319
三悪……283, 391, 861, 999, 1015, 1390
三悪趣………………………………123
三悪道 …………16, 71, 123, 144, 147,
442, 443, 446, 452, 938, 1339,
1379, 1425
三位…………………………………895
三密……………………………1338, 1343
三密行業……………………………847
三藐…………………………………191, 515
三藐三仏陀…………………………100, 353
三明…………………………………390, 428
三明六通 ………………………112, 1073
三無…………………………………523, 524
三無為 ……………………………1401
山野…………………………………881, 924
讃誉…………………………………435
三曜……………………………437, 438, 439
讃揚…………………………………154, 515
三礼 ………………………………1065
散乱……………………………1002, 1348
散乱増 ……………………………1345
散乱放逸 ………………………606, 1349
残留…………………………………914

105, 194, 299, 338, 362, 363, 558, 564, 593, 1100, 1373
山水 ……………………………1312
三随順…………………………522, 523
三世………92, 112, 185, 289, 364, 399, 433, 434, 452, 497, 564, 574, 886, 969, 1000, 1005, 1098, 1107, 1120, 1134, 1193, 1384, 1386, 1395
三聖……………………………………463
三世十方 ……………………201, 1120
三世常恒 ……………………………1025
三世諸仏 ………………899, 923, 1122
三是名…………………………522, 523
山川 …………………………………1080
三禅……………………………303, 331
散善……………388, 631, 690, 737, 978
散専修…………………………………396
散専心…………………………396, 399
三千世界………………………220, 403
三千大千界……………………………184
三千大千世界………17, 48, 49, 81, 83, 96, 102, 125, 126, 127, 168, 728, 1385
三善道…………………442, 443, 446
三帀 ………………11, 15, 44, 290, 435
三蔵 ……145, 158, 205, 255, 487, 513, 514, 708, 709, 988, 1032
讒賊闘乱 ………………………………67
三尊…………………………1011, 1012
三諦 …………………………………1077
三諦一諦 ……………………………1066
三大僧祇………………………………365
三代伝持………………………………946
讃嘆 ……142, 156, 157, 220, 288, 320, 332, 333, 385, 386, 388, 396, 478, 503, 504, 505, 518, 530, 546, 560, 626, 1069, 1071, 1073, 1080, 1118, 1157, 1158, 1163, 1169, 1170, 1175, 1177, 1184, 1236, 1246, 1249, 1251, 1293, 1296, 1297, 1307, 1316, 1320
讃歎……41, 74, 97, 108, 109, 110, 111, 112, 125
讃嘆供養………………………387, 528
讃嘆門…………………………156, 157
参着 …………………………………1058
山中……………1090, 1093, 1095, 1107
三朝 ……………………398, 610, 1021
三通 …………………………………1272
三点……………………………………465
三天童女………………437, 438, 439
散動……………………………385, 977
三毒 ……160, 270, 300, 739, 745, 883, 905, 963, 1015
三毒具足………………………………877
三毒煩悩……………………1364, 1398
三日三夜………………………………892
三忍 …………………………206, 1036
三有 ………………255, 300, 408, 1032
三有繫縛………………………………201
三有生死………………………486, 986
三有流転 ……………………………1015
三会 ……………………264, 758, 1080
三念……397, 404, 689, 805, 806, 1349, 1372, 1373
懺念……………………………………405
三念門…………………………………158
さんば ………………………………1330
三輩………41, 184, 254, 376, 381, 383, 395, 632, 1057, 1071
参拝 …………………………………1236
三輩往生………………………………957

288, 388, 428, 490, 492, 517, 518, 586, 909, 919, 1147, 1241, 1350, 1391, 1394, 1398, 1401, 1402, 1404, 1414, 1419
讃仰……162, 561
鑽仰……1071
三恒河沙……603, 713, 1004
三業具足……317
三業修善……539
三業所為……386, 518
三業所修……944
三業相応……450
三国……653, 654, 1029, 1038, 1057, 1074
三国伝来……919
珊瑚樹……32
三災……423, 424
三三の品……310, 545, 586, 629
三字……655, 1133, 1340, 1341
三事……92
三時……417, 418, 601, 762, 1000
暫時……319, 1169
三七日……88, 111
散失……94
刪闍耶毘羅胝子……271, 277
三修……353
三趣……7
算数……31, 124, 370, 559
参集……1049, 1057
三十一字……1311
三十三天……290, 444, 466
三十二相……48, 100, 324, 847, 941
三十二大人相……18
三十万貫……1254
三十六部……453
三宿……438, 439
三聚浄戒……706
暫出還復没……408
三所……526, 527
三従……1023, 1093, 1098, 1120, 1124, 1132, 1142, 1146, 1194, 1195, 1202
三障……160
三乗……6, 195, 196, 244, 254, 303, 304, 394
山上……1093
三精気……448, 449, 450
三小劫……111
三乗衆……362, 558
三乗正行……469
三乗浅智……365
三心……108, 211, 216, 227, 229, 230, 231, 245, 253, 381, 383, 388, 392, 396, 397, 489, 490, 493, 494, 495, 517, 541, 570, 667, 669, 713, 714, 943, 1014, 1058, 1103, 1331, 1345, 1346, 1349, 1361, 1362, 1366, 1367, 1368, 1387, 1393, 1403, 1429
三身……164, 180, 365, 505, 756, 898, 900
三信……206, 488, 494, 541, 592, 714, 943, 1014, 1034, 1103, 1162, 1386, 1387
散心……393, 736
三心一異……396
三心往生……541
三信心……712, 713, 714, 935
三信相応……549
三信展転相成……587
散心念仏……529, 530, 802
三途……862, 939, 999, 1025, 1102, 1108
三塗……30, 36, 63, 65, 67, 68, 71, 72,

薩婆若智……149
作仏……100, 143, 144, 150, 151, 213, 246, 247, 252, 253, 260, 326, 494, 581, 603, 604, 606, 650, 712
三郎た……821
左辺……100, 1356
作法……1058
作用……900
作礼……22, 98
『讃阿弥陀仏偈』……215, 361, 556
讃阿弥陀仏偈和讃……557
『讃阿弥陀仏の偈』……731
三畏……463
三異……525
三印……523, 524
山陰……177, 178
三縁……359, 1398
三往生……505
三槐……1048
山海……361, 1155
三界……9, 25, 51, 60, 136, 147, 149, 188, 193, 228, 299, 309, 310, 311, 325, 331, 357, 358, 363, 385, 386, 461, 462, 466, 518, 519, 629, 651, 653, 752, 891, 931, 938, 962, 970, 972, 986, 1015, 1071, 1245, 1338, 1353, 1364, 1365, 1378
残害……466
三界悪道……222
三界雑生……310
残害殺戮……62
三迦葉……454
三箇条……1112
山河大地……1024
三願……192
三観仏乗……1043
三帰……92, 343, 453, 531
三機……295
散機……392, 511, 714, 978
『懺儀』……228, 411
慚愧……113, 114, 227, 275, 286, 291, 389, 496, 1002, 1228, 1385
三帰依……343
三祇百大劫……668
三逆罪……276
三行……392
三経……209, 392, 398, 414, 496, 900, 901, 930, 937, 943, 950, 1030, 1057, 1078, 1103, 1387
散行……529, 530, 531
三経一論……935, 945
三経一心……399
三経所説……940
三句……215, 321, 322
三苦……5
三垢……25, 29, 53, 338
山家……574
算計……4
懺悔……89, 90, 389, 416, 453, 591, 655, 1086, 1130, 1148, 1156, 1171, 1172, 1177, 1178
参詣……945, 1058, 1059, 1080, 1090, 1091, 1093, 1165, 1171, 1172, 1173, 1174, 1175, 1177, 1197
三解脱門……366
三遣……522
三賢……312
三古……418
珊瑚……28, 32, 33, 35, 36, 95
三光……461
三皇……457
三業……217, 227, 231, 233, 235, 241,

堺殿……………………………1238, 1239
さかいの郷………………………812
堺の御坊……………………1306, 1322
さかさま ……………………647, 1379
嵯峨の天皇 ………………………1012
作願 ……159, 242, 325, 327, 332, 333, 546, 547, 606, 630, 721
坐観………………………………164
作願門……………………………157
坐起……………………………55, 66
前大僧正 ………………………1043
鑿竅………………………………464
作者…………………………919, 996
作分………………………1281, 1331
作業…………………………929, 930, 941
座敷……1150, 1240, 1248, 1259, 1280, 1293, 1297
座主………………………………317
座衆 ……………………………1101
座上 ……………………………1101
作心……………………………314, 328
左衽……………………………458, 460
瑣仁………………………………462
座席………………………………929
左遷……………………………458, 921
作善………………………………833
坐禅 ……………171, 172, 405, 1004
さた………………………………622
沙汰 ……740, 769, 771, 783, 788, 789, 792, 801, 806, 853, 856, 872, 884, 897, 909, 925, 926, 927, 928, 932, 934, 935, 936, 937, 949, 966, 1084, 1088, 1089, 1093, 1096, 1102, 1111, 1117, 1126, 1137, 1138, 1154, 1158, 1160, 1170, 1172, 1174, 1177, 1179, 1183, 1192, 1214, 1244, 1245, 1246, 1254, 1264, 1272, 1278, 1281, 1282, 1294, 1303, 1311, 1332, 1361, 1367, 1414, 1420, 1429
左大臣 …………………………1043
坐中………………………………455
座中………………………1101, 1102
雑観 ……………………………99, 530
雑華雲 ……………………………99
雑廁 ………………………………28
雑色 ……………………………96, 123
雑色光茂 …………………………35
雑色宝華厳身仏…………………127
雑廁間錯 …………………………94
『薩遮尼乾子経』…………………304
雑修 ……235, 380, 381, 392, 394, 395, 396, 530, 590, 594, 634, 659, 684, 685, 714, 761, 802, 1000, 1002, 1003, 1036, 1202, 1205, 1206, 1227, 1246, 1278, 1315, 1342, 1344, 1413, 1419, 1420
雑修雑心…………………………396
雑修雑善…………………………197
雑書………………………………467
雑生……………………………310, 628
雑心………197, 395, 396, 399, 412, 540
雑想観……………………………107
早速 ……………………………1180
雑宝……………………………21, 39
蹉跌 ………………………………68
詐諂………………………………233
左道………………………………461
左道乱群…………………………460
佐渡院 ……………………472, 1054
佐渡国……………………………855
佐貫………………………………817
さぬき……………………………894

最勝丈夫……………………………142
最勝心…………………………239, 240
罪障深重 ……………………166, 1349
最勝真妙……………………………146
最勝尊 ………………………………25
最勝智………………………………238
最勝人 ………262, 496, 538, 592, 682, 748, 922
済生利物……………………………886
罪濁…………………307, 394, 482, 976
さいしん……………………………821
在心……………………300, 663, 664
在世………59, 413, 890, 900, 924, 926, 927, 932, 1046, 1060, 1071, 1072
催促 …………………………904, 1238
最尊第一………………29, 48, 337, 340
最大…………………………………340
罪体…………………………………909
最第一………………………362, 558
再誕 ………667, 669, 922, 1037, 1072, 1221, 1236, 1329
裁断 ………………………………1415
最中…………………………………884
最澄…………………………418, 921
西天 ………204, 486, 1016, 1029, 1045
西土………………………1066, 1067
済度……………900, 930, 1030, 1135
斉等 ……………………………55, 311
斉同不退……………………………303
財貪…………………………………728
災難 ………………………………1012
采女…………………………………287
罪人 ……114, 274, 294, 297, 302, 706, 716, 735, 741, 845, 1008, 1023, 1120, 1124, 1142, 1191, 1202, 1348, 1353
摧破 ………………………204, 486, 1029
裁縫 …………………………………22
罪福………76, 220, 378, 399, 400, 403, 414, 452, 610, 611, 612, 613, 614, 636, 953
西方 ………28, 93, 107, 121, 126, 152, 164, 165, 171, 172, 173, 174, 226, 261, 364, 380, 397, 404, 431, 539, 634, 951, 961, 1006, 1008, 1011, 1016, 1034, 1036, 1072, 1077, 1393
財宝 ……38, 881, 924, 925, 1016, 1100
罪報 ………………68, 123, 273, 283
西方国 ……………………………1008
西方極楽国土 ………………………91
西方極楽世界………92, 106, 111, 112, 113, 1011, 1023
西方寂静無為…………………312, 369
西方不可思議尊……………………485
最末…………………………………421
歳末 ………………………………1237
罪名 ……………………………855, 1054
最明寺………………………………884
最明無極……………………………341
摧滅……………………………52, 72
財物…………………………………304
最要…………………………398, 946
載養…………………………222, 533
財欲…………………………………729
災厲 …………………………………73
最劣 ………………………………1136
西路…………………………404, 593
左右……34, 98, 192, 282, 377, 460, 906
さうたい……………………………821
左腋…………………………457, 461
坐臥…………………………………923
堺……………1251, 1254, 1306, 1333

西意……………………855, 872, 873
斉一……………………171
在縁……………………300
再往……………………982
再往真実……………………982
罪科 ……………………471, 855, 1053
再会……………………905
斎戒 ……………………42, 632
斎戒清浄 ……………………73
才学 ……………………706, 1119, 1129, 1198
才覚 ……………………851, 1039
犀牛……………………360
斎行……………………706
罪垢……………………200, 362
西瞿陀尼……………………437, 439
蔡華……………………262
最下 ……………………1007
在家 ……………………1071, 1086, 1105, 1108, 1190, 1341
在家止住 ……1113, 1139, 1143, 1165, 1189, 1221
在家無智……………………1102, 1138, 1146, 1359
最後 ……427, 576, 648, 649, 658, 822, 824, 904, 1352, 1364, 1409
再興……………………1236, 1276, 1283, 1291
西向 ……………………93
罪業 ……281, 294, 619, 655, 669, 844, 846, 1086, 1181, 1189, 1202, 1206, 1289, 1352, 1354
罪業深重 ……………………606, 1093
西国 ……………………459, 1288
在国 ……………………1054, 1112, 1246
罪根 ……173, 667, 669, 704, 706, 715, 1341, 1349
摧砕……………………55, 68
さいさう……………………827
再三……………………872, 885, 887
妻子………66, 348, 826, 904, 906, 926, 1100, 1252, 1257
祭祀……………………469, 618, 688
細色 ……………………66
財色 ……………………27, 57, 71
菜食長斎……………………434
歳次日月……………………435
罪者……………………279
摧邪力……………………179
済衆……………………180
債主 ……………………54
採集……………………484
最重……………………298
西崇福寺……………………227
犀首相……………………460
最初 ……………………767, 890, 899, 1073
在処……………………515
在所 ……945, 1084, 1091, 1092, 1093, 1095, 1112, 1117, 1150, 1177, 1185, 1187, 1188
災障 ……………………1011
宰相 ……………………424, 822, 1043
最勝 ……8, 44, 52, 131, 136, 138, 164, 180, 200, 211, 235, 238, 357, 398, 473, 477, 1047
歳星……………………430, 438, 439
最上……………………183, 344, 840, 1006, 1007
在生……………………837, 1048, 1060
罪障……174, 178, 580, 585, 606, 1015, 1135, 1184, 1257, 1299, 1348
最勝音仏……………………126
災障禍……………………469
最正覚……………………5
最勝華……………………682
最勝希有人……………………550
最上首……………………10, 52
最上勝智 ……………………76, 378, 636

厳浄………14, 22, 44, 45, 46, 75, 1008, 1340
今生一世……926
欣浄厭穢……211
厳浄光麗……20
今身……256
魂神精識……63
近世……209
今世…………42, 56, 61, 65, 68, 71, 632
言説……219, 524, 888, 910
厳設……290
言説教令……445, 446
金山……261, 563
金蔵……10
近相……332
金台……110
今朝……1285
今度……883, 1098, 1101, 1107, 1117, 1120, 1123, 1138, 1148, 1150, 1151, 1163, 1184, 1185, 1190, 1197, 1201, 1211, 1213, 1214, 1227, 1288, 1326, 1413, 1419, 1422
金堂……660
金銅……660
混沌……464
今日……8, 135, 136, 138, 173, 198, 224, 231, 260, 282, 361, 404, 411, 414, 434, 455, 515, 775, 815, 954, 1004, 1049, 1068, 1092, 1095, 1101, 1112, 1127, 1134, 1150, 1151, 1164, 1167, 1180, 1203, 1211, 1212, 1213, 1215, 1216, 1217, 1253, 1264, 1317, 1321, 1332, 1365, 1371, 1372, 1384, 1395, 1421
今年……473, 771, 815, 817, 818, 819, 820, 821, 822, 823, 824, 826, 867, 1047, 1156
懇念……1070, 1078
言念……64
言音……7
欣慕……218, 386, 396, 631
困乏……55, 69
権方……470
権方便……4, 254
欣慕浄土……381
根本……57, 61, 246, 951
根本中堂……1077
昏盲……25
懇望……996
昏矇閉塞……58
近門……332, 546
権門……394, 923
今夜……1232, 1237
厳麗……39
混乱……873, 941
権律師……663
建立………26, 177, 203, 309, 386, 413, 485, 522, 525, 628, 891, 945, 1023, 1095, 1180, 1187, 1283, 1295, 1340
言令……69
金流……4
金縷……39
金蓮華……110, 116

さ

作為……340
罪悪……71, 761, 836, 853, 1007, 1348, 1367
罪悪生死…………218, 521, 853, 1015, 1348, 1364
罪悪深重……831

権仮……………………………392, 569, 852
根欠……………………………………545
根元……………1095, 1112, 1179, 1187
根源……………………………1016, 1157
厳顕 ……………………………………91
権現……………………………1010, 1056
今古 …………………………………1176
言語 ………………465, 873, 942, 1025
厳護………………………………………5
金光……………………………………100
金剛……96, 98, 99, 108, 131, 199, 209, 221, 229, 243, 244, 245, 251, 346, 382, 393, 398, 495, 507, 512, 532, 537, 541, 591, 664, 681, 687, 702, 703, 707, 762, 845, 944, 972, 1049, 1069, 1168, 1239
金剛囲山 ……………………………75
金剛堅固 ………………591, 847, 1188
金剛七宝 ……………………………94
金剛心 ………206, 244, 246, 252, 256, 264, 494, 510, 521, 571, 581, 591, 658, 680, 692, 694, 703, 712, 735, 741, 748, 802, 944, 1035, 1036, 1218, 1366, 1420
金剛心成就……………………170, 944
金剛真心……………………………253
金剛信心……………………………778
金剛山 ………………………………52
金剛智………………………………276
金剛鉄囲 ……………………………28
金剛那羅延 …………………………20
金剛不壊……………………211, 296, 538
金光仏………………………………106
金剛摩尼……………………………104
『金光明』 …………………………573
『金光明経』 ………………………1011
言語道断 ………939, 949, 1093, 1102, 1128, 1173, 1175, 1178, 1215, 1216, 1290, 1420
金鎖 ………………………78, 378, 611
今師…………………………943, 1068, 1071
懇志……1150, 1157, 1171, 1174, 1176, 1222
今時………231, 899, 1069, 1112, 1127, 1395
言辞…………………………………31, 1079
金色……90, 95, 99, 101, 111, 112, 596, 894
言色 ……………………………………55
厳飾 …………………………………21, 122
金色微妙 ………………………………97
金翅鳥 …………………………………52
権実 ……246, 375, 394, 503, 737, 941, 1079
権実真仮………………………………569
権社 …………………………………1009
権者 ………………874, 889, 895, 1316
欣慼 ……………………………………53
権者権門………………………………923
金樹 ……………………………………32
欣趣……………………………………368
勤修………56, 206, 239, 385, 488, 518, 1034, 1343
銀樹 ……………………………………32
根熟 …………………………………1080
今生 ……174, 221, 263, 387, 389, 404, 532, 649, 701, 834, 847, 848, 874, 878, 879, 905, 1010, 1012, 1013, 1108, 1110, 1164, 1323, 1337, 1338, 1346, 1353, 1354, 1356, 1400
根性 ………………350, 667, 668, 1345
欣笑 ………………………………5, 44

近衛大将 ……………………1043
五倍……………………………276
琥珀………………28, 35, 37, 95
寤寐………………595, 1085, 1086
五百色 ……………………94, 106
五百塵点劫 ……………………1385
五百由旬…………76, 377, 636, 1017
五篇 ……………………………1015
古風 ……………………………1067
こぶくめ ………………………1276
護不護対……………………199, 509
五不思議………………………360
古仏………………969, 1001, 1120
故仏……………………………593
後仏 ……………………………1337
後堀河院………………………417
五万劫 …………………………99
小名号 …………………………1254
虚無 …………37, 308, 311, 342, 482
五無間…………213, 242, 304, 627
虚無之身……………………372, 560
小棟……………………………927
牛馬六畜………………………54, 55
虚妄………300, 325, 515, 850, 865, 883
虚妄顛倒………………………299
虚妄輪…………………………363
小者 ……………………………1277
五門…………154, 181, 191, 192, 332
巨益 ……………………………1057
護養……………………………446
五欲………………………172, 267, 285
こよひ………………………1084, 1085
古来……………………………898
去来現…………………………8, 136
去来今 …………………………59
去来対………………………539, 540
五利……………………………447
五里 ……………………………1091
五力………………………123, 366
五六輩 …………………………1048
孤嶺 ……………………………1056
顧恋 ……………………………58
虎狼 ……………………………1095
欺惑 ……………………………64
こわびき………………………934
今案 ……………917, 928, 946, 1046
昏闇 …………………863, 876, 1035
欣悦 ……………………………49
近遠……………………………340
近遠対………………………199, 508
今月……1155, 1156, 1170, 1171, 1174, 1176, 1177, 1180, 1214, 1216, 1221, 1223
根機 ……385, 746, 865, 897, 910, 911, 977, 1094, 1162, 1163, 1177
権機………………………900, 938
困劇……………………………163
言教………………………421, 466
権教…………………502, 736, 999
言行…………………61, 71, 402
勤行 ………54, 913, 1170, 1171, 1174, 1222
勤行精進………………………151
困苦……………………………37, 69
金口 …………………………172, 1071
勤苦………4, 14, 30, 55, 58, 61, 64, 66, 67, 68, 71, 73, 338, 341, 410
欣求………………………520, 521
欣求浄刹………………………246
欣求真実……………………520, 521
勤苦悤務 ………………………58
根芽…………………160, 359, 875
権化 ………131, 922, 946, 1072, 1329, 1331

後世者ぶり……………………………844
虚設…………………198, 361, 428, 908
五説……………………………………756
『後世物語』………………774, 775, 796
『後世物語の聞書』…………………752
五専……………………………………395
五善 …………………………………62
五専修…………………………………396
後善導…………………………………704
五千文…………………………………465
去年 ……771, 811, 813, 815, 818, 819, 821, 824
五祖…………………945, 1016, 1078
枯草……………………………………852
小袖 ………822, 824, 1278, 1284, 1295
巨多……………………………………425
誤他……………………………………945
五体 ……………………22, 74, 90, 276
五代 …………………………………1043
欺紿 …………………………………73
孤枕 …………………………………1078
五通……………………………282, 290
五痛 ……………………………62, 71, 74
乞加……………………………155, 202
国家 …………………………………1011
剋果……………………………………14, 25
乞丐 …………………………………63
哭泣 …………………………………57
業苦……………………………………835
業垢……………………………………558
極苦 …………………………………54
忽爾……………………………1056, 1059
業識……………………………187, 864
忽諸 …………………………………1059
業障……104, 117, 457, 667, 670, 1129, 1133, 1135, 1193, 1199, 1353
骨髄 …………………………………1398
骨相……………………………………410
骨体……………………………………151
骨張…………………………890, 918, 924
乞人……………………………………37, 38
忽然 ……………………………49, 223, 224
骨目 …………………………………1057
『御伝』 ……………………………1241
五道 ………61, 70, 103, 515, 575, 1115
五道生死………………………………646
護塔品…………………………………434
古徳……………………………………415
滬瀆……………………………………464
孤独 …………………………………63
五徳 …………………………………74
異事……………………………………784
ことのは ……………………………1312
ことの葉…………………………1109, 1169
後鳥羽院 ………………471, 855, 1053
子ども……………………………814, 819
ことり……818, 820, 821, 822, 825, 826
後長岡丞相……………………1066, 1221
後長岡大臣 …………………………1043
悟入……………………………………597
悟忍 …………………………261, 1036
虚然 …………………………………1004
五念……397, 404, 548, 689, 1349, 1373
後念……………………………158, 256
護念 ………6, 125, 126, 127, 167, 168, 239, 251, 363, 486, 504, 515, 539, 571, 607, 682, 684, 686, 703, 713, 778, 779, 804, 880, 972, 973, 1010, 1240, 1378
護念経…………………………………168
護念証誠………………………………571
護念増上縁…………261, 658, 659, 682
後念即生 ……………………509, 1071
五念門………………………156, 158, 546

腰膝……815, 824, 892
五邪……618
五趣……60, 1343
五重……818, 819, 1126
五十億劫……113
五十五重無極大羅天……466
五十二菩薩……576, 647, 648
五十八戒……706
五十由旬……33, 377, 633
五十六億七千万……604
五十六億七千万歳……681, 765, 1337
五趣八難……251
後序……249
己証……913, 936, 937, 953
虚性……512
五焼……62, 71, 74
五障……900, 938, 1008, 1023, 1093, 1098, 1120, 1124, 1132, 1142, 1146, 1166, 1194, 1195, 1202
後生……1011, 1013, 1098, 1099, 1100, 1118, 1125, 1129, 1137, 1141, 1155, 1160, 1164, 1182, 1184, 1186, 1187, 1190, 1191, 1193, 1194, 1195, 1196, 1199, 1201, 1202, 1204, 1205, 1206, 1211, 1213, 1215, 1227, 1228, 1242, 1243, 1255, 1266, 1279, 1284, 1289, 1290, 1329, 1352, 1413, 1419
五乗……368, 878
五常……463, 920
御掟……920, 1156, 1227, 1232, 1239, 1247, 1248, 1249, 1250, 1251, 1255
護持養育……422, 437, 442, 443, 444, 445, 447, 452, 616
後生一大事……1279
五帖一部……1413
御正忌……1155, 1156, 1157, 1177, 1197, 1214, 1221, 1222
五正行……395, 396, 528
五条殿……826
五条西洞院……1057
御正日……1223
故聖人……744, 783, 841, 842, 848, 851, 852, 860, 861, 1083
後生菩提……1095
五濁……4, 154, 172, 216, 390, 404, 549, 572, 588, 601, 602, 603, 680, 1410
五濁悪時……203, 220, 402, 571, 670, 672, 711, 896, 1027, 1046
五濁悪邪……601
五濁悪世……48, 128, 391, 417, 560, 571, 591, 599, 601, 605, 672, 713, 748, 1192, 1193, 1239
五濁悪世界……1027
五濁邪悪……619
五濁世……450, 1342
五濁増……592, 618, 787, 790, 1070
後白河上皇……1043
己心……156
己身……111, 291, 941, 942
己親……462
挙身……103, 105
後心……158
五塵……1015
牛頭栴檀……160
後世……56, 63, 72, 163, 446, 448, 739, 811, 814, 1013, 1190
護世……90
護世王……449, 450
後世者……921, 1111, 1156, 1359
後世者気色……921, 922

1350, 1352, 1359, 1362, 1367, 1377, 1378, 1379, 1388, 1400, 1401, 1429
極楽往生………1122, 1138, 1151, 1202
極楽国 ………100, 109, 110, 112, 381, 634, 1036
極楽国地 ……………………………94
極楽国土 …92, 96, 106, 117, 122, 124, 125
極楽浄土 ……1137, 1140, 1160, 1164, 1371
極楽世界………91, 92, 93, 97, 99, 101, 106, 107, 111, 112, 113, 116, 728, 891, 1011, 1023, 1146, 1340
極楽能化……………………1065, 1073
極楽宝国……………………………225
極楽無為 …………………………1405
極楽無為涅槃界………709, 1344, 1400
極理………………………………941
虚仮 ……217, 230, 492, 517, 536, 617, 699, 715, 844, 904, 905, 1058, 1347, 1349, 1362, 1366
悟解………………………………404
虚仮疑惑……………………………683
虚仮邪偽……………………………197
虚仮雑毒……………………235, 490
虚仮諂偽……………………231, 235
御家人……………………821, 825
虚仮不実……………………………617
古賢………………………………181
五眼……………………138, 216, 496
古語 ……………………………1421
後五………………………………418
故業………………………………169
五劫………15, 203, 485, 603, 862, 883, 1134, 1136, 1206, 1340
五更 ……………………………1078
五劫思惟 ……844, 853, 877, 908, 939, 1001, 1023, 1195, 1311, 1402
五劫兆載 …………………………1387
五劫兆載永劫 ……………………1145
五黒………………………………330
五穀………………………………466
其国……………………176, 645, 647
護国 ……………………………1011
後後生 ……………………………1353
心ち………………………………879
ここち ……………………848, 1362
こころならひ ……………………1291
心ね ……………………………1325
心根……………………1275, 1364
こころむき…………………………761
古今……………72, 264, 831, 1221
五根……………………………123, 366
古今一宗 …………………………1228
虚作………………………………198
巨細 ……………………………1079
辜罪………………………………283
後際………………………………988
小坂………………………………897
孤山………………………………406
固辞……………………………874, 996
居士 ……………………………27, 177
吾子……………………………464, 465
五事………………………………448
五時………………………………900
護持 ……179, 251, 437, 438, 439, 440, 441, 442, 443, 444, 446, 448, 449, 450, 451
五色 ………………………………91
五識所生……………………………331
虚実………………………………414
五実………………………………526

黒雲……847
国王……11, 423, 454, 1409
国邑……73
極雄傑……341
極果……307, 480
極刑……63
国君……27
国郡……1060, 1155, 1222
極月……1314
黒業……244, 268
極好……341
剋識……56, 65
国地……94
鵠樹……459
極重……97, 113, 184, 207, 266, 297, 302, 453, 1037
極重悪人……381, 1037
極唱……180, 264
極証……951
極長……54, 56
極成用重……230, 490
極濁悪……207, 489, 1038
剋成……464
極説……138, 478
極善……340
極善最上……1007
剋賊……62
極促……170, 250, 913, 968, 981
極速……199
極速円融……211, 481
極速円満……141, 478, 731
極尊……341, 372
極大慈悲母……184
極致……155, 919, 973
国土……13, 14, 20, 23, 24, 28, 30, 32, 48, 50, 53, 62, 73, 74, 75, 77, 81, 83, 90, 91, 92, 93, 96, 97, 105, 106, 113, 117, 122, 124, 125, 127, 128, 143, 152, 163, 171, 183, 186, 203, 247, 255, 269, 309, 310, 314, 317, 321, 323, 326, 329, 338, 352, 359, 360, 378, 380, 382, 430, 440, 561, 628, 634, 637, 681, 990, 1011, 1012, 1022, 1339, 1340
国土人民……574
極難信……571, 712
極難値遇者……185
剋念……309, 628, 681
黒白……268, 354
黒白業……268
国府……895, 1054
国法……1414, 1422
穀米……425
極微……1390
極妙……20, 92
極明……341
国民……784
極楽……121, 122, 173, 184, 220, 368, 369, 396, 400, 404, 636, 677, 709, 710, 755, 785, 800, 824, 825, 832, 862, 899, 989, 990, 1033, 1037, 1044, 1072, 1089, 1090, 1095, 1101, 1102, 1105, 1107, 1110, 1113, 1115, 1117, 1119, 1120, 1123, 1125, 1126, 1130, 1131, 1133, 1137, 1138, 1139, 1141, 1142, 1144, 1147, 1154, 1181, 1183, 1184, 1185, 1187, 1189, 1191, 1194, 1195, 1197, 1201, 1202, 1203, 1204, 1206, 1207, 1208, 1212, 1214, 1215, 1217, 1245, 1263, 1271, 1312, 1340, 1342, 1343, 1349,

荒涼 …………835, 933, 942, 996, 1163
光輪……………361, 362, 556, 557, 572
幸臨……………………………………582
降臨 …………………………901, 1166
行列……………………………………100
高楼……………………………………293
口論……………………………………848
業惑……………………………………515
五蘊所成……………………………937, 944
御詠 …………………………………1331
御影………815, 1173, 1241, 1265, 1303
御詠歌…………………………1311, 1329
御影前…………1171, 1172, 1212, 1215
御影堂 ………………………………1283
『五会法事讃』…………………………960
御縁起……………………………659, 660
五縁具足………………………………994
虚誑 …………………………586, 1241
牛王 ……………………………………3, 52
牛黄……………………………………426
欺誑 ……………………………………64
虚誑語…………………………………305
五億五万五千五百五十五重天……466
五陰…………………225, 244, 536, 537
後園………………………………………4
御恩報謝 ……………1087, 1160, 1227
御恩報尽 ……………………………1197
古歌 …………………………………1084
五戒……111, 114, 706, 920, 938, 1118, 1338, 1353
辜較縦奪 ………………………………69
『五岳図』………………………………466
枯渇 …………………………………1052
五貫文…………………………………795
虚偽……………159, 211, 331, 391, 480
五気……………………………………461
五畿七道 ……………………………1359
御起請文…………………………925, 932
虚偽諂曲 ……………………26, 232, 491
五逆 ………18, 41, 111, 115, 146, 174, 181, 193, 212, 215, 221, 242, 276, 277, 296, 297, 298, 299, 302, 303, 304, 469, 470, 512, 533, 626, 643, 644, 672, 706, 716, 717, 722, 735, 740, 745, 755, 845, 862, 906, 908, 938, 962, 1007, 1008, 1023, 1027, 1035, 1086, 1093, 1104, 1120, 1124, 1132, 1134, 1138, 1142, 1146, 1166, 1191, 1195, 1202, 1348, 1349, 1350, 1351, 1353, 1354, 1361, 1365, 1397, 1406
五逆罪…………266, 268, 297, 298, 352
五逆発現………………………………901
呼吸…………………………………177, 902
『古旧二録』……………………………465
古郷 …………………………………1343
故郷 ………………………1017, 1056, 1399
去行 …………………………………1078
五苦 …………………………………93, 216
極悪…………………………1391, 1395
極悪最下 ……………………………1007
極悪深重……211, 595, 670, 1122, 1420
黒悪道…………………………………537
黒闇 …………214, 362, 558, 701, 1025
黒闇生死海……………………………408
国位 ……………………………………88
虚空……21, 26, 49, 52, 90, 94, 97, 100, 106, 107, 117, 157, 194, 234, 273, 343, 348, 349, 357, 362, 372, 485, 545, 557, 580, 581, 651, 653, 894, 931, 1024, 1401, 1406
虚空無為 ……………………………1401

降伏……5, 450
興福寺 ……471, 855, 1053
広普寂定……7
豪富尊貴……150
興法……1043, 1045
業報……268, 435, 836, 844, 846
厚朴……215
皇甫謐……460
荒本 ……1061
降魔力……179
香美……160, 161
香味飲食……456
光味仙人……432
好蜜……200
光味菩薩摩訶薩……434
光明……253
高妙……368
高明……14, 37, 308
合明 ……61
告命……204, 486, 516, 896, 1029, 1044, 1045, 1054
光明威神……338
光明慧……153, 252
光明王仏……106
光明師……198, 260, 265, 266
光明寺 ……216, 311, 380, 405, 638, 655, 704, 875, 899, 901, 911
光明自在 ……370, 1024
光明寺の和尚 ……163, 188, 233, 243, 251, 256, 302, 364, 383, 401, 410, 469, 512, 516, 682, 711, 751, 759, 861, 929
光明寺の大師……878, 922, 945
光明寿命の願……337, 952
光明寿命の誓願……603
光明摂護……951
光明神力……115
光明智相……157, 214, 333, 546, 586
光明土 ……145, 187, 189, 206, 235, 337, 339, 372, 488, 514, 731, 931, 952, 1033
光明遍照 ……875, 970, 1115, 1129, 1199, 1232
光明遍照摂取衆生力……179, 180
光明無量……123, 761
光明無量の願……336
広無辺……200
教命 ……473, 1047
光茂 ……35
曠野……282, 440
光益……486, 907, 963, 972, 1069, 1088, 1141
光融……5
綱維 ……60
業用……987
光曜……875
光耀 ……33, 477, 486, 563, 986
晃耀 ……39
綱要……181
滉瀁浩汗 ……75
光英菩薩……3
光麗 ……20
高麗……470
康楽寺 ……1061
業力 ……168, 311, 360, 545, 647, 657, 666, 680, 684, 762, 861, 862, 878, 984, 1401, 1402
業力不可思議……360
広略……170, 325
広略修行……325
広略相入……321, 322
興隆 ……471, 1053
興隆仏法 ……1179
考掠……341

477, 487, 1030
豪賤……247, 248
豪賤対……199
功祚……4, 25
高祖……940, 945, 957, 958, 987, 1006, 1021, 1038
高僧……204, 207, 486, 489, 1029, 1038
毫相……103
康僧鎧……513
香象菩薩……4
高僧和讃……578
光触……362, 370, 557, 972
高祖聖人……949, 954
降損……267
怯退……1080
興替……418
広大……12, 26, 175, 177, 232, 235, 239, 260, 339, 352, 357, 372, 373, 481, 484, 491, 545, 562, 569, 580, 585, 651, 685, 731, 841, 1024, 1044, 1070, 1155, 1165, 1200, 1304, 1307, 1372, 1385
高大……946
広大威徳……583
広大異門……258
広大会……556, 559
光台現国……569
皇太后宮大進……1043, 1066, 1221
皇太子……659, 895, 896, 1046
皇太子聖徳奉讃……615
広大勝解……204, 257, 481, 1028
広大荘厳……485
広大智……379, 637, 638
広大智慧……707
広大難思……250, 483, 981
広大不思議……609, 1146
広大仏法……213
広大無礙……335, 483
広大無量……320
光宅……418
光沢……40, 209, 362, 557
劫奪……54
強奪……66
講談……1293
宏智……1079
講中……1150
弘長……815, 817, 895, 1059, 1071
後弟……1080
皇帝……472, 1054
耕田……425
劫盗……285
曠蕩……28
行道……458
講堂……34, 49, 377, 556, 562
業道……298
業道経……298
業道成弁……161, 189, 980
広徳……1045
怯弱……221, 243, 541, 1349
強弱……248
強弱対……199, 510
光如来……652
好人……262, 538, 682, 748, 922
矜念……270
広博……288, 949
厚薄……897
業縛……987
業病……1184
劫賓那……3, 121
惶怖……224
講敷……1077
豪富……55, 63, 66
高峰岳山……601

1201, 1337, 1348, 1364, 1365
強剛……541
香光荘厳……577, 648, 649
曠劫塵沙……172
曠劫多生……484, 492, 596, 786
香光仏……127
曠劫流転……905
後昆……913, 1072
強健……56, 67
宏才……1331
幸西……855
高才……63, 173, 704, 706, 1341
高才勇哲……11
高山……913, 1045
孔子……459, 462, 463, 468
孝子……202, 484
講肆……1080
光色……20, 39, 40, 49, 633
業事成弁……301, 898
後室……1243
『高士伝』……460
恒沙……12, 29, 41, 43, 142, 197, 218, 390, 398, 402, 453, 469, 478, 562, 571, 608, 625, 713, 748, 761, 778, 779, 792, 960, 1016, 1073, 1179, 1406
恒沙曠劫……173
恒沙諸仏……908
恒沙塵数……571, 575, 1388
恒沙如来……686, 713
恒沙無量……19, 193, 316, 630, 723
好醜……16, 248
劫数……14, 315, 611
香樹……160, 161
業種……181
行樹……95, 122
業儒……265
興集……239
江州……1095
好醜対……510
興出……9, 203, 398, 427, 486, 670, 671, 689, 1027
劫初……88
光摂……261
光照……203, 362, 558, 1025, 1026
迎接……108, 109, 115, 912
広長……105, 116, 125, 126, 127
光浄……463
興盛……837, 883
豪姓……27
合成……21, 28, 32, 33, 35, 91, 94, 98, 122, 377, 633
恒常……413, 549
強盛……902, 939
業成……301, 918, 961, 996, 1026, 1071, 1078, 1085, 1087, 1088, 1089, 1124, 1149, 1162, 1167, 1185, 1207, 1414
光照王……339
業清浄……347
香上仏……127
劫濁……128, 443, 601
後身……1072
後人……1218
劫水……75
光瑞……137, 565
興世……82, 138, 204, 406, 477, 513, 566, 568, 993, 994, 1029
高斉……653, 654
広説……52, 174, 382
興説……946
講説……47, 50, 582
勾践……467
光闡……9, 135, 136, 170, 205, 398,

後胤 ……………………………1043
業因 ……169, 372, 396, 531, 646, 647, 656, 666, 688, 710, 782, 797, 805, 860, 864, 865, 866, 902, 906, 909, 912, 913, 1014, 1355, 1361, 1406
業因果成…………………………541
業因縁………………………290, 366
広慧…………………211, 379, 480, 637
康永 ……………………886, 914, 1061
光炎……………………………633
光焰 ……………………………33
強縁 ……132, 368, 404, 484, 596, 659, 684, 773, 967, 1154, 1160
業縁…………………271, 843, 844, 903
光炎王…………………203, 362, 556
光炎王仏 ………………370, 558, 1024
侯王……………………………468
光応寺殿 ………………………1251
光遠………………………………9
厚恩 ……………………………1045
高遠……………………653, 654, 965
興和……………………………583
業果……………………………939
広海 ………189, 266, 607, 975, 1246
後悔………177, 832, 833, 1055, 1092
曠海 ……………………………1066
口外……………………………953
好覚……………………………855
行客 ……………………………1056
光赫焜耀 …………………………28
後学相続…………………………831
恒河沙………101, 102, 168, 220, 402
恒河沙劫………………576, 647, 648
恒河沙数………………125, 126, 127
江河泉水…………………………464
業果法然…………………………385
洪願……………………………249
紅顔 ……………………………1203
『藁幹喩経』 ……………………1012
綱紀 ……………………………72
豪貴…………………………163, 597
孔丘……………………458, 459, 465
後宮……………………………287
号泣 ……………………………90
光暁…………………………362, 557
興行………855, 871, 1053, 1057, 1066, 1068
業行 ………………………294, 412, 1002
広狭対………………………199, 508
高玉……………………………265
考義類……………………………457
好華…………………………262, 682
香気………35, 49, 160, 577, 648, 649
香華 ……………………………1068
降化 ………………………62, 67, 74
業繋 ………362, 557, 590, 912, 1024
公卿……………………………468
光啓……………………………362
高下大小 …………………………39
香潔…………………27, 35, 122, 377
好堅…………………………316, 317
後見 ……………………………1061
光顔……………8, 9, 11, 39, 135, 566
高原…………………………319, 549
康元……………………600, 639, 695, 718
好堅樹……………………………765
高貢 ……………………………1348
広業 ………………………588, 1034
光好……………………………342
皇后……………………………467
曠劫 ……132, 173, 218, 221, 226, 259, 299, 312, 369, 404, 521, 593, 616, 714, 761, 853, 960, 1133,

間断 ………387, 389, 541, 1002, 1185, 1403
暄暖時……………………………430
顕智 ………………………………1326
玄中寺 ………………415, 583, 1033
建長 ……515, 542, 737, 742, 749, 750, 756, 895, 1046, 1374
顕通………………………………368
元帝………………………………457
賢哲………………………………597
牽纏………………………………456
現当 ………………………………1012
源藤四郎……………………807, 808
『玄都録』………………………467
慳貪 ………………………………1340
眼耳鼻舌身意 ……………………1274
建仁……………………472, 1044, 1047
元仁………………………………417
咸然 ………………………………44
蜎飛………………………143, 341
『玄妙』…………………………457
玄妙玉女…………………457, 458
厳父………………………………201
玄風 ………………………461, 1043
堅伏………………………………3
還復………………………………35, 40
現不現前 …………………………1065
見仏……………………415, 648, 649, 990
簡別………………………………925
簡別隔略…………………………932
嫌貶………………………………397
見暴………………………………256
顕密……246, 394, 503, 917, 921, 1065, 1077, 1361
顕密両宗 …………………………1066
顕明………………………………5
賢明………………………………66, 67
顔貌 ……………………37, 308, 481
建武………………………………946
元明………………………………466
眼目…………106, 365, 452, 904, 929
見聞………405, 473, 612, 1067, 1096
兼誉 ………………1298, 1321, 1322
顕曜………………………………8, 136
顕耀………………………………4
顔容 …………267, 292, 311, 560, 1044
還来 ……………………489, 539, 1038
兼利………………………………240
建暦………472, 598, 663, 1054, 1430
賢良………………………………435
限量 ………………17, 20, 337, 1024
嶮路………………………………487
顕露……………………942, 1173, 1177
堅牢……………………147, 398, 495
堅牢地祇…………………………574
見論 ………………………………1067
幻惑 ………………………………88
該惑無識…………………………453

こ

呉…………………………………467
五悪 ……………………………62, 71, 74
五悪趣…………54, 204, 254, 482, 645, 646, 671, 673, 1028, 1115
五悪道……………………………255
広大恩徳…………………………616
五音七声…………………………933
孔…………………………………463
黄…………………………………463
矜哀 ………9, 136, 206, 209, 241, 296, 473, 488, 923, 1035, 1046, 1070
好悪 ……………………51, 172, 414
高位………………………………619

顔色 ……………………………88, 456
見写……………………473, 1046, 1047
賢者………………501, 516, 1061, 1079
慳惜 ……………………………………65
犬戎………………………………467
賢首………………………………446
元首………………………………183
顕宗 ……………………………1071
堅住 ………………………………93
還住………………………………440
厳重 ………………894, 928, 946, 1012
甄叔迦宝 ……………………………98
懸処……………………………94, 97
見生………………………………987
堅正 ………………………………12
顕彰……………………209, 383, 392
現生………………251, 625, 972, 975
減少……………………………425, 466
原壊………………………………462
賢聖……………………………298, 422
顕彰隠密………381, 383, 397, 398, 942
現生護念…………………539, 682, 684
現生護念増上縁……261, 658, 659, 682
顕浄土方便化身土文類 …………1046
賢聖人……………………………366
現生不退…………………………973
現生無量…………………………486
見濁………………………………128
賢人 ……………………………715, 1367
現身 ……101, 117, 382, 650, 975, 1337
源信 ……206, 471, 488, 593, 594, 595,
596, 599, 647, 662, 684, 1036
減衰………………………………418
現世……166, 267, 283, 292, 590, 1010,
1011, 1012, 1013
研精 ……………………………1077
厳制………………………………925
玄籍……………………………320, 418
顕説……………………375, 901, 975
現世利益…………………………576
現世利益和讃……………………573
賢善……………………………435, 905
顕然………899, 904, 910, 911, 929, 935
現前………19, 103, 110, 173, 181, 193,
194, 316, 375, 392, 567, 630,
677, 723, 1372
賢善者……………………………147
賢善精進 ……217, 517, 617, 714, 844,
1058, 1347
現前僧物…………………………114
現前導生の願……………………375
現前当来………………577, 648, 649
嶮阻 ……………………………1056
建造………………………………464
間雑……………156, 231, 235, 399, 412
還相 ……135, 159, 242, 313, 335, 478,
584, 608, 629, 721, 723, 1033
還相回向……482, 609, 723, 1031, 1146
還相回向の御ちかひ…………630, 723
還相回向の願…………………313, 483
源三中務丞………………………874
眷属 ………69, 90, 109, 110, 111, 112,
267, 310, 433, 434, 441, 442,
443, 444, 451, 453, 628, 629,
767, 906, 926, 1203
患息………………………………465
還俗………………………………304
眷属功徳………………………310, 628
玄孫 ……………………………1043
見諦所断…………………………147
乾陀訶提菩薩……………………121
乾闥婆…………148, 431, 437, 440, 443
乾闥婆王…………………………444
乾闥婆城…………………………285

下劣……………………55, 379, 638, 1080
繫恋……………………………………181
外論……………………………………461
戯論狂言 …………………………1060
源………………………………………895
見愛我慢………………………………457
嶮悪……………………………………225
見一切義仏……………………………127
牽引 ……………………………………68
現因……………………………………938
兼縁……1254, 1266, 1281, 1298, 1306,
1313, 1320, 1321, 1333, 1334
元嘉……………………………………182
現果……………………………………879
厳科……………………………………418
顕開 ……187, 368, 381, 385, 392, 415,
977, 981
患害 ……………………………………56
顕赫………………………30, 75, 338
兼学……………………………887, 892
還帰……………………………………598
玄義 ……………………………1386
玄義分…………………………………984
間隔……………………………………249
元久 ……………………………472, 1047
謙敬 ……………………………………46
兼行………………………395, 396, 530
顕教……………………………………999
玄虚沖一………………………………463
謙苦 ……………………………………60
賢愚……………………………………178
源空 ……185, 207, 471, 489, 577, 595,
596, 597, 598, 599, 663, 664,
669, 852, 860, 871, 872, 873,
887, 889, 894, 895, 896, 897,
917, 925, 929, 957, 959, 960,
1003, 1014, 1016, 1037, 1044,
1045, 1046, 1048, 1050, 1051,
1053, 1221, 1429, 1430
『賢愚経』……………………………427
賢愚対…………………………………510
見解……………………………………226
幻化………………………………………6
券契……………………………………913
顕化身土文類 ……………………1053
顕現…………………………5, 450, 597
眼見……………………356, 357, 942
堅固………80, 238, 240, 416, 420, 563,
591, 601, 847, 964, 1124,
1154, 1171, 1188
賢護………………………………………3
元弘……………………………………913
元亨……………………………………995
賢劫…………3, 427, 428, 441, 448, 450
『賢劫経』……………………417, 418
堅固願 ……………………34, 176, 377
限極…………………………28, 31, 339
堅固深信……………………252, 494
現其人前……………567, 912, 982, 989
堅固勇猛………………………………433
堅固力…………………………………447
幻作……………………………………284
現作……………………………………290
賢才……………………………………954
限斉……………………………………362
現在……7, 92, 149, 152, 153, 162, 175,
272, 348, 349, 354, 431, 472,
890, 892, 1047, 1193
間錯………………………………94, 95
見参 ……………………………1393
涓子……………………………………461
顕示………6, 7, 59, 205, 288, 335, 444,
484, 1029
幻師……………………………………6, 284

外典……………………965, 1122, 1398
外天神………………………………469
化土 ……254, 372, 507, 594, 608, 613, 631, 647, 756, 850, 952, 953, 990, 992, 1037
化度…………………………………598
化導………860, 965, 1066, 1070, 1072, 1080
華幢 ………………………………94
外道………52, 154, 172, 344, 419, 453, 454, 455, 456, 457, 468, 469, 540, 618, 620, 688, 836, 918, 1009, 1130
化土懈慢国 ……………………1036
けなりげ……………………………905
化人…………………………………366
下人…………………………………819
悔熱…………………………………267
係念 ……………………389, 1002
繫念 ……………………………91, 100
繫念思惟……………………………407
係念定生の願………………………400
外の一異……………………………457
外の四異……………………………458
外の七異……………………………459
外の十異……………………………460
外の凡夫……………………………415
外の六異……………………………458
下輩 ………………42, 633, 976, 979
下輩生想……………………………116
繫縛…………………201, 235, 388
化仏………42, 102, 103, 107, 108, 109, 110, 113, 114, 115, 167, 318, 365, 526, 576, 663, 701, 850, 962, 986
華報…………………………………267
下方……………………………106, 126
化菩薩……………………………102, 103
下品 ……………389, 470, 938, 1406
下品下生……115, 116, 302, 1350, 1386
下品上生……………………113, 114
下品中生…………………114, 115, 248
外魔…………………………………179
懈慢 ……254, 380, 502, 507, 568, 610, 611, 612, 634, 747, 749, 839, 903
懈慢界 ………375, 380, 396, 541, 594, 634, 736, 952, 953
懈慢国 ……………………381, 634, 1036
懈慢国土……………………380, 634
仮名 ……………158, 295, 415, 1077
悕望…………………………………65, 70
化没…………………………………40, 49
化物…………………………663, 664
仮門 ……189, 265, 394, 395, 396, 413, 503, 508, 531, 538, 567, 569, 690, 737
化益…………………………………484
誨喩 …………………………………73
化用…………………………………900
外用 ……………………………1080
華葉 ……………………35, 95, 98
化楽…………………………441, 449
快楽……22, 36, 37, 40, 50, 61, 76, 308, 377, 564, 636
外楽…………………………………331
快楽安穏 …………………………13
化楽天………………………………448
化楽天子……………………………437
化楽天王…………437, 441, 442, 444
仮令………396, 903, 912, 982, 989, 992
計量 ………………………………17
解了……………………229, 968, 969, 976
下類………………248, 249, 707, 708

具縛 ……248, 249, 487, 491, 582, 707, 962, 1008
鳩槃……438
鳩槃荼……431, 437, 440, 443
鳩槃荼王……444
愚鄙廝極 ……38
口筆……913
愚筆 ……1061
恐怖……455
愚夫 ……66, 496, 597
九方……562
公方 ……1097
求法……887, 888
共発金剛心……944
九品 ……171, 218, 254, 376, 386, 395, 397, 502, 508, 631, 690, 1058, 1065, 1132, 1397
九品往生……631
愚昧 ……1046
熊谷直実 ……1049
熊野……1057, 1058
窮微極妙 ……20
共命……123
愚民 ……65
公務 ……1058
句面 ……1260
求望 ……63
拘物頭華 ……35
旧訳……651
功用 ……1012
供養……6, 12, 19, 23, 25, 27, 43, 44, 49, 50, 53, 76, 77, 78, 79, 80, 90, 111, 122, 144, 145, 148, 153, 193, 240, 263, 282, 283, 289, 290, 303, 314, 316, 319, 320, 328, 339, 351, 386, 387, 427, 432, 434, 514, 519, 528, 530, 619, 630, 723, 812, 874, 894, 992, 1017, 1068
供養恭敬自身心……330
苦楽 ……56
苦楽万品……310, 628
鳩羅婆国……440
功力 ……161, 1118
繰り言……852
栗沢……822, 826
究了 ……31
救療……5, 269, 272
拘楼孫如来……450
鳩留孫仏……441, 445
鳩留仏……448
苦励……217, 492, 517
紅蓮華色……104
功労 ……223, 534, 1124
劬労……908
苦労……1099, 1145, 1174, 1285
愚老 ……770, 1155, 1164, 1180, 1185, 1188
黒木 ……1277
黒袈裟……920, 921
黒谷 ……664, 860, 890, 900, 918, 946, 957, 959
黒谷上人 ……1067
黒谷聖人 ……871, 1078
黒谷の聖人 ……887, 917, 1407
黒谷の先徳 ……907, 940, 1046
くわうず御前……825
愚惑 ……58
群機 ……1308
『群疑論』……380, 634, 1406, 1408
郡家 ……1252
群詣 ……1072
群居 ……1049
群胡……459

君后……202, 484
君子……465, 466, 582, 583
群邪……453
訓釈……996
群籍……4
熏修……112
薫修……182, 1077, 1395
軍衆……149
群集……598, 906, 1045, 1071, 1090, 1093, 1095
群生……4, 7, 26, 53, 62, 137, 201, 203, 205, 211, 232, 233, 241, 296, 312, 320, 369, 417, 480, 483, 491, 492, 497, 546, 548, 588, 1026, 1030, 1044
群生海……186, 201, 203, 231, 235, 241, 375, 400, 670, 672, 709, 974, 1027
君臣……467
群臣……87, 597, 1409
群賊……223, 224, 225, 226, 536
訓導……201
君王……201
君父……467
群萌……9, 52, 131, 135, 136, 307, 335, 375, 390, 413, 477, 482, 491, 671, 672, 689, 976, 1072, 1080
群類……881, 886, 1045, 1058, 1071

け

仮……394
怪異……421
経営……913, 1307
景王……459
経回……884, 892, 1095, 1156, 1158
敬屈……1059
荆渓……898
稽古……895, 934, 1313
蟪蛄……301
谿渠……28
嵆康……461
熒惑……430, 438, 439
熒惑星……438, 439
稽首……11, 15, 44, 45, 153, 163, 362, 363, 364, 562, 1065
稽首作礼……22
径術……263
稽首礼……156
卿上雲客……598
敬白……1228
罽賓……458
慶文……177, 178
契約……1270
径路……1077
希有……11, 37, 52, 128, 132, 137, 148, 149, 150, 160, 175, 190, 203, 232, 247, 261, 262, 308, 398, 411, 481, 507, 538, 565, 923, 1023
希有華……262, 682
希有最勝……211, 473, 1047
希有最勝人……592
希有大法王……185
希有人……262, 496, 538, 550, 682, 748, 1028
化縁……593, 598
外縁……187, 509, 864
華果……96
華菓……160
怪我……1324
華蓋……49
飢渇……815, 818
仮観……530
化観世音……113

化観音……167, 701
快喜……67
下機……949
外儀……595, 617, 618, 1085, 1086
偈義……156
解義……321, 373, 381, 413
逆順……462
外記庁……856
計校……17, 31
外教……415
解行……216, 262, 395, 405, 517, 531, 959
外教邪偽……429
解行不同……221
悔懼……70
希求……379, 637, 638
係求……912
下化……1080
下下品……299, 1395, 1397
化現……6, 42, 895, 900, 1072
華香……27, 39, 49, 50, 78
繫業……299, 311, 358, 629
下向……880, 889, 1059, 1237, 1238, 1239, 1243, 1247, 1251, 1294
下業……268
解業……349
下国……867, 880, 924
悔恨……283
華厳……501, 668, 1364
『華厳』……264
飢饉……445, 450, 466
下根……840, 847, 865, 942, 1000, 1006, 1007, 1392
下根往生……1079
『華厳経』……161, 196, 237, 358, 410, 474, 737, 759, 760, 777, 995
華厳宗……736
けさ……818, 820, 822, 826
化作……110
袈裟……419, 422, 427, 428, 451, 452, 881, 884, 885, 886, 921, 924, 1044, 1116, 1314
華座……99, 100, 530
家財……66
繫在……299
袈裟衣……455
下三品……1408
芥子……180, 361, 1385
下至……168, 188, 228, 472, 656, 657, 717, 978, 979, 984, 985, 1047, 1351, 1373, 1374, 1383
下至一念……188, 910, 1090
華色王……10
家室……55, 66, 69
外邪……223, 535
悔責……78, 378, 637
解釈……202, 259, 549, 942, 958, 959, 963, 978, 982, 983, 984, 985, 987, 988, 1003, 1016, 1021
化主……383
華樹……21
偈頌……288, 489
下旬……472, 598, 913, 946, 1047, 1059, 1102, 1103, 1104, 1107, 1112, 1187, 1356
化生……42, 49, 76, 77, 175, 186, 310, 342, 372, 377, 378, 379, 393, 440, 545, 580, 608, 613, 628, 636, 637, 638, 666, 693, 989, 990, 991, 992, 1397
化成……34, 377
華上……100
下生……459, 1337
外障……1024

戯笑……452
希常対……510
化身……107, 372, 397, 505, 506, 529, 562, 655, 704, 813, 891, 894, 899, 952, 953, 1037, 1045, 1046, 1221, 1295, 1329, 1331
悔心……283, 294
化身土……134, 375, 950, 952, 953
下主……1201
化制……418
偈説……269
解説……97, 250, 409, 447
快善……341
下賤……38, 63, 280
化僧……1052
華蔵……1008
外相……922, 935, 1096, 1114, 1152, 1156, 1159, 1162, 1173, 1175, 1346, 1362
解奏……454
繋属……222, 299, 440
化他……934, 1067, 1078, 1128, 1213
華胎……379, 638
華台……172, 261
懈怠……46, 145, 233, 401, 418, 456, 538, 541, 669, 715, 945, 1127, 1170, 1237, 1238, 1304, 1340, 1348, 1361, 1403
外題……881, 924
解第一義……878
化大勢至……113, 701
解脱……12, 23, 30, 59, 63, 65, 67, 68, 71, 115, 149, 160, 171, 222, 223, 226, 259, 285, 338, 341, 342, 343, 345, 352, 354, 362, 390, 393, 404, 408, 420, 441, 465, 534, 557, 558, 845, 886, 1025, 1048, 1077, 1143, 1361
解脱華……10
解脱堅固……420
解脱知見……115
解脱道……238
解脱幢相……886
解脱分……389
解脱菩薩……4
下知……887
下智……173, 667, 669, 704, 706, 1341
掲焉……893
結縁……767, 1010, 1058, 1153, 1338, 1343, 1400
結縁分……934
血脈……917, 946, 1151
血脈相承……900
夏中……1216, 1217
結跏……434
結跏趺坐……106, 379, 638
欠減……341, 452
月支……132
決正……60
決定往生……473, 877, 957, 959, 960, 989, 1000, 1005, 1013, 1048, 1086, 1174, 1419, 1425
決定心……252, 1086
決定信……1180
決定真実心……243
決誓猛信……248
決断……51, 58, 61, 930
決択……172
決得……935, 936, 942, 966, 1421
決破……180
結縛……58, 72
決判……488, 930
決了……219, 526, 953, 967
闕陋……23

739, 744, 883, 1289, 1388
愚痴闇鈍……1186
愚痴海……201
駆逐……282
具知根力……351
愚痴放逸……1068
愚痴無智……445, 771
愚痴迷惑……454
愚痴朦昧……70
宮中……4, 78
究暢……6, 9, 48, 59
倶絺羅……121
苦痛……72, 303, 846, 1167
屈駕……269
屈敬……1050
屈請……874, 884, 1056
屈伸……113
窟宅……352
公廷……872
倶胝……185, 572, 727
公廷一座……873
口伝……831, 890, 918, 935, 942, 943, 945
宮殿……5, 21, 34, 36, 39, 61, 76, 77, 78, 95, 108, 377, 378, 379, 400, 555, 612, 613, 636, 637, 638, 990, 991
『口伝鈔』……1300
求道……60
苦毒……13, 65, 71
愚禿……132, 209, 266, 413, 472, 477, 484, 501, 515, 516, 542, 551, 557, 565, 578, 600, 615, 619, 639, 670, 674, 695, 718, 732, 737, 749, 769, 856, 921, 1046, 1057, 1079, 1356, 1374, 1380
功徳持慧……10
功徳殊勝……59, 257, 480
『愚禿鈔』……1079
功徳荘厳……122, 123, 124, 317
功徳成就……232, 317, 491, 969, 1192
功徳証成……504
功徳善根……325, 690, 701, 730, 1141, 1165, 1406
功徳善力……29
功徳相……190, 391
功徳蔵……44, 399, 556, 564, 589
功徳尊貴……150
功徳大宝海……205, 361, 479, 651, 653, 691, 1031
功徳田……184
愚禿悲歎述懐……617
功徳宝海……141
功徳力……331, 360, 1392
功徳利益……166, 1200
瞿曇……276, 291, 293, 432, 459
愚鈍……131, 229, 489, 926, 942, 949, 1067, 1392, 1429
愚鈍懈怠……1361
拘那含牟尼……448, 450
拘那含牟尼仏……442, 445
苦難……36, 564
愚人……113, 114, 115, 174, 933, 1146, 1221
恐熱迫愶……66
求念……165, 187, 296, 863, 875
功能……161, 262, 401, 1005, 1200, 1345
苦悩……30, 61, 63, 65, 67, 68, 71, 97, 131, 159, 231, 235, 241, 242, 243, 245, 287, 298, 313, 334, 338, 547, 606, 630, 721, 837, 1397
休廃……456

『倶舎論』……………………304, 891
口授………………………301, 909, 942
丘聚 ………………………………73
苦受………………………………346
九宗………………………………999
垢習 ………………………………39
九十五種 ……163, 265, 266, 375, 419, 422, 468, 602, 1009
九十有回 ………………………1080
九十六種…………………………468
口称 ……………………………1351
垢障…………………………368, 412
求生………………………217, 233, 517
垢濁………………………………238
久塵………………………………174
愚身………………………………833
弘深………………………14, 311, 1341
窮尽………………31, 53, 200, 339, 477
弘通………893, 935, 1046, 1052, 1054, 1072, 1080
医師……………………………1351, 1352
救世………………………616, 659, 660
弘誓 ……19, 26, 48, 82, 131, 132, 142, 170, 171, 173, 193, 205, 206, 260, 296, 316, 398, 404, 411, 473, 477, 479, 483, 484, 488, 548, 559, 579, 580, 581, 584, 591, 593, 630, 688, 689, 704, 722, 723, 899, 904, 973, 1030, 1034, 1045, 1080, 1120, 1123, 1146, 1150, 1322, 1341, 1373, 1378, 1383
弘誓一乗海………………………200
弘誓願 ……………………204, 1028
救世観音…………………660, 661, 922
救世観音大菩薩…………615, 660, 661
曲事………………………………783
くせごと ……………1260, 1309, 1328
苦節 ……………………………1077
くせ法門…………………1160, 1172
救世菩薩 ………660, 1044, 1045, 1054
九仙………………………………461
垢染 ………………………………51
弘宣…………………4, 335, 484, 616
拘睒弥国…………………………419
愚僧………………………………418
休息………30, 147, 223, 319, 338, 442, 443, 445, 446, 448, 559
具足………3, 5, 6, 7, 15, 23, 25, 26, 27, 36, 44, 47, 48, 50, 51, 53, 77, 81, 92, 94, 95, 104, 106, 107, 109, 116, 145, 162, 175, 182, 188, 213, 228, 232, 236, 240, 251, 278, 282, 288, 295, 299, 317, 348, 350, 351, 371, 389, 391, 455, 479, 485, 491, 550, 561, 591, 643, 685, 707, 731, 732, 739, 740, 747, 776, 787, 788, 834, 837, 839, 845, 846, 847, 853, 877, 883, 911, 979, 991, 994, 1000, 1007, 1036, 1073, 1184, 1338, 1362, 1364, 1367, 1368, 1372, 1386, 1387, 1391, 1392, 1393
具足戒…………………112, 114, 706
具足十念 ………………716, 1350
具足衆戒…………………531, 706
具足八智…………………………353
宮胎…………………380, 612, 638
究達 ………………………………44
苦治………………………………424
愚智…………………………247, 248
愚痴……61, 63, 64, 267, 284, 285, 297, 341, 410, 664, 694, 717, 729,

久遠実成　……572, 898, 899, 900, 969, 1001, 1120
久遠正覚……899
苦海　……412, 579, 608, 617, 847, 924, 930, 1071
苦界……172
具戒……453
瞿伽離……281
弘願　……168, 311, 382, 383, 568, 590, 595, 878, 953, 984, 1015, 1140, 1386, 1387, 1389, 1392, 1402, 1406
求願　……61, 166, 383, 516, 864
弘願正因　……1395
弘願真宗……590
句義……288
供給　……78
究竟……4, 19, 24, 45, 48, 50, 51, 53, 138, 142, 147, 193, 195, 254, 308, 316, 357, 372, 478, 483, 545, 580, 627, 630, 723
久行……189
工巧……280
苦行　……265, 288, 391, 405, 455, 923, 969, 1385
恭敬　……26, 27, 43, 44, 46, 49, 53, 74, 77, 78, 87, 148, 152, 156, 185, 232, 238, 275, 287, 320, 328, 330, 351, 432, 434, 457, 479, 487, 491, 562, 579, 619, 896, 1056, 1065, 1396
弘教　……1308
弘経　……207, 398, 1038
恭敬合掌……435
究竟願　……34, 176, 377, 563
恭敬尊重　……1052
究竟如虚空……651, 931
究竟畢竟……196
究竟法身……195
恭敬礼拝……152
恐懼　……12
功勲　……12, 315
口気　……27
拘礙　……60
口決　……896, 913, 927, 946, 1057
口決相承……895
くげどの……791
苦患　……33
九間在家　……1169
糺挙　……72
貢高　……1079
口業　……317, 331, 332, 349, 356, 385, 388, 518, 520, 521, 546, 919, 1260, 1387, 1398, 1405
弘興　……895, 933, 1045
求業……349
求降雨時……430
久近　……178, 220, 221, 245, 247, 248, 299, 387, 390, 403, 687, 1373, 1404
救済……131, 429
休止　……57, 341, 474, 514
駆仕　……1058
九地……356
公事……1118, 1125
倶時……110
紅色　……95
遇斯光……557
駆使債調……304
宮室　……78
愚者……771, 943, 1190, 1311
孔雀……123
求索……55, 65, 291
倶舎宗……736

去夜 ……………………………1051
奇麗 ……………………………28
喜楽……………………………430
義利……………………………143
義理 ……64, 880, 891, 892, 938, 1039, 1067, 1078, 1213, 1260, 1301, 1343
起立 ……………………………42, 632
器量………………………667, 840, 842
季路……………………………471
記録 ……………………………1045
疑惑 ……29, 43, 61, 76, 77, 78, 79, 82, 248, 378, 400, 486, 513, 610, 611, 612, 613, 614, 633, 635, 636, 637, 683, 686, 831, 875, 989, 990
禁遏……………………………946
禁戒………………………194, 407, 452
金言……138, 246, 853, 908, 939, 1057, 1139, 1311, 1316, 1326, 1332
欽仰……………………………597
近国 …………………1080, 1171, 1176
獝狩……………………………341
今上 ……………………………471, 1053
金床玉机………………………466
近臣 ……………………………1043
金真……………………………466
禁制 ……………………………88, 423, 918
近代………949, 1156, 1163, 1170, 1173
公達…………………823, 824, 825, 827
君達……………………………893
禁中……………………………871
緊那羅…………………………430, 432
緊那羅王………………………444
近年……1126, 1157, 1170, 1175, 1176, 1178, 1183, 1254, 1314, 1332
禁閉……………………………304
欽明天皇 ………………………1045
近来 ……………………………838, 1419
禁裏 ……………………………1278
斤両……………………………157
禁令 ……………………………67

く

苦悪……………………………386, 518
愚悪……………………………231
倶阿弥陀仏……………………933
愚案 ……………………………831, 1061
愚闇無才 ………………………1168
愚意……………………………885
苦域 ……………………………937, 1015
苦因 ……………………………939, 1070
空 ………………………………472, 1047
空迥……………………………225, 536
空見……………………………286
空賢 ……………………………1234
空閑……………………………163
空曠……………………………223
窮極 ……………54, 254, 482, 645, 646
空師……………………472, 1053, 1054
空寂……………………………456
『空寂所問経』…………………463
空聖人 ………396, 871, 887, 888, 889, 1054, 1079
空善……………1236, 1239, 1241, 1320
空中……………26, 98, 106, 112, 505
共報……………………………323
空無我…………………………36, 45, 327
空無菩薩………………………3
功慧……………………………25, 53
垢穢惑累………………………468
垢汚……………………………5
久遠 ……………9, 60, 175, 197, 713
久遠劫 ………566, 608, 616, 837, 1263

驚怖 ……89,368
行歩 ……1252
敬伏……836
行不退 ……1049
教法……51,226,419,509,580,609,757,840,881,897,922,1066,1084,1360
経法 ……14,20,43,49,57,60,61,69,73, 74, 77, 81, 82, 378, 514,636,899,990
矯盲……458
行法……183,446,447,448,450
楽法 ……50
巧方便……170,239,325,326,327
巧方便回向……325
巧方便回向成就……326
巧方便力……548
憍梵波提……121
軽慢……67,386,412,519,1002
憍慢 ……46,68,145,200,204,238,240,401,408,538,945,1028,1158,1348
憍慢貢高 ……1079
軽微……574
教名……781
形貌 ……37
教網 ……1071
軽毛……312,415
教文……895,1067,1386
教門 ……171,312,941,1000
経文 ……419,918,964,980,982,983,1097,1105,1119
慶聞……1236,1246,1253,1259,1272,1332
教誘……907
孝養……92,113,834,1338
行要……978
孝養父母 ……531,1340
敬礼 ……451,659,660,661,896,1046
行来進止……369
慶楽……225,539,685
交乱 ……66
狂乱……288,1406,1408
狂乱往生 ……1406
経律……421,425
業吏部 ……1077
巧暦 ……31
経歴 ……14,115,132,298,484
校量……299,300
教令……57,67,445,446
暁了……489
畺良耶舎……182
交露 ……34,377
享禄 ……1320
経論 ……157,447,467,488,849,1045
経論章疏……919,932
狂惑……283
巨海……485
御忌 ……1171
玉机……466
玉京……466
玉光州……466
玉女 ……457,458,466,1044
局分……194,931
巨孝……462
虚言……833,1156,1158
居住……1051,1095,1112,1156,1185,1187,1188,1318
居諸……472,1054,1079
魚食……884,885
魚鳥 ……884,1257
魚蚌……360
清見が関 ……1340
魚母……514

憍尸迦帝釈……………………442, 445
交飾 ……………………………98
校飾 ……………………………39
形色…………………………16, 20, 38, 39
行者帰命 ………………………1162
経釈 ……801, 839, 840, 854, 910, 918,
964, 965, 973, 979, 981, 1013,
1057, 1104, 1123, 1159, 1207
行者集会…………………………931
交衆 ……………………………1077
教主 ………458, 616, 850, 1058, 1065,
1343
教授 …………………………60, 670
軽重……………………156, 299, 845
憍縦 ……………………………64
行住坐臥 ……167, 221, 227, 256, 385,
387, 518, 930, 932, 1030,
1058, 1086, 1091, 1106, 1121,
1146, 1149, 1185, 1207, 1363,
1378, 1404
行住座臥 …………594, 687, 747, 762,
1341, 1373, 1422
教主世尊 ……576, 588, 610, 651, 1413
敬順 ……………………………1017
狭少……………………………………224
教証 ……………………207, 489, 1038
行証…………421, 471, 601, 1000, 1053
行状 ……………………………1079
敬信……………………132, 290, 373, 477
慶心……………………………250, 981
慶信……………………………763, 768
行信 ……132, 186, 187, 202, 392, 951,
974
教信沙弥…………………………921
形勢 ……………………………64
軽賤 ……………………386, 519, 1162
教相 ……………931, 949, 953, 1078
更増…………………………………418
経蔵…………………………………304
仰崇 …………881, 919, 922, 942, 1331
形像 ……920, 1012, 1345, 1388, 1389,
1390
行足 ……………………………1390
兄弟………55, 57, 58, 64, 69, 275, 310,
454, 629, 834, 932, 1245,
1270, 1299, 1310, 1312, 1318,
1330, 1397, 1398
行体 ………866, 943, 981, 1014, 1026,
1122, 1135, 1403
形体 ……………894, 920, 928, 1203
京中…………………………………887
教勅 ……445, 477, 484, 493, 652, 711,
1017
経典 ……6, 7, 108, 109, 113, 115, 369,
407, 652, 654, 943, 1018, 1343
行度…………………………………876
郷党 ……………………………65
薑湯…………………………………409
経道 ………74, 82, 406, 486, 513, 514,
568, 993, 994
傾動……………………147, 198, 386
驚動…………………………………109
経道滅尽 ……………………82, 513, 590
京都本願寺御影 ………………1173
敬難 ……………………………67
軽爾…………………………………244
教忍…………………………804, 807
行人 ……107, 169, 256, 635, 656, 657,
702, 735, 736, 859, 912, 925,
927, 964, 985, 986, 988, 990,
994, 1086, 1088, 1162, 1185,
1207
行の一念……………………187, 749, 981
刑罰 ……………………………78

行位……415
京夷庶民……597
行因……667, 992
行雨……570
径迂対……199, 508
匡王……420
京邑……182
饗応……1056
教誡……59, 74, 415, 429
経戒……59, 72
境界……14, 160, 238, 323, 365, 445, 446, 447, 448, 455, 906, 1025
行学……904
教観……264
行願……4, 259, 411, 1068
境関千里……1072
教機……428
慶喜……175, 204, 206, 227, 473, 560, 561, 672, 712, 806, 1028, 1036
教義……952, 976
慶喜金剛……1168
慶喜心……1408
慶喜奉讃……616
経教……163, 468
教行……222, 477, 488, 1000, 1052, 1072
経行……122
僥倖……70
楽敬……148
恐恐謹言……778, 779, 797
教行証……132, 477, 1000
『教行証』……931, 942
『教行証の文類』……962, 973, 1009
『教行証文類』……954, 980, 995
教行信証……135, 312, 949, 950, 953, 1222
『教行信証』……864, 945
『教行信証之文類』……1078
『教行信証文類』……949
慶喜楽……490
行空……855
教化……9, 27, 62, 73, 227, 242, 291, 298, 310, 313, 314, 319, 388, 535, 584, 958, 1068, 1236
教誨……69, 70, 72, 473, 1046, 1047
経家……373, 396, 397, 413, 999
行化……1071
教化地……190, 243, 313, 332, 334, 335, 394, 482, 548
交結聚会……66
教賢……1234
狂言……1060, 1329
軽挙……49
教語……57, 58, 70
経語……59, 72
向後……1103, 1111, 1152
教興……415
馨香……40
校合……884
憬興……138, 174, 370, 380, 638
暁更……1056
行業……29, 226, 395, 625, 721, 847, 865, 977, 1000, 1004, 1338, 1402
荆棘……1067
軽忽……1228
巧言諛媚……64
慶西……777
教旨……1079
脇士……1046
教示……1420
敬事……38
行事……419, 421, 425
憍尸迦……444

1073, 1074, 1085, 1097, 1103, 1114, 1115, 1121, 1123, 1125, 1126, 1127, 1135, 1144, 1145, 1147, 1149, 1153, 1160, 1162, 1164, 1167, 1168, 1172, 1179, 1184, 1186, 1192, 1195, 1196, 1197, 1198, 1200, 1223, 1228, 1233, 1234, 1242, 1297, 1386, 1401, 1402, 1403, 1405, 1406, 1407, 1408, 1409, 1413, 1414
帰命尽十方無礙光如来 ……156, 372, 651, 730, 763, 920, 1407
奇妙珍異 ……39
帰命無礙光如来 ……1030
帰命無量寿覚 ……1408
帰命無量寿如来……1021, 1022
帰命礼……156
貴命……872
毀滅……593, 602
亀毛……157
疑網 ……51, 60, 132, 238, 480, 484, 1353
疑問……209
逆悪 ……206, 484, 486, 488, 570, 584, 1035
劇悪極苦 ……54
逆違 ……54, 255, 482
逆害 ……131, 267, 268, 269, 271, 275, 283, 483, 1166
却行 ……89, 570
劇苦 ……62
逆罪……909
逆者 ……1354
逆修……871
獲証……180
隔心……887
客人 ……1056, 1281, 1328
逆心……570
獲信 ……671, 673, 1028
獲得 ……209, 235, 244, 251, 264, 290, 407, 480, 491, 539, 549, 550, 917, 918, 967, 1030, 1110, 1116, 1123, 1149, 1150, 1151, 1157, 1162, 1164, 1177, 1178, 1180, 1183, 1192, 1197, 1222, 1386
獲徳……481
劇難……7
逆謗 ……131, 197, 203, 585, 670, 672, 962, 1027
撃発……179
舅迦葉……455
旧儀……1171, 1174
九棘 ……1048
窮屈……914
給済 ……54
急作急修……235
給仕……902, 1017, 1071
急修……235
宮商 ……33, 563
宮商角徴羽……933
旧跡 ……1071
弓箭 ……1055
久宝寺 ……1255
糺明……925
急用 ……1280
急要 ……172, 1071
旧里……837, 905
帰敷 ……1080
器用……873, 886
尭……457
儀容 ……38
敬愛 ……55
教意……219, 415, 497

索引　き

器世間……891
器世間清浄……323
記説……428
起説……413
貴賤……58, 176, 245, 594, 1048, 1054, 1069, 1080, 1129
貴前……924
貴賤上下……1067
貴賤道俗……1188
貴僧……1052, 1056
規則……1414
帰属……942, 944
儀則……735, 1419
鬼率……1352
毀損……9
疑退……526
帰託……909
北殿……1232, 1254
北の郡……745, 800
吉日……618
吉日良辰……688, 1097
吉良日……429, 1097
吉凶……57, 435, 453
吉祥……4, 352
吉祥菩薩……463
吉徳……273, 277
気づまり……1320
紀典……913
祈禱……1012
帰投……1080
起塔……927
記得……1228
奇特……8, 136, 138, 862, 1051, 1055, 1060, 1069
奇特最勝……138, 477
疑難……221, 526, 851
帰入……205, 487, 587, 604, 606, 607, 615, 672, 1031, 1035, 1108, 1172
帰人……470
喜忍……261, 1036
昨日……1095, 1167, 1180, 1317, 1332, 1395
耆婆……88, 89, 274, 275, 277, 279, 280, 281, 287, 294, 570
耆婆大臣……565, 570
きはほとり……727
虧負……59, 72
帰伏……5, 1071
規模……877, 891, 932, 949
喜法……50
毀法……424
毀謗……209, 419
機法……900, 901, 1398
貴坊……887, 1043, 1052, 1059
偽宝……422
疑謗……178, 469, 473, 592, 602, 787, 790, 1055, 1067, 1070
機法一体……1147, 1179, 1183, 1187, 1311, 1383, 1390, 1391, 1394, 1395, 1397, 1402, 1403, 1404, 1405
疑謗破滅……602
毀犯……114
鬼魅……288
奇妙……13, 21, 123
帰命……153, 154, 156, 157, 169, 170, 184, 185, 187, 203, 205, 357, 364, 429, 479, 513, 545, 556, 557, 558, 559, 560, 561, 562, 563, 564, 569, 581, 616, 646, 650, 651, 655, 656, 763, 866, 897, 919, 968, 969, 974, 986, 1021, 1022, 1030, 1069, 1071,

棄捐……………………………55, 72
毀厭……………………………386, 518
機縁……………………222, 515, 570, 595
記憶 ……………………………1420
疑蓋 ……230, 232, 235, 241, 245, 393, 492, 493
疑蓋間雑……………………231, 235
伎楽………………34, 49, 50, 97, 563
妓楽 ……………………………78
祈勧……………………………5
飢寒困苦……………………37, 69
機堪不堪対…………………199
機偽多端 ……………………64
ききとり法門 ………………1157
危急……………………………902
帰給 ……………………………66
耆旧……………………………351
起居……………………………893
帰京……………………………895
帰敬…………435, 574, 583, 597, 618
機教……………………………904, 967
起行 ……169, 217, 334, 517, 929, 930, 935, 936, 1057, 1429
機教相応 ……………………384, 1077
疑懼 ……………………………51
疑悔……………………379, 637, 638
義解 ……………………550, 1420
疑礙……………………………219
黄袈裟 ………………………1303
機嫌 ……………………………1327
譏嫌……………………………303
綺語 ……………………………67
喜光……………………………339
帰仰……………………………4
疑怯退心……………………225
喜悟信 ………………264, 1036
黄衣 ……………………………1303
偽言……………………………885
義言……………………214, 514
機根最劣 ……………………1136
帰参……………………………873
毀讃……………………………418
記識 …………………62, 67, 68
毀呰 …………………451, 1104
義旨 ……………………………1218
起屍鬼…………………………454
儀式……………………………983
疑錯……………………………386
耆闍崛山……………3, 87, 89, 117
義趣………………109, 949, 996
祇樹給孤独園………………121
季商……………………………946
姫昌……………………………459
寄生 ……………………………66
偽性……………………………512
疑城 ……375, 397, 507, 611, 747, 749, 839, 952, 953
疑情 ……207, 246, 489, 505, 540, 597, 1038
起請文……………925, 927, 928, 932
気色 ………………921, 922, 1175
忌辰……………………………954
喜心……………………………290
鬼神 ……429, 432, 440, 444, 453, 454, 455, 470, 471, 618, 756, 1097
疑心 ……188, 228, 251, 490, 491, 538, 539, 613, 761, 776, 979, 981, 1115, 1132, 1154, 1160, 1374
疑心自力……………………611
鬼神説…………………………414
『起信論』……………371, 455
奇瑞………………472, 1045, 1052
祈誓 ……………………………1297
義勢………………882, 898, 996

看病人……816
肝腑……1057
観仏……529, 530, 531
観仏国土清浄味……334
観仏三昧……383
『観仏三昧経』……159, 1010, 1409
関閉……363
勘篇……1163
観法……941, 1363
勘発……923
観法師……470
甘満闍国……440
勧無勧対……199
『観無量寿経』……296, 298, 900, 938, 970, 1032, 1346, 1350
漢明……459, 464
勘文……1216
観門……383, 953
願文……307, 313, 635, 912, 966, 982, 989
勧誘……515, 541
肝要……901, 902, 909, 911, 913, 917, 935, 936, 937, 949, 953, 1083, 1087, 1089, 1090, 1098, 1101, 1114, 1123, 1132, 1135, 1150, 1184, 1185, 1207, 1211, 1215, 1242, 1244, 1254, 1288, 1290, 1296, 1308, 1311, 1313, 1314, 1315, 1323, 1330, 1413, 1421
簡要……413, 473, 1047, 1078, 1130, 1366
歓楽苦痛……1167
願力……53, 99, 169, 170, 171, 218, 227, 245, 335, 399, 473, 494, 497, 520, 521, 522, 539, 561, 606, 646, 653, 656, 657, 658, 664, 670, 673, 689, 691, 693, 713, 743, 848, 849, 908, 934, 935, 936, 939, 942, 968, 969, 975, 977, 981, 985, 1027, 1105, 1115, 1143, 1147, 1154, 1157, 1160, 1197, 1211, 1214, 1339, 1348, 1349, 1352, 1361, 1366, 1378, 1402, 1420
願力回向……246
願力成就……548, 591, 1078
願力不思議……575, 918, 1028, 1192
翰林……1060
感涙……904, 1078, 1310
寒涼……430
勧励……220, 381, 402
貫練……4
甘露……35, 52, 258, 352, 368, 377, 410, 1052
頑魯……933
甘露灌頂……36
勘録……918
甘露味……79, 280

き

基……418, 420
魏……460, 583, 653, 654
喜愛……203, 413, 670, 672, 944, 962, 1014, 1027
起悪造罪……588
奇異……1059
熙怡快楽……50
義異名異……352, 353
疑雲……663, 664
帰依……162, 269, 270, 288, 325, 352, 429, 432, 433, 434, 435, 453, 469, 512
毀壊……428
帰説……170

灌頂 ……………………………………36
願生 ……155, 157, 297, 651, 652, 656, 657, 678, 681, 703, 911, 967, 972, 974, 975, 984, 985, 1233, 1234, 1300, 1372
元照 ……178, 180, 182, 194, 247, 264, 405, 514
灌頂王子……………………………324
『灌頂経』…………………………453
願成就………………………252, 930, 935
願成就一実円満……………………254
願成就の文 …142, 308, 337, 376, 478, 483, 636, 759, 778, 911, 977, 1145, 1162
浣濯 ……………………………………22
『漢書芸文志』………………………467
甘心……………………………………938
勧信…………………………………183, 504
肝心 ………………………………957, 1005
勧進 ………………………………92, 108
願心 ……209, 229, 242, 243, 244, 312, 321, 393, 481, 482, 483, 494, 865, 969
勧進行者……………………………531
上野……………………………………817
観世音………45, 48, 98, 105, 106, 107, 108, 109, 110, 113, 115, 116, 616, 1356
観世音菩薩 ………100, 103, 104, 107, 108, 114, 117, 565, 894, 895
願船 …………189, 484, 617, 847, 1070
眼前…………………………1072, 1222
感禅師………………………380, 396, 634
元祖 ………………………………1067
乾燥……………………………………269
感相……………………………………180
観想…………………………480, 530, 967
貫綜縷練………………………………6
官属……………………………………5
勧嘱……………………………………178
管属……………………………………470
感歎 ………………………………1052
還丹……………………………………199
観知…………………………382, 385
願智……………………………………867
寒中 ………………………………1188
灌注 ……………………………………36
感徴……………………………………4
寒天 …………………………923, 1328
願土 …………………………581, 1026
感動………………………………25, 60
勘得 ………………………………1331
感徳……………………………………847
観入……………………………………512
願入弥陀界……………………………944
堪忍 ………………335, 483, 908, 1112
含忍……………………………………435
寒熱 ……………………………………55
願慧菩薩………………………………4
観念 ……1067, 1077, 1363, 1400, 1429
願念……………………………………886
観念成就………………………………847
『観念法門』 ……………………985, 1010
桓王……………………………………459
感応 ………………………………1056
観音 ……167, 171, 262, 530, 559, 575, 609, 615, 660, 661, 663, 699, 701, 812, 813, 893, 896, 922, 1011, 1045, 1065, 1341, 1378, 1408
『観音授記経』………………………365
観音大士 …………………………1066
観音菩薩……………………………659, 660
看病……………………………………892

684, 759, 760, 765, 766, 777, 836, 837, 911, 917, 930, 935, 962, 967, 979, 1027, 1036, 1066, 1106, 1143, 1145, 1159, 1198, 1231, 1312, 1372, 1373, 1390, 1413, 1419
含気……462
歓喜愛楽……627
歓喜賀慶……230
歓喜光……362, 556, 729
歓喜光仏……29, 338, 370, 1025
歓喜讃仰……162, 561
歓喜地……111, 147, 148, 150, 186, 205, 363, 487, 578, 766, 1029
歓喜信楽……21, 22, 43, 81, 633
歓喜無量……432
緩急……1421
歓喜踊躍……23, 29, 81, 108, 143, 188, 338, 479, 539, 684, 911, 979, 1078, 1372, 1390
諫暁……69
観行……321
『観経』……164, 167, 184, 198, 218, 228, 248, 264, 296, 302, 365, 375, 376, 381, 383, 384, 386, 388, 392, 393, 397, 401, 494, 503, 505, 507, 522, 541, 567, 569, 571, 714, 920, 937, 938, 943, 952, 953, 976, 977, 1005, 1014, 1057, 1103, 1386, 1406, 1408
願行……165, 227, 261, 899, 1006, 1234, 1383, 1385, 1386, 1387, 1389, 1391, 1393, 1394, 1395, 1397, 1398, 1399, 1402
願楽……9, 490, 580, 723
観経往生……630, 631
願楽覚知……230
『観経義』…216, 244, 516, 935, 977, 984
願求……109, 110, 111, 112, 399, 405
勧化……399, 413, 949, 1009, 1060, 1070, 1111, 1117, 1126, 1127, 1130, 1132, 1157, 1158, 1159, 1161, 1163, 1169, 1170, 1176, 1196, 1207, 1227, 1252, 1253, 1323
願偈総持……154, 158, 159, 479, 513, 651, 652
勘決……415, 429
含花未出……612
感見……953
観見……96
寛元……1380
漢語……465
奸詐……617, 618, 904
観察……51, 137, 243, 313, 318, 321, 332, 333, 334, 356, 386, 387, 388, 416, 456, 519, 528, 546, 547
鑑察……179, 1051
奸詐百端……217, 517
願作仏……581, 650
願作仏心……246, 247, 252, 326, 494, 581, 603, 604, 606, 712
看視……414
感師……396
観地……95
含識……375
願事成就……331
勧修……385
貫首……1077
願主……924, 925, 954, 996, 1039
寒暑……1109
感成……368

跏趺 ……………………………5, 77, 991
荷負 ……………………………7, 1016
禍福 ……………………57, 65, 70, 454
過分 ……………………………1317
果報………29, 148, 159, 267, 269, 283, 286, 289, 300, 391, 601, 743, 938, 962, 1009, 1015, 1353
鎌倉…………………755, 756, 773, 783
鎌子内大臣 ………………………1043
我慢………………………457, 932
上一人……………………………871
紙絹 ……………………………1278
紙切れ …………………………1332
かみくだん………………872, 874, 897
かみしも…………………………716
神無森 …………………………1294
果名 …………………1006, 1212, 1387
嘉名………………………………399
呵罵………………………………293
賀茂河……………………………937
華文 ……………………209, 473, 1047
伽耶迦葉……………………………3
迦耶城……………………………572
嘉猷………………………………418
我礼………………………………556
花洛………………………888, 1071, 1112
嘉楽…………………………………3
華洛帰皈 ………………………1080
迦羅鳩駄迦旃延………………274, 277
荷羅睺星…………………………430
迦羅時……………………………431
佉羅氏山聖人……………………432
迦羅羅虫…………………………270
迦羅林……………………………426
伽藍………………………………874
伽力伽……………………………432
かりそめ ………………………1187
嘉暦…………………………866, 954
瓦礫 ………173, 704, 708, 1067, 1068, 1236, 1342
迦陵頻伽……………………123, 933
訶梨勒……………………………349
佉盧虱吒…………………429, 430, 432
佉盧虱吒仙人…………………431, 432
迦留陀夷…………………………121
迦楼羅王…………………………444
河尻性光門徒 …………………1138
漢………………………465, 467, 766
韓…………………………………460
元意 …………………………901, 1027
願意………………………………226, 762
願因 …………………625, 863, 1035
閑院大臣 ………………………1043
甘雨………………………………466
歓悦………………………………339
感果…………………878, 1389, 1402
願果………………………………625
函蓋………………………………159
顔回………………………………463
願海 ……197, 201, 252, 371, 372, 398, 413, 625, 702, 1058, 1069
願海一乗…………………………671
勘気 ……………………………1309
勧帰……………………………415, 582
感気………………………………886
寛喜 …………………815, 817, 1356
歓喜 ……36, 41, 45, 46, 49, 59, 60, 83, 92, 111, 112, 113, 114, 116, 117, 118, 128, 144, 147, 148, 149, 150, 151, 166, 186, 203, 212, 213, 215, 228, 236, 237, 238, 250, 251, 261, 263, 280, 341, 376, 435, 478, 492, 564, 566, 585, 626, 631, 677, 678,

過上……138
嘉祥……183
迦葉如来……442
迦葉仏……144, 443, 445, 448
迦葉菩薩…258, 343, 348, 350, 351, 424
火神……455
果遂……18, 400, 567, 635, 636
渦水……460
果遂の願……400, 568, 839
果遂の誓……399, 413
果遂のちかひ……568, 635
主計……1252
かぜ……815
華城……1055
河泉……440
迦旃延……121
華俗……462
遐代……403
かたうど……783
火宅……188, 225, 228, 392, 415, 602, 905, 1399
火宅無常……854
かたはし……854, 1313
迦吒富単那……440, 452
迦吒富単那王……444
かたほとり……1155
かたみ……1109, 1329
片目……1263
歌嘆……562
歌歎……44, 49
河池……463
花鳥風月……1167, 1187
月愛三昧……279, 280
月蓋長者……1011, 1012
羯迦吒迦……438
月忌……914, 1080
楽器……94, 97
渇仰……895, 919, 920, 942, 1066, 1143, 1275
月光……9, 88, 570
月光大臣……565
月光摩尼……33, 377, 633
月光明王……272
月色……10
月称……267, 277
合掌……8, 11, 15, 74, 109, 110, 111, 112, 113, 153, 386, 435, 449, 451, 452, 512, 519, 1080, 1284
合掌恭敬……87
合説……901
月像……10
月蔵……448
『月蔵経』……436, 449, 451, 549
月蔵分……391, 437
月蔵菩薩摩訶薩……441
月天子……450, 701
月半……431
月満……431
月明……10
迦帝迦王……272
火㮇……327
可度……224
過度……12
画図……919
河東……1059
果徳……159, 160
迦若……439
金森……1039, 1293
兼実……473, 1047
かはら……708
かはりめ……834, 905
買ひごと……1333
迦毘羅城……276
加備力……1262

かくねんばう……………………………770
各別 ……171, 381, 392, 541, 570, 931, 985, 986, 1051, 1085, 1302
学文 ……………………………841, 1429
学問……………………………839, 840, 841
覚了……………………………45, 51
獲麟……………………………902
摑裂……………………………5
かけ字……………………………1233, 1325
かけもの ……………………………1397
加減……………………………899, 985
過患……………………………111
過現……………………………365
嘉元……………………………756
過現三業 ……………………………1350
過現未来 ……………………………1024
賀古……………………………921
過去……9, 92, 149, 150, 152, 162, 290, 348, 354, 387, 431, 432, 433, 440, 444, 449, 450, 456, 532, 701, 865, 874, 879, 903, 909, 913, 926, 927, 1004, 1159, 1193
加護……………………………1008, 1010
果後 ……………………………969, 1263
果号……………………………180
果業 ……………………………1070
嘉号……………………………131, 182, 412, 477
画工 ……………………………1061
かご負……………………………887, 889
過去遠遠……………………………761
過去久遠……………………………713
『化胡経』……………………………467
かこのまへ……………………………823
迦才……………………………653, 654
かざ心地……………………………815
笠間……………………………746
笠間郡 ……………………………884, 1054
果地 ……………………………866, 1080
遐邇 ……………………………1080
鍛冶 ……………………………1256
迦尸国……………………………440
菓実……………………………185
鹿島……………………………738, 741, 775, 801
火車 ……………………………1352
呵責……………………………304, 409
嫁娶……………………………419
加州……………………………1090, 1107, 1300, 1318
我執 ……………………………926, 944, 969, 1421
勧修寺村 ……………………………1231
果処……………………………992
我所 ……………………………50, 291
和尚 ……163, 168, 173, 184, 188, 215, 233, 243, 251, 256, 302, 361, 364, 380, 381, 383, 396, 401, 410, 415, 469, 512, 516, 538, 548, 549, 550, 582, 587, 588, 589, 593, 594, 596, 599, 634, 647, 653, 654, 655, 662, 667, 668, 669, 670, 671, 682, 684, 704, 709, 711, 731, 747, 748, 751, 759, 767, 787, 861, 888, 891, 898, 899, 929, 952, 957, 959, 960, 972, 980, 983, 984, 985, 987, 1001, 1003, 1004, 1005, 1007, 1010, 1016, 1018, 1031, 1033, 1036, 1043, 1058, 1066, 1072, 1077, 1090, 1147, 1221, 1343, 1351, 1355, 1373, 1389
迦葉 ………3, 121, 266, 343, 354, 419, 425, 450, 455, 459, 463
課称……………………………165
果成……………………………371, 539, 541

害彼 ……27
咳病……764
開敷……280
戒不具足……408
涯分 ……873, 903, 1275
改変……160
海辺……281
戒法……421
開発 ……250, 488, 874, 904, 914, 918, 936, 963, 981, 1088, 1123, 1127, 1151, 1158, 1162, 1419
戒品 ……706, 1015
開明 ……58, 59, 60
開目……93, 94, 100
該羅 ……51
槐里……459
加威力……211, 480
海路 ……1342
瑕穢……341
火焔……223, 226
火王……51, 1024
かが……821
加賀……1093, 1095, 1104, 1233
火鑊 ……68
加勧……315
華漢……477
果願……219
可観光……339
餓鬼……15, 28, 90, 272, 354, 440, 1015, 1028, 1425
餓鬼王……444
かきごし ……1176
書付 ……1303
餓鬼道……470, 938
柿の衣 ……1055
我帰命……156
火坑 ……999, 1390
家郷……173
瑕瑾……926
郭……465
過咎 ……61, 146, 147, 148, 270, 612
臥具 ……294, 447, 1017
各異 ……1228
覚運……898, 899
覚王 ……1078
楽音 ……34
覚月……847
覚悟……196, 276, 871, 885, 1068, 1169, 1170, 1184, 1301, 1326, 1327
覚語……831
岳山 ……601, 1045
学地……218
学者 ……194, 895, 918, 1033, 1104, 1154
確執……932
学生 ……738, 758, 832, 841, 849, 884, 890
学匠 ……1308
学生沙汰……771
覚信……750, 766, 768, 895, 902
かくしんばう……770
覚善又四郎 ……1233
郭荘……457
学窓 ……1077
覚体 ……969, 1395
覚知……489
覚知成興……490
学徒 ……471, 1053
覚道 ……1292
覚如 ……1253
かくねむばう……769
廓然……116
赫然……363

遠流 ……………………471, 855, 1053

か

甲斐………774, 904, 1188, 1204, 1216, 1399
果位……………………………621, 950
戒慧…………………………………424
開演……………………………240, 399
開覚…………………………………847
害覚 ……………………26, 232, 491
恢廓広大 …………………………26
恢廓曠蕩 …………………………28
海覚神通 …………………………10
恢廓窈窕 …………………………70
階級…………………………………315
艾灸…………………………………923
戒行…………108, 424, 706, 847, 1007, 1104, 1361
開化 ………7, 9, 19, 62, 137, 193, 316, 335, 483, 630, 723
界外 ………………………………1007
開解 ………………………………70
改悔………………890, 910, 1067, 1170
介卿…………………………………460
改悔懺悔 ……………1148, 1156, 1178
開顕…………………………………202
外見 ………………854, 954, 996, 1039
『開元の蔵録』………………………181
開悟 …………216, 411, 496, 874, 946, 1016, 1080
戒香…………………………………112
邂逅……………………………872, 885
会合……………………………1102, 1179
解五千文……………………………457
開山……1105, 1114, 1138, 1143, 1154, 1240, 1241, 1248, 1281, 1322, 1328
開山聖人 ……1110, 1111, 1155, 1156, 1170, 1171, 1174, 1176, 1227, 1236, 1241, 1310, 1322, 1326, 1327, 1328, 1421
戒師……………………………596, 873
開士……………………………457, 459
開示 ………60, 70, 149, 178, 213, 238, 397, 415, 426, 487
階次……………………254, 316, 929
『改邪鈔』…………………………946
開寿……………………884, 885, 886
開出…………………………………898
界上 ………………………………97
戒定慧…………115, 345, 419, 420
楷式…………………………………461
害心 ………………………………1055
外人…………………………………292
海水…………197, 443, 585, 599, 730
外甥……………………………454, 455
開闡……………………5, 209, 382
介然…………………………………461
戒善…………………………………706
害想 ……………………26, 232, 491
戒体…………………………………181
涯底……………………12, 47, 165, 197
海中宝洲……………………………440
我一心…………155, 215, 241, 245, 651
階梯…………………………………463
戒度…………………………………182
開導 ………6, 47, 57, 73, 197, 319, 483
階道…………………………………122
海徳……………………152, 899, 901
海徳仏…………………………899, 900
開入……………………60, 206, 1035
憒閙…………………………………346
懐妊…………………………………270
開避 ………………………………50

827, 895, 1243, 1244, 1247, 1249, 1254, 1255, 1271, 1272, 1286, 1289, 1290, 1298, 1302, 1306, 1314, 1316, 1320, 1322, 1323, 1326, 1330
おほそらごと……622
おほぶの中太郎……796
おほやけもの……1403
おぼろげ……872, 1017
思出……1049
おもひならはし……904
親子……813, 820
折節……1310
をりふし……764, 872, 1165, 1267
悪露不浄……61
瘖瘂……63
園苑宮殿……379, 638
怨枉……64
音楽……26, 34, 50, 83, 598
恩顔……1072
恩許……1046
音曲……190, 335, 934
怨家……54, 69
温雅……39
怨結……65, 71, 903
隠顕……496, 967, 1057
恩好……58
恩厚……473
音響忍……34, 377
慇懃……178, 206, 488, 1034, 1056, 1070, 1385
『御式』……1236
飲食……27, 36, 37, 39, 69, 78, 294, 447, 456, 470, 1017
恩恕……472, 1047
遠照……79
隠彰……382, 398
音声……33, 34, 39, 49, 51, 106, 111, 112, 116, 161, 269, 300, 357, 563, 933, 934
怨親……462, 463
隠滞……416, 601
恩致……1045
恩寵……259
怨敵……228, 841, 903
恩田……304
恩徳……60, 132, 373, 569, 608, 609, 610, 616, 670, 762, 919, 942, 943, 960, 974, 1015, 1016, 1017, 1030, 1039, 1142, 1146, 1149, 1222, 1404
恩愛……463, 580
恩愛思慕……58
女子……814
怨念……903
御文主……803
隠蔽……11, 75, 421
隠蔽覆蔵……304
陰魔……178
隠密……942
隠没……420, 452
陰陽師……1351, 1352
遠離……27, 53, 59, 238, 327, 328, 330, 346, 435, 436, 453, 457, 840, 925
遠離我心……331
遠離我心貪着自身……330
遠離供養恭敬自身心……330
遠離自供養心……331
遠離無安衆生心……330, 331
瘖聾……463
温涼柔軟……39
園林……440
園林遊戯地門……332, 548

王太子……144
横超……205, 246, 254, 264, 394, 395, 487, 502, 519, 646, 673, 680, 711, 757, 929, 1023, 1030
横超他力……395
横超断四流……254
王日休……263, 681
横入……923
殃罰……62, 63, 65
王番……791
殃病……71
往復……1052
殃福……56
往反……1055
応法……22
王法……63, 65, 66, 269, 1118, 1125, 1156, 1159, 1160, 1162, 1276, 1414, 1422
近江……1292
鸚鵡……123
王命……873
往益……474, 904, 1069
往来……147, 314, 462, 1165, 1331
往来娑婆……1331
往来娑婆八千遍……1399
尪劣……66
誑惑……455
嗚咽……906
大網……946
大温病……825
大坂……1187
大坂殿……1247, 1283, 1284, 1285, 1313, 1318, 1324, 1330
大路……1173, 1177
大勢……1237
大谷……472, 995, 1060
大津……1095
大津近松殿……1237
大部郷……1057
大連……620
大様……1323
岡崎中納言……1054
おきどころ……1085
屋宇……332
奥書……1039, 1060
億劫……47, 132, 180, 484
抑止……909
憶持……97, 101, 107
抑止門……302, 303, 909
抑制……69
億千万衆……714
憶想……102, 107, 389, 1002
憶念……117, 153, 205, 214, 252, 301, 386, 387, 395, 478, 480, 519, 555, 604, 605, 701, 702, 705, 903, 913, 973, 974, 1030, 1086, 1149, 1242
憶念帰命……919
憶念称名……1069, 1249
億百千劫……9
屋門……332, 547
小黒女房……814
押小路……1059
おちば……1284
御勤行……1247
淤泥……319, 549
淤泥華……319, 549
御斎……1303
末子……820
一昨年……815, 825
おと法師……818, 820, 822, 826
御文……742, 749, 750, 764, 766, 769, 770, 781, 782, 783, 784, 791, 795, 803, 811, 814, 817, 820,

索引 お

応化身……………………319, 334, 548
応化道……………………………316
応現 …………………………572, 1072
往還 ………………206, 335, 487, 1172
往還回向 ……………………………1033
往還大悲……………………………484
往古…………………………1183, 1187
黄光…………………………………122
往観…………………………………562
黄金 …………………35, 94, 96, 122
黄金樹林 ……………………………1048
奥賾 ……………………………………1078
往至………267, 270, 274, 291, 292, 434
横死…………………………………454
王子 ……………………78, 324, 611
往事 ……………………………873, 1056
皇子……………………………………616
黄色……………………………………122
往日……………………………………946
応迹……………………………………900
往昔 …………350, 576, 647, 648, 1187
王舎城 …3, 87, 155, 247, 269, 291, 326
王舎大城 ……………………87, 267, 270
横竪……………………………………246
奥州 …………………1072, 1093, 1310
横竪対……………………………199, 508
横出 ……246, 254, 394, 502, 519, 520, 521
横竪二出 ……………………………1078
横竪二超 ……………………………1079
応生……………………………………171
応鐘 ……………………………………1061
黄鐘 ……………………………………1071
王城……………………………………934
往生一定…………751, 784, 1227, 1255
往生経……………………………………386
往生決定………910, 1001, 1235, 1237, 1280, 1366, 1367
往生決得……………………………935, 966
往生極楽 ………755, 832, 1072, 1089, 1101, 1102, 1117, 1123, 1183, 1184, 1185, 1189, 1214, 1217, 1340, 1429
往生之業 …………472, 664, 665, 1047
往生治定 ………911, 966, 1088, 1114, 1121, 1167
往生成就………1212, 1383, 1387, 1388
往生証成……………………………504
往生浄土 ……194, 332, 567, 859, 860, 864, 865, 913, 914, 917, 918, 929, 936, 937, 1070, 1116, 1177, 1354
往生即得……………………………910
往生人…………200, 201, 219, 223, 256
往生必定……………………………746, 771
往生不定……839, 877, 883, 1393, 1419
応声菩薩……………………………463
『往生要集』………………184, 228, 747
『往生礼讃』………961, 972, 984, 1001
『往生論』…………651, 653, 654, 731, 1397, 1407
王臣……………………………………424
応身…………………365, 506, 529, 756
横截五悪趣 ……………645, 646, 1115
往相 ……135, 141, 159, 211, 242, 255, 478, 480, 482, 584, 608, 721, 722, 780, 1033
誑相……………………………………367
奥蔵 ……………………………………1067
往相回向 ……141, 187, 244, 264, 307, 609, 625, 629, 776, 976, 1146
往相証果の願…………………………481
往相正業の願…………………………478
往相信心の願…………………211, 480

延促……480
厭足……52, 239, 435, 1305
厭怠……50
延長……485
演暢……49, 123, 382, 487
炎天……1128, 1317, 1328
焰天……29
婉転……96, 101
厭禱……454
延徳……1181
円頓……182, 507
円頓一乗……182, 584
円融……138, 211, 481, 507, 508, 690, 1044
円融至徳……131
円融真妙……190
円融満足極速無礙絶対不二……199
円融万徳尊……185
円融無礙……231, 234
円如……1248, 1285
延仁寺……1059
厭穢……211
延年……454
炎王……876
炎王光……730
炎王光仏……338, 1024
焰王光仏……29
役の優婆塞……923
円備……399, 477
閻浮……458, 1073
閻浮提……90, 316, 363, 380, 439, 440, 443, 444, 451, 634
閻浮檀金……201, 1012, 1409
閻浮檀金色……96, 98, 100, 101, 103
ゑん仏ばう……804
演発……39
閻魔王界……752
炎魔法王……575
円満……51, 141, 142, 184, 201, 202, 206, 233, 254, 307, 364, 478, 481, 485, 488, 492, 507, 508, 510, 562, 564, 690, 731, 764, 1034, 1383, 1391, 1402
円満徳号……1034
焰明……11
延命……573, 1011
焰耀……11
厭離……520, 521, 596
縁力……53
厭離真実……520, 521
延暦……420, 421
延暦寺……664
遠路……1091, 1174, 1177

お

横……54, 67, 204, 244, 246, 251, 254, 255, 267, 268, 269, 271, 275, 282, 454, 469, 482, 512, 602, 646, 671, 673, 680, 711, 962, 1028
殃悪……63
王位……272, 282, 351
謳歌……932
鴦伽摩伽陀国……440
奥義……473, 1047
惶懼……89
王宮……89, 433, 459, 901, 1166
応供……11
殃咎……68, 70
奥郡……738, 742, 773
王家……38
応化……205, 243, 313, 318, 354, 487, 506, 710, 847, 1031
往詣……4, 43, 49, 78, 455, 937, 1072

ゑちう……818
越後……895, 1093
ゑちご……814
越後国……855, 1054
越前……1095, 1104
越前国……1130
越……467
悦可……15, 486
悦喜……539
越中……1090, 1093, 1104, 1306
悦予……8, 9, 11, 135, 251
悦楽……339
得手……1275
回転……363
穢土……158, 702, 891, 971, 983, 1033, 1089, 1347
慧灯……1052
恵日……131, 709
慧日……44, 52
回入……203, 227, 242, 243, 313, 334, 413, 488, 535, 584, 609, 670, 672, 962, 1027, 1146
衣鉢……451
依憑……891, 917, 1419
回不回向対……199
回伏……193
衣服……22, 27, 36, 39, 74, 78, 284, 294, 447, 451, 1017
依仏本願故……665, 666, 958
依報……933, 950, 1391
壊滅……274
慧目……269
穢物……1409, 1410
衣紋……1284
ゑもん入道……821, 822, 825
依用……920, 982, 1315
壊乱……149
壊爛……515
恵利……26, 232, 491
慧力……53
壊裂……6
炎威……463
厭悪……21
鴛鴦……101
煙霞……485, 1024
縁覚……6, 17, 30, 53, 266, 338, 339, 344, 348, 422, 511, 1261
縁覚教……502
縁覚乗……757
炎旱……923
縁起……1060
円教……550
遠近……931, 1067
遠境……1079
偃僊……67
淵源……911, 1007, 1044
焔肩仏……126
円光……101, 102, 103, 105, 107
焔光……10
猿猴……1067
遠国……1080, 1171, 1176
焔根……10
遠邇……463
厭捨……386, 446, 519, 520
円修……180, 479, 490
円宗……1077
円修至徳……399
円照……473, 1047
炎照……340, 341
炎上……1061
演出……33, 101
円通……576, 647, 648
演説……7, 19, 51, 60, 94, 97, 106, 109, 111, 268, 275, 447, 660, 872

雲雷音王仏……………………………994

え

穢悪 ………………………296, 375, 1410
穢悪濁世…………………………………417
穢悪汚染…………………………231, 490
詠歌 ………………1168, 1311, 1329
栄華………………………59, 72, 1043, 1118
栄華栄耀………………………1100, 1187
叡感 ……………………………………1054
穢域………………………………………209
永享………………………………………995
営作………………………………………927
翳身薬……………………………………161
影像 ……………………………………1060
永仁 ……………………………………1061
映蔽月光…………………………………339
映蔽日光…………………………………339
映芳………………………………………598
栄耀 ………………1100, 1118, 1187
依果………………………………………564
穢界………………………………………941
懐感………………………………………594
回願 ……………………383, 389, 1002
慧義………………………………9, 136, 566
疫癘……………………620, 1011, 1181
慧解 ……………………432, 847, 1338
絵系図……………………………………919
慧解高遠…………………………………965
慧見………………………………8, 136, 566
慧眼 ……………………51, 345, 462, 485
慧見無礙…………………………9, 137, 138
回顧……………………………………221, 243
依怙………………………………………994
慧悟………………………………………418
慧光 ………………………………………51
回向願求…………………………………405
回向心………………………………241, 493
回向発願………108, 221, 243, 503, 532
回向発願心 …108, 221, 227, 387, 388,
495, 531, 535, 1350, 1366,
1367
回向利益他………………154, 190, 234
衣裓………………………………………122
穢国……………………385, 518, 540, 559
会座 …………………………901, 1166
依止……………………………………299, 300
衣食……………………………………54, 55
会釈 ……………………………………1260
会者定離 ………………………………1118
依正……………………561, 1400, 1404
会場………………………………………931
依正二報 ……218, 385, 386, 518, 519,
521, 602, 905, 1391
慧上菩薩……………………………………3
穢浄両殊…………………………………171
穢濁……………………………………294, 491
穢濁悪……………………………………549
回心 ……169, 173, 303, 510, 531, 672,
704, 707, 848, 910, 1171, 1342
恵心 ……………………………………1361
恵信……………………817, 893, 894, 895
穢身……………………312, 591, 905, 987
ゑしん……………………………………818
恵心院の和尚……………………………747
恵心院の僧都……………………………727
回心回向…………………………………395
回心懺悔 …………1086, 1171, 1172
回施 ……159, 170, 231, 235, 241, 242,
364, 490
恵施 ……………………………57, 238
えせ法門………1155, 1156, 1168, 1173
絵像 ……………………894, 919, 1253
穢体 ……………………898, 962, 1010

牛盗人……………………921, 1111, 1156
憂愁………………………433, 434
有生………………………516
有上………………………188, 189
有情 ……137, 213, 233, 241, 257, 308, 601, 602, 604, 605, 606, 607, 609, 613, 616, 627, 679, 702, 722, 728, 729, 730, 757, 834, 886, 924, 1033, 1045, 1192, 1386
有情群類…………………881
有情利益…………………612, 617
有情類……………………212, 626
うしろあはせ……………921, 922
後言 ……………………1272
有誓無誓対………………508
有相生……………………666
有退………………………971
宇内………………………418
右大臣 …………………1043
優陀邪王…………………272
有智………………………284, 368, 983
内麿 ……………………1043, 1066, 1221
卯月 ……………………1092
鬱悔 ……………………1050
うつはもの………………909
器もの……………………929
有徳………………………351
憂毒 ………………………54
優曇華……………………137, 173, 184, 185
優曇鉢華 …………………52
優曇鉢樹…………………137
有念………………………246, 736, 737, 805, 806
憂念 ………………………55, 58, 69
憂念愁怖 …………………54
有念無念…………………735, 806
憂悩 ………………………38, 54, 90, 303
優婆夷 ……………………429, 928, 1097
優婆夷像…………………425
優婆斯那…………………455
優婆斯那品………………454
優婆塞……………………425, 923, 928
優鉢羅華…………………27, 35, 280
有仏………………………247, 321, 326, 367
右辺 ……………………100, 1356
有暴………………………256
午時 ……………………472, 1059
有無……54, 55, 69, 204, 312, 362, 369, 486, 557, 578, 874, 926, 928, 1029, 1163, 1169, 1183, 1420
梅干 ……………………1320
卯毛………………………842
有目 ………………………93
うりごころ ……………1258
有量………………………362, 557
有霊………………………464
有輪………………………260
優楼頻蠃迦葉………………3
優劣………………………247, 326
有漏……158, 299, 347, 391, 938, 1078, 1353, 1400
雲客………………………598
雲霓………………………463
雲居寺 …………………1297
運載 ………………………52, 200
温室………………………872
雲集………………………106
雲泥懸隔…………………921
醞売………………………249
温病………………………821, 822
運否………………………926
雲霧 ……204, 485, 486, 670, 671, 673, 963, 1027, 1274
雲霧煙霞 ………………1024

因願……978
陰気……1331
隠居……1032, 1054, 1277, 1283
因行……365
因行果徳対……199, 509
因光成仏……559
印刻……1228
因地……259, 303, 548, 577, 579, 648, 649
因種……178, 395
慇重真実……389, 1002
因順……37, 308, 481
引接……376, 589, 767, 878, 912, 988, 1073, 1142
因中……173, 217, 233, 490, 492, 517, 704, 1149, 1341
印度……204, 477, 486, 1021, 1029
引導……138, 888, 890, 994, 1044, 1046, 1344, 1345
婬貪……728
隠遁……1044
因位……203, 485, 621, 648, 764, 765, 866, 950, 966, 967, 969, 977, 1022, 1066
引入……570, 941, 1058, 1070
因縁……90, 124, 148, 153, 154, 155, 157, 165, 187, 192, 206, 237, 272, 279, 280, 289, 290, 292, 293, 309, 350, 351, 356, 366, 367, 369, 379, 397, 401, 405, 426, 427, 435, 437, 446, 447, 452, 488, 497, 637, 863, 874, 901, 926, 940, 974, 975, 1005, 1035, 1187, 1342
因縁死……272
因縁生……157, 272
因縁和合……864, 1405
因明直弁対……509
引文……985
印文……104
陰陽……461
婬欲……729
因力……53

う

有為……201, 240, 278, 342, 343, 354, 408
有為有漏……1400
憂畏苦痛……72
憂畏勤苦……61
有為涅槃……408
有有見……286
迂回……246, 254
上様……1232, 1236, 1241, 1247, 1252
飢死……815
有縁……105, 219, 222, 223, 363, 534, 535, 559, 565, 757, 831, 835, 923, 1069, 1072, 1323
有我……273
有学……304
有願無願対……199, 508
有機……461
浮世……1294
右脇……4, 457
雨行……293
雨行大臣……294, 565, 570
憂苦……55, 59, 341
憂懼……55, 67
有礙……362, 557, 573
有見……286
有間心……300
有後心……300
憂思……54
有色生……666

一天四海……886, 1176
一等……35, 377, 468
一百倶胝界……185
一百二十句……207, 489
一幅……815
一鋪……894
一返……834
一偏……964
一遍……921
一宝……39
一法……196, 323, 352, 355, 367, 937, 1140, 1168
一法句……321, 322, 323
移転……398
異道……422
威徳……11, 75, 114, 583
遺徳……1066
いとく……822
威徳広大……177, 481, 585
威徳広大清浄……175
威徳広大清浄仏土……232
為得大利……685, 911, 979, 1372
威徳智……379, 637
従弟……350
居所……780
いとまごひ……1243, 1247
ゐ中……822
ゐなか……694, 717, 745, 795, 1359
稲田郷……884, 1054
囲繞……18, 44, 109, 111, 122, 167, 376, 434, 440, 576, 631, 982, 992, 1065
恚怒……56
意念往生……1407, 1409
威伏……52
異仏……253
異変……33, 229, 633
違変……928, 1174
為凡……931
いまごぜん……799
異名……339, 365, 896
異門……213, 258
慰問……89
いやをんな……780
医薬……266, 1017
異訳……626, 627, 636, 722
威容……8, 136
威曜……25
異様……920
暐曄煥爛……40
以来……593, 899, 901, 929, 960, 968, 969, 1169, 1192, 1233, 1321
違戻……55, 69, 1422
伊蘭……286
伊蘭子……286
伊蘭樹……286
伊蘭林……160, 161
いりかど……1360
威力……31, 1308
意力……53
医療……410
違例……1188, 1247, 1320
いろめ……1266
殷……463
婬泆……66
婬泆……341
印可……219, 523, 524, 539
因果……92, 109, 110, 158, 172, 174, 206, 256, 304, 349, 353, 407, 531, 744, 937, 938, 939, 1032, 1033, 1389, 1407
因果相順……939
寅月……472
因果撥無……937, 940

一紙 ……………………………851, 1429
一色 ………………………………………75
一子地………………………………237, 573
一室…………………………………………854
一州…………………………………………595
一宗 ……667, 668, 871, 917, 949, 959, 965, 1006, 1057, 1067, 1104, 1128, 1132, 1138, 1228, 1271, 1309
一宗大綱 ………………………………1021
一瞬…………………………………………902
一処 ……………93, 124, 314, 330, 968
一所 ……………………………931, 1104
一生 ……145, 173, 206, 222, 264, 488, 549, 845, 846, 1044, 1084, 1203, 1290, 1354, 1355
一声 ……165, 166, 168, 188, 189, 479, 669, 694, 979, 1212, 1373, 1374, 1388, 1406
一称…………………………………184, 805
一聖…………………………………………423
一称一念……………………1352, 1386
一生涯………………………1187, 1311
一小劫………………………………110, 113
一声称念 ………………169, 399, 1070
一声称仏 ……………………………1395
一生造悪 ………589, 976, 1034, 1143, 1160, 1193
一生補処 ………19, 48, 124, 193, 316, 483, 559, 630, 723
一生補処の願……………………………313
一生補処の大願…………………………723
一生補処の悲願…………………………629
一身 ………219, 402, 987, 1039, 1185, 1321
一心一異……………………………………399
一心一念……………………………………319
一心一向 ……1099, 1108, 1110, 1115, 1119, 1121, 1122, 1124, 1126, 1131, 1137, 1141, 1142, 1143, 1144, 1153, 1154, 1160, 1189, 1190, 1191, 1193, 1198, 1207, 1289, 1366, 1413
一心帰命 ……………………616, 1413
一心決定 ……………………………1297
一心金剛…………………………596, 706
一心正念…………………………494, 538
一心専念 …………251, 546, 687, 1373
一心念仏 ……………………………1036
一心不乱…………………………495, 935
一世 ………………61, 926, 1016, 1343
一説…………………………………………418
一刹那 …181, 217, 231, 233, 235, 241, 301, 490, 492, 517, 903, 911, 1352
一千言 ………………………………1080
一闡提…………266, 348, 349, 350, 352
一相…………………………………………727
一息…………………………………1077, 1421
一多…………………………………………164
一体………185, 812, 1113, 1124, 1147, 1153, 1179, 1183, 1187, 1311, 1383, 1390, 1391, 1394, 1395, 1396, 1397, 1398, 1402, 1403, 1404, 1405
一渧 ……………………………………31, 161
一諦 …………………………………1066
一体異名……………………………………896
一多包容……………………………………188
一旦 …………833, 865, 905, 926, 1118
一端 …………………………………1066
一致 …………………………………1312
一聴…………………………………………317
一天 …………………………………871, 1037

一切群生海……235, 709
一切賢聖……298
一切五逆……277
一切国土……440
一切三昧……162
一切時……167, 235
一切時処……167
一切沙門……428
一切衆……240, 415, 547
一切衆生……48, 92, 93, 100, 149, 151, 159, 160, 161, 171, 184, 195, 196, 216, 236, 237, 238, 242, 247, 271, 280, 281, 311, 313, 314, 319, 325, 326, 327, 328, 329, 343, 345, 348, 349, 351, 355, 356, 357, 385, 386, 431, 434, 442, 443, 483, 511, 517, 518, 655, 700, 865, 961, 1036, 1120, 1187, 1195, 1196, 1394
一切衆生悉有仏性……196, 236, 237, 349, 355
一切種智……198, 322, 366, 447
一切出家……304
一切処……107, 167
一切処有……349
一切生死……200
一切上乗人……201
一切声聞弟子……452
一切諸行……396, 397
一切諸経書……415
一切諸苦……200
一切諸見……201
一切諸事……431
一切諸障……162, 200
一切諸仏……75, 125, 126, 127, 164, 168, 182, 196, 201, 314, 320, 362, 558, 700, 730, 972
一切洲渚……431
一切世界……5, 31, 76, 320
一切世間……128, 200, 422
一切世間極難信法……497
一切世間甚難信……249
一切世間難信……128
一切善悪……168, 201, 204, 311, 399, 878, 908, 984, 1028
一切善悪大小凡愚……202
一切善根……436, 655
一切善人……412
一切善法……298, 399
一切善法功徳……426
一切大衆……95, 430, 432
一切智……19, 346
一切智船……201
一切智人……414
一切天人……452
一切道俗……582, 583
一切福業……405
一切仏……220, 238, 289, 402, 403, 527, 528
一切菩薩……50, 385, 518, 579
一切梵行……406, 995
一切凡愚……201, 484
一切凡小……235
一切凡聖……201, 221
一切煩悩……200, 201
一切煩悩悪業邪智……231
一切凡夫…91, 149, 218, 277, 347, 402
一切魔軍……432
一切万物……20, 21, 274
一切無明……200
一切無余……443
一盞……1179
一子……184, 279, 577
一師……983, 1048

一来向……502
一里……340
一理 ……418, 987, 1084
一流 ……917, 918, 919, 927, 930, 935, 936, 945, 949, 950, 953, 961, 981, 983, 993, 996, 1003, 1009, 1072, 1078, 1084, 1087, 1090, 1110, 1111, 1114, 1128, 1134, 1138, 1143, 1151, 1152, 1154, 1169, 1196, 1221, 1235, 1236, 1243, 1249, 1250, 1255, 1282, 1287, 1307, 1310, 1315, 1330, 1413
一粒……199
一流安心 ……1186
一流真実……1170, 1421
一流真宗 ……1309
一類 ……37, 308
一列 ……1152
一連 ……1116
一論……935, 945
一科……160
一揆 ……1318
一器……161
一教 ……901, 1360
一経……296, 297
一京九重 ……1359
一句……157, 325, 1016, 1127
一句一言 ……1261, 1275, 1298
一家……1098, 1138
一向 ……26, 41, 42, 43, 403, 632, 633, 687, 762, 780, 785, 957, 960, 1001, 1013, 1027, 1032, 1057, 1058, 1094, 1099, 1103, 1105, 1106, 1108, 1110, 1115, 1119, 1121, 1122, 1124, 1126, 1131, 1135, 1137, 1141, 1142, 1143, 1144, 1147, 1153, 1154, 1160, 1164, 1175, 1189, 1190, 1191, 1193, 1194, 1196, 1198, 1203, 1207, 1223, 1255, 1259, 1289, 1293, 1302, 1366, 1378, 1389, 1402, 1413, 1429
一劫……30, 61, 81, 297, 338, 350, 648, 1023
一向一心……944, 959, 992, 1085, 1114, 1181, 1187, 1195
一向宗 ……1105
一向専修 ……529, 669, 687, 711, 780, 848, 852, 927, 935, 936, 957, 959, 1003, 1379
一向専修行者……935
一向専称 ……1003
一向専念 ……184, 893, 957, 964, 1003, 1057, 1058, 1105
一向念仏……925
一向妄念 ……1425
一国 ……1318
一斤……185
一切悪行……406
一切悪罪……276
一切有為……201, 277, 343
一切有縁……219
一切有情……602, 729, 730
一切往生……227, 496
一切往生人……200, 223, 256
一切憒閙……346
一切覚……356
一切覚者……355
一切鬼神……618
一切経……884
一切憍慢……200
一切功徳……4, 200
一切群生……1026, 1044

一念往生治定 ……………911, 1114
一念往生発起 ……………1088
一念開発……………981
一念歓喜……………585, 962, 1027, 1231
一念喜愛 ……203, 670, 672, 944, 962, 1014, 1027
一念疑退……………526
一念帰命 ………968, 986, 1085, 1123, 1135, 1147, 1149, 1160, 1162, 1164, 1168, 1223, 1228, 1297
一念慶喜……………561, 672, 1028, 1036
一念解了……………969
一念広大 ……………1371
一念須臾……………254, 992
一念信心……………685
一念随喜 ……………1350
一念多念……688, 694, 775, 933, 1371, 1374
『一念多念の証文』 ……………752
『一念多念の文意』 ……………752
一念発起 …………782, 797, 845, 935, 1085, 1088, 1089, 1109, 1161, 1172, 1197, 1243, 1245
一念発起住正定聚……………1088, 1207
一念発起平生業成 ………1088, 1124, 1185, 1414
一念無疑 ……………592, 1167
一念無上 ……………913, 1371
一念聞名……………762
一番……………855
一譬喩……………532
一部 ……………567, 690, 953, 1413
一仏 ……101, 163, 164, 165, 177, 182, 213, 220, 364, 402, 403, 527, 528, 564, 748, 957, 999, 1000, 1087, 1108, 1110, 1111, 1113, 1115, 1153, 1342, 1343, 1360
一仏会……………320
一仏刹土 ……………29
一仏土……………318
一仏名 ……………1046
一部六巻……………949
一分 ……………31, 147, 966
一分二分……………225, 226, 538, 693
一法身……………196
一煩悩の門……………222
一煩悩門……………533
一枚 ……………1241
一万劫……………391, 415
一万遍……………1344, 1345
一味 ……203, 288, 310, 358, 443, 546, 585, 604, 629, 670, 672, 761, 847, 942, 962, 1027, 1112, 1174, 1178, 1228, 1320
一味同行……………966
一名……………352
一無礙道……………192
一面……………267, 435
一毛 ……………31, 147
一毛孔……………105
一文……………425
一門 ……222, 249, 391, 417, 533, 534, 588, 594, 667, 669, 831, 929, 939, 941, 966, 1000, 1034, 1057
一文字 ……………1262
一問答……………525, 532, 533
一文不知 ……………1190, 1308, 1429
一文不通……………838, 840
一益 ……………966, 1089
伊虫……………301
一由旬 ……………29
異朝……………899
一耀……………370

一事 ……191, 229, 312, 481, 482, 483, 1151, 1158
一時……7, 75, 106, 109, 110, 114, 180, 248, 259, 314, 320, 363, 390, 762, 1193, 1201, 1372
一字一言……899
一食……19, 48, 391
一七箇日 ……1107, 1172, 1188, 1222, 1223
一実 ……141, 195, 211, 244, 254, 507, 587, 1151
一実真如……202, 507, 690
一重 ……1404
一十八対 ……1079
一衆生 ……161, 326, 334, 1389
一定 ……738, 751, 753, 784, 806, 818, 833, 836, 841, 842, 860, 989, 1091, 1098, 1185, 1188, 1214, 1227, 1255, 1321, 1372
一乗……51, 180, 182, 195, 196, 394, 395, 507, 568, 569, 584, 595, 671, 690, 847, 1338, 1343, 1345
一乗一実……507
一乗円満……510
一乗海 ……195, 198, 199, 200, 394, 507, 508, 550
一乗究竟……138, 478
一乗真実……188
一乗真妙……479
一乗大智海……703
一乗大智願海……234
一乗法華 ……1166
一乗無上……521
一尋 ……48
一途……418, 934, 941, 942, 1132, 1146, 1151, 1156, 1185, 1192, 1413
一世界……320, 728
一善 ……69, 395
一象……281
一代 ……131, 206, 394, 417, 488, 901, 939, 1036, 1113, 1136, 1429
一大劫……304
一大事 ……860, 905, 937, 1091, 1098, 1099, 1101, 1120, 1123, 1141, 1184, 1201, 1204, 1227, 1228, 1256, 1278, 1279, 1280, 1291, 1303, 1304, 1306, 1315, 1321, 1327, 1328, 1395, 1413, 1419
一代諸教……568
一代蔵 ……1078
一代仏教……594
一段……898, 929, 937, 949, 1161, 1183, 1268, 1295, 1309, 1310, 1318
一智慧……196
一土 ……961, 1343
一同 ……1188, 1312, 1320
一道 ……192, 195, 196, 266, 468, 602, 836, 961, 967, 992, 1151, 1167
一道場……931
一道清浄……195, 234
一日一夜……73, 111, 112, 1127
一日七日……220, 401, 402, 403, 901
一日夜……434
一如 ……171, 307, 318, 364, 418, 482, 564, 709, 710, 951, 976
一如宝海……690
一如法界……486, 986, 987
一念一時……320, 363
一念一称……805
一念一心 ……1243
一念往生 ……263, 694, 911, 1373

違順……601
位署……921
衣装……1263, 1275, 1317
異状……37, 308
異乗……3
違諍……38
韋処玄……457
異心……51
威神……8, 10, 11, 13, 30, 43, 48, 59, 136, 142, 155, 202, 338, 340
威神功徳……30, 41, 142, 338, 478, 625
威神光明……29, 337
威神力……34, 72, 179, 377
伊豆国……855
伊勢……1234
威勢……67, 72
威制消化……60
以前……495, 1091, 1165, 1325, 1414
威相……12, 39
異相……99
異像……6
遺孫……874
韋陀……469
韋提……131, 206, 264, 391, 483, 570, 900, 938, 1036, 1166
韋提希……87, 89, 90, 91, 92, 93, 95, 97, 98, 99, 101, 103, 107, 108, 111, 113, 114, 115, 116, 117, 267
韋提希夫人……1036, 1166
韋提夫人……504, 565, 569
韋提別選……382
板敷山……1055
いたづらごと……795, 796, 939, 1092, 1103, 1126, 1130, 1140, 1163, 1190, 1197, 1235, 1301
いたづらもの……826, 1087, 1108, 1132, 1139, 1154, 1420
一異……158, 381, 383, 396, 397, 399, 494, 495, 931
一宇……874, 1093, 1095, 1187
一縁……923
一王……431
一往……891, 982, 983, 1176
一往方便……982
一義……300, 352, 353, 354, 365, 892, 893, 937, 949, 959, 996, 1085, 1123, 1138, 1146, 1156, 1163, 1196, 1308, 1419
一機一縁……923
一義名……343
一逆……276
一行……189, 252, 352, 667, 669, 711, 957, 958, 959, 1000, 1001, 1008, 1029, 1067, 1342, 1404
一形……165, 256, 404, 588, 688, 910, 978, 979, 980, 1090, 1373
一行一心……711, 1404
一形憶念……913
一行三昧……163
一解脱智慧の門……222
一解脱智慧門……534
一期……762, 962, 1102, 1119, 1124, 1137, 1139, 1141, 1167, 1203, 1227, 1253, 1323, 1326, 1340
一香華……433
一言……199, 873, 899, 1049, 1261, 1275, 1285, 1298, 1316
一坐……988
一座……873
一罪……276
一餐……9
一地……316
一字……816, 892

358, 359, 494, 560, 568, 644, 646, 655, 656, 664, 666, 681, 693, 709, 756, 778, 779
安楽世界……………………333, 569, 653
安楽土…………………………………550
安楽仏国………326, 327, 371, 585, 586
安楽仏国土……………………………329
安楽仏土………………………………561
安立……………………………27, 40, 891

い

以往……………………………………289
医王……………………………………258
易往 ……176, 484, 487, 572, 647, 1069
易往易行………………………………686
易往而無人 …176, 248, 645, 647, 1119
易往無人………………………………211
異学 ……221, 243, 386, 525, 532, 683, 688, 1373
衣冠 …………………………………1058
威儀………92, 112, 150, 417, 531, 618, 706, 884, 921, 922, 1058, 1303
異義…………………………838, 961
違逆 ……………………58, 176, 881
異香……………………178, 598, 677
已澆……………………………………463
易行 ……152, 187, 205, 579, 667, 668, 686, 831, 840, 923, 977, 978, 981, 992, 1005, 1015, 1029, 1034, 1044, 1067, 1343, 1345, 1386
異形……………………………………920
意巧 ……………………921, 934, 1270
易行易修………………………………900
易行下根………………………………847
易行浄土………………………………502
易行道 …154, 155, 163, 394, 502, 503, 519, 520, 521, 550, 757, 940, 1029, 1030, 1048, 1342, 1363
位行念…………………………………972
委曲……………………………158, 873
昱爍 ……………………………………49
幾千万 ………………………………1060
生玉 …………………………………1187
以外………221, 303, 365, 387, 394, 503
異解……………………………………526
意解 ……………………………82, 919
異見 ……221, 223, 243, 386, 525, 526, 532, 535, 536, 683
以還……………………………218, 314
威顔………………………………8, 136
以後 ……219, 227, 402, 420, 472, 752, 856, 1090, 1092, 1102, 1112, 1154, 1161, 1169, 1178, 1183, 1270
以降……………………………………946
威光…………………257, 466, 565
異号……………………………………465
意業 ……331, 332, 349, 386, 388, 519, 521, 919, 1405
異国 …………………………………1012
遺骨 ………………1059, 1060, 1072
已今当……………505, 561, 1332, 1395
委細 …………………………………1163
帰去来 ………173, 312, 369, 411, 1400
いし……………………………………708
意識所生………………………………331
違失……………………………72, 74, 402
易修……………………………………900
異種 ……………………………………99
意趣 ………833, 838, 1049, 1079, 1340
異執……………386, 415, 429, 525, 536
威重 ……………………………………89
移住 …………………………………1056

阿羅漢向……503
阿羅漢道……112
有国……1043
有範……1043, 1066, 1221
安永……1218
闇翳……443
安快……181
安居院……871, 872, 1356
闇室……299
安住……4, 137, 175, 232, 278
安処……352
安詳……36
安清浄心……328, 330
安心……217, 332, 517, 902, 929, 930, 935, 936, 967, 1078, 1084, 1086, 1087, 1098, 1112, 1116, 1119, 1128, 1132, 1134, 1138, 1147, 1148, 1154, 1156, 1159, 1161, 1164, 1170, 1172, 1174, 1176, 1177, 1178, 1184, 1185, 1186, 1196, 1198, 1201, 1205, 1206, 1207, 1211, 1212, 1213, 1215, 1216, 1217, 1218, 1228, 1235, 1238, 1239, 1242, 1251, 1255, 1261, 1288, 1289, 1320, 1321, 1330, 1393, 1419, 1429
安心決定……1159, 1197
『安心決定鈔』……1289, 1313
安身常住……405
安諦……6
掩奪日月光……339
安置……422, 430, 431, 440, 441, 444, 449, 919, 920, 931
闇中……174
安堵……1321
案内……872, 887, 1056, 1246
安慰……115, 299
安養……131, 181, 206, 361, 473, 483, 488, 556, 573, 646, 709, 952, 987, 1008, 1036, 1100, 1166, 1218
安養往生……864
安養界……206, 488, 572, 907, 1034
安養国……46, 54, 254, 482, 645
安養浄刹……196, 370, 394, 647, 667
安養浄土……580, 646, 656, 665, 747, 837, 850, 882, 950
安養勝妙……1078
安養世界……1031
安養仏……45
安穏……13, 37, 144, 151, 275, 308, 328, 431, 784
闇冥……864, 907
安明頂……10
闇夜……484, 875, 1405
安楽……28, 36, 53, 142, 156, 205, 257, 260, 297, 309, 311, 315, 362, 363, 383, 429, 431, 447, 466, 487, 545, 559, 560, 564, 628, 669, 681, 709, 855, 1029, 1288, 1344, 1410
安楽阿弥陀仏……364
安楽勧帰……582
安楽国……59, 145, 157, 257, 318, 339, 357, 479, 480, 513, 514, 546, 550, 560, 651, 652, 678, 1065
安楽国土……75, 186, 310, 359, 561, 628
安楽自然……549
『安楽集』……159, 189, 258, 311, 391, 474, 980, 1399
安楽浄刹……545, 645, 657
安楽浄土……155, 159, 242, 247, 252, 253, 299, 309, 314, 326,

95, 97, 99, 101, 103, 104, 107, 108, 111, 113, 114, 115, 117, 136, 137, 138, 143, 232, 294, 337, 339, 350, 377, 401, 403, 427, 428, 516, 565, 566, 570, 632, 633, 1001, 1058
阿難陀……121
阿難付属……504
阿㝹楼駄……121
阿耨多羅……515
阿耨多羅三藐三菩提……110, 127, 128, 146, 148, 149, 152, 153, 154, 191, 192, 195, 236, 237, 264, 276, 280, 332, 342, 343, 351, 355, 356, 376, 406, 436, 631, 970, 972
阿耨多羅三藐三菩提心……116, 266, 278, 287, 289, 376, 631
阿耨菩提……195, 433, 671
阿伯……1043
あはつぶ……661
阿槃多国……440
阿鼻……302
阿鼻獄……269, 281
阿鼻地獄…271, 281, 287, 292, 303, 607
阿鼻大地獄……297
阿毘跋致……154, 155, 680, 940
阿鞞跋致……124
阿摩……615
尼御前……789
天児屋根尊……1043
尼入道……1190, 1262, 1318, 1429
尼女房……1190
阿摩勒菓……356
阿弥陀……121, 123, 124, 149, 152, 153, 162, 165, 171, 215, 309, 310, 363, 364, 497, 515, 560, 562, 571, 576, 650, 655, 711, 766, 1113, 1133, 1136, 1297, 1339, 1340, 1389, 1408
『阿弥陀経』……172, 374, 401, 686, 694, 703, 778, 970, 972, 1103, 1373, 1406
『阿弥陀経の義疏』……514
阿弥陀仙両足尊……1065
阿弥陀如来……108, 156, 159, 186, 192, 197, 198, 229, 231, 242, 247, 249, 300, 310, 312, 316, 326, 361, 375, 399, 481, 482, 490, 503, 538, 565, 573, 598, 625, 628, 629, 648, 650, 651, 678, 747, 805, 963, 969, 994, 1000, 1008, 1011, 1021, 1093, 1107, 1121, 1122, 1124, 1129, 1131, 1133, 1134, 1135, 1136, 1139, 1141, 1146, 1147, 1149, 1153, 1154, 1155, 1160, 1165, 1166, 1167, 1181, 1182, 1184, 1191, 1194, 1195, 1199, 1201, 1204, 1205, 1206, 1207, 1208, 1227, 1255, 1256, 1326, 1339, 1413, 1419, 1420
阿弥陀仏国……127, 255, 261, 342, 380, 389, 634, 972
阿弥陀法王……309, 360, 545
阿弥陀ほとけ……1129, 1194, 1199
雨山……1115, 1135, 1138, 1140, 1141
阿惟越致……152, 263, 680
阿惟越致地……152
阿惟越致品……152
阿羅呵……352
阿羅訶……100
阿羅漢……112, 113, 124, 304, 341, 366
阿羅漢果……367

索引 あ

悪趣自然閉 ……………645, 646, 1115
悪衆生 …204, 220, 402, 527, 711, 1028
悪性………217, 511, 512, 517, 540, 617
悪障…………………………845, 847
悪性王……………………………272
悪性人……………………………537
悪心………66, 225, 282, 287, 291, 304, 452, 706, 1154, 1171
悪神…………………162, 167, 659, 683
悪世………48, 128, 207, 248, 391, 417, 443, 560, 571, 591, 599, 601, 605, 619, 672, 713, 748, 1038, 1167, 1191, 1192, 1193, 1239, 1402
悪世界 ………220, 402, 527, 571, 711, 896, 1027, 1046, 1070
悪相………………………181, 248, 292
悪知識…………259, 289, 436, 536, 926
悪党………………………………443
悪道 ……25, 58, 65, 70, 115, 222, 259, 265, 298, 435, 436, 441, 448, 470, 811, 861, 906, 1353
悪道生死…………………………388
悪人……70, 88, 90, 155, 184, 186, 207, 249, 269, 290, 381, 706, 833, 834, 849, 861, 862, 877, 901, 908, 938, 978, 1028, 1037, 1098, 1119, 1166, 1193, 1205, 1279, 1330, 1361
悪人往生…………………………382
悪人成仏…………………………834
悪念………………………………181
悪報………………………………963
悪煩悩……………………220, 402, 527
悪凡夫 ……………………908, 1256
悪魔諸障…………………………161
悪名………………………………918
悪竜……………………………466, 601
あげば ……………………………1232
阿含………………………………158
阿佐……………………………659, 660
浅井 ………………………………1243
阿佐太子………………………660, 661
朝つとめ …………………………1247
朝な朝な …………………………1399
朝な夕な …………………………1015
足手 ………………………………1157
あしもと …………………………1291
阿闍………………………………278
阿闍世……………87, 88, 89, 278, 1166
阿闍世王 ……267, 277, 279, 280, 281, 287, 289, 290, 565, 569
阿闍世王太子………………………144
阿湿婆国…………………………440
阿閦 ………………………………1008
阿閦鞞仏…………………………125
阿修羅 ………128, 190, 335, 339, 430, 431, 432, 466
阿修羅王…………………………444
阿僧祇 ………106, 146, 268, 348, 376, 441, 631
阿僧祇劫……………124, 272, 278, 287
阿僧祇那由他劫 ……………………31
あつがみ …………………………1241
悪口 ……………………………67, 922
遏絶……………………………9, 137, 138
後枕………………………………906
あなうら …………………902, 1391
阿那含 …………………………91, 366
阿那含果 ………………………82, 367
阿難 ……3, 8, 9, 13, 14, 15, 24, 26, 27, 28, 29, 30, 31, 34, 36, 37, 38, 39, 41, 42, 43, 48, 49, 50, 53, 74, 75, 76, 83, 89, 90, 92, 94,

あ

哀婉雅亮……563, 598
愛王……272
愛敬……7, 233
愛楽……213, 240, 242, 280, 627
哀雅……97
愛見……453
愛語……26, 232, 491
愛光……339
愛着……456, 905
愛執……906
愛執愛着……905
愛心……226, 290, 491
愛染……1104
愛憎……601
阿逸多……379, 637
阿逸多菩薩……121
愛念……348
愛波……412
愛別離苦……904, 906, 907
愛法……50
哀愍……13, 58, 74, 82, 137, 436, 513, 753, 754, 1356
哀愍摂受……610
哀愍納受……1066
愛欲……56, 57, 58, 59, 60, 66, 266, 975, 1246, 1365, 1366
哀亮……34
愛流……238
愛論……1067
赤尾……1247
阿伽陀薬……246
あか月……811, 814, 816, 817, 827
安芸……1309, 1310
阿耆多翅舎欽婆羅……273, 277
あき人……708
阿舅……455
悪因……862, 939
悪友……87, 225, 269, 536
悪王……88
悪果……283, 407, 939
悪果報……408
悪鬼……167, 574, 659, 683
悪機……511, 512, 877, 878
悪鬼神……436, 437, 575
悪逆……70, 290, 382, 1105, 1140, 1166
悪逆害……275
悪逆無道……62
悪行……406, 426, 446
悪気……58
悪見……220, 226, 527, 536, 1170, 1388
悪見人……538
悪業……97, 113, 114, 115, 199, 212, 231, 269, 276, 283, 286, 296, 549, 626, 652, 690, 694, 706, 710, 728, 842, 843, 861, 862, 863, 877, 878, 909, 963, 976, 1007, 1015, 1035, 1201, 1353, 1354
悪業煩悩……730, 844, 973, 1154, 1192, 1200, 1201
悪罪……276
悪子……90
悪事……78, 293, 448, 842, 1278
悪時……203, 220, 402, 527, 571, 670, 672, 711, 896, 1027, 1046, 1070
悪邪……294, 601
悪邪無信……220, 402
悪邪無信盛時……527
悪趣……38, 48, 50, 54, 57, 71, 254, 448, 469, 482, 1115, 1353
悪獣……223, 224, 225, 536, 537

凡　　　例

1．この索引は、本聖典における用語の検索を目的とし、その本文表記に基づき編纂したものである。
2．用語は、本聖典の頁数を単位として採録し、用語が二頁にわたっている場合には、最初の頁に所属させた。
3．採録した用語は、本聖典の本文に表記された語句のうち、体言を中心とした。
4．表題や著者名等については、原則として採録しなかった。また、頻出する用語や一字の用語についても、検索の煩雑さを避け、採録しなかった場合がある。
5．二語以上からなる用語については、間に格助詞を含むものや意味上分解できると考えられるものは、原則として分解し採録した。
6．同字で読み方が異なる場合は、一つの見出し語にまとめて採録した。

例　厳重(げんちょう→げんじゅう)　東山(ひんがしやま→ひがしやま)　等

7．本聖典の本文において、反復記号を用いた用語については、もとの文字にもどして採録した。
8．書名等について、本聖典の本文に『　』が付されているものについては、原則として『　』を付したまま採録した。
9．用語の見出しの配列については、本聖典の本文の表記に基づき、五十音順とした。ただし、和語の表記のうち、わ行の「ゐ・ゑ・を」は、あ行の「い・え・お」に配列した。
10．用語が同一音である場合には、文字数の少ない順に配列し、更に同一文字数である場合には、画数順、部首順に配列した。
11．同一の用語に『　』等の有無がある場合には、『　』等の付されていないものを先に配列した。
12．『憲法十七条』の用語については、その他の聖教の読み方と著しく異なるので採録しなかった。

索　　　引

浄土真宗聖典

― 註釈版 第二版 ―

（分　冊）

一九八八年一月十六日初　版発行
二〇〇四年五月二十一日第二版発行
二〇〇五年九月一日分　冊発行
二〇一六年九月十　日分　冊第五刷発行

編　纂　浄土真宗本願寺派総合研究所
教学伝道研究室〈聖典編纂担当〉

発行者　浄土真宗本願寺派
総長　石上智康

発行所　本願寺出版社
〒六〇〇―八五〇一
京都市下京区堀川通花屋町下ル
浄土真宗本願寺派宗務所
電話（〇七五）三七一―四一七一番

印刷所　株式会社図書印刷同朋舎
代表者　奈良平靖彦

ISBN978-4-89416-271-6 C3015 ¥7000E　BD7-SH5-②90-61